2019年度教育部人文社会科学研究规划基金项目：人类命运共同体价值认同的基础与实现路径研究（19YJA710030）

光明社科文库
GUANGMING DAILY PRESS:
A SOCIAL SCIENCE SERIES

·政治与哲学书系·

共同体导论

潘柳燕 等｜著

光明日报出版社

图书在版编目（CIP）数据

共同体导论 / 潘柳燕等著 . -- 北京：光明日报出
版社，2022. 5
ISBN 978 - 7 - 5194 - 7115 - 6

Ⅰ.①共… Ⅱ.①潘… Ⅲ.①国际关系—研究 Ⅳ.
①D81

中国国家版本馆 CIP 数据核字（2023）第 168544 号

共同体导论

GONGTONGTI DAOLUN

著　者：潘柳燕　等

责任编辑：李　倩　　　　　　　　责任校对：李壬杰　李佳莹
封面设计：中联华文　　　　　　　责任印制：曹　净

出版发行：光明日报出版社
地　　址：北京市西城区永安路 106 号，100050
电　　话：010-63169890（咨询），010-63131930（邮购）
传　　真：010-63131930
网　　址：http：// book. gmw. cn
E - mail：gmrbcbs@ gmw. cn
法律顾问：北京市兰台律师事务所龚柳方律师
印　　刷：三河市华东印刷有限公司
装　　订：三河市华东印刷有限公司
本书如有破损、缺页、装订错误，请与本社联系调换，电话：010-63131930
开　　本：170mm×240mm
字　　数：385 千字　　　　　　　印　　张：19
版　　次：2024 年 4 月第 1 版　　　印　　次：2024 年 4 月第 1 次印刷
书　　号：ISBN 978 - 7 - 5194 - 7115 - 6
定　　价：98. 00 元

前　言

2013 年 3 月 23 日，国家主席习近平出访俄罗斯，在莫斯科国际关系学院发表演讲时指出，人类生活在同一个地球村里，越来越成为你中有我、我中有你的命运共同体。这是我国首次向世界阐述"人类命运共同体"理念。此后，随着习近平主席在越来越多的外交场合提及和倡导共同构建人类命运共同体或区域性命运共同体，"人类命运共同体"也逐步走进人们的视野，并日益成为学术界的研究热点。时至今日，人们越来越认识到，人类命运共同体理念已经远远超出了其最初的意蕴，拥有了越来越丰富的思想内涵，也越来越成为中国智慧在世界的表达。人类命运共同体的提出，其最重要的意义在于它超越了达尔文进化论所主张的生存竞争的观点以及由此衍生的社会达尔文主义的弱肉强食的丛林法则，并进一步突破了西方一贯以来的对抗性思维模式及其霸权主义与单边主义的价值理念，看到了人类自身以及人与自然和谐共生的意义。人类发展到今天，越来越成为命运与共的整体，因此，和平、发展、合作、共赢应该成为时代潮流和人类共同的价值追求，世界各国只有在合作共赢下才能获得共同发展，也只有共同发展才能保持整个人类的永续长存。

人类命运共同体是共同体的特殊形态，也最能体现共同体的本质特征。本书共分三大部分，主要探讨人类命运共同体价值认同的基础与实现路径。第一，创新性地提出了人类命运共同体价值认同的理论基础。首先，认为人类命运共同体理念渊源于中国古代的太极思想、和合理论与整体性思维模式的传统文化沃土中，是中国优秀传统文化在新的历史时期的新发展；其次，提出和谐论是人类命运共同体的哲学基础。和谐论主要包括遗传、进化、多样性和共生四大基本原理，它们各有自己的特性与功能，分别作为太极的四个部分构成完整的太极模型并保持动态变化，从而达到整体的和谐状态，形成了遗传、进化、多样性、共生原理四者相互联系和相互作用的和谐秩序。和谐论实质上超越了具有片面性的进化论的认识论体系，从而构成人类命运共同体的哲学认识论基础。再次，提出共同体世界观是人类命运共同体的逻辑基础。共同体世界观是基于新整体观而提出的一种新世界观。共同体世界观以其强调生命体不可分的整体性和思维对物质的超越性与传统的原子论物质世界观区别开来，同时又与原子论物质世界观构成了互补关系，丰富了马克思主义哲学世界观，也为人类命运共同体提供哲学上的逻辑基础。因此，和谐论与共同体世界观都是人类命运共同体的哲学基础。

第二，从经济、政治、文化、生态和社会五个维度论述人类命运共同体具有广泛的价值认同基础。其一，经济全球化是人类命运共同体价值认同的经济基础。根据马克思主义的观点，经济全球化本质上是资本在全球范围内扩张的结果，虽然它导致了当前经济领域的一系列世界性问题，但经济全球化仍是不可阻挡的历史趋势，只是经济全球化的新发展呼唤一种新的机制，以能实现国家之间的利益共享。这种机制就是构建人类命运共同体，因而反过来，经济全球化也是构建人类命运共同体的经济基础；其二，政治多极化是人类命运共同体价值认同的政治基础。尽管目前世界还面临霸权主义和单边主义的威胁，但政治多极化的趋势以及世界人民爱好和平与友好合作的愿望也势不可挡，政治多极化和全球范围内合作的增多为人类命运共同体的价值认同提供了坚实的政治基础；其三，文化的交流互鉴与多样共存是人类命运共同体价值认同的文化基础。人类命运共同体的价值认同需要在文化交往过程的相互借鉴、兼收并蓄中实现，因此，多元性的文化发展与多样性的文化共存，既是人类命运共同体价值认同的基础，也是构建人类命运共同体的目标。其四，人与自然不可分割的天然联系是人类命运共同体价值认同的生态基础。工业化进程中人类对自然环境的破坏到了无以复加的地步，面对全球环境恶化局面，整个人类命运与共，世界各国需要共同应对才能遏制环境恶化和保护地球生态。习近平指出："人与自然是生命共同体"，深刻揭示了人与自然不可分割的联系，并提出了构建"地球生命共同体"的主张，这都是人类命运共同体价值认同的生态基础；其五，全球治理态势是人类命运共同体价值认同的社会基础。1990年，国际发展委员会主席维利·勃兰特（Willy Brandt）首次提出全球治理理论，旨在对全球各种事务，包括全球安全、生态环境、国际经济、跨国犯罪、基本人权等进行共同管理。习近平在十九大报告中指出，中国秉持共商共建共享的全球治理观，倡导国际关系民主化，坚持国家不分大小、强弱、贫富一律平等，支持联合国发挥积极作用，支持扩大发展中国家在国际事务中的代表性和发言权。而中国也会以一个大国的责任担当参与到全球治理之中。这一切都构成了人类命运共同体价值认同的社会基础。

第三，探讨人类命运共同体价值认同的动力机制和实现路径。首先，从利益和需求视角论述人类命运共同体价值认同的动力机制，并从共生机制视角阐述人类命运共同体的本质特征与价值追求，以促进人类命运共同体的价值认同；其次，在批判西方强制性价值认同途径的基础上，提出了人类命运共同体价值认同的具体实现路径，一是做好人类命运共同体的推广宣传，通过完善人类命运共同体的阐释机制和建立人类命运共同体的传播机制，促进人类命运共同体在国际上的价值认同；二是抓好人类命运共同体的实际构建，通过"一带一路"建设惠及沿线国家等客观事实促进人类命运共同体的价值认同。

总结全书基本内容，可以得出本书具有如下特点：

第一，观点的创新性。本书创新性地提出了人类命运共同体的理论基础，其中和谐论与共同体世界观是本书的原创性观点。和谐论是我们把中国古代哲学智慧与现代生物科学知识相结合所提出的认识论体系；共同体世界观是基于事物不可分的新整体观而提出的一种新世界观，它与无限可分的原子论物质世界观构成了互补关系，从而丰富了马克思主义哲学世界观。

第二，基础的广泛性。本书从经济、政治、文化、生态和社会五个方面探讨人类命运共同体的价值认同基础，几乎每一章的论述都远溯人类发展的历史长河，从历史发展的视角出发，看到人类是如何由封闭走向开放、由孤立走向交融、由征战走向合作等，并多维度论述人类命运共同体价值认同的必然性和可行性。

第三，路径的独特性。一是从利益与需求视角提出人类命运共同体价值认同的动力机制，二是从思想宣传与实践行动两方面探讨人类命运共同体价值认同的实现路径。

本书共有九章，第一、二章属于基础理论部分，主要阐述人类命运共同体的基本内涵、重要意义及其理论基础；第三、四、五、六、七章是人类命运共同体价值认同的现实依据部分，分别从经济、政治、文化、生态、社会五个方面论述人类命运共同体价值认同的现实基础；第八、九章属于人类命运共同体价值认同的具体实现部分，主要探讨人类命运共同体价值认同的动力机制与具体实现路径。全书结构严谨，逻辑顺畅，思路清晰，既有意蕴深厚的理论阐述，也有深入浅出的具体说理，既有宏大的历史叙事，也有细致的现实描述。

本书曾考虑定名为"走向'和而不同'的共生世界"，是因为这恰恰反映了人类命运共同体的核心要义。"和而不同"是中国传统的和合文化（理论）的精髓。早在西周末年，史伯就提出了"和同之辨"，明确地把"和"与"同"区别开来，认为"和"是指有差别事物的多样统一；"同"则是相同要素的机械相加。在哲学意义上，"和"与"同"是根本对立的范畴，"和"是反映客观事物本质状态的辩证范畴，而"同"则是形而上思维在认识上的一种表现。但是，"和"并不绝对排斥"同"，而是把"同"与"不同"作为事物的内在构成环节包含在其自身之中，从而形成新的和谐统一体。而"共生"最初是指生物之间的寄生、共栖等现象，反映着生物多样性的共存状态，但如今它早已超越生物学领域而成为多学科应用的范畴。"共生"强调的是世界所有事物的"同在"特性，其本质也是强调多样共存，而不是僵化的同一。世界复杂多样，各民族国家发展到今天也各有自己的独特性，不可能完全趋同，但却可以相互包容，交流互鉴，求同存异，形成紧密相连，"和而不同"的共生世界。这种"共生"不仅超越了群体，超越民族，超越国家，甚至超越全人类。因此，人类命运共同体下的"共生"应该是与他人、与社会、与自然、与宇宙的和谐共生，并在共生中互利共享，合作共赢，共同发展和共同繁荣。

本书由潘柳燕负责整体设计与拟定写作大纲。具体写作分工如下：潘柳燕负责第一、二、六章，黄思宇负责第三章，陈幻负责第五章，覃承凤负责第四、七章，叶茗媛负责第八、九章。潘柳燕还负责全书的统稿、修改与审核等工作。

本书在写作过程中参考了许多专家学者的专著、论文等研究成果，在此深表感谢！部分资料未能详细引注还望多多谅解。当然，由于时间紧迫以及我们学术水平的局限，本书难免有许多不足和疏漏之处，希望得到读者朋友的见谅与指正！

潘柳燕

2021 年 11 月 28 日

目　录
CONTENTS

第一章　人类命运共同体价值认同的内涵意义

人类命运共同体是中国领导人提出的建立新型国际关系的外交理念，也是中国迈向世界的思想导向，更是建设世界和平新秩序的中国智慧。然而，要构建人类命运共同体，先要通过价值认同达成人类命运共同体的普遍共识，而要实现价值认同并形成普遍共识，则首先要弄清人类命运共同体的内涵根据，明确人类命运共同体价值认同的现实意义。

第一节　人类命运共同体的提出与发展

"人类命运共同体"是由中国共产党首先提出、倡导并推动的一种处理国际关系的价值理念。2012 年，党的十八大报告正式提出"要倡导人类命运共同体意识"，此后习近平总书记一直在国内外诸多场合倡导和论述"人类命运共同体"的思想理念和各种具体目标，并亲自推进构建"人类命运共同体"的伟大实践。2017 年，党的十九大报告提出了"新时代中国特色社会主义思想和基本方略"，其中就包括"坚持推动构建人类命运共同体"。与此同时，"构建人类命运共同体"还被写进了《中国共产党党章》，列入了《中华人民共和国宪法》，这足可证明它在党和国家中的重要地位。然而，"人类命运共同体"从最初的提出到如今人人皆知，也经历了一个产生、丰富和发展的过程。

一、人类命运共同体的提出

（一）人类命运共同体作为党的外交理念初登历史舞台

人类命运共同体最初是作为外交理念提出来的。最早发表的相关文章有杨运忠的《走向 21 世纪的国际关系》（1994）等，他在文中指出："尽管当前国际关系中的霸权主义和强权政治还依然存在意识形态和价值观念的冲突，发生在经济生活中的以富欺贫、以强凌弱还远没有消除，但以国家利益为基础的人类共同利益却日显重要与突出，并在许多国际问题上开始处于主导地位，以人类共同利益为价值取向已被越来越多的国家所认可或接受。人类社会已越来越成为一种'命运共同体'，而维系人类社会命运共同体的基本纽带正是和平与发展问题。"并认为，"互相渗透、互相交叉、互相依存、共同发展是人类社会命运共同体的基本要求和特点；""利益共享，风险同担是人类社会命运共同体的又一重要特点"。① 虽然在这里运用的概念是"人类社会命运共同体"，但"人类命运与共"的新型的国际关系思想已经初露端倪。

2007 年，党的十七大报告指出，"十三亿大陆同胞和两千三百万台湾同胞是血脉相连的命运共同体"②，这是党的重要文件首次使用"命运共同体"概念。2012 年，党的十八大报告提出，"合作共赢，就是要倡导人类命运共同体意识，在追求本国利益时兼顾他国合理关切，在谋求本国发展中促进各国共同发展，建立更加平等均衡的新型全球发展伙伴关系，同舟共济，权责共担，增进人类共同利益。"③ 这是在党的重要文件中首次出现"人类命运共同体"一词。

2013 年，习近平主席出访俄罗斯，并在俄罗斯莫斯科国际关系学院发表题为《顺应时代前进潮流，促进世界和平发展》的演讲，他指出："这个世界，和平、发展、合作、共赢成为时代潮流，""这个世界，各国相互联系、相互依存的程度空前加深，人类生活在同一个地球村里，生活在历史和现实交汇的同一个时空里，越来越成为你中有我、我中有你的命运共同体。""各国应该共同推动建立以合作共赢为核心的新型国际关系，各国人民应该一起来维护世界和平、促进共同发展。"④ 强调的是人类命运紧密相连，要合作共赢，共同发展。从此，"人类命运共同体"概念开始进入人们的视野。

（二）习近平在国际社会对"命运共同体"的阐述

2013 年 3 月，国家主席习近平出访非洲，并于 3 月 25 日在坦桑尼亚尼雷尔国际会议中心发表题为《永远做可靠朋友和真诚伙伴》的演讲。习近平回顾了中国与非洲人民五十多年的友谊与合作的历史，指出："这段历史告诉我们，中

① 杨运忠. 走向 21 世纪的国际关系 [J]. 世界政治与经济，1994（10）：56.
② 胡锦涛. 在中国共产党第十七次全国代表大会上的报告 [R/OL]. （2007-10-22）[2021-07-10]，中国共产党历次全国代表大会数据库 http：//cpc. people. com. cn/GB/64162/64168/106155/106156/6430009. html.
③ 胡锦涛. 在中国共产党第十八次全国代表大会上的报告 [R/OL]. （2012-11-18）[2021-07-10]. http：//cpc. people. com. cn/n/2012/1118/c64094-19612151. html.
④ 习近平. 论坚持推动构建人类命运共同体 [M]. 北京：中央文献出版社，2018：5-6.

非从来都是命运共同体，共同的历史遭遇、共同的发展任务、共同的战略利益把我们紧紧联系在一起。"① 这是有针对性地阐述中国与非洲之间命运与共的关系。

2013 年 4 月 7 日，习近平在博鳌亚洲论坛 2013 年年会上发表《共同创造亚洲和世界的美好未来》主旨演讲，指出："人类只有一个地球，各国共处一个世界。共同发展是持续发展的重要基础，符合各国人民长远利益和根本利益。我们生活在同一个地球村，应该牢固树立命运共同体意识，顺应时代潮流，把握正确方向，坚持同舟共济，推动亚洲和世界发展不断迈上新台阶。"②

2013 年 10 月 3 日至 7 日，习近平出席在印度尼西亚巴厘岛举行的亚太经合组织领导人会议，在印度尼西亚国会发表了《携手建设中国—东盟命运共同体》的演讲，提出愿同印尼和其他东盟国家共同努力"携手建设更为紧密的中国—东盟命运共同体"，并指出："一个更加紧密的中国—东盟命运共同体，符合求和平、谋发展、促合作、图共赢的时代潮流，符合亚洲和世界各国人民共同利益，具有广阔发展空间和巨大发展潜力。"③ 同时，在亚太经合组织工商领导人峰会上也发表了题为《深化改革开放，共创美好亚太》的演讲，提出："亚太各经济体利益交融，命运与共，一荣俱荣，一损俱损。"强调："我们要牢固树立亚太命运共同体意识，以自身发展带动他人发展，以协调联动最大限度发挥各自优势，传导正能量，形成各经济体良性互动、协调发展的格局。"④ 在这里强调的是亚洲区域内的命运共同体的建立。

2013 年 10 月 24 日，习近平在周边外交工作座谈会上发表讲话，强调了与周边国家建立睦邻友好、互利合作关系的战略意义，提出："我国周边外交的基本方针，就是坚持与邻为善、以邻为伴，坚持睦邻、安邻、富邻，突出体现亲、诚、惠、容的理念。"以我们的诚意和互惠互利原则，"把中国梦同周边各国人民过上美好生活的愿望、同地区发展前景对接起来，让命运共同体意识在周边国家落地生根"。⑤ 这也就是强调中国与周边国家是命运共同体，大家一荣俱荣，一损俱损。

2014 年 6 月 5 日，习近平在北京举行的中阿合作论坛第六届部长级会议开幕式上的讲话中指出，中阿是共建"一带一路"的天然合作伙伴，要打造中阿

---

① 习近平. 论坚持推动构建人类命运共同体［M］. 北京：中央文献出版社，2018：15-16.
② 习近平. 论坚持推动构建人类命运共同体［M］. 北京：中央文献出版社，2018：29.
③ 习近平. 论坚持推动构建人类命运共同体［M］. 北京：中央文献出版社，2018：51，54.
④ 习近平. 论坚持推动构建人类命运共同体［M］. 北京：中央文献出版社，2018：62.
⑤ 习近平. 论坚持推动构建人类命运共同体［M］. 北京：中央文献出版社，2018：65，67.

利益共同体和命运共同体。①

2014 年 6 月 28 日，习近平在北京举行的和平共处五项原则发表六十周年纪念大会上发表题为《弘扬和平共处五项原则　建设合作共赢美好世界》的讲话，回顾了和平共处五项原则的提出背景与发展历程，并指出："当今世界正在发生深刻复杂的变化，和平、发展、合作、共赢的时代潮流更加强劲，国际社会日益成为你中有我、我中有你的命运共同体。"②

2014 年 7 月 17 日，习近平主席在巴西利亚举行的中国—拉美和加勒比国家领导人会晤上的主旨讲话中，提议共同宣布建立平等互利、共同发展的中拉全面合作伙伴关系，并为构建中拉关系五位一体新格局提出了五点合作建议，最后提出："让我们抓住机遇，开拓进取，努力构建携手共进的命运共同体，共创中拉关系的美好未来!"③

2014 年 11 月 11 日，在北京举行的亚太经合组织第二十二次领导人非正式会议上，习近平呼吁，"G20 成员要树立利益共同体和命运共同体意识，……努力形成各国增长相互促进、相得益彰的合作共赢格局"④。

2014 年 11 月 28 日，习近平在中央外事工作会议上的讲话中提出，我们要坚持合作共赢，推动建立以合作共赢为核心的新型国际关系，坚持互利共赢的开放战略，把合作共赢理念体现到政治、经济、安全、文化等对外合作的方方面面。⑤

以上讲话显示，习近平主席在出访各国的各种讲话以及指导我国的外交工作时，都不失时机地提出中国与其他国家和地区都是"命运共同体"。除了上述提到"命运共同体"的讲话外，习近平在所有的外交场合，都在强调建立以合作共赢为核心的新型国际关系，倡导国家之间的互惠互利与共同发展，呼吁国际社会共同努力，应对面临问题，解决危机难题，共创美好新世界。

二、人类命运共同体内涵的不断丰富发展

（一）"人类命运共同体" 内涵的初步建构

2015 年 3 月 28 日，习近平主席在博鳌亚洲论坛 2015 年年会上发表了《迈

---

① 习近平. 论坚持推动构建人类命运共同体［M］. 北京：中央文献出版社，2018：122.
② 习近平. 论坚持推动构建人类命运共同体［M］. 北京：中央文献出版社，2018：130.
③ 习近平. 论坚持推动构建人类命运共同体［M］. 北京：中央文献出版社，2018：150.
④ 习近平. 论坚持推动构建人类命运共同体［M］. 北京：中央文献出版社，2018：189.
⑤ 习近平. 论坚持推动构建人类命运共同体［M］. 北京：中央文献出版社，2018：200.

向命运共同体 开创亚洲新未来》的主旨演讲。这一重要讲话是对人类命运共同体的第一次集中概括。习近平指出："70 年来，亚洲国家逐步超越意识形态和社会制度差异，从相互封闭到开放包容，从猜忌隔阂到日益增多的互信认同，越来越成为你中有我、我中有你的命运共同体。""亚洲要迈向命运共同体、开创亚洲新未来，必须在世界前进的步伐中前进、在世界发展的潮流中发展。""通过迈向亚洲命运共同体，推动建设人类命运共同体。"① 习近平主席对"迈向命运共同体"提出了四点看法：（1）迈向命运共同体，必须坚持各国相互尊重、平等相待。（2）迈向命运共同体，必须坚持合作共赢、共同发展。（3）迈向命运共同体，必须坚持实现共同、综合、合作、可持续的安全。（4）迈向命运共同体，必须坚持不同文明兼容并蓄、交流互鉴。② 这是对人类命运共同体内涵的首次明确阐述。

2015 年 9 月，习近平主席出访美国并参加联合国发展峰会，在美国发表了多场演讲，传递了中国和平发展的决心和信心，阐明了构建中美新型大国关系的主张和共同建设美好世界的愿望。对如何共同推进中美新型大国关系，中国携手合作促进世界和平与发展，习近平主席特别强调要做好四件事：第一，正确判断彼此战略意图；第二，坚定不移推进合作共赢；第三，妥善有效管控分歧；第四，广泛培植人民友谊。③ 2015 年 9 月 26 日，习近平在美国纽约联合国总部举行的联合国发展峰会上发表了题为《谋共同永续发展 做合作共赢伙伴》的重要讲话，呼吁世界各国以本次峰会通过的 2015 年后发展议程为新起点，"共同走出一条公平、开放、全面、创新的发展之路，努力实现各国共同发展。"④ 这些讲话中虽然没有提及命运共同体，但合作共赢却一直都是讲话的主旨。

2015 年 9 月 28 日，习近平主席在美国纽约联合国总部举行的第七十届联合国大会一般性辩论时发表题为《携手构建合作共赢新伙伴 同心打造人类命运共同体》的重要讲话，提出："当今世界，各国相互依存、休戚与共。我们要继承和弘扬联合国宪章的宗旨和原则，构建以合作共赢为核心的新型国际关系，打

---

① 习近平. 论坚持推动构建人类命运共同体［M］. 北京：中央文献出版社，2018：205-206.

② 习近平. 论坚持推动构建人类命运共同体［M］. 北京：中央文献出版社，2018：206-209.

③ 习近平. 论坚持推动构建人类命运共同体［M］. 北京：中央文献出版社，2018：240-242.

④ 习近平. 论坚持推动构建人类命运共同体［M］. 北京：中央文献出版社，2018：248.

造人类命运共同体。"为此提出了五点努力方向：（1）我们要建立平等相待、互商互谅的伙伴关系；（2）我们要营造公道正义、共建共享的安全格局；（3）我们要谋求开放创新、包容互惠的发展前景；（4）我们要促进和而不同、兼收并蓄的文明交流；（5）我们要构筑尊崇自然、绿色发展的生态体系。① 初步构建了"人类命运共同体"的内涵体系框架。而这一讲话也代表中国首次在联合国会议上正式向全世界各国呼吁构建人类命运共同体。习近平说："让我们更加紧密地团结起来，携手构建合作共赢新伙伴，同心打造人类命运共同体。让铸剑为犁、永不再战的理念深植人心，让发展繁荣、公平正义的理念践行人间！"② 实际上是呼吁在合作共赢的框架下谋求世界的和平稳定与各国的共同发展。

此后的一年多时间里，习近平在国际交流中虽然并不经常提及人类命运共同体，但却一直致力于推进人类命运共同体的构建，从"开启中非合作共赢、共同发展的新时代""共同开创中阿关系的美好未来""共创亚洲和平与繁荣的美好未来"到中美新型大国关系构建与中俄战略合作伙伴关系建立③；从消除贫困、全球气候变化治理机制构建、全球互联网治理体系变革到完善全球核安全治理体系④；从亚投行创办到"一带一路"建设⑤等，无不展示着中国以合作共赢的理念，促进世界和平稳定、各国互惠互利共同发展的善意和智慧，无不展示着中国作为大国的豁达胸怀与责任担当。中国多次强调，人类只有一个地球，我们共处一个世界。中国也深深地意识到处于地球的世界各国命运与共，应该以共赢理念取代零和博弈，以对话代替冲突，以合作促进发展。

（二）"人类命运共同体"内涵的系统阐述

2017年1月，国家主席习近平在世界经济论坛年会和联合国日内瓦总部发表两场历史性演讲，向世界描绘构建人类命运共同体的壮美蓝图。

2017年1月17日，习近平在瑞士达沃斯举行的世界经济论坛2017年年会开幕式上发表了《共担时代责任，共促全球发展》主旨演讲，他指出："人类已

① 习近平. 论坚持推动构建人类命运共同体［M］. 北京：中央文献出版社，2018：254-256.

② 习近平. 论坚持推动构建人类命运共同体［M］. 北京：中央文献出版社，2018：258.

③ 习近平. 论坚持推动构建人类命运共同体［M］. 北京：中央文献出版社，2018：294，315，332，342，352.

④ 习近平. 论坚持推动构建人类命运共同体［M］. 北京：中央文献出版社，2018：262，289，302，325.

⑤ 习近平. 论坚持推动构建人类命运共同体［M］. 北京：中央文献出版社，2018：310，338.

经成为你中有我、我中有你的命运共同体，利益高度融合，彼此相互依存。每个国家都有发展权利，同时都应该在更加广阔的层面考虑自身利益，不能以损害其他国家利益为代价。""只要我们牢固树立人类命运共同体意识，携手努力、共同担当，同舟共济、共渡难关，就一定能够让世界更美好、让人民更幸福。"①

2017年1月18日，习近平主席在联合国日内瓦总部发表了《共同构建人类命运共同体》的演讲，习近平从"世界怎么了、我们怎么办？"出发提出了一个值得思考的更根本的问题："我们从哪里来、现在在哪里、将到哪里去？"并作出了明确回答："宇宙只有一个地球，人类共有一个家园。""到目前为止，地球是人类唯一赖以生存的家园，珍爱和呵护地球是人类的唯一选择。"对此，中国给出的方案是："构建人类命运共同体，实现共赢共享。"而"构建人类命运共同体，关键在行动。"习近平提出的行动是："国际社会要从伙伴关系、安全格局、经济发展、文明交流、生态建设等方面作出努力。"具体就是：（1）坚持对话协商，建设一个持久和平的世界。（2）坚持共建共享，建设一个普遍安全的世界。（3）坚持合作共赢，建设一个共同繁荣的世界。（4）坚持交流互鉴，建设一个开放包容的世界。（5）坚持绿色低碳，建设一个清洁美丽的世界。② 这篇演讲，是对构建人类命运共同体的最完整和系统的阐述，它不仅给出了解决世界难题的方案，还给出了构建人类命运共同体的总体目标，即建设一个"持久和平、普遍安全、共同繁荣、开放包容、清洁美丽"的美好世界。

2018年1月在瑞士达沃斯—克劳斯特举行冬季达沃斯年会，会议重提习近平主席提出的"人类命运共同体"，由此可见，人类命运共同体的理念已经开始在世界范围广为传播，正逐步得到国际社会的认可。

（三）"人类命运共同体"在国内政策层面受到高度重视

2017年10月，在党的十九大报告中，把"坚持推动构建人类命运共同体"作为"新时代中国特色社会主义思想和基本方略"的一部分，呼吁："各国人民同心协力，构建人类命运共同体，建设持久和平、普遍安全、共同繁荣、开放

① 习近平. 论坚持推动构建人类命运共同体 ［M］. 北京：中央文献出版社，2018：405，407.

② 习近平. 论坚持推动构建人类命运共同体 ［M］. 北京：中央文献出版社，2018：414-421.

包容、清洁美丽的世界。"① 随后，构建人类命运共同体被写入了党章，列入了宪法。具体为：根据中国共产党第十九次全国代表大会关于《中国共产党章程（修正案）》的决议，同意将"坚持正确义利观，推动构建人类命运共同体，遵循共商共建共享原则，推进'一带一路'建设"等内容写入党章②；根据2018年3月11日第十三届全国人民代表大会第一次会议通过的《中华人民共和国宪法修正案》第三十五条，修改后的相关内容表述为："中国坚持独立自主的对外政策，坚持互相尊重主权和领土完整、互不侵犯、互不干涉内政、平等互利、和平共处的五项原则，坚持和平发展道路，坚持互利共赢开放战略，发展同各国的外交关系和经济、文化交流，推动构建人类命运共同体。"③ 由此可见，构建人类命运共同体在中国共产党的奋斗目标和历史进程中占据极其重要的地位。2020年，党的十九届五中全会提出了第十四个五年规划和二〇三五年远景目标，再次强调，"要高举和平、发展、合作、共赢旗帜，积极营造良好外部环境，推动构建新型国际关系和人类命运共同体。"④ 2021年7月1日，习近平在庆祝中国共产党成立100周年大会上发表重要讲话时强调指出："以史为鉴、开创未来，必须不断推动构建人类命运共同体。"⑤ 总之，构建人类命运共同体已经成为党和国家的大政方针，在社会主义现代化建设中逐步展开。

（四）学界对"人类命运共同体"的回应与探讨

我国学术界正式讨论人类命运共同体的论文出现于2013年，即曲星发表的《人类命运共同体的价值观基础》，⑥ 但并未引起特别关注。直到2017年十九大召开后，"人类命运共同体"的研究才逐渐成为热点。据以"人类命运共同体"为篇名在知网查询，结果是，2018—2020年，每年的论文数都超过1000多篇，其中2019年最多，达到1270余篇。最初关于"人类命运共同体"的研究中，大多都是"文本解读"，基本上都是在概念内涵、政治主张、处理国际关系、全

① 习近平. 决胜全面建成小康社会　夺取新时代中国特色社会主义伟大胜利［R/OL］. （2017-10-18）［2021-07-02］. http：//www. 12371. cn/2017/10/27/ARTI1509103656574313. shtml.

② 中国共产党第十九次全国代表大会关于《中国共产党章程（修正案）》的决议［J］. 实践（思想理论版），2017（11）：47-49.

③ 中华人民共和国第十三届全国人民代表大会第一次会议主席团. 中华人民共和国宪法修正案［J］. 中华人民共和国全国人民代表大会常务委员会公报，2018（S1）：77-84.

④ 中共十五届五中全会公报［J］. 学理论，2000（12）：4-5.

⑤ 习近平. 在庆祝中国共产党成立100周年大会上的讲话［N］. 人民日报，2021-07-02（02）.

⑥ 曲星. 人类命运共同体的价值观基础［J］. 求是，2013（4）：53-55.

球治理理念等的层面上进行深入探讨，很少有深刻的"学理解析"。随着"人类命运共同体"的研究逐渐成为热点，对其研究的广度与深度也不断拓展和加深，有不少学者从最基础的哲学层面和思想渊源上开展研究，从而为人类命运共同体思想提供深厚的立论根据。

三、人类命运共同体的创新性贡献

人类命运共同体的创新性贡献主要体现在国际关系领域。具体来说，主要就是运用人类整体利益观来对待和处理国际的政治、经济、文化关系以及社会存在形式。这是一种新的国际关系观。

（一）构建以合作共赢为核心的新型国际政治关系

在经济全球化的影响下，国与国之间的关系也越来越密切。习近平以胸怀全世界的远见卓识，从人类整体利益的观念出发，提出人类命运共同体理念，呼吁世界各国应该秉承我们共有一个地球的全面合作理念，构建以合作共赢为核心的新型国际关系，开展政治、经济、文化等方面的全方位的合作发展。

1. 坚决反对霸权主义，尊重各国人民自主选择发展道路的权利

新中国成立以来，我国一直奉行独立自主的外交政策，反对霸权主义，倡导和平，反对战争。2013 年 4 月 7 日，习近平主席在博鳌亚洲论坛 2013 年年会上的主旨演讲中指出："我们应该尊重各国自主选择社会制度和发展道路的权利，消除疑虑和隔阂，把世界多样性和各国差异性转化为发展活力和动力。"[1] 2015 年 9 月 3 日，习近平总书记在纪念中国人民抗日战争暨世界反法西斯战争胜利 70 周年大会上的讲话中指出："偏见和歧视、仇恨和战争，只会带来灾难和痛苦。相互尊重、平等相处、和平发展、共同繁荣，才是人间正道。"[2] 2017 年 10 月 18 日，习近平总书记在十九大报告中再次明确指出，中国坚定奉行独立自主的和平外交政策，尊重各国人民自主选择发展道路的权利，维护国际公平正义，反对把自己的意志强加于人，反对干涉别国内政，反对以强凌弱。"并指出，在国际事务中，坚持正确义利观，维护我国的独立和主权，反对霸权主义和强权政治，维护世界和平，促进人类进步，努力推动构建人类命运共同体，

---

① 习近平. 共同创造亚洲和世界的美好未来 [N]. 人民日报，2013-04-08（01）.

② 习近平. 铭记历史、缅怀先烈、珍爱和平、开创未来 [M] //习近平谈治国理政：第二卷. 北京：外文出版社，2017：446.

推动建设持久和平、共同繁荣的和谐世界。① 可以说是一再强调国家之间应平等相待，相互尊重，共同协商，共同发展。2019 年 3 月 23 日，国家主席习近平在对法兰西共和国进行国事访问前夕，在法国《费加罗报》发表题为《在共同发展的道路上继续并肩前行》的署名文章上指出："我们期待同法方加强协调，维护多边主义，坚持以联合国宪章宗旨和原则为基础的国际关系基本准则，携手应对挑战，共促世界繁荣稳定，推动构建人类命运共同体。"② 也是强调反对霸权主义和单边主义，主张各国应在考虑人类整体利益之下共同应对、共谋发展。

2. 积极倡导平等互商、合作共赢的新型国际关系

2015 年 3 月 28 日，习近平主席在博鳌亚洲论坛 2015 年年会的主旨演讲中指出："迈向命运共同体，必须坚持各国相互尊重、平等相待。各国体量有大小、国力有强弱、发展有先后，但都是国际社会平等的一员，都有平等参与地区和国际事务的权利。涉及大家的事情要由各国共同商量来办。"③ 2017 年 1 月，在世界经济论坛 2017 年开幕式上的主旨演讲中，习近平主席再次指出："国家不分大小、强弱、贫富，都是国际社会平等成员，理应平等参与决策、享受权利、履行义务。"强调的都是国与国之间的平等地位、权利和义务。2015 年 9 月，在第七十届联合国大会一般性辩论的演讲中，习近平主席指出："当今世界，各国相互依存、休戚与共。我们要继承和弘扬联合国宪章的宗旨和原则，构建以合作共赢为核心的新型国际关系，打造人类命运共同体。"④ 2016 年 7 月 1 日，习近平总书记在庆祝中国共产党成立 95 周年大会上的讲话中再次强调："中国始终是世界和平的建设者、全球发展的贡献者、国际秩序的维护者，愿扩大同各国的利益交汇点，推动构建以合作共赢为核心的新型国际关系，推动形成人类命运共同体和利益共同体。"⑤ 从而把"合作共赢"与"人类命运共同体"紧密联系在一起。2019 年 3 月，国家主席习近平在对意大利共和国进行国事访问前夕，在意大利《晚邮报》发表题为《东西交往传佳话　中意友谊续新

---

① 习近平. 决胜全面建成小康社会　夺取新时代中国特色社会主义伟大胜利 ［N］. 人民日报，2017-10-28（01）.

② 习近平. 在共同发展的道路上继续并肩前行 ［EB/OL］.（2019-03-23）［2021-07-18］. http：//www.xinhuanet.com/politics/2019-03/23/c_ 1124273524. htm.

③ 习近平. 迈向命运共同体　开创亚洲新未来 ［N］. 人民日报，2015-03-29（02）.

④ 习近平. 携手构建合作共赢新伙伴，同心打造人类命运共同体 ［M］//习近平谈治国理政：第二卷. 北京：外文出版社，2017：522.

⑤ 习近平. 共提时代责任　共促全球发展 ［M］//习近平谈治国理政：第二卷. 北京：外文出版社，2017：481.

篇》的署名文章上指出："面对当今世界的变革和挑战，两国从历史沧桑中汲取宝贵经验，共同畅想构建相互尊重、公平正义、合作共赢的新型国际关系，构建人类命运共同体的美好愿景。"① 可以说，在所有谈及"人类命运共同体"和"国际关系"的场合，习近平主席几乎都在强调"合作共赢"，指出这是符合各国共同利益和共同发展需求，保持人类长期和平发展的重要路径。

3. 积极发展全球性合作伙伴关系，促进各国共同发展

中国历来主张与各国发展合作伙伴关系，大家团结合作，促进共同发展。2014 年，习近平主席在亚太经合组织第二十二次领导人非正式会议上提出："亚太经济体需要共同构建互信、包容、合作、共赢的亚太伙伴关系，为亚太专区和世界经济发展增添动力。"② 此外，习近平主席还提出要建立中俄"平等信任、相互支持、共同繁荣、世代友好的全面战略协作伙伴关系"③，"打造中欧和平、增长、改革、文明伙伴关系"等，强调的都是与各国建立和平相处、团结协作、共同繁荣的合作伙伴关系。2017 年 10 月 18 日，习近平总书记在十九大报告中指出："中国积极发展全球伙伴关系，扩大同各国的利益交汇点，推进大国协调和合作，构建总体稳定、均衡发展的大国关系框架，按照亲诚惠容理念和与邻为善、以邻为伴周边外交方针深化同周边国家关系，秉持正确义利观和真实亲诚理念加强同发展中国家团结合作。"④ 这是对中国与世界各国建立伙伴关系的集中表述，表明中国愿意与世界任何国家建立伙伴关系，真诚合作，互利共赢，共谋发展。当然，我们也承认世界各国之间有竞争，但已经不再是过去所理解的你死我活的零和竞争，而是可以合作共赢的良性竞争。

（二）建立以互利共赢为主导的世界经济发展体系

经济发展是社会进步、国家强大、人民富裕的物质基础和重要保障。但在全球经济如此紧密相连的背景下，对一个国家来说，要发展经济是不可能关起门来实现的。因此，人类命运共同体倡导建立互惠互利、合作共赢的世界经济协调发展机制和体系，是时代使然，也是经济全球化背景下的理论创新。

---

① 习近平：东西交往传佳话 中意友谊续新篇 ［N］. 人民日报，2019-03-21 （01）.

② 习近平. 共同构建互信、包容、合作、共赢的亚太伙伴关系 ［M］//习近平谈治国理政：第二卷. 北京：外文出版社，2017：453.

③ 习近平. 共创中俄关系更加美好的明天 ［M］//习近平谈治国理政：第二卷. 北京：外文出版社，2017：466.

④ 习近平. 决胜全面建成小康社会　夺取新时代中国特色社会主义伟大胜利 ［N］. 人民日报，2017-10-28 （01）.

1. 树立利益共同体意识，形成各国合作共赢经济格局

这是人类整体利益观的具体体现。2014 年 11 月 15 日，习近平主席在二十国集团领导人第九次峰会第一阶段会议上的发言中说："面对世界经济面临的各种风险和挑战，二十国集团成员要树立利益共同体和命运共同体意识，坚持做好朋友、好伙伴，积极协调宏观经济政策，努力形成各国增长相互促进、相得益彰的合作共赢格局。"2014 年 3 月 27 日，习近平主席在中法建交 50 周年纪念大会上的讲话中也指出："中方愿意同法方一道，牢固树立利益共同体意识，寻找更多利益契合点，深化经济合作。"① 2016 年 6 月 22 日，习近平主席访问乌兹别克斯坦时发表重要演讲，其中提到"中乌是平等互利、安危与共、合作共赢的利益共同体和命运共同体。""中国始终从战略高度和长远角度看待中乌关系，把打造平等互利、安危与共、合作共赢的中乌命运共同体和利益共同体作为外交优先方向之一。"② 可以说，在与各国的互访交流与经济合作中，习近平主席都在强调利益共同体意识，主张经济上的互利互惠，合作共赢。并把构建利益共同体与命运共同体紧密结合起来，在更广阔的领域与世界各国建立互利共赢的合作关系。

2. 坚持互利共赢，深化与各国的经济合作

人类整体利益观并不是无视各国自身的利益，而是把人类整体利益与各国自身利益结合起来，在考虑人类整体利益的前提下通过合作共赢方式促进各国利益的实现。早在 2015 年，习近平主席在博鳌亚洲论坛 2015 年年会上的主旨演讲中就指出："要摒弃零和游戏、你输我赢的旧思维，树立双赢、共赢的新理念，在追求自身利益时兼顾他方利益，在寻求自身发展时促进共同发展。"③ 2017 年 9 月 4 日，在金砖国家领导人厦门会晤大范围会议上的讲话中，习近平主席强调指出："我们应该紧紧围绕经济务实合作这条主线，在贸易投资、货币金融、互联互通、可持续发展、创新和产业合作等领域拓展利益汇聚点。""我们愿同各方一道努力，把以往成果和共识落实好，让现有机制运行好，共同把握新工业革命带来的历史机遇，积极探索务实合作新领域新方式，拉紧联系纽带，让金砖合作机制行稳致远。"④ 由习近平提出和描绘的"一带一路"更是开创了与世界亚、欧、非洲等 100 多个国家务实合作的通途，"它的核心内容是促

---

① 习近平. 在中法建交五十周年纪念大会上的讲话［N］. 人民日报，2014-03-29（02）.

② 习近平. 携手共创丝绸之路新辉煌［N］. 人民日报，2016-06-23（02）.

③ 习近平. 迈向命运共同体，开创亚洲新未来［N］. 人民日报，2015-03-29（02）.

④ 习近平. 开启金砖合作第二个"金色十年"［M］//习近平谈治国理政：第二卷. 北京：外文出版社，2017：491.

进基础设施建设和互联互通，对接各国政策和发展战略，深化务实合作，促进协调联动发展，实现共同繁荣。"① 中国愿意让世界各国搭乘中国发展的列车共同发展，这可以看到中国与世界各国合作的诚意，也体现中国的大国担当与领航责任。

3. 打造开放型合作平台，维护和发展开放型世界经济

2017 年 1 月，习近平主席在世界经济论坛 2017 年年会开幕式上的主旨演讲中指出，经济全球化是社会生产力发展的客观要求和科技进步的必然结果，"世界经济的大海，你要还是不要，都在那儿，是回避不了的。想人为切断各国经济的资金流、技术流、产品流、产业流、人员流，让世界经济的大海退回到一个一个孤立的小湖泊、小河流，是不可能的，也是不符合历史潮流的。"因此他提出："我们要坚定不移发展开放型世界经济，在开放中分享机会和利益、实现互利共赢。""我们要下大气力发展全球互联互通，让世界各国实现联动增长，走向共同繁荣。我们要坚定不移发展全球自由贸易和投资，在开放中推动贸易和投资自由化便利化，旗帜鲜明反对保护主义。"② 2017 年 5 月 14 日，习近平主席在"一带一路"国际合作高峰论坛开幕式上再次指出："我们要打造开放型合作平台，维护和发展开放型世界经济，共同创造有利于开放发展的环境，推动构建公正、合理、透明的国际经贸投资规则体系，促进生产要素有序流动、资源高效配置、市场深度融合。我们欢迎各国结合自身国情，积极发展开放型经济，参与全球治理和公共产品供给，携手构建广泛的利益共同体。"③ 2018 年 4 月 10 日，在美国发动的中美贸易摩擦阴云密布时，习近平在博鳌亚洲论坛 2018 年年会开幕式上的主旨演讲仍然强调，要加大改革开放步伐，坚持对话协商，共担责任；坚持同舟共济、合作共赢。并指出："和平与发展是世界各国人民的共同心声，冷战思维、零和博弈愈发陈旧落伍，妄自尊大或独善其身只能四处碰壁。只有坚持和平发展、携手合作，才能真正实现共赢、多赢。"④ 可以说打造开放型合作平台，维护和发展开放型世界经济是人类整体利益与各国自身利益共同实现的重要途径。

---

① 习近平. 论坚持推动构建人类命运共同体 [M]. 北京：中央文献出版社，2018：442.

② 习近平. 共担时代责任　共促全球发展 [M] // 习近平谈治国理政：第二卷. 北京：外文出版社，2017：481.

③ 习近平. 携手推进"一带一路"建设——习近平在"一带一路"国际合作高峰论坛开幕式上的演讲 [N]. 人民日报，2017-05-15（03）.

④ 习近平. 开放共创繁荣　创新引领未来——在博鳌亚洲论坛 2018 年年会开幕式上的主旨演讲 [N]. 人民日报，2018-04-11（03）.

（三）确立体现人类整体利益的社会存在形式

社会存在是指构成社会的一切存在，包括个体、社会组织、社会活动、各种财产等。社会的存在形式复杂多样。人类命运共同体基于人类整体利益观思考人类社会的存在形式，在不同的领域中提出了"和平崛起"的民族复兴模式、"和而不同"的国家共存模式以及"人境和谐"的人与自然相处模式。

1. 提出"和平崛起"的民族复兴模式

2012 年 11 月 29 日，习近平总书记带领新一届中央领导集体参观中国国家博物馆"复兴之路"展览现场，首次提出"中国梦"。他说："我以为，实现中华民族伟大复兴，就是中华民族近代以来最伟大的梦想。"① 并进一步指出，在新的历史时期，中国梦的本质就是国家富强、民族振兴、人民幸福。② 而要实现中国梦，还必须坚持和平发展。从而把中国梦与世界梦结合起来，即实现中国梦不仅仅造福中国人民，而且还造福世界人民。这清晰地表明，中华民族的伟大复兴是要走和平之路实现的，也就给世界传递了中国的最大善意，让世界明白中国的崛起是和平的崛起，是和世界人民共同分享劳动果实的崛起。这也是对西方奉行的"修昔底德陷阱"社会竞争价值理念的超越。

所谓"修昔底德陷阱"，它来源于古希腊著名历史学家修昔底德对雅典和斯巴达冲突根源的总结，是指一个新崛起的大国必然要挑战现存大国，而现存大国也必然会回应这种威胁，这样战争变得不可避免。随着中国的崛起，西方的一些学者也用"修昔底德陷阱"来描述中美关系，认为中国最终会挑战美国霸权，中美之间必然发生冲突和对抗。这是西方冷战思维得到的结论。但习近平主席指出，中美已经形成了你中有我、我中有你的不可分割的经济关系，因此，中美之间要摒弃对抗思维，建立起新型的大国关系。2015 年 9 月，习近平主席对美国进行国事访问并发表演讲，其中提出从四个方面努力构建新型大国关系，一是正确判断彼此战略意图；二是坚定不移推进合作共赢；三是妥善有效管控分歧；四是广泛培植人民友谊。其中特别指出，世界上本无"修昔底德陷阱"，但大国之间一再发生战略误判，就可能自己给自己造成"修昔底德陷阱"。习近平主席一再强调中国坚持走和平发展道路，重申无论发展到哪一步，中国永远不称霸、永远不搞扩张。中国愿同各国一道，构建以合作共赢为核心的新型国

---

① 习近平. 实现中华民族伟大复兴就是中华民族近代以来最伟大的梦想［M］//习近平谈治国理政. 北京：外文出版社，2017：36.

② 习近平. 实现中国梦不仅造福中国人民，而且造福世界人民［M］//习近平谈治国理政. 北京：外文出版社，2017：56-57.

际关系，以合作取代对抗，以共赢取代独占，树立建设伙伴关系新思路，开创共同发展新前景，营造共享安全新局面。① 在演讲中，习近平主席明确且诚恳地表明，中国的发展不会危害他国利益，相反是要通过推动共建"一带一路"等来为全球发展作出贡献。中国是以合作共赢理念与各国建立外交关系和进行政治经济往来的，只要中美双方互诚互信，就能够建立起有益双方的新型大国关系。中美两国合作好了，可以成为世界稳定的压舱石、世界和平的助推器。中美冲突和对抗，对两国和世界肯定是灾难。这种以合作共赢为核心的大国关系，以和平发展为主导的崛起之路，实际上就是对100多年来西方某些国家通过战争取得霸权地位的"修昔底德陷阱"的破解，也是对西方习惯性的冲突对抗冷战思维的范式转换。因此，走合作共赢、和平发展的中国崛起和民族复兴之路，也是人类命运共同体的重要创新。

2. 提倡"和而不同"的国家共存模式

许多伟大的哲学先贤都对人类未来有过美好的梦想，从中国古代的大同世界，到西方近代的空想社会主义，再到马克思主义的共产主义社会，等等，其中共产主义社会是最为理想的社会。但共产主义社会是以阶级消亡为前提的，它的实现还需要漫长的时间。那么，在目前的社会阶段应该是怎么的一种社会形态呢？人类命运共同体给出新的答案，即倡导"和而不同"的美好社会。如果说"世界大同"是我们未来的社会理想追求，那么目前的阶段更为现实的应该是"和而不同"的人类命运共同体。

首先，科技的高度发达给人类带来快捷舒适的生活和前所未有的风险和危机，宇宙只有一个地球使得人类命运与共。人类从来都没有像今天这样紧密关联和彼此相依。面对人类的困境与挑战，任何一个国家或个人都难以独善其身。世界人民只有团结起来，结成命运共同体，才能应对未来可能发生的风险与危机。其次，当今世界并不太平，发展的不平衡与文明的多样性不可避免地会带来矛盾和冲突。霸权主义、强权政治并没有消失，相反，由于发展中国家的崛起让发达国家感到其世界霸权地位受到威胁，为了维护其霸权地位不惜诉诸武力，便以各种莫须有的罪名打击、制裁甚至侵略其他国家，因此，中国的和平崛起之路充满困难、艰险与阻力。事实上，美国针对中国发动的贸易摩擦，就是阻碍和遏制中国和平崛起的看不见硝烟的战争，这种做法明显是"杀敌一千自损八百"的害人又害己的行为，既不符合中国的利益，也会损害美国自身的

---

① 习近平. 在华盛顿州当地政府和美国友好团体联合欢迎宴会上的演讲［N］. 人民日报，2015-09-24（02）.

利益。

因此，习近平从人类的命运与共与文明形态多样共存的理念出发，提出了构建人类命运共同体，追求的并不是终极意义的"世界大同"，而是现实世界中的"和而不同"。习近平说："中华文明历来崇尚'以和邦国'、'和而不同'、'以和为贵'。"① 这里的关键是"和而不同"。"和而不同"强调的是承认并珍惜文明的多样性，尊重文明差异，提倡文明交流互鉴。正如习近平所说："文明因交流而多彩，文明因互鉴而丰富。文明交流互鉴，是推动人类文明进步和世界和平与发展的重要动力。"② 具体到处理国家关系，就是尊重每个国家自由选择国家制度和发展道路的自主权利。这是一个务实而又为世界各国接受的政治主张和价值理念。在人类命运共同体的框架下，习近平主席不失时机地为世界各国描述了一幅和平安宁、繁荣富饶、幸福美好的未来图景，这是一个通过坚持对话协商、共建共享、合作共赢、交流互鉴、绿色低碳，就可以建设和达成的持久和平、普遍安全、共同繁荣、开放包容、清洁美丽的新世界。这种对社会理想的整体性设计，既是对历史的继承，又是新时代的创新，更是一种基于现实的未来畅想。

3. 提倡"人境和谐"的人与自然相处模式

习近平主席说过，宇宙只有一个地球，地球是人类唯一的家园。保护好地球是人类的唯一选择。人类命运共同体的一个重要思想就是提倡人与自然是不可分割的生命共同体，这也是中国古代哲学"天人合一"思想在新时代的表达。习近平非常重视环境保护与生态文明建设，提倡绿色低碳。2015 年 9 月 28 日，习近平主席在第七十届联合国大会一般性辩论时的讲话中指出："我们要构筑尊崇自然、绿色发展的生态体系。人类可以利用自然、改造自然，但归根结底是自然的一部分，必须呵护自然，不能凌驾于自然之上。我们要解决好工业文明带来的矛盾，以人与自然和谐相处为目标，实现世界的可持续发展和人的全面发展。"呼吁"国际社会应该携手同行，共谋全球生态文明建设之路，牢固树立尊重自然、顺应自然、保护自然的意识，坚持走绿色、低碳、循环、可持续发展之路。"③ 2017 年 1 月 18 日，习近平主席在联合国日内瓦总部的演讲中再次

---

① 习近平. 共同构建人类命运共同体［M］//习近平谈治国理政：第二卷. 北京：外文出版社，2017：545.

② 习近平. 文明因交流而多彩，文明因互鉴而丰富［M］//习近平谈治国理政. 北京：外文出版社，2017：258.

③ 习近平. 携手构建合作共赢新伙伴，同心打造人类命运共同体［M］//习近平谈治国理政：第二卷. 北京：外文出版社，2017：525.

明确提出要"坚持绿色低碳，建设一个清洁美丽的世界。"并指出："人与自然共生共存，伤害自然最终将伤及人类。空气、水、土壤、蓝天等自然资源用之不觉、失之难续。工业化创造了前所未有的物质财富，也产生了难以弥补的生态创伤。我们不能吃祖宗饭、断子孙路，用破坏性方式搞发展。绿水青山就是金山银山。我们应该遵循天人合一、道法自然的理念，寻求永续发展之路。"① 在十九大报告中，更是把生态文明建设作为决胜全面建成小康社会的重要战略，指出："人与自然是生命共同体，人类必须尊重自然、顺应自然、保护自然。人类只有遵循自然规律才能有效防止在开发利用自然上走弯路，人类对大自然的伤害最终会伤及人类自身，这是无法抗拒的规律。"强调"我们要建设的现代化是人与自然和谐共生的现代化，既要创造更多物质财富和精神财富以满足人民日益增长的美好生活需要，也要提供更多优质生态产品以满足人民日益增长的优美生态环境需要。"并认为"生态文明建设功在当代、利在千秋。"② 他的这些思想都是人类命运共同体思想的重要组成部分，这就使得人类命运共同体突破了"人类"的封闭系统，扩展到了整个自然环境，即把整个自然界也纳入了人类命运共同体之中，把自然界看作是关乎人类命运的重要部分，人类社会的美好存在离不开自然界的永续存在，建设美好的人类社会形态也必然要有一个美丽的自然世界。因此，要把人类与自然环境都看作一个相互依存、不可分割的整体，只有人与环境的和谐，才能实现人类的长治久安和永续发展。这种把自然界纳入人类命运共同体的思想，是对过去社会形态理论的超越和创新。

概括地说，人类命运共同体的创新性贡献主要体现为建立合作共赢的新型国际关系，政治上主张用协商方式解决国际争端，反对用战争等暴力方式处理国际事务；经济上建立互利互惠的合作模式，主张共商共赢，反对零和博弈的恶性竞争；社会形态上提出和平崛起的民族复兴模式、和而不同的社会存在形式以及人境和谐的人与自然相处模式。这实际上是价值理念与思维模式的范式转换。

---

① 习近平．共同构建人类命运共同体［M］//习近平谈治国理政：第二卷．北京：外文出版社，2017：544．
② 习近平．决胜全面建成小康社会　夺取新时代中国特色社会主义伟大胜利［N］．人民日报，2017-10-28（01）．

第二节　人类命运共同体价值认同的内涵

一、人类命运共同体概念的基本阐释

（一）人、人类与人类共同体

"人"的自然本质是自然进化的动物，人的社会本质是人工劳动（超越自然的劳动、发明、创造、艺术、学习等）创造的人。人性（特性或者属性）就此分为自然属性和社会属性，社会属性是人的本质属性。马克思主义对"人"的哲学理解是：人的内在生命物质本体与特定的大脑意识本体构成"整体的自然人"。自然人通过劳动关系构成一个完整的社会关系系统，并且同系统外的环境形成外在矛盾关系。人是一切社会关系的出发点，也是一切社会关系的终结点，人是一切社会关系的总和。"劳动创造了人"其实是强调了社会属性是人的本质属性，对于这句话的解释不是说劳动使猿猴变成了人，而是说人的独立性，人的地位，人的主动性，人的文化创造力等，即人对外物的直观都是在劳动中体现。马克思主义对"人"的哲学和认识论上的最重要的贡献是强调了"整体性"思想。不论是处理自然关系还是社会关系，人在解决内、外矛盾关系达到自我解放都必须通过"整体的自然人"来实现。而这里的整体性不是封闭系统的概念，而是开放系统的概念。

"人类"是对于人过去、现在与未来所有个体形成"全体"的总称。事实上，这个人类"全体"就是我们讨论的"人类共同体"的主要内容。人类的基本属性就是聚集性，亦即社会性。人自诞生以来就是以"类"的形式生存，也是在"类"的状态下发展，单独的、不与其他人交往的单个个体的人是无法生存的，甚至无法成为真正意义的人。而这个"类"其实就表现为形形色色的共同体模式，遍布在世界的各个地方，依赖着自然，不断地繁衍生息，逐渐地发展壮大。

"人类共同体"是包括人类以及自然环境、生物圈与人为的环境空间（例如虚拟的网络空间）等所有关联的物理与几何开放系统整体的总称。在过去很长的一段历史中，人类不同共同体之间是相互隔绝的，随着人类社会的发展，人与人之间的联系才逐步加强。然而，不管我们是否意识到，人类不管相隔多远，都有着千丝万缕的联系。经过漫长的历史岁月，人类文明越来越发展，科学技

术也越来越先进，人口也越来越多，甚至超过了地球的自然承载能力。于是，人类的前途命运又以新的形式呈现出来。

（二）命运与共同体

根据唯物辩证法的思想，命运是指个人、集体或者人类等物质整体对象在几何空间与时间维度形成的开放的整体系统中运行规律的总称。

"命运"包括了"生命"与生命运行"规律"。由于西方哲学家始终缺乏开放的整体性认识论，对于"生命"也没有取得统一的定义，往往把"命运"简化成为"生活或者活着"，因此让"命运"这个词汇具有迷信或者宗教（宿命论）的含义。宿命思想在古代的中国有"生死有命""富贵在天"的说法。在古希腊罗马也有"服从命运"的主张。宿命思想是历史上人类科学技术发展水平低下导致了命运的不可预知性的反映。

现代社会，宗教神权已经退位给科学原理。现代生态学的研究成果告诉我们这样的客观事实，无论在微生物的微观世界还是生物圈的宏观世界，人类命运都是与其他生命体和环境形成一个同舟共济的共同体。2017年2月27日，联合国人权理事会第34次会议在瑞士日内瓦万国宫开幕，联合国秘书长古特雷斯在开幕式上表示，人权的概念是一个相互依存和不可分割的整体，国际社会应给予经济、社会和文化权利以同等的重视。这表明，除了个别国家与利益集团坚持所谓的种族优越和国家霸权外，人类（共同体）的命运掌握在人类自己手中的理念已经发展成为科学原理与伦理共识。

（三）人类命运共同体

"人类命运共同体"包括了"人类""命运"和"共同体"三个元素和多种排列组合形成的复杂集合。为了表达方便，目前理论界均采用"人类命运共同体"一个"术语"进行表达。按照汉语的语意分析，术语"人类命运共同体"包括静态的"人类命运共同体"与动态的"人类共同体命运"两个基础概念：（1）静态的"人类命运共同体"关注的是物质概念层面的人与环境的整体系统状态。目前，微观上人们采用生物科学的方法论、宏观上采用生态学的方法论已经开展了许多研究，也取得了许多成果。例如DNA理论与生物圈理论都是反映"人类共同体"整体特性的理论成果。（2）动态"人类命运共同体"表达的含义是人与环境整体系统过去、现在与未来的运行发展规律。按照唯物辩证法的观点，世界是物质的，物质是运动变化的，也就是说"人类命运共同体"重点寻找的其实是"人类共同体的命运"。就是人类与自然形成的整体在过去、现在和将来发展变化的规律，它指导人类未来发展的方向。

对于"人类共同体命运"过去的运行发展所反映的客观规律，我们能够通过观察其历史轨迹进行归纳总结，形成一个"参考规律"，即人类的智慧之学（科学哲学理论）。例如，哥白尼提出的日心学说、达尔文提出的进化论、牛顿提出的万有引力理论以及马克思主义提出的唯物辩证法等。需要强调的是，这个"参考规律"受到当时科学发展水平、研究者能力的许多限制，并不能够完全反映真实的客观规律。事实上，人们也早就清楚这一现象，因此始终没有停止对人类命运发展客观规律的研究与探索。"人类共同体命运"的理论与实践就是在这领域里的最新研究成果。

人类从哪里来？人类要到哪里去？这是人类需要探寻的永恒的哲学命题。我们不可能左右人类已经发生的历史，但是我们必须关心人类今天的生活与将来的命运。对于"人类共同体"未来发展应该符合什么规律？今天的人类能够主动思考与主动设计，例如，战争还是合作就是两条不同的命运选择。这也是中国提倡在全世界所有国家共同促进"人类命运共同体"建设的初衷与追求。

（四）人类命运共同体的国际化

"人类命运共同体"理念不仅仅是中国人民的伟大理想，同时是全世界人民共同的发展未来，采用正确的英语术语表达"人类命运共同体"概念也是非常重要的工作。习近平主席在联合国日内瓦总部的演讲、王毅外长在第 34 届联合国人权理事会上的发言、外交部正式文件等，"命运共同体"的英文稿基本上都使用了"a community of shared future"术语，"人类命运共同体"也相应地译为"a community of shared future for mankind"，后又表述为"a human community wish a shared future"。①

在英语中，表达命运的词汇有"common/shared destiny"和"shared future"。其中"common destiny"指的是"人的宿命"，而"shared future"表示的是"人生远景"。例如，2013 年 4 月 17 日，BBC 在对撒切尔夫人葬礼的报道中就引用了伦敦主教所说的话"Lying here, she is one of us, subject to the common destiny of all human beings"；2005 年，北爱尔兰旨在消除社会分歧、种族隔离、宗派主义等现象，维护社会和谐和文化多元提出了一项题为"A Shared Future"的国家战略规划。通过采用两个英语词汇"common/shared destiny"和"shared future"使用的典型案例比较分析，我们可以看见"人类命运共同体"也是世界人民共

---

① 习近平. On Building a Human Community with a Shared Future［M］. 北京：中央编译出版社，2019.

同发展的未米。

二、价值认同及相关概念的基本阐释

（一）价值与价值观

从哲学意义上，价值代表着主体与客体之间的一种特定的关系。价值具有属人性，即价值的主体只能是人。客观事物本身总是具备某种属性，当这种属性满足主体特定目的或需要的时候，客观事物就能转换成为价值关系当中的客体。当人们说某个事物对自我具有价值的时候，总是体现在事物对人有用处或有意义，这时客观事物能够与主体的目的、意愿及需要相符合，体现出其价值特性。也就是说，价值所表达的是一定客体对于社会主体人的生存和发展的作用和意义。价值的产生必须有主体、客体两个方面，二者缺一不可。价值本质上是一种生成性存在，是基于客体属性因主体需要而生成的客体有用性和意义。

价值的特性表现在，其一，价值具有主体性特征。人的实践的创造性是价值主体性的最突出表现，价值关系产生的基础是主体的创造性的实践关系。因为价值关系不是自然而然地凭空产生的，在根本上还是由人的实践创造的。可以说，人在价值关系中起着关键性与决定性的作用。马克思说："对于没有音乐感的耳朵说来，最美的音乐也毫无意义，不是对象。"还说："忧心忡忡的穷人甚至对最美丽的景色都没有什么感觉；贩卖矿物的商人只看到矿物的商业价值，而看不到矿物的美和特性。"① 这说明，在价值关系中主体是起决定性作用的，价值的本质就是主体性。其二，价值具有未来指向性。客体对主体间存在价值，并不代表价值需要在当下立即产生，因为价值本质上是一种生成性存在，具有否定性，是指向将来的。最后，价值还具有多样性和复杂性。主体间差异的多样性决定了客体满足主体需要也具有多样性，人有多少种活动领域，就可能有多少种价值；客体有多少种属性，就有可能产生多少种价值。另外，人与物不同，人具有主体和客体两重性，即人既可以作为主体获得自身需要的满足，同时也作为客体满足包括自己在内的整个社会主体的需要，人的价值既体现在作为社会主体的需求被满足上，但更体现于人作为社会客体满足社会主体的需要之中，即体现于一个人对社会的贡献和创造性活动上，这是个体最大的价值体现。

价值观是人们关于价值的观点与看法，通常涉及价值原则、价值理想和价

---

① 马克思恩格斯全集：第 42 卷 ［M］. 北京：人民出版社，1979：126.

值规范、价值评价等内容。价值观总是由特定的主体所拥有，反映了特定主体的认知和需要并引导主体的行为选择。但是价值观并不是主体所先天固有的，而是随着后天的发展而逐步形成的。人的价值观受到历史条件的制约，不同时代的人其价值观也可能会明显不同。在现实的社会生活中，人们随着人生的发展而逐步丰富自己的价值观内涵，并形成自己独有的价值体系。我们所说的价值认同，实质上表现为价值观上的彼此认可和一致，只是简洁性地表达为价值认同。

（二）认同与认同理论

从词语意义上，认同在英文中对应有三个词，分别是 identify；approve of；acknowledge。"identify"有"身份；本身；本体；特征；同一性；相同；一致"等意思，强调的是身份认同，认同理论（Identity theory）用的便是这个词，主要涉及自我认同、族群认同、民族认同、国家认同以及思想观念的认同等；"approve"有"批准；赞成；同意；核准；认可；通过（计划、要求等）"的意思，"approve of"即"对……予以认可"；"acknowledge"有"承认（权威、地位）；承认（属实）；告知收悉"之意，强调的是对事实的承认。因此，价值之"认同"，首先是指"identify"，同时也包含"approve of"，表达的是"赞同、同意、认可"的意思，但也可以含有"acknowledge"的对事实的承认之意。亦即可以在不同语境下使用不同的词语，但其基本含义来自于"identify"一词。

认同理论的提出源于心理学，后应用于社会各领域。不同的认同理论对认同有不同的定义。自我认同理论认为，认同是对自我身份的确认；社会认同理论认为，认同是个体对族群身份的确认与归属。因此，认同也可以从个体与社会两个层面理解。在个体层面上，认同是指个人对自我的社会角色或身份的理性确认，它是个体社会行为的持久动力。在社会层面上，认同则是指社会共同体成员对一定信仰和情感的共拥和分享，它是维系社会共同体的内在凝聚力。认同对于个体的生命活动及社会共同体的存在和发展都是极为重要的。[①] 因此，一般意义上，"认同"（identity）有身份和统一性两重含义，即一是对个体自我的确认与确证，二是以个体自我为基点寻求个体自我与他者的相同和一致，即促使他者对个体自我的确认与确证，"认同"的第二种含义实质是个体自我的放大和扩张。这两重含义又是内在一致的。[②] 认同还进一步表现为认识主体对被

---

① 汪信砚. 全球化中的价值认同与价值观冲突 [J]. 马克思主义哲学研究，2003（01）：169-179.

② 胡敏中. 论认同的涵义及基本方式 [J]. 江海学刊，2018（3）：65.

认同对象整体的态度和倾向，反映认识主体的特定心理、思想或行为的取向。从这个意义上，认同可以拓展出价值认同等思想观念层面的认同。

（三）价值认同与共同价值

简单地说，价值认同是指人们对某种价值和价值观念的接受和认可，并在价值取向上达成一致性和统一性。具体而言，价值认同是指个体或社会共同体（民族、国家等）通过相互交往与交流而在观念上对某一或某类价值的认可、接受和共享，是人们对自身在社会生活中的价值定位和定向，并表现为共同价值观念的形成。价值认同是一切个体认同和社会共同体认同的基础。[①] 价值认同涉及价值规范、价值理念、价值理想、价值目标、价值标准等内容。

价值认同是价值理论与认同理论相结合的产物。随着社会发展与交往的加深，社会越来越呈现多元化，不同价值观的碰撞和冲突持续发生，社会出现认同危机。于是价值论和认同理论出现相互渗透和融合，相应地提出了价值认同、价值共识、共同价值等概念。实质上，价值观念的多元存在是价值认同可能产生的前提条件。因为单一的价值观念下不存在认同问题，认同只有在具备了多元性、差异性的前提才成为一种可能。价值认同之所以必要，主要在于其主体性特征，具体的价值主体不仅作为个体形态而存在，同时它还以"类主体"形态而存在，"类主体"是价值主体的最高形态，它体现了主体的整体相联性。[②] 人类命运共同体的价值认同也不仅仅只是个体的价值认同，同样也是"类主体"的价值认同。价值认同是一个价值追求的过程，也是认同的价值观念不断主体化的过程，价值认同的最终目的就是形成共同价值。

共同价值概念几乎是与西方普世价值相对应而产生。"普世价值"实际上是以西方为中心的价值观，是"西方文明的独特产物"。它经历了从西方宗教的普世主义，到西方神学家倡导的普世伦理，再到如今代表着西方强势话语、专指西方政治理念和制度模式的演变过程。[③] 面对西方价值观以"普世价值"面目推向世界并极具掩饰性地传入我国时，国内学者敏感地意识到这是西方价值观的强势入侵的表现，为了揭示其真面目以及减少误导，有人提出了"共同价值"概念。一些学者认为，共同价值是世界一体化、多极化、全球化的产物，"构建

---

① 肖贵新. 着力增进价值认同［J］. 福建理论学习，2010（4）：16.

② 刘芳. 全球化时代的价值认同［J］. 甘肃理论学刊，2004（5）：47-49.

③ 项久雨. 二者存在本质区别：把共同价值与"普世价值"混为一谈［J］. 理论导报，2016（4）：39.

人类共同的价值体系是今天全球化趋向的客观要求，是人类走向一体化之必然。"① 而人类共同价值具有普遍性，是指事物对于全人类所共同具有的价值，即反映世界各民族、国家、地区人民的利益和需要，超越了多层次的具体主体（宗教、民族、国家、地区、阶级、阶层、党派、群体以及具体个人）界限的价值信仰（信念）、价值理想、价值标准，以及具体的价值取向。虽然各民族、国家、地区的文化价值观不尽相同，具有相应的民族性或地域性，但这些价值观往往也具有一定的共通性和普遍性，这是由人的类属关系决定的，因为自己所属的"类"的生活实践方式基本相同，历史演进大体一致，从而具有一些基本的共同点。② 归根结底，人类的共同价值反映了人类共同利益和整体利益。2015年9月28日，习近平主席在第七十届联合国大会一般性辩论中发表了题为《携手构建合作共赢新伙伴　同心打造人类命运共同体》的主旨讲话，正式在国际场合提出了"和平、发展、公平、正义、民主、自由，是全人类的共同价值，也是联合国的崇高目标。"③ 这是对人类共同价值的最好概括。2021年7月6日，习近平在中国共产党与世界政党领导人峰会上的主旨讲话中进一步指出："各国历史、文化、制度、发展水平不尽相同，但各国人民都追求和平、发展、公平、正义、民主、自由的全人类共同价值。我们要本着对人类前途命运高度负责的态度，做全人类共同价值的倡导者，以宽广胸怀理解不同文明对价值内涵的认识，尊重不同国家人民对价值实现路径的探索，把全人类共同价值具体地、现实地体现到实现本国人民利益的实践中去。"④ 从而把人类共同价值与各国利益关切起来，也指出了人类共同价值的实现路径。

因此，共同价值与"普世价值"有着本质区别。首先，共同价值是我国积极倡导的理念，也代表着一大批新兴经济体和发展中国家以及爱好和平、发展、公平、正义、民主、自由的世界民众的共同意愿；"普世价值"则是以美国为首的少数西方资本主义国家所倡导，代表着西方文明的核心价值观，是披着虚伪外衣的霸权主义价值理念。其次，共同价值旨在谋求开放创新、包容互惠的发展前景，构建以合作共赢为核心的新型国际关系，打造人类命运共同体；西方

① 江畅. 全球化与人类共同价值体系之生成 [J]. 理论月刊，2002（04）：4.

② 孙伟平. "人类共同价值"与"人类命运共同体" [J]. 湖北大学学报（哲学社会科学版），2017（06）：6.

③ 习近平. 携手构建合作共赢新伙伴，同心打造人类命运共同体 [M] //习近平谈治国理政：第二卷. 北京：外文出版社，2017：522.

④ 习近平. 加强政党合作　共谋人民幸福——在中国共产党与世界政党领导人峰会上的主旨讲话 [N]. 人民日报，2021-07-07（02）.

国家强行向他国推行"普世价值"，目的是为了颠覆不符合自身意愿和利益的他国政权，以获取巨大的战略利益和战略资源。① 因此，人类共同价值的提出，不仅有利于人们认清普世价值的实质及其虚伪性，也促进了广大发展中国家的价值认同。

（四）人类命运共同体的价值认同

人类命运共同体是中国领导人提出来的处理国际关系的价值理念和全球治理的具体方案，它是否能够得到国际社会的接受和认同，是能否顺利推进构建人类命运共同体的前提。促进人类命运共同体的价值认同是一件艰苦卓绝的工作。长期以来，西方国家依托强大经济、科技、军事优势，一直以各种方式在全世界推行自己的价值观，强制他国认同，妄图把全世界纳入自己的价值体系，其结果是引起更严重的价值冲突。2017 年初，国家主席习近平在联合国日内瓦总部发表主旨演讲，向世界描绘构建人类命运共同体的壮美蓝图。习近平主席摒弃了西方流行的对抗冲突的冷战思维模式，旗帜鲜明地反对霸权主义，主张构建"和而不同"的人类命运共同体，以合作共赢来实现世界各国的互惠共享，共同发展，可谓独辟蹊径。如今人类命运共同体思想理念赢得越来越多的赞同，这说明人类命运共同体要在世界范围内获得价值认同是可能的。

然而，人类命运共同体的价值认同首先要明确到底认同什么？也就是要明确人类命运共同体的思想内涵。对人类命运共同体的核心内涵，习近平主席在国际场合作了多次阐述，其基本要点可以概括如下：

（1）宇宙只有一个地球，地球是人类唯一赖以生存的家园。当今世界是一个"你中有我、我中有你"的不可分割的整体，面对人类的共同问题，人类早已命运与共，任何一国都不可能独善其身；

（2）构建以合作共赢为核心的新型国际关系，提倡互惠互利的共同发展理念。倡导建立平等相待、互商互谅的伙伴关系，营造公道正义、共建共享的安全格局，谋求开放创新、包容互惠的发展前景，促进和而不同、兼收并蓄的文明交流，构筑尊崇自然、绿色发展的生态体系；②

（3）尊重各国自主选择的社会制度和发展道路，主张"和而不同"的社会存在形态。国家不分大小、强弱、贫富，都有平等参与国际事务的权利，各国

---

① 项久雨. 二者存在本质区别：把共同价值与"普世价值"混为一谈［J］. 理论导报，2016（4）：39-40.

② 习近平. 论坚持推动构建人类命运共同体［M］. 北京：中央文献出版社，2018：254-256.

的事务应该由各国人民自己来管。① 世界各国应相互尊重，平等相处，友好合作；

（4）构建人类命运共同体的具体目标是，通过对话协商建设一个持久和平的世界，通过共建共享建设一个普遍安全的世界，通过合作共赢建设一个共同繁荣的世界，通过交流互鉴建设一个开放包容的世界，通过绿色低碳建设一个清洁美丽的世界。②

人类命运共同体倡导的是"和平、发展、公平、正义、民主、自由、合作、共赢"等全人类共同的价值理念，人类命运共同体的价值认同就是通过对人类命运共同体思想理念的宣传推广和构建人类命运共同体的社会实践，让世界各国认识、理解、感受、认可并接受人类命运共同体的思想理念，同时参与到构建人类命运共同体的伟大实践之中，并在实践中通过互惠互利的合作实现共赢，最终共享美好新世界。而中国将在推进人类命运共同体的建设中担当起大国的责任，做好人类走向未来的领航者。正如2020年10月23日，习近平《在纪念中国人民志愿军抗美援朝出国作战70周年大会上的讲话》所指出："作为负责任大国，中国坚守和平、发展、公平、正义、民主、自由的全人类共同价值，坚持共商共建共享的全球治理观，坚定不移走和平发展、开放发展、合作发展、共同发展道路。只要坚持走和平发展道路，同各国人民一道推动构建人类命运共同体，就一定能够迎来人类和平与发展的美好未来！"③

第三节　人类命运共同体价值认同的意义

人类命运共同体是一种具有范式创新的思想理论，促进人类命运共同体的价值认同，对推进人类命运共同体构建和整个人类社会文明发展具有重要意义。

一、促进人类命运共同体的价值认同是构建人类命运共同体的首要前提

观念是行动的指导。要推进人类命运共同体的建设，首先就要让人们接受人类命运共同体的理念，也就是要达成对人类命运共同体的价值认同。这是一

---

① 习近平. 论坚持推动构建人类命运共同体 [M]. 北京：中央文献出版社，2018：131.

② 习近平. 论坚持推动构建人类命运共同体 [M]. 北京：中央文献出版社，2018：418-421.

③ 习近平. 在纪念中国人民志愿军抗美援朝出国作战70周年大会上的讲话 [N]. 人民日报，2020-10-24（02）.

个艰苦的工作。我国从习近平主席到外交部、学者等都作出了巨大努力。2013年3月，国家主席习近平首次向世界提出了人类命运共同体理念，之后，习近平在许多外交场合都提到区域性命运共同体或人类命运共同体。2015年9月28日，习近平在美国纽约联合国总部举行的第七十届联合国大会一般性辩论时发表了《携手构建合作共赢新伙伴，同心打造人类命运共同体》的讲话，提出了"和平、发展、公平、正义、民主、自由"是人类的共同价值和联合国的崇高目标，并首次阐述了构建人类命运共同体需要作出的努力。明确表示中国始终做世界和平的建设者、全球发展的贡献者、国际秩序的维护者。2017年1月18日，习近平主席在联合国日内瓦总部发表了题为《共同构建人类命运共同体》的演讲，提出构建人类命运共同体的五个目标，并表示中国维护世界和平、促进共同发展、打造伙伴关系、支持多边主义的决心不变。这两个讲话，是习近平主席在联合国的高规格会议上对全世界发出"构建人类命运共同体"的倡议和提出的中国方案，在习近平等领导人的大力呼吁和传播下，人类命运共同体理念逐渐得到了各国政要的赞赏。2017年，人类命运共同体被列入了联合国的正式文件。这也说明经过近4年的大力宣传和努力推动，人类命运共同体思想越来越被国际社会所接受，越来越被世界人民所认同。而正是这种认同和接受，使得构建人类命运共同体的倡议逐步从观念落实到行动中。无论是"一带一路"建设，还是近两年的世界共同抗击新冠疫情，都见证了构建人类命运共同体的真实行动，也彰显了人类团结一心、共同努力的合作共赢机制的实际效果。

二、促进人类命运共同体的价值认同是中国走向世界舞台中央的重要路径

长期以来，都是西方的价值观念主导世界潮流，成为国际社会追逐的方向。然而，西方的价值观实质上是标榜在人权、民主、自由、平等之下的强权政治和霸权主义的外交策略，并动辄向其他国家进行各种制裁和武力干预，致使世界局部地区陷于混乱和灾难。中国是联合国的五个常任理事国之一，理应在世界上有话语权。但是要得到国际社会的认可，中国不能走西方的老路，也不认同霸权主义的行径。因此，中国应该有自己的理念和思想主张，而人类命运共同体就是中国提出的不同于西方基于对抗冲突冷战思维的霸权主义的价值观。人类命运共同体强调的是人类的整体利益，看到的是世界的联系越来越紧密，全人类命运与共，因此主张通过对话协商建设一个持久和平的世界，通过共建共享建设一个普遍安全的世界，通过合作共赢建设一个共同繁荣的世界，通过交流互鉴建设一个开放包容的世界，通过绿色低碳建设一个清洁美丽的世界。而这一切符合全人类的利益，也是人类得以持续发展的正确道路。如果说西方的价值观是形成一个强者通吃的社会，那么中国的价值观则是建设一个共享美好生活的社会。中国以自己的博大胸怀与哲学智慧，为世界提供了一个更好地促进和平与发展的全球治理方案，也就是构建人类命运共同体。多年来，中国以"一带一路"的社会实践推动着人类命运共同体的构建，从而获得国际社会的普遍赞誉。中国的人类命运共同体理念也逐步地被外界所接受。由此，中国在越来越多的国际场合发表自己的主张，提出自己的行动方案，无论是亚洲博鳌论坛还是联合国会议，无论是 G20 峰会还是世界政党大会，无论是目前的全世界抗击疫情还是每年的气候变化大会，中国都发出了自己举足轻重的声音，中国也因此越来越走向世界舞台中央，在世界各种事务的处理中发挥着重要且巨大的作用。

三、促进人类命运共同体的价值认同是抵御西方单边主义的有力手段

单边主义是指国际社会中实力地位较强的某一个国家，为了落实外交政策而忽视多数人民意愿，违反国际社会潮流，不顾他国利益，拒绝采取协商途径，凭借自己的力量我行我素的行为。单边主义是国际体系中大国一贯的做法。也有专家认为，单边主义是指举足轻重的特定大国，不考虑大多数国家和民众的愿望，单独或带头退出或挑战已制订或商议好了的维护国际性、地区性、集体性和平、发展、进步的规则和制度，并对全局或局部的和平、发展、进步有破坏性的影响和后果的行为与倾向。

中国历来主张多边主义。习近平主席在重要的外交场合和对外讲话中一再强调中国坚持多边主义的立场。2015 年 9 月 28 日，习近平在纽约联合国总部出席第七十届联合国大会一般性辩论上发表的《携手构建合作共赢新伙伴 同心打造人类命运共同体》讲话中就指出："我们要坚持多边主义，不搞单边主义；要奉行双赢、多赢、共赢的新理念，扔掉我赢你输、赢者通吃的旧思维。协商是民主的重要形式，也应该成为现代国际治理的重要方法，要倡导以对话解争端、以协商化分歧。我们要在国际和区域层面建设全球伙伴关系，走出一条'对话而不对抗，结伴而不结盟'的国与国交往新路。"[1] 2017 年 1 月 17 日，习近平主席在世界经济论坛 2017 年年会开幕式上发表题为《共提时代责任，共促全球发展》的主旨演讲中也指出："国家不分大小、强弱、贫富，都是国际社会平等成员，理应平等参与决策、享受权利、履行义务……要坚持多边主义，维

---

[1] 习近平. 携手构建合作共赢新伙伴 同心打造人类命运共同体 [M] //习近平谈治国理政：第二卷. 北京：外文出版社，2017：523.

护多边体制权威性和有效性。要践行承诺、遵守规则，不能按照自己的意愿取舍或选择。"① 2017 年 1 月 18 日，习近平在联合国日内瓦总部发表的《共同构建人类命运共同体》讲话中再次强调："中国支持多边主义的决心不会变。多边主义是维护和平、促进发展的有效途径。"② 2017 年 9 月 4 日，习近平在金砖国家领导人厦门会晤大范围会议上的讲话中也指出："我们应该坚定奉行多边主义和国际关系基本准则，推动构建新型国际关系，为各国发展创造和平稳定环境。"③ 这些关于多边主义的思想同时也是人类命运共同体的重要思想内涵。人类命运共同体是全新的创新性理念，它是对传统的对抗冲突冷战思维的范式转换，也是一种创新型的思维模式。它在政治上提倡合作共赢、共同发展，经济上倡导互利互惠、共同繁荣，文化上主张交流互鉴、开放包容，它希望建设一个普遍安全、清洁美丽的和平世界，让全人类都共享幸福生活。应该说这也是全世界爱好和平的民众的共同心愿。

然而，单边主义是不允许其他国家的人民追求幸福生活的，他们基于社会达尔文主义的弱肉强食的思维模式，奉行强权政治和掠夺侵犯的对外策略，他们的一切行动都是以满足自身利益为目标，它希望永远保持其超级大国的战略优势，让全世界都对其畏惧与臣服。促进人类命运共同体的价值认同，就是要达成"和平、发展、公平、正义、民主、自由"等人类共同价值的认同，从而有利于摒弃基于达尔文生存竞争的进化论观点所形成的人与人之间的冲突对抗的思维惯性，放弃零和博弈，放弃你死我活的战争，通过协商对话解决争端，坚持多边主义，倡导合作共赢，共创美好未来。

四、促进人类命运共同体的价值认同是创造世界美好未来的观念保障

人类自诞生以来，就面临许多凶险，先是和险恶的自然环境作斗争，求生存谋发展，然后是人与人之间为了获得生存空间和机会而发生冲突，并引发更严重的部落之战以及后来的国家之战，随着人类社会的发展和科学技术的进步，战争越来越升级，由冷兵器进入热兵器时代，战争的规模也越来越大，武器越来越先进精良，终于爆发了第一次世界大战。然而还没等家园重建，第二次世

---

① 习近平. 共担时代责任，共促全球发展［M］//习近平谈治国理政：第二卷. 北京：外文出版社，2017：481.

② 习近平. 共同构建人类命运共同体［M］//习近平谈治国理政：第二卷. 北京：外文出版社，2017：547.

③ 习近平. 开启金砖合作第二个"金色十年"［M］//习近平谈治国理政：第二卷. 北京：外文出版社，2017：492.

界大战接踵而至，最后导致使用了核武器——原子弹才结束战争。战争让人类生灵涂炭、民不聊生，陷人民于水火之中。战争也改变着世界格局，世界霸主几易其位，而美国成了最后的胜利者，成为当前世界独一无二的超级大国。然而，近几十年来中国的逐步崛起让这个超级大国产生强烈的危机感，其固有的冷战思维让他们陷进"修昔底德陷阱"的魔咒无法自拔。他们采取各种方法打击中国的经济，阻挡中国的发展，但中国的发展却已经势不可挡。美国等西方国家如果仍然以冷战思维应对中国的发展，那么世界大战的阴影必将再次降临。但是，现在的世界却早已不再是热兵器的初期时代，对拥有大量核武器的人类来说，任何的战争风险都有可能发展成核战争，其结果却是人类承受不起的。

伴随着战争的阴云，人类对和平发展的追求也从未停止。战争给人类带来了灾难，而战争过后的恢复重建又让人类社会重现生机，历史就是如此循环往复地发展到今天。战争带来的伤害和痛苦让人类对和平发展越发渴望，平安顺遂的生活是人类的最基本的共同追求。但冷战思维却让人类无法摆脱战争的阴影，要跳出旧的思维模式需要新的理念和新的思维模式。正是在这样的背景下，面对百年未有之大变局，习近平主席提出了凝结着中国文化与智慧的构建人类命运共同体的中国方案。人类命运共同体开创新的思维模式，即把人类看作是你中有我、我中有你的不可分割的整体，整个人类的命运都紧密相连。人类之间只强调竞争，必然导致你死我活的争斗，人类也将永无宁日。但人类如能团结合作，就可以达到共赢的结果。这是一条人类走向未来的新路，它让人类看到希望。习近平主席在提出共同构建人类命运共同体时也详细描述了人类生存的理想模式，即各国之间平等相待，互利互惠、共同发展和共同繁荣；任何国家都有选择自己社会制度和发展道路的权利，任何主权国家都有权在人类的事务上发表自己的想法和主张，并承担相应责任；国与国之间可以和而不同，但整个世界应该是一个持久和平、普遍安全、共同繁荣、开放包容、清洁美丽的新世界。这就是人类命运共同体价值认同的基本内涵，它也代表着人类的共同价值。促进人类命运共同体的价值认同，就是向全世界宣传人类命运共同体的价值追求和理想目标，并使这样的价值追求和理想目标成为世界人民共同的信仰，愿意为实现理想目标而努力奋斗。由此，人类命运共同体的价值认同，就自然成为人类共同创造世界美好未来的观念保障，它时刻在人的心中发挥着信念的支撑作用。

总之，构建人类命运共同体是中国领导人提出的引领人类未来发展的中国方案。它坚持人类是命运共同体的理念，高举和平与发展旗帜，在全人类整体利益观指导下，倡导建立合作共赢的新型国际关系，构筑共同繁荣发展的世界经济体系，主张和平崛起的民族复兴模式，提倡和而不同的国家共存的社会形态，建立人境和谐的人与自然的相处模式。而人类命运共同体的价值认同是构建人类命运共同体的首要前提，是中国走向世界舞台中央的重要路径，是抵御西方单边主义的有力手段，也是创造世界美好未来的观念保障。

第二章　人类命运共同体价值认同的理论基础

人类命运共同体要实现价值认同，需要有坚实的理论支持，可以从学理上、逻辑上有充分的说服力。人类命运共同体价值认同的理论基础主要包括思想渊源、哲学基础和逻辑基础。它们同时也是人类命运共同体价值理念的学理依据与理论支撑。

第一节　人类命运共同体价值认同的思想渊源

中国古代的太极思想与和合理论是人类命运共同体的思想渊源，中国古代的整体性思维或整体观是人类命运共同体的方法论来源。而太极思想与和合理论本身也是整体性的表现形式。探索人类命运共同体思想的理论渊源，是为人类命运共同体理念的提出及其价值认同寻找文化的根基。

一、太极理论是人类命运共同体的思想源头

中国传统哲学素以表达整体性见长，自古以来都是以整体性的观念认识世界，并始终保持着源自实际生活的整体性宇宙世界观，它主张天人合一、道法自然，强调顺应客观规律，向往人与人、人与自然的和谐共处。这样的整体观最早就体现于太极思想及其演化之中。

"太极"是中国古代哲学用以说明世界本原的范畴。据史料记载，人类始祖伏羲氏最初创立了太极和八卦，这是太极思想的源头。而"太极"一词最早见于《庄子》："大道，在太极之上而不为高；在六极之下而不为深；先天地而不为久；长于上古而不为老"。后见于《易传·系辞上》："易有太极，是生两仪，两仪生四象，四象生八卦。"即"太极"指的是宇宙演化初起阶段中阴阳尚未分化的最初形式。太极既是生化万物之源，同时也是生化万物的方式。太极生两仪（天地），两仪生四象（万物），直至无限。最初的太极图又叫"天地自然之

图"（表达阴阳二气自然流转），后演化为阴阳鱼形环转相抱的太极图。因此，太极本身就是一个具有丰富内涵的整体。开始时是一个浑然的整体，然后不断分化出万物，万物彼此联系、相互作用，整个太极时刻都处在不可分割的动态变化之中。

太极思想有两个重要特点：一是事物的相互渗透，是你中有我，我中有你，是既有边界又突破边界；二是"其大无外，其小无内"，亦即太极是没有大小之分，既可以无限大，也可以无限小，太极与它的外界并无明显界限，相反是相互渗透的。事实上，人与自然的关系亦是如此。人并非是自然之外的存在物，而是既在自然之外，又在自然之内。

此外，老子在《道德经》中也表达了化生万物且和谐相处的整体性思想，并与太极思想紧密相连。老子在《道德经》中说："道生一，一生二，二生三，三生万物。万物负阴而抱阳，冲气以为和。"其含义就是：道表现为整体唯一，一产生天地；天地含有阴阳二气，二气互相激荡交融而呈现和谐状态，进而产生万物，万物在阴阳之气的激荡下形成新的和谐统一体。这段话是老子对宇宙万物产生的生动描述，它说明了世界万物源于一个整体（或宇宙混沌），在化生万物后，又归于万物具有差异却不可分的和谐整体。从而也奠定了中国哲学的整体性世界观传统。

二、和合理论是人类命运共同体的直接渊源

和合思想是贯穿于上下五千年中华文明的文化之魂和文化之根，它包含着丰富的内涵。它所蕴含的"天人合一""和而不同""协和万邦""天下为公"等价值理念为人类命运共同体思想提供了理论渊源，也是形成人类命运共同体价值认同的文化基础，其中最为核心的理念是"和而不同"思想。

（一）"和"或"和谐"范畴的产生

"和"的初义是声音相应和谐，后来被广泛应用到自然和社会的各种关系，引申为和谐、和平、和善、和睦、中和等；"合"的本义是上下唇合拢，后来引申为多样事物的相合、汇合、融合、配合、联合、合作等。在"和合"文化中，"和"的理念更为核心，中国自古就有"以和为贵"的思想。"和"与"合"在古代具有相近含义和内在统一性，"和"本身已经包含了"合"的意思，就是相和的事物在矛盾和融合中共同发展演变而产生新事物。正因为"和"

与"合"的内在统一性，所以才有了"和合"概念，也才逐渐形成了"和合"文化。①

"和"或"和谐"的范畴，是人类长期的生产经验与生活经历的凝结。武汉大学的左亚文教授，对"和"之源进行了系统考察。他指出，中国古代的"和"文化最初源于人们对于"声音之和""饮食之和""嘉禾之和"等日常经验事物的感知，然后通过在历史实践中创造性地构建礼义之和而进入"和"的本质视域，最后在"和同之辨"中获得对"和"的本体升华和人本把握。他认为，我们的祖先在日复一日的日常经验中，逐渐认识到这样一个哲理：一种声调形成不了好听的音乐，一种味道形成不了好吃的菜肴，只有不同的声音相和调，才能产生美妙的音乐；只有不同的味道相配合，才能做出可口的饭菜；只有不同的要素相统一，才能形成和谐的事物。但这些"声音之和""饮食之和""嘉禾之和"等都是源于对自然和社会现象的认识，属于感性经验。"礼义之和"则是使这种感性经验上升到理性认识的重要跃升。②

"礼"在古代是一个内涵十分丰富的复合概念，包括政治法律制度、伦理道德规范、日常风俗习惯、社会等级秩序、价值评判标准、审美意识情趣等一切社会生活和社会关系的内容。中国古代非常重视"礼"，到周朝已经形成了系统的"礼义"（礼乐）制度体系，有了吉礼、嘉礼、凶礼、宾礼、军礼"五礼"以及一系列严格的君臣、父子、兄弟、亲疏、尊卑、贵贱的礼仪制度，这些都是维护等级制度、防止僭越行为的工具。可以说，"礼"在当时对社会生活和个人行为的规范是无所不在的。孔子想恢复的也是这种周礼，目的是建立稳定和谐的社会秩序。成书于春秋战国时期的《周礼》《仪礼》和《礼记》合称"三礼"，则是我国古代礼乐文化的理论形态，对礼法、礼义做了最权威的记载和解释，对历代礼制的影响最为深远。"礼"所追求的理想境界就是和谐，即社会规范的合理、社会生活的有序和社会关系的协调，和谐则是社会发展的最高价值目标。因此，当礼义制度形成之后，"和"或"和谐"范畴也最终形成，并具有文化的意义，影响着几千年的中国奴隶社会与封建社会，也规范着世世代代中国人的行为。

---

① 石书臣，张金福. 中华"和合"文化的当代阐发与实践 [J]. 中国特色社会主义研究，2019（04）：46.

② 左亚文."和"之源与"和同之辨" [J]. 长沙理工大学学报（社会科学版），2009（03）：84.

（二）"和同之辨"与和合理论的形成

明确地把和谐思想提升到哲学本体高度的是西周末年的史伯。史伯是西周的太史，他鉴于西周无所挽回的衰颓之势，从分析周朝政治上的种种弊端入手，在哲学上概括出了"和""同"的概念，并把"和"与"同"区别开来，这就是"和同之辨"。"和"作为多样性的统一和差异要素的有机结合，它以扬弃的形式包含差异和对立于自身之内，将这些差异和对立的要素通过"和调"而形成新的和合体。而"同"则是相同要素的机械相加，由于缺乏异质要素的参与和驱动，因而必然处于停滞、僵死的状态。所以，在哲学上，"和"与"同"是根本对立的范畴，"和"是客观反映事物本质状态的辩证范畴，而"同"则是形而上思维在认识上的一种表现。但是，"和"并不绝对排斥"同"，而是把"同"与"不同"作为事物的内在构成环节包含在它自身之中，从而形成和谐统一体。史伯还提出了"和实生物，同则不继"这一普遍性的哲学命题，强调了"和实生物"与"同则不继"在本质上的对立性。① 史伯之后，齐国政治家晏婴从"可"与"否"的对立统一关系继续深化了"和同之辨"，并特别强调了对立两个方面的互补互济的作用。晏婴在继承史伯"和实生物，同则不继"思想的基础上，进一步阐述了多样性的异质要素如何通过对立面的互补互济的作用而实现"和"的结果，从而更深入地揭示了创生"和"的本质规律和内在机制。②

孔子则明确提出了"和而不同"的概念和主张："君子和而不同，小人同而不和。"（《论语·子路》）这实际上是把"和而不同"从本体论延伸到了认识论领域，并具有伦理意义。孔子的"和而不同"追求的不是表面上的相同和一致，而在于内在的和谐统一。因此也更能反映出"和合"文化的本质，即不同要素融合过程中的对立统一、求同存异。"和合"在中国古代主要用于人与人、人与社会、人与自然、国与国等事物对立面或矛盾双方的关系，因此，"和合"既是中国古代处理各种关系的一种价值追求，也是治国安邦的重要思维方法。③而经过"和同之辨"后，和合的思想理念逐步得以确立，而且逐渐形成"和合"的文化传统，并最终演化成为中华民族文化的独特品质和价值追求。

---

① 左亚文．"和"之三论［J］．铜仁学院学报，2009（05）：1-6.

② 左亚文．"和"之源与"和同之辨"［J］．长沙理工大学学报（社会科学版），2009（03）：84.

③ 石书臣，张金福．中华"和合"文化的当代阐发与实践［J］．中国特色社会主义研究，2019（04）：46.

(三) 和合理论的内涵特征

在中国的传统文化中,"和"的本质主要是指"和而不同",即具有差异性的不同事物的和谐共存。它是人处理与自然、社会、他人以及自身关系的原则,也是人文精神的核心。"合"是"和"之道,是践行"和"精神的基本路径,强调多元的和谐,差异的包容,异质的协调和对立的消融。和合观以"和"为本位,以"合"为方法,① 通过调整人与自然、人与社会、人与自身而达到和谐关系,从而形成其内涵特征。左亚文教授把其概括为天和、人和、己和。②

1. 天和。具体包括两个方面:一是自然万物之间的和谐关系,即通常所说的自然生态的和谐。自然是一个自组织系统,可以通过自我调整达到和谐状态;二是人与自然之间的和谐,即天人相和。在人与自然的关系上,主张""天人合一",认为人与自然是一体的,人来自自然,也依赖自然,人应该遵循自然规律。这体现中华"和合"文化中的生态智慧。

2. 人和。这是指人与人、人与社会之间的和谐。一是人与人之间、群体与群体之间仁爱友善,和睦相处的和谐关系;二是国家之间、民族之间"亲仁善邻""协和万邦",世界各国相互尊重、相互合作、共同发展。人与社会的关系是和合理论的核心部分,也是中国传统文化中的主流思想,通过正确处理好人与社会的关系,达到保持社会经济繁荣、政治稳定和生活安宁的目的,最终实现社会和谐。

3. 己和。所谓"己和",这是指人内在的和谐。一是人在身体上的和谐,即身体的各个器官各司其职,有效发挥人体的新陈代谢功能,维持机体的健康;二是人的身与心、形与神或肉体与精神以及精神之间的和谐,即个人没有明显的形神冲突和内在的矛盾,达到内心安宁舒适的状态。

天和、人和与己和体现的就是人与自然的和谐、人与人的和谐、人与自身的和谐状态,三者又构成内在统一的社会和谐系统。其中,人与自然的和谐是社会和谐的前提条件,人与人的和谐是社会和谐的主要内容,人与自身的和谐是社会和谐的实质和目的。而人类命运共同体要构建的也是包括这三个方面的和谐状态,因此,和合理论是人类命运共同体思想的直接理论来源。

---

① 陈霞. 和合文化——人类命运共同体的思想溯源 [J]. 新疆大学学报 (哲学·人文社会科学版),2020 (03):62.
② 左亚文. "和"之三论 [J]. 铜仁学院学报,2009 (05):4.

三、整体观是人类命运共同体的方法论来源

整体观即以整体性的观念看待客观事物以及物质与精神现象，同时也表现为整体主义的思维方法。学者陈霞指出，中西方文化的差异性主要体现在思维方式上，中国传统哲学思维强调"合一性"和"整体性"，而西方哲学思维强调"二分性"和"解构性"。① 中国文化中的这种整体主义方法论遵循整体性和关联性原则，认为天下的事物是一个整体，事物之间相互关联。从而也形成了中国传统文化中整体观的思想和方法论原则。因此，中国自古以来都是以整体性的观念认识世界，并始终保持着源自实际生活的整体性宇宙世界观。这样的整体观不仅体现于中国最早的哲学思想中，同时还贯穿于中国传统文化的始终。无论是太极思想还是和合理论，都体现了一种整体看待和把握世界事物的整体观。

太极本身就是一个浑然一体的整体，阴阳两极既相互对立又相互依存。太极在演化万物的过程中，始终遵循着自然统一的规律，在同舟共济的运行中力求达到并保持平衡状态，以此维持整个世界有差别的多样事物的稳定与和谐。

和合文化也反映着整体观思想。首先，和合文化蕴含的"天人合一"世界观和自然观是中国古代人们思考世界的方式和立场。老子曾提出"天人玄同"的思想，主张人应该杜绝一切违背天道的行为。庄子则说："天地与我并生，而万物与我为一"（《庄子·齐物论》），主张人与自然融合一体。《易传·文言传》中记载："与天地合其德"，其进步性在于天人统一也包括心灵、精神上的统一。② 其次，和合文化中的人文关系遵循整体观思想。中国几千年文明历史形成的是以儒家文化为代表，以整体主义为基础的价值观体系。在群己关系方面推崇群体至上，个人确立的是"修身、齐家、治国、平天下"的人格模式；在群群关系方面崇尚的是"以和为贵、和而不同"原则，提倡"兼爱非攻、亲仁善邻"；在人我关系方面践行"己所不欲，勿施于人""己欲立而立人，已欲达而达人"的仁爱、宽容、利他原则。总之，儒家的"仁爱"、墨家的"兼爱"、道家的"博爱"等泛爱精神和人道精神都是"和"的实现路径。因此，无论是个体关系还是国际关系，消解冲突和实现协同的办法均蕴含在"整体性"

---

① 陈霞. 和合文化——人类命运共同体的思想溯源 [J]. 新疆大学学报（哲学·人文社会科学版），2020（03）：63.

② 石书臣，张金福. 中华"和合"文化的当代阐发与实践 [J]. 中国特色社会主义研究，2019（04）：47.

概念和方法论之中。①

另外，在中国传统的中医文化中，同样是以整体性的观念看待人的身体以及身心关系。首先，健康的身体是一个和谐统一体。其次，身体与精神意识也是一个统一体。中医文化认为，形体是人的根本，是生命的依托，也是精神活动的载体，形神二者是相互依附、不可分割并相互关联的关系。中国自古就有情志致病论，早在春秋战国时期，就有"怒伤肝、喜伤心、思伤脾、忧伤肺、恐伤肾"的说法，即七情的过度偏激对人体的气血、脏腑均有一定的损害。因此，"身心平衡"理念始终贯穿于中医理论中。② 这也是中医整体观的表现。

因此，在源远流长的中国传统文化中，整体观早已经成为中华民族固有的思维模式，它广泛存在于社会生活的各个方面，贯穿于中华文明发展史的始终，也成为人类命运共同体的方法论基础。

第二节　人类命运共同体价值认同的哲学基础

为了维护世界和平与稳定，国家主席习近平一再呼吁构建人类命运共同体。然而，西方一些国家却总是抱着冷战思维不放，甚至故意曲解中国释放出来的和平善意，别有用心地提出"中国威胁论"。其历史源头可追溯到达尔文的进化论及其衍生出来的认识论体系——社会达尔文主义。为了推动人类命运共同体的价值认同，有必要在科学源头与哲学层面彻底分析与批判社会达尔文主义，并为人类命运共同体的价值认同寻找理论依据。

一、近现代生命科学发展的哲学反思

社会达尔文主义的源头是达尔文进化论，而进化论的提出是生物科学发展的结果。19 世纪 30 年代，德国植物学家施莱登、动物学家施旺提出细胞学说，从而开启了生物学细胞水平的研究；1859 年，英国生物学家达尔文出版《物种起源》，开创了生物学发展史上的新纪元；1953 年，美国的沃森和英国的克里克、威尔金斯发现了 DNA 双螺旋结构模型，标志着分子生物学阶段的开始。这

---

① 陈霞. 和合文化——人类命运共同体的思想溯源 [J]. 新疆大学学报（哲学·人文社会科学版），2020（03）：64.
② 潘柳燕. 心理健康教育的文化基础和价值目标探析 [J]. 湖北社会科学，2012（04）：186.

些近现代生命科学发展里程碑式的事件，不仅推动了生物学的飞跃式发展，而且也引起了哲学理论的巨大变革，并深刻影响整个人类社会发展的历史进程。

（一）对达尔文进化论的哲学分析

达尔文《物种起源》的出版无论是在生物学发展史上，还是在人类发展史上都具有革命性意义。在书中，达尔文表达了两个重要的自然哲学认识论观点：第一，世界上的一切物种都在不断地发生变异；虽然亲代的大部分特征都会遗传给子代，但后代在继承先代的过程中会发生变化，长期积累便会引起生物类型的改变，并且这种改变是逐渐演变的过程。第二，一切生物都必须进行生存斗争和自然选择。生存斗争包括生物之间为争夺生存资源的斗争和生物与自然环境的斗争。生存斗争的结果是物竞天择，适者生存；自然选择的结果是新物种产生和旧物种灭绝。① 达尔文最后总结得出了"生存斗争""自然选择"与"适者生存"是生物学的基本法则的结论，这就是进化论的核心思想和主要内容。

达尔文的进化论观点宣告了上帝创造人类神话的终结，具有反对宗教神创论的革命性意义，由此也奠定了近代生物科学发展的认识论基础。由于科学发展水平的限制，达尔文通过研究过去生物的发展历史，只看到"生存斗争和自然选择"法则的局部规律，并加上了自己的主观判断，把"自然选择"法则进一步引申为"优胜劣汰、适者生存"，最后完成了自己的进化理论。由于达尔文提出进化论之时，生物科学研究刚刚发展到细胞的水平，对整个自然界的认识也相当有限，这就不可避免地导致了达尔文进化论观点具有片面性的错误。

在达尔文进化论问世之后，以斯宾塞为首的一些著名学者提出了"社会达尔文主义"理论。他们认为人类社会可以和生物有机体相比拟，社会与其成员的关系犹如生物个体与其细胞的关系，生存竞争所造成的自然淘汰，在人类社会中也是一种普遍的现象。社会达尔文主义实际上是简单采用生物界存在的生存斗争来解释所有生命现象以及人类社会，由此，对达尔文进化论的片面性理解通过社会达尔文主义而推向了人类社会。

社会达尔文主义在西方社会流行 100 多年，不仅成为西方社会重要的哲学世界观与社会伦理价值理念，而且直接导致了"以强凌弱"的强权政治和冲突对抗的思维模式。社会达尔文主义不仅将西方社会几百年来实行"弱肉强食"

---

① ［英］查尔斯．达尔文. 物种起源——进化与遗传的全面经典阐述 ［M］. 钱逊，译. 南京：江苏人民出版社，2011.

的侵略行径和殖民运动合理化，甚至成了帝国主义侵略和种族主义政策的哲学基础。由它衍生出来的西方社会的世界观、价值观，特别是霸权主义、强权政治以及冲突对抗的思维模式在处理国际关系方面还很盛行，甚至在新的世界局势下变本加厉。

（二）对分子生物学发展的哲学思考

在达尔文提出进化论之后，生物学的研究方兴未艾。1865年，奥地利生物学家孟德尔发现了遗传因子；1869年，瑞士生化学家米歇尔发现了核素（即核酸）；20世纪初，德国生化学家科塞尔开始对核酸进行生化分析，发现了构成核酸的四种核苷酸；1914年，德国生化学家福尔根发现DNA（脱氧核糖核酸）在细胞核的染色体里；1929年，美国遗传学家摩尔根提出了基因论，认为染色体是基因的载体；1944年，美国生物学家艾弗里首次证明DNA是遗传物质等，这都是细胞生物学的发展成果。但这时期还是未能发现遗传密码和遗传方式。

1944年，著名物理学家薛定谔出版《生命是什么》一书。在书中，薛定谔运用哲学的智慧，从物理学的视角，提出了一系列天才思想和大胆猜测，其中最富有创造性的观点是：基因的物质结构是一种非周期性晶体结构（与无机界的周期性晶体结构不同）；基因具有稳定性，遗传特性的突变是由基因的突变造成的；染色体是遗传密码的原本，每一组完整的染色体都含有全部的密码；生命以负熵为生。受其思想观点的影响，几位年轻的科学家用不同的物理学方法对DNA的结构进行研究，最终于1953年发现了DNA的双螺旋结构，揭开了遗传密码的奥秘。这也被广泛认为是物理学和生物学成功结合的典范。因这一发现，美国遗传学家沃森、英国生物物理学家克里克以及英国物理学家威尔金斯共同获得1962年的诺贝尔生理学或医学奖。[①] 由此可见，《生命是什么》推动了生物学的革命，并为分子生物学的产生和发展奠定了哲学基础。而在生命奥秘的探索中，我们既看到了逐级分解的还原论方法，也看到了把基因看作是一种具有整体功能、不可分割的单元的整体论方法。这表明在科学领域也需要哲学认识论的智慧。

薛定谔在《生命是什么》中着重为生命微观层面的探索提供了方向与路径，但对宏观的生态层面的考虑还只是初露端倪。薛定谔在书中暗示，如果生命只是一系列令人眼花缭乱的分子间相互作用，它就会消失于复杂性之中。一定存

---

① ［奥地利］薛定谔. 生命是什么［M］. 周程，胡万亨，译. 北京：北京大学出版社，2018：6-14（导读）.

在一个包罗万象的原理来维持那些失衡的秩序，而 DNA 序列只是维持生命的一部分。这昭示着，生命现象不仅仅需要在分子生物学和个体进化领域进行研究，同时也必须在人类社会和生态环境的宏观领域进行研究和发展。

微观层面上，生物学家们发现，生命具有内在的同一性和外在的多样性特点。生命的内在同一性是由基因的稳定性决定的。DNA 的双螺旋结构保护了遗传物质不容易被破坏，遗传信息得以完整保存和复制，从而保证了子代与亲代的相似性和生物的稳定性。而遗传信息得以完整保存和复制，又得益于各种蛋白酶的细密分工与完美合作。与此同时，生命外在的多样性则是通过 DNA 重组信息来实现。比如人类基因有超过 70000 个匹配对，精子卵子各占一半（一组），受精时两组基因组合起来是个天文数字。① 首先生命是以遗传方式保持生物的多样性；其次，DNA 复制转录的不完全或基因突变也会导致物种的变异，带来生物的多样性。而这个过程，都离不开生命体具有不同功能的各种物质的和谐共存与通力合作。

宏观层面上，生物的多样性更是不争的事实。据估计，现在地球上共有 600 万—1400 万个物种（也有一些人认为在 3000 万种左右。被确认的物种大约在 175 万种左右。大量的稀有物种分布在湿地和热带雨林以及海洋中。），每个物种还有多个数以万计的不同形态，而这个数量只不过是地球曾经存在的物种总数的 1%。也就是说地球上曾经生存过的大约 99% 的物种已经灭绝。无限多样的生物种类是地球维持生机的保障。那么，在恶劣的环境下，物种的多样性又是如何保持下来的？达尔文提出的你死我活的生存竞争似乎只会导致生物的不断灭绝。生物学家们发现，生物除了竞争外，还存在大量共生与合作现象。这种现象无论在植物界还是动物界都比比皆是。因此，地球上的生物有竞争也有共生，共生是生物多样性的前提条件。虽然生物之间的生存竞争难以避免，但生物之间更多的是相互联系和相互依存，生物界是通过合作而运转的，彼此共生是生物绵延不绝的法宝。

因此，从生态学的理论去考察，单一用达尔文的进化论既不能完全解释过去生命起源和发展的本质问题，更不能解决人类社会今天的利益冲突与未来和平发展问题。人类现在与未来发展迫切需要全新的科学思想与哲学理论。

现代分子生物学与宏观生态学的发展成果让我们看到了更为全面的生命现象和生物进化发展的规律。在充分考察现代生物科学的基础上，我们借助中国

---

① ［美］马伦·霍格兰，［美］伯特·窦德生著，洋洲，玉茗译. 生命的运作方式［M］. 北京：北京联合出版公司，2018：12-13.

传统哲学的智慧，提出了和谐论这一具有创新性的认识论观点。首先，自然界和人类社会普遍存在遗传、进化、多样性和共生现象，这些现象因其所展示的客观性和规律性而具有生命科学原理的特征，从哲学认识论上，可以称之为遗传原理、进化原理、多样性原理和共生原理；其次，遗传原理、进化原理、多样性原理和共生原理并非孤立存在，它们相互依存和相互作用，并趋向一种和谐状态，因此，可以称之为"和谐论"。和谐论中的遗传原理、进化原理、多样性原理和共生原理构成一个整体，具有不可分割的联系性。

和谐论是中国古代的哲学智慧与现代生物科学知识结合的认识论体系，其中四大原理的相互关系可以借用中国古代哲学的太极图来表述，即"和谐论的太极模型"（见图2-1）。太极的本意是指天地未开、混沌未分阴阳之前的状态，它可以演化万物。这里的太极模型主要代表的是一种方法论，强调的是事物的整体性、相互联系、动态变化与开放性流动。事实上，太极模型在时空中旋转流动就能够形成展示生命密码的双螺旋空间结构。图2-1所示，太极代表和谐论，其他四个原理就是太极中的四个部分，它们相互联系和相互作用，并动态地变化着，时刻和外界进行着物质、能量与信息的交换。遗传中有进化，多样中有共生，它们的恰如其分就是和谐的状态。模型中的四个原理并非均等的四个部分，它们本身就是一个不可分割的整体，可以根据系统的不同和变化而发挥不同的功能，协同合作地保持系统的和谐有序及与外部的动态交换。

图2-1　"和谐论的太极模型"

二、和谐论的哲学内涵

就研究生命现象而论，包含遗传、进化、多样性和共生原理的和谐论不仅可以分析并超越达尔文进化论在哲学方法论上的理论缺陷，也有望成为帮助人类重新认识生命现象及其发展规律的哲学基础。

（一）四大原理的内涵

1. 遗传原理。生物亲子之间以及子代个体之间性状存在相似性，表明性状可以从亲代传递给子代，这种现象称为遗传。从哲学意义上，遗传原理是一个生命体在繁殖后代时，子代与亲代间存在相同的内外特性的规律。达尔文虽未对遗传进行系统论述，但看到了遗传现象的普遍性和遗传力量的强大，并认为"生物的一切特征的遗传是通则，不遗传是例外。"[1] 分子生物学告诉我们，遗传不仅保持了物种的稳定性，使子代与亲代保持高度的相似，同时物种的变异（进化）也是通过遗传方式而获得保存。达尔文虽然看到遗传的普遍性，但他只是把遗传作为变异保存的手段或工具，认为遗传是从属于进化并为进化服务的。现在分子遗传学研究已经非常明确地揭示了遗传密码的载体、位置与遗传的机理，从而也告诉我们，遗传原理不仅只是保存变异结果，它更是包含了变异，并决定着物种的延续，因此可见，遗传原理是生物学中可以与进化相并列的基本原理。

2. 进化原理。从哲学意义上，进化原理是一个生命体在繁殖后代时，子代与亲代间存在相异的内外特性的规律。达尔文认为进化就是发展，它包括三个部分，第一是变异，所有的大小、形状、颜色和力量都不同，世上没有两只动物或两棵植物完全相同；第二是适应，适应会影响生物能否继续生存和繁殖；第三是遗传，帮助生物把生存适应性如颜色或形状遗传给后代。[2] 达尔文认为，在自然界生物中存在着严酷的生存斗争（竞争），并时刻进行着自然选择。他说，"自然界中的所有生物，必须适应环境才能生存下来。自然界严格地遵循着'优胜劣汰，适者生存'的法则。"[3] 我们认为，进化原理不仅包含生存竞争和

---

① ［英］查尔斯·达尔文. 物种起源/人类和动物的表情 ［M］. 谢蕴贞/曹骥原，译，李绍明，校订. 长沙：湖南科学技术出版社，2015：34.

② ［英］查尔斯·达尔文. 物种起源—进化与遗传的全面经典阐述 ［M］. 钱逊，译. 南京：江苏人民出版社，2011.

③ ［英］查尔斯·达尔文. 物种起源—进化与遗传的全面经典阐述 ［M］. 钱逊，译. 南京：江苏人民出版社，2011.

自然选择，也包含合作和共赢，这是被生物学研究证明了的事实。正如美国生物化学家马伦·霍格兰所说："从近处看，世界似乎充满了竞争。但如果把距离拉远一点，生物合作的方方面面就会显示出来。"百万精子互不相让，却只有一个精子与卵子结合，看似是残酷的竞争，但它们只是处于一个以确保受精成功为目的的系统之中，一个精子的成功便是百万精子合作成功的结果。而DNA的复制也是各种蛋白酶完美合作完成的。同理，生物界中的捕食者只能捕捉到弱小或不健康的个体，却留下了更能适应环境的成员生存和繁殖。从个体层面看，是你死我活的竞争，但从种群层面，这是合作的表现。因此，我们所说的进化原理与达尔文的进化论是有本质区别的。进化原理既包括竞争和选择，也包括合作和共赢。换句话："每种生物的行为都符合自身的利益，但生物界通过合作而运转。"①

3. 多样性原理。哲学意义的多样性是指在环境中存在诸多事物并且任何事物都有许多不同的表达形态。这里仅以生物多样性和文化多样性进行说明。"生物多样性是生物及其与环境形成的生态复合生物体以及与此相关的各种生态过程的总和，包括数以百万计的动物、植物、微生物及其所拥有的基因以及它们与其生存环境形成的复杂的生态系统。生物多样性是一个多层次的等级系统，包括基因、细胞、组织、器官、种群、物种、群落、生态系统和景观等。"② 也就是说，生物多样性具体包括遗传（或基因）多样性、物种多样性、生态系统多样性和景观的多样性。遗传多样性最为基础，生命在DNA复制过程中通过重组信息保证了生物物种的多样性、生态系统和景观的多样性。文化多样性是指一个民族或国家传统文化和风俗习惯的丰富和多样化程度。世界上有诸多民族和国家，他们都有自己独特的文化，民族文化是民族身份的重要标志。不同文化之间的交融可以让人们更具开放性的吸收不同民族和国家文化中的饮食、艺术、娱乐、科技等优秀部分，并借此丰富自己的生活和文化。正如习近平主席所说："文明因交流而多彩，文明因互鉴而丰富。文明交流互鉴，是推动人类文明进步和世界和平发展的重要动力。"③ 因此，多样性广泛地存在于自然界和人类社会，并且缺少多样性会导致自然界与人类社会的枯竭与毁灭。世界正是因

---

① ［美］马伦·霍格兰，［美］伯特·窦德生. 生命的运作方式［M］. 洋洲，玉茗，译. 北京：北京联合出版公司，2018：30-31.

② 李菁，骆有庆，石娟. 生物多样性研究现状与保护［J］. 世界林业研究，2011（3）：26-31.

③ 习近平. 文明因交流而多彩，文明因互鉴而丰富［M］//习近平谈治国理政. 北京：外文出版社，2017：258.

为多样性，才变得越加丰富多彩，生机盎然。

4. 共生原理。哲学意义的共生是指事物在某个时空领域的共同存在。共生过去仅仅是一个生物学概念，它泛指两个或两个以上有机体生活在一起的相互关系，一般指一种生物生活于另一种生物的体内或体外相互有利的关系。现代生态学把整个地球看成一个大的生态系统——生物（生态）圈，从而对共生又有了新的理解。狭义的共生是生物圈内的生物内部、生物之间的组合状况和利害程度的关系。广义的共生是指生物圈内各种生物之间以及与外界环境之间通过能量转换和物质循环密切联系起来，并彼此相互依存。现在共生的概念和方法已经被应用到社会的各个领域。和谐论特别强调"共生"在哲学层面的内涵特征，也就是世界所有事物的"同在"特性（和而不同），而不仅仅是所谓的利益互惠，而世界所有事物的"同在"特性也是宇宙中最基础的哲学概念与科学原理。

（二）和谐论的内在关系

全面系统地考察和谐论的内在关系，可以看到，遗传原理、进化原理、多样性原理和共生原理之间存在密切关系和相互作用。从唯物辩证法的观点看，首先，遗传原理与进化原理构成对立统一的关系，遗传中有进化，每一个子代都保留了亲代的大部分特征但又与亲代有所不同；进化中有遗传，进化中的变异需要通过遗传保存下来。因此，遗传离不开进化，进化也离不开遗传。其次，多样性原理与共生原理也是对立统一的关系。事物具有多样性，才可能有共生，事物越是多样，共生就越可能发生也更有意义；共生是多样性的最佳存在方式，越是共生，多样性才越能够保存下来。因此，多样性离不开共生，共生也离不开多样性。最后，遗传、进化原理又与多样性、共生原理构成对立统一关系，它们相互渗透和相互作用，遗传、进化可以促进多样和共生，或者说多样和共生有赖于遗传与进化而得以保持和丰富；多样和共生则维持着遗传和进化的持续、拓宽与发展。

总之，遗传、进化、多样性、共生原理各有自己的特性与功能，它们分别作为太极的四个部分构成完整的太极模型并保持动态变化，从而达到了整体的和谐状态，形成了遗传、进化、多样性、共生原理四者相互联系和相互作用的和谐秩序。和谐论是自然界和人类社会都适用的具有完整性的自然哲学认识论体系，它超越了具有片面性的进化论认识论体系。

（三）和谐论的哲学依据

和谐论的哲学依据是整体的不可分特性。这是与生命相关联的整体性特征。

在哲学理论中，物质的整体性经常使用"整体与部分"范畴进行定义和理解。其主要观点是：整体是由部分组成的，部分离不开整体，整体也离不开部分；整体决定部分，部分对整体有反作用。对物质的整体性的阐述颇具代表性的是系统整体论的观点。系统整体论认为，系统整体是由部分组成的（不一定等于部分之和）；系统整体只能通过分解成部分才能了解（承认这种了解是不充分的）；系统常常是开放系统，它与环境交换物质、能量和信息；系统是演变的，通常都是从简单向复杂系统进化。① 系统整体论主要是把系统作为整体看待，但这个整体是可以分成部分并通过部分来认识的，从而导致忽视部分之间的联系和整体功能。

和物质整体性重视可分性不同，生命整体性强调生命的不可分特性。现实告诉我们，一个完整的生命其实是不可分的。因此，生命的整体性关注的重点不是系统的基本物质组成，而是系统的整体功能及其不可分割的特性。它认为，整体是动态的和不断生成和发展的，整体从生成之时起就是整体，它不是由部分叠加组成的。生命整体具有自组织特性，它们是自己创造自己的。事实上，一个特定生命体的整个生命周期现象不仅仅发生在这个特定生命体的物理边界内部（在四维时空中，这个生命体的物理边界可以简化为一团与其他生命体有交汇的时空线团……），同时也发生在这个特定生命体的物理边界外部（生命体的繁殖经常是在特定生命体的物理边界外部）。当我们全面研究特定生命体从"哪里来，在哪里，将去何方"时，就会发现在自然界中所谓完全独立的生命体是不存在的。因此，生命体不仅自身不可分割，而且与其他生命也不可分割。

以上分析可以看出，在哲学领域，传统观点是以物质的整体性代替生命的整体性来揭示生命的生存规律的。从哲学世界观来看，物质的整体性不能充分代表生命的整体性。具有不可分特性的生命整体性是对传统整体性观念的超越和补充。而和谐论正是建立在具有不可分特性的生命整体性之上的哲学认识论。

三、和谐论的适用性

（一）生命现象中的和谐论

无论是微观的生物世界，还是宏观的生态圈，和谐论都在发生最基本的作用。从分子遗传学家的研究中，我们就可以看到和谐的存在。细胞是生物体结构和功能的基本单位。一个动物细胞有细胞膜、细胞质、细胞器和细胞核等，

---

① 金吾伦，蔡仑. 对整体论的新认识 [J]. 中国人民大学学报，2007（3）：2-6.

它们又由众多具有不同功能的有机物质所组成。细胞本身不仅具有动态多样性，同时其内在的有机物质也和谐共生，有条不紊地发挥着各自的功能与作用。以细胞核中的 DNA 复制为例。一个细胞在分裂成两个细胞之前，它的 DNA 必须增至原来的两倍，以使两个子代细胞各自继承一套完整的 DNA。这就意味着双螺旋结构的 DNA 双链必须先分开（解链），然后互补的核苷酸才能沿着两条单链配对并逐一连接下去，最终形成两条新链，DNA 也由一变二。这个复制过程是一个需要高度密切配合才能完成的过程，它需要启动者（启动蛋白）、解链者（解旋酶）、建造者（聚合酶）、剪切者（修补核酸酶）、解旋者（拓扑酶）、展平者（单链 DNA 结合蛋白）、缝合者（连接酶）等的通力合作与完美配合。① 稍有出错，便可能差之千里。这一过程，就可以看到和谐论的生动表现。而它们相互密切合作体现出来的是整体的功能而不是单个的力量。

（二）自然界中的和谐论

地球生态圈内生物的延续离不开遗传和进化原理，而物种多样性是生命现象长期生生不息的保证。物种足够多样才能抵御恶劣环境对物种的侵害。生命的遗传机制既保持了生物的稳定性，也维护了生物的多样性。不仅是不同物种的多样性，也包括种内形态的多样性。比如自然界中单是甲虫就有 30 万余种独立的物种。② 当然，如此丰富多彩的生物生活在地球上，自然会有生存竞争，但更有合作与共生。生物学家总结为"生命在合作的主题下竞争"，不管是低等生物还是高等动物，都是如此。马伦·霍格兰曾做了举例说明："植物和动物的进化起始于细菌界里狩猎者/猎物之间的和平免战协议。叶绿体（植物细胞中的制糖组件）和线粒体（动物细胞中的耗糖组件）的祖先最初就像捕猎者一般，它们入侵比它们大得多的细菌，利用却并不摧毁这些主人。这种'有限掠夺'是在进化过程中反复出现的主题，而在其中我们也能看到生物合作的开端。随着时间的推移，宿主变得更能容忍入侵者，甚至两者开始分享对方的代谢产物。最终，他们成为完完全全的共生体，即彼此的生存对对方都至关重要。这种渐进式的合作，为更高级的生命形式拉开了帷幕。""动物通过竞争来建立霸主地位。这样的争斗通常只涉及'展示'，很少造成真正的伤害。这也可以被看作是

---

① ［美］马伦·霍格兰，［美］伯特·窦德生. 生命的运作方式［M］. 洋洲，玉茗，译. 北京：北京联合出版公司，2018：90-91.

② ［美］马伦·霍格兰，［美］伯特·窦德生. 生命的运作方式［M］. 洋洲，玉茗，译. 北京：北京联合出版公司，2018：8.

合作行为。"①

人是自然界的一部分，在无限的生命现象中，人被看作是最高形态的生命。在生物进化的序列中，人也是处于生物进化的最顶端。遍布全球的人类生命个体，体现着和谐论的四个组成部分。作为生命个体的人，首先遵循的是遗传和进化原理。遗传保持了人的特征的高度稳定性以及子代与亲代的相似性，进化中的变异则使子代与亲代区别开来，也使不同的子代之间有明显的区分，并且体现出子代比亲代更能适应环境的变化。因此世界上没有完全相同的两个人，人也一直在往前发展，这便是遗传与进化的结果。其次，也体现了多样性和共生原理。个体人本身就是一个复杂而和谐共生的自组织系统。而这一切生命体可以自发地完成，并且任何生命体都在一定程度上具有对自身进行自我修复和自我更新的能力，这就是包括人在内的所有生命体的自组织特性。人所具有的这种自组织能力可以保持生命内部高度的有序和稳定状态，即保持生命的健康与活力，这时的生命就是一个多样共生的和谐系统，和谐共生体现了个体生命的最佳状态。

和谐不仅仅表现在个体自身，在个体之间以及个体与环境之间也有完美表现。多样性既是遗传和变异的结果，同时也是适应环境的结果。现代的考古学发现，人类起源于非洲，之后由非洲走出分散至全球各地，在与环境的适应与融合中，逐步发展出不同的人种。人种的多样性，保证了人在地球的不同地方的生存与发展，它们并无优劣、高低之分，只是长期适应环境的产物，也是与环境和谐共生的结果。人种的多样性正是通过人与环境的和谐共生从而保护了人类在地球的每一个角落繁衍生息。

（三）人类社会中的和谐论

纵观人类的发展，从茹毛饮血到现代文明，经历数十万年，但真正有文字记载的历史不过几千年。根据达尔文进化论观点，人们认为人类不仅是在与大自然环境的斗争中发展，同时也是在与人的争斗中前行。但达尔文的进化论看到了生存斗争的一面，却忽略了多样共生的一面。事实上，在人类发展上，虽然有过数不清的冲突、纷争甚至大规模的战争，战争在一定程度上也确实是起到了推动历史进步的作用。但是纵观历史也让我们发现，真正让人类以及与人类息息相关的环境得到休养生息的是战后的重建，无数个朝代的更迭，都是在

---

① ［美］马伦·霍格兰，［美］伯特·窦德生. 生命的运作方式［M］. 洋洲，玉茗，译. 北京：北京联合出版公司，2018：31.

开国之初"马放南山"后，才逐步进入辉煌时期。战争给人带来的永远是惨绝人寰的杀戮与满目疮痍的破坏，甚至导致文明的毁灭与文化的断裂，如古巴比伦、古埃及、古印度文明和玛雅文明的消亡，都难逃战争与杀戮的干系。

相反，多样性的和谐共生才是人类永续发展的保证和人类未来的希望。首先，和谐共生保存了民族和文化的多样性。不同地区和民族在长期的共同生活中发展出具有自己特色的语言与文化，这些丰富多彩的语言与文化，是生长于斯的民族世世代代共同创造的精神产品，也是不同民族的情感表达与精神依托，如果用共生的态度去对待，它就不会是冲突的根源，相反它们是人类自身巨大的精神财富。其次，和谐共生带来了民族的兴旺与文化的延续。人类漫长的发展过程，孕育了众多不同的民族，他们所拥有的语言、神话、习俗、艺术等都是其文化的集中表现。民族文化之间的交融，带来的是你中有我，我中有你的共生，而不是你死我活的灭亡或者是强制性的同化。当然民族文化之间最初的交往与交流，也可能会带来文化之间的碰撞甚至冲突，但只要放下冲突对抗的思维模式，彼此之间愿意相互尊重和相互学习，就可以产生新的创造基点，诞生新的文化，从而创造出更丰富多彩的人类文化的精神财富。

因此，从微观到宏观，从低等生物到高等动物，从自然界到人类社会，共生与合作数不胜数。当今社会，物质极大丰富，科技高度发达，但给人类社会以及整个地球带来的危险也前所未有的增加。如果人们还是抱着生存竞争的思路不放，使人类越来越走向冲突对抗，走向战争，那么人类就只有死路一条。相反，如果我们能够放下争端，强调民族与民族之间、国家与国家之间的合作共赢，倡导构建人类命运共同体，就可以建立人类共同的美好家园。

第三节　人类命运共同体价值认同的逻辑基础

共同体世界观是基于新整体观而提出的一种新世界观，它是人类命运共同体所蕴含的另一个哲学理论，同时也是人类命运共同体的逻辑基础。共同体世界观与马克思主义哲学世界观具有继承与发展的关系。

一、共同体世界观的由来

哲学世界观是人对于外部世界的本质关系的总认识。恩格斯在《反杜林论》关于"世界模式论"的阐述中指出："世界的真正的统一性在于它的物质性，而这种物质性不是由魔术师的三两句话所证明的，而是由哲学和自然科学的长期的和持续的发展所证明的。"① 从而确立了辩证唯物主义世界观的核心观点——世界物质统一性原理。但无论是马克思还是恩格斯，都没有详细地探讨基于"世界物质统一性"基础上的世界观的多种显现方式。

（一）人类世界观的发展历史

人在早期社会便开始思考人类的起源以及人与自然的关系，在部落时代就开始创作大量的神话故事和英雄史诗，形成内容丰富多彩的传统文化、生活习惯和原始宗教。在西方传统文化中，简单的神创宇宙与人类世界的神话最后发展成为完整的宇宙世界观和哲学思想体系，其作用影响至今且根深蒂固，小到普通人的出生、用餐、结婚与安葬，大到可以对其他文明社会发动宗教战争。西方哲学家把生活中的人生三问转换成为两大哲学基本问题：物质和意识何为本源？客观存在和主观意识是否同一？这些问题表面上是在研究人类智慧（哲学），其实也是在研究形而上学的宗教信仰，即企图利用形式逻辑证明上帝的存在。这样的哲学理论在研究方法论上就预设了形而上学等于现实生活的逻辑陷阱。

马克思和恩格斯第一次科学地回答了物质和意识何为本源、客观存在和主观意识是否同一的问题，确立了辩证唯物主义的科学世界观，并在此基础上创立了历史唯物主义（唯物史观）。然而，由于时代的限制，在对世界观的理解上，人们更多地看到的是基于古希腊自然哲学中的原子论基础上的物质可分性的哲学世界观，抑或说物质世界观。而对基于共同体的不可分性的哲学世界观没有给予足够的关注，但实际上在马克思和恩格斯的经典著作中是隐含着这样的世界观的，我们可以把它称之为共同体世界观。恩格斯在《自然辩证法》中对物质世界观提出了自己的理解：一是物质可分性在黑格尔哲学上依然没有获得正确的认识；二是物质可分性是随着物质特性（例如化学特性）变化的；三是哺乳动物是不可分的；四是物质与运动是不可分的；五是运动不灭。② 其实，这就是物质不可分性的哲学世界观的最初讨论，也可以说是共同体世界观的萌芽。但由于自然科学发展的局限，恩格斯未能正式提出共同体世界观的明确含义。

（二）原子论物质世界观的困境

狭义的世界观就是关于宇宙世界的总看法，广义的世界观则是系统化了的哲学体系，其中包括唯物主义与唯心主义两大流派，这里我们不展开讨论为了

---

① 马克思恩格斯全集，第 26 卷［M］. 北京：人民出版社，2014：47.
② 恩格斯. 自然辩证法［M］//马克思恩格斯全集，第 26 卷. 北京：人民出版社，2014：609-613.

证明上帝存在而产生的唯心主义世界观，而是着重讨论辩证唯物主义世界观中被忽略的问题。

世界观作为一种科学的哲学体系，必须能够指导其他学科。反过来，世界观作为基础又必须随科学的发展而不断演化。两千多年前，古希腊哲学家就具有朴素的唯物主义思想，提出了原子论宇宙世界观。同时代的哲学家亚里士多德提出了系统的哲学世界观体系①，他主张的世界观哲学体系采用形式逻辑（智慧）为基础，包括了物理学、伦理学、宇宙论、政治学、心理学、修辞学、动物学、工艺、诗学等完整的知识体系。通过采用这样的分类归纳研究方法，我们也能够提出自己的哲学研究成果，即"唯物主义世界观要素图"（见图2-2）。

1	社会组织	原始社会	农业社会	工业社会	信息社会	地球村
2	工具发展	石器	青铜—铀—硅	机器	计算机	机器人
3	文化传播	渔猎文明	农牧文明	海洋文明	太空文明	共同体文明
4	生产方式	公有制	私有制	资本主义	社会主义	共同体主义
5	生命理论	遗传	进化	共生	多样性	和谐
6	生活形态	生理需要	安全需要	社交	尊重	自我实现
7	医学发展	阴阳五行	解剖技术	细胞技术	分子生物学	中医-基因组
8	婚姻发展	部落群婚	种族婚姻	国家婚姻	国际婚姻	多形态
9	冲突形态	部落冲突	国家战争	世界大战	网络竞争	基因博弈
10	环境协调	部落经济	乡村经济	城市经济	全球经济	生态经济
11	科学哲学	几何原本	物种起源	科学原理	基因组	数理逻辑
12	自然哲学	原子论	日心说	相对论	生物圈	共同体
13	人类学	基础物质	外在表象	内在情绪	主观意识	生命过程

图2-2　唯物主义世界观要素图（作者自绘）

经过分析研究图2-2要素之间的宏观脉络联系，能够发现两千多年前朴素唯物主义提出的原子论物质世界观的局限性，即它不能解释生命等更高形态的物质现象。原子论物质世界观的基本原理是从关注物质无限可分特性②发展而来的。"原子论"③和"几何原本"④的几何公理逻辑体系，其主要作用是为人

---

① [德] 彼得·昆兹曼，法兰兹-彼得·布卡特，法兰兹·魏德曼. 哲学百科 [M]. 黄添盛. 译. 南宁：广西人民出版社，2011：导论11-12.

② 吴国盛. 物质是无限可分的吗？[J]. 自然辩证法通讯，1987（4）：68-75.

③ [英] 李约瑟. 中国科学技术史：第一卷 导论 [M]. 袁翰青，王冰，于佳，译. 上海：科学出版社、上海古籍出版社，1990：158.

④ [古希腊] 欧几里得. 几何原本 [M]. 燕晓东. 编译. 北京：人民日报出版社，2009：序言6-23.

类了解物质的物理特性提供认识论和形式逻辑基础，并不是用于指导人类的社会生活。原子论物质世界观强调了物质的可分性原理，有利于对宇宙世界进行分解内部元素的分析研究，但却无法解释高级生命体以及人类生活中世界观的大问题，这可以用图 2-2 来进一步说明。图 2-2 汇总了影响世界观形成的基本要素（并未罗列所有要素，例如唯心主义的内容），这些要素都包括丰富内涵，各个要素间具有内在的关联性，能够产生相互影响。比如：

——"工具发展"要素中的"青铜—铀—硅"代表新材料的不断发现，而每一种新材料都可能影响关联到其他的事物。青铜器最早是使用于战争武器之中，而放射性材料的发现，不仅仅发明了核武器参加了第二次世界大战，也发明了大量的医疗设备和研究仪器，使医学大踏步前进，并发现了人类基因组织。半导体硅的使用让人类发明了计算机和信息网络，使人们的生活进入了信息时代。

——"自然哲学"之"生物圈"包括盖娅假说①，其观点是生命体不仅仅适应了地球，而且改变着地球自身，因此反推地球是一个"有机体"，遗憾的是盖娅假说依靠的哲学世界观依然没有跨越原子论（物质）的范畴。

——"自然哲学"之"原子论"引导的三条逻辑关系中，有两条关系遇到了逻辑障碍，一是相对论，二是生命过程。也就是说，基于原子论的物质世界观不能完全解释相对论与生命过程。

——"人类学"之"生命过程"包括科学家寻找"生命是个什么物质"②的哲学观点，虽然已经找到了基因的组织物质，却始终没有完成目标，即无法回答"生命是什么"这一命题。

这些阻碍的存在提示可能存在哲学世界观层面的问题，说明基于原子论的物质世界观有其局限性。

（三）共同体世界观的提出

世界物质统一性原理是辩证唯物主义最基本、最核心的观点，是马克思主义哲学的基石。事实上，有关辩证唯物主义与历史唯物主义世界观的研究与发展也需要始终坚持一切从客观实际出发的基本原则。由于人类对于宇宙中的物质世界观认识始终是发展变化的，因此辩证唯物主义世界观也需要根据今天人

---

① [英] 汤姆·杰克逊（Tom Jackson）. 哲学的奥秘：人类如何知道一切 [M]. 康婧等，译. 北京：电子工业出版社，2016：110.

② [奥地利] 薛定谔，生命是什么（附《我的世界观》）[M]. 周程，胡万亨，译. 北京：北京大学出版社，2018：6-12.

类对于客观世界的研究进步而不断发展丰富。

回顾人类科学哲学世界观的革命：一是达尔文采用进化论解答"人生三问"的首问——"人类从哪里来?"二是马克思和恩格斯通过提出劳动创造人以及关于人的本质的论述等观点在哲学上回答了"人生三问"的第二问——"人类今天在哪里?"三是马克思和恩格斯通过提出"真正的共同体"（即自由人的联合体）实际上回答了"人生三问"的第三问——"人类到哪里去?"但遗憾的是，由于时代的局限，马克思和恩格斯的"共同体"思想及其意义却没有得到足够重视，更没有上升到世界观层面来理解。今天，当习近平提出并一再强调构建人类命运共同体时，我们不仅仅要看到其与马克思主义经典作家的理论渊源，而且更应该看到其背后一直存在着的新世界观思想。而这种新世界观的发现是从关注生命体开始的。

生命体是物质的，同时也是不可分割的整体。生命体并不能解读为是一个个微小的物质（如细胞、核糖核酸等）的集合，相反生命体的物质形态是以一种不可分的特性存在于世界，即生命是一个不可分割的整体，这是单个的生命体形态。然而，任何的生命，包括人类都不可能单独地存在，所以马克思说："人是类的存在物"①。而人类生存与交往的组织就是各种"共同体"，就是整个"社会"。其实，人类很早就出现了"共同体"概念，并形成各种不同的共同体形态，发展到今天已经出现各种国际性共同体组织，如联合国、国际货币基金组织等。人类命运共同体则是最具深度与广度的人类共同体。然而，认识人类共同体组织必须来源于人类现实的社会生活。人类从形成共同体组织，到形成共同体意识，最后形成共同体世界观经历了一个不断发展和创新的过程。

从关注微观的生命体物质开始，到人类共存的共同体形态，我们可以看到生命的不同层级，也看到了生命最可贵的特性，即不可分性。生命体彰显的是时间和空间不可分割的关联性和整体性。从生命体的不可分特性出发到共同体理念的提出，我们可以形成更加全面的共同体宇宙世界观，或简称共同体世界观，这个世界观是辩证唯物主义与历史唯物主义基本原理在新的视角和领域中总结出来的新的世界观。共同体世界观的提出并不是对马克思主义哲学世界观的否定，相反它是对原来的马克思主义哲学世界观的补充与完善。它能够让我们看到建立于原子论基础之上的物质世界观的局限性。

---

① 马克思恩格斯全集：第42卷［M］. 北京：人民出版社，1995：95.

二、共同体世界观的哲学阐释

（一）共同体的物理模型与逻辑模型

历史已经证明，人类的世界观并不是天生的，也不是通过上帝或者神灵发布的，而是通过观察与推理发现的。通过观察图2-2，我们发现"原子论和几何原本"与"相对论和生命过程"的研究存在世界观层面的矛盾冲突。这个问题不是科学家的技术能力问题，而是他们依靠的宇宙世界观出现了以偏概全的逻辑偏差。相对论开创了四维时空世界，在四维时空世界的生命体是超越三维时空静态物质的新事物，四维的生命体不仅仅存在于三维物质事物的时间内部，同时也存在三维物质事物的时间外部。事实上，所有三维物质都是四维时空世界的共同体（生命体是其特例）在三维几何空间的静态时间"投影"。

从观察四维时空世界里客观事物存在的最原始逻辑关系得知，客观世界事物可分性特征就是反映了几何学要素的数学变换。在四维时空世界里，存在二类不同性质的客观事物：一类是低维时空的微观事物，它具有可分特性，在哲学范畴中属于"整体与部分"，被称之为"物质"；另一类是宏观事物，它具有四维时空（矢量）生命线不可分成部分的连续性特征，在哲学范畴中不属于"整体与部分"，我们定义其新的哲学范畴名称为"共同体"。支持研究"生命过程"的宇宙世界观正是四维时空世界的"共同体"。在共同体世界观中有一个基本原理——"万物皆为时间的矢量"。由此，特提出共同体物理模型与逻辑模型，而共同体的可分性特征与连续性特征都是物理模型与逻辑模型之间的信息变换。这一模型我们依然可以使用中国古代的太极形式进行描述（见图2-3）。

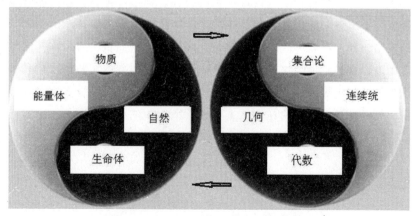

图2-3 共同体物理模型与逻辑模型

（二）共同体世界观的内涵特征

中华文明主张天人合一、道法自然的宇宙世界观，更强调事物的联系性与整体的不可分特性，形成的是统一而不可分割的世界观和重整体的文化传统。因此，从哲学世界观层面审视中华传统文化，发现可以用来阐释共同体世界观。图 2-3 包括了中国传统哲学中的太极思想体系，其中蕴含了事物的微观与宏观、静态与动态、离散性与连续性、循环与变化、投射与反馈五项深刻哲学逻辑关系，能够帮助人类形成新的共同体世界观，并了解共同体世界观蕴含的唯物辩证法思想。

1. "共同体"内涵元素的基本特性

（1）物质离散性。这里的"离散性"是指物质事物"离散性"与"连续性"都是客观存在的哲学表达。共同体世界观认为，物质的"离散性"需要依靠"微观与宏观"为逻辑基础，例如：当水宏观"离散性"表达整体被分割成为部分，微观表达被分割成氢气和氧气时，其"水"物质属性就已经变化了，在逻辑关系上，这就是物质宏观"连续性"的缺失。

（2）能量体连续性。这里的"连续性"是指能量体事物"离散性"与"连续性"都是客观存在的哲学表达。共同体世界观认为，能量体的"连续性"需要依靠"微观与宏观"为逻辑基础，在"共同体"的范畴里，宏观能量体总是表现出对微观物质的超越性，不仅仅有核能量蕴含在物质中，也有不确定的相对势能蕴含在物质外。在逻辑关系上，能量体的超越性决定了它的"连续性"。

（3）生命体连续性。这里的"连续性"是指特定生命体事物"离散性"与"连续性"都是客观存在的哲学表达。共同体世界观认为，"生命体"包含了人的寿命（离散性）与人类生命（连续性）相统一的客观规律。

（4）自然与连续性。广义的自然就是整个宇宙，共同体世界观中的自然是狭义的自然，重点是指与生命体密切关联的自然环境事物，而"连续性"是指特定自然环境事物"离散性"与"连续性"都是客观存在的哲学表达。共同体世界观认为，"自然"包含了小到花草树木，大到行星个体寿命（离散性）与宇宙生命（连续性）这样的客观规律。

2. "共同体"内涵元素的对立统一关系

共同体世界观内涵的多项元素都具有排列组合结构，全面蕴含了微观与宏观、静态与动态、离散性与连续性、循环与变化、交互与反馈的对立统一辩证逻辑关系，能够构成新的"共同体辩证法"思想。如共同体世界观内涵的能量体与物质形成对立统一组织或关系，在静态与动态的发展过程完成循环与变化，其中能量体总是表现出超越性，不仅蕴含在"物质"之中，也蕴含在"物质"之外。物质在立体几何模型中具有三维的特性，能量体在立体几何模型中具有超越三维的特性。在"共同体"范畴中，"自然"与"生命体"形成对立统一组织或关系，存在循环与变化的逻辑关系，其中自然总是表现出超越性，不仅蕴含在"生命体"之中，也蕴含在"生命体"之外。生命体在立体几何模型中具有微观三维的特性，自然在立体几何模型中具有宏观无穷大的特性。

3. 共同体世界观的内涵本质

以上分析可以得出，共同体世界观主要包括两部分：一是宇宙世界包括微观物质与宏观能量体、微观生命体与宏观自然的特定事物；二是这些特定事物之间蕴含了微观与宏观、静态与动态、离散性与连续性、循环与变化、交互与反馈的辩证唯物主义的逻辑关系。"共同体"特定事物之间蕴含的逻辑关系的数量是最高级无穷大。"共同体"特定事物之间蕴含的逻辑关系可以被其中特定的"生命体"感知，并且在"生命体"的内部形成信息反馈与控制。因此，共同体世界观以其强调生命体不可分的整体性和思维对物质的超越性与传统原子论物质世界观区别开来，同时又与原子论物质世界观构成了互补关系，从而丰富了马克思主义哲学世界观。

（三）共同体世界观的生活表达

共同体世界观在生活中可以说是无处不在。根据爱因斯坦的四维空间理论，人类共同生活在一个广阔而连续的四维空间里。其中时间是连续的，生命共同体可以在时间过程中进行生命的迭代，但是不能够进行分割。在物理空间中，人类生命必须包括经历水生世界（子宫）与空气世界（人间）两部分生活。事实上，每个人的生命时空线束在四维空间里都是连续的，并且在水生世界里是编织在一起的。中国古代的伏羲女娲模型（图2-4）给出了最直观的表达。为了逻辑证明方便，我们在图中增加了几何证明经常采用的辅助线。辅助线下方代表水生生物世界的四维时空，那里也是人类与人类共同体完成生命循环变化的四维时空。辅助线上方代表生物世界的四维时空，这里就是人类共同体现实生活的四维时空。伏羲女娲模型图中的下半部分是鱼尾的交汇图，代表着生命体在水生世界循环变化的生命过程，也代表了人类共同体过去形成的生命时空线束前后没有断开的汇总。上半部分的现实生活则代表了人类生命在妇女身体内部完成的微观世界到宏观世界的轮回迭代。中国人从来不会把生命体分开成为单独的学科，按照现代数学理论，个人的生命时空线是不能够从上代以及下代亲人生命时空线中独立出来的，所以中国人的生命周期是按照虚岁的时间开始计算。这实际上也是回答了"人从哪里来"和"人现在在哪里"的问题。

那么，人将来要到哪里去？2018年的网络共同体发布"锦鲤"为十大网络用语榜首，其背后的典故就是中国神话"鲤鱼化龙升天"。现实生活中，每户家庭都可以升起"立体鲤鱼龙旗"庆祝男孩子的诞生。事实上，我们每个人曾经都是洄游在人类共同体海洋的那条"幸福锦鲤"，同时人类共同体又仅仅是自然共同体的沧海一粟。人生于自然、长于自然和归于自然，一代代循环变化，完成从人类共同体返回自然共同体的生命轮回。个人生命可以结束，但是个人的生命体一部分已经化身"幸福锦鲤"，随着后代洄游进入人类共同体的海洋。

图2-4　伏羲女娲模型

三、共同体世界观与人类命运共同体的关系

根据共同体世界观，我们可以更全面地了解人类命运共同体的内涵：一是人类命运共同体的体量非常大；二是人类命运共同体包括的内容非常多；三是人类命运共同体的高维共同体是自然共同体；四是自然共同体时间跨度永远比人类命运共同体长远。而人类命运共同体的核心内容：一是强调了人类彼此之间和人类与自然之间在物质层面上紧密相连的关系；二是强调了人类彼此之间和人类与自然之间在四维时空领域命运与共的不可分状态，即把人与自然看作不可分割的"共同体"，具体就是习近平提出的"地球生命共同体"。

（一）人类命运共同体内涵的逻辑关系

为了判断"人类命运共同体"概念的逻辑性，我们提出了人类命运共同体的逻辑模型。（见图2-5）这是进行哲学理论研究的平台工具。

　　"人类命运共同体"概念在形式逻辑上是包括许多一元、二元和三元符号（元素）排列组合形成的集合体。例如，人、人类、命运、人类命运、共同体、人类共同体、命运共同体、共同体命运等都是"人类命运共同体"内涵的子集合。

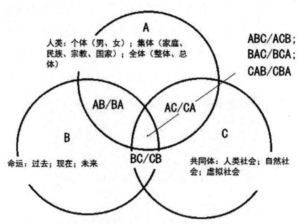

图2-5　人类命运共同体的逻辑模型

　　图2-5中，"人类命运共同体"模型内部关系采用字母符号表示：符号A对应是人类集合的概念，包括个体、集体和全体；符号B对应是命运集合的概念，包括过去、现在和未来；符号C对应是共同体的概念，包括人类社会、自然社会、虚拟社会等。由于每一个符号都有丰富内涵，因此由三个符号（元素）形成的一级术语系统就能够形成一套大集合（包括符号交集的集合）。图2-5中，一级稳定静态集合的数量是30项。分别是A与非A，B与非B，C与非C，AB与非AB，BA与非BA，AC与非AC，BC与非BC，CA与非CA，CB与非CB，ABC与非ABC，ACB与非ACB，BAC与非BAC，BCA与非BCA，CAB与非CAB，CBA与非CBA。每个数学集合都能够对应一个实际物理的世界。最极端的集合是最古老的故事非A（对偶集合是C），实际概念可以对应人类诞生前的世界，那里也是人类的发源地。今天的世界中，一个二人世界的AB与非AB集合能够对应一对男女"闪婚闪离没有孩子"的故事，但是如果出现共同买房（经济共同体）或者怀孕（后代共同体）就可以认为已经有了二人共同体C。

　　需要强调的是，在集合论的逻辑系统里，与图2-5对应的二级、三级（动态）模型中的各个子集合数量非常多，这可以采用在30个元素（A、B、C和A、B、C交集）中任意取二项或者三项元素进行的排列组合计算形成的全集合数量。这里不需要展开讨论所有的命题，强调的是现实世界的多样性背后隐含的"人类命运共同体"哲学概念中的数学逻辑（集合出现的概率）。例如，马克思主义历史观认为"社会"已经包含着现实中"人类生活的共同体"的含义。在图 2-5 这个逻辑模型里，三级（过去、现在、未来）动态子集合"人类生活的共同体"其参考对应的数学集合符号是 A（人类）∪B（现在）∪C（人类社会），这是过渡的不稳定的子集合。

（二）共同体世界观与人类命运共同体的辩证关系

1. 共同体世界观是人类命运共同体的逻辑起点

人类命运共同体的逻辑起点就是共同体世界观，即把世界看作一个"你中有我，我中有你"的不可分割的共同体。回顾"人类命运共同体"的核心内容：一是强调了人类彼此之间和人类与自然之间在物质层面上的紧密相连的关系；二是强调了人类彼此之间和人类与自然之间在四维时空领域的命运与共的不可分状态。由此得出，人类的命运紧密相连，一荣俱荣，一损俱损，共进共荣。这为探讨如何构建人类命运共同体提供方向和思路。共同体世界观认为，客观事物除了可分性外，还具有不可分的新整体性，这就是我们提出过的新整体观①，在自然领域与社会领域表现为新整体原理。客观事物的新整体原理能够对事物发展过程产生连续影响，过度强调其中某项原理的作用会导致事物发展的歧途。例如，过度强调竞争原理可能会导致世界大战。共同体世界观就是强调以不可分的观点看待事物的联系性，突出人类之间以及人与自然之间的命运与共，从人类的整体利益和长远发展出发来处理各种事务和应对各种难题。由此可见，共同体世界观为人类命运共同体思想提供了逻辑基础。

2. 人类命运共同体是共同体世界观的具体体现

从共同体世界观是人类命运共同体的逻辑起点可以推论，人类命运共同体思想内含着共同体世界观，同时也是共同体世界观在现实社会中的具体落实与实践展开。人类命运共同体在体现共同体世界观时又往往表现为"共同体主义"，通过提倡"共同体主义"可以帮助人类命运共同体在现实社会中运行与实施。"共同体主义"在哲学上是超越并包容个人主义、集体主义的新范畴。我们能够在客观社会中观察到，个人主义和集体主义的概念都不能够独立存在，它们彼此具有内在的相互联系与相互作用。过度强调个人主义会导致社会的撕裂，而过度强调集体主义则可能导致对个人权益的侵害。共同体主义却可以把个人主义和集体主义包含于其中，并能够在个人主义与集体主义之间达到一种平衡

① 潘柳燕. 人类命运共同体思想理论创新的三维审视［J］. 广西师范大学学报（哲学社会科学版），2019（06）：2.

与协调。共同体主义是开放的理论，它与其他已经存在的理论是共生的关系。共同体世界观的提出并不否定物质世界观，相反它与物质世界观构成互补关系。而基于共同体主义，人类命运共同体得以在世界推广和展开，从而也使得构建人类命运共同体成为可能，并日益变成现实。人类命运共同体在现实生活中可以表现为众多不同类型、不同层次的复杂多样的共同体。比如，习近平在各个不同场合所提到的各种不同的"共同体"——"亚太命运共同体""中非命运共同体""人类卫生健康共同体""网络空间命运共同体"等，这都是人类命运共同体的具体表现。

总结共同体世界观的哲学理论，通过物理世界的观察确认人类命运共同体所描述的"共同体"就是客观世界的真实存在，由此形成的共同体世界观超越了传统的物质世界观而形成新的世界观。然而，共同体世界观并不否定基于原子论的物质世界观，而是与物质世界观构成互补关系，丰富和完善了马克思主义的哲学世界观范畴，同时为人类命运共同体及其价值认同提供逻辑基础。

总之，人类命运共同体思想来源于中国传统文化的太极思想、和合理论与整体性思维模式，是中国传统文化在当代的新发展；而包括遗传、进化、多样性和共生四大基本原理的和谐论超越了具有片面性的进化论的认识论体系，成为人类命运共同体的哲学认识论基础；共同体世界观是基于新整体观而提出的一种新世界观，它与传统的原子论物质世界观构成了互补关系，既丰富了马克思主义哲学世界观，也为人类命运共同体提供哲学上的逻辑基础。深厚的哲学基础为人类命运共同体的价值认同提供了坚实的理论依据和牢固的理论支撑。

第三章　人类命运共同体价值认同的经济基础

经济全球化是人类命运共同体价值认同的经济基础。经济全球化的本质是资本的全球性扩张，由于综合国力、产业结构和国际竞争力等资本力量显著的历史差距，在世界市场上获益最大的是西方发达资本主义国家，尤其是发达国家的跨国公司。而广大发展中国家，却面临着更大的风险与挑战。同时，发达国家的中下层民众也并未从过去的经济全球化模式中获得多少益处。这一系列情况导致了当前经济领域的世界性问题。然而，即使这样，经济全球化仍是不可阻挡的历史趋势，只是经济全球化的新发展呼唤一种新的机制，以能实现国家之间的利益共享。这种机制就是构建人类命运共同体，而构建人类命运共同体之所以可行，是因为世界已经全面进入了世界历史，经济全球化全面展开，并带动了政治、文化的全球性交流与合作。

第一节　经济全球化的历史渊源

20 世纪 70 年代，已有不少经济学家和社会科学家开始在经济的意义上使用"全球化"一词，来表达"经济全球化"的含义，"经济全球化"一词则在稍晚才得到逐渐使用。关于"经济全球化"这一概念，一般有两种解读，不过，这两种解读本质上只是一枚硬币的两面。一种是马克思主义的解读。马克思曾指出，"资产阶级既然榨取全世界的市场，这就使一切国家的生产和消费都成为世界性的了"[①]。沿着这一思路，不少学者认为经济全球化就是资本主义生产关系在世界范围内的扩张。如阿里夫·德里克（Arif Dirlik）认为，经济全球化的历史进程也就是生产、贸易、资本、科技以及资本主义生产关系等在世界市场上

---

① 马克思，恩格斯. 马克思恩格斯全集：第 4 卷［M］. 北京：人民出版社，1958：469.

自由发展，从而将资本主义带到世界上每一个角落的过程。① 类似地，沃勒斯坦认为，经济全球化的历史进程与资本主义生产方式的发展是同步的，它们共同经历了由民族国家内部向全世界扩张的过程。② 另一种是技术性的解读。如经济合作与发展组织（OECD）认为，经济全球化可以被视为一种过程。在这一过程中，经济、市场、技术以及通讯形式都日益具有"全球性"的特征，民族性或地方性特征则在减少。国际货币基金组织（IMF）认为，经济全球化是指跨国商品与服务贸易及国际资本流动规模和形式的增加，以及技术的广泛迅速传播使世界各国经济的相互依赖性增强。③ 总的来说，经济全球化主要是指贸易和生产的全球化，以及资本（包括产业资本和金融资本）、劳动力、技术等生产要素的国际流动，这种流动把全世界连接成一个统一的大市场。结果，世界各国、各区域的经济相互依存度不断提高。

关于经济全球化的起源和历史，学者们众说纷纭。最狭义的看法认为经济全球化就是20世纪70年代以来的这一次全球化进程；而追溯到古代时期的观点则认为公元1世纪左右的东西方丝绸之路已经是全球化的早期形式，安德烈·冈德·弗兰克（Andre Gunder Frank）甚至认为，自从公元前3000年苏美尔与印度河流域文明之间的贸易联系建立以来，就已经存在一种全球化形式。④ 大部分学者倾向于认为经济全球化始于15世纪末大航海时代或19世纪的工业革命时期。我们采用的是较为广义的经济全球化观点，即弗兰克将经济全球化追溯至上古时期的观点。我们认为大航海时代之前各国和各地区之间的贸易扩张可被称为经济全球化的历史渊源，而经济全球化的正式进程则始于大航海时代。

一、经济全球化的历史渊源

（一）公元前的区域经济贸易发展

考古发现和研究表明，公元前3000—前2000年，欧亚大陆已经存在着广泛的文化交流。大概在公元前2250年，印度河流域、美索不达米亚（中东的两河

① 董岩. 经济全球化基本问题研究［D］. 长春：吉林大学，2013：23.
② ［美］伊曼纽尔·沃勒斯坦. 现代世界体系：第一卷［M］. 尤来寅等译. 北京：高等教育出版社，1998：462.
③ 张谊浩，陈柳钦. 当代西方经济全球化理论研究综述及其反思［J］. 南都学坛，2004（06）：113-117.
④ WikiMili. History of globalization［EB/OL］.（2021-07-08）［2021-09-01］. Retrieved from https：//wikimili. com/en/History_ of_ globalization.

流域）以及阿拉伯半岛东南部之间已经建立起了间接的贸易联系。公元前2000年，爱琴海地区和中亚地区之间也已经建立起了间接的贸易联系。① 在同一时期左右，青铜之路将欧洲和东亚都纳入了以西亚为中心的古代世界。② 上古世界大致可分为四个商圈：中国—东亚商圈、印度河—印度半岛商圈、中东商圈以及地中海商圈。③

1. 中国—东亚商圈的发展

西周时期，中原和西域地区已有了贸易往来。周秦时期，在东北方向，中原和东北地区及朝鲜北部有了贸易联系；在西南方向，和中南半岛也有了贸易联系。秦汉时期，中国向西的直接贸易联系不仅到达中亚地区，还进而再向南到达印度地区。④

2. 印度河—印度半岛商圈的发展

古代的印度河文明与外部世界也存在着贸易，出口货物有孔雀、猿猴、珍珠、棉织品、铜、象牙和象牙制品，大部分对外贸易是通过海路同美索不达米亚（中东的两河流域）进行的。这条海路可能是在公元前5世纪末波斯帝国（前550—前330）入侵印度后兴起的，同时兴起的还有通往中亚的陆上贸易联系，尽管这条陆上商路在公元前6世纪左右（波斯入侵之前）就已存在。孔雀王朝时期（前322—前185），海路进一步扩展为东西两个方向，向西到达波斯湾、阿拉伯半岛乃至东非，向东到达东南亚地区。在陆上，印度同地中海东部也有了直接的贸易联系。⑤

3. 中东商圈的发展

在文明的疆域向东向西扩张至一定程度以前，中东两河流域地区与地中海区域和中亚、印度区域的贸易联系往往是零碎的、间接的。不过可以明确的是，至少在新巴比伦王国时期（前626—前539），两河地区已经往西与地中海商圈直接联系，并往东与波斯甚至印度河地区有了直接联系。其后疆域辽阔的波斯帝国更是直接将中东和地中海、中亚和印度的贸易联系在一起。

4. 地中海商圈的发展

公元前20世纪左右，爱琴海南部克里特岛上的米诺斯文明开始进行海上贸

---

① Mair V H, Hickman J. (eds.) Reconfiguring the Silk Road [M]. Philadelphia：University of Pennsylvania Museum of Archaeology and Anthropology, 2014：5-11.

② 易华. 青铜之路：上古西东文化交流概说 [J]. 丝绸之路, 2019 (02)：5-18.

③ 即使在后来的中古时期，世界贸易仍大致以这四个商圈为核心。不同之处在于，东南亚商圈逐渐发展了起来，以及地中海商圈逐渐拓展成了地中海—欧洲商圈。

④ 王晓明. 世界贸易史 [M]. 北京：中国人民大学出版社, 2009：274-276.

⑤ 王晓明. 世界贸易史 [M]. 北京：中国人民大学出版社, 2009：174-178, 273-274.

易。最晚在公元前 17 世纪时，他们和地中海东岸地区、北部的小亚细亚和希腊地区、西部的亚平宁半岛和西西里地区，以及南部的埃及地区都有了贸易联系。米诺斯人的商船载着埃及的粮食、象牙和玻璃，叙利亚的马和木材，爱琴群岛的陶器和大理石，塞浦路斯的铜，以及本岛上的橄榄油和陶器等货物，往返于地中海东部各区域。① 公元前 10 世纪左右，地中海东岸的腓尼基人逐渐兴起，主导了地中海地区的贸易，并在各处建立殖民地，西至伊比利亚半岛和西北非（如建于公元前 814 年的迦太基）。他们甚至到达北海和波罗的海区域，带回不列颠的锡和波罗的海沿岸的琥珀。另一方面，通过中东地区，他们也获得了来自远东和印度的谷物、酒类、纺织品、地毯和宝石等货物。公元前 5 世纪，希腊城邦崛起，接过地中海贸易主宰地位，它们的殖民地逐渐遍布地中海沿岸，并向西北达到欧洲南部沿岸，向东北到达黑海北岸。② 这一时期或更早，地中海商圈与中东—印度地区也已经建立起了直接的贸易联系。公元前 2 世纪末，托勒密埃及王国首次开辟了取道红海—阿拉伯海到达印度的航线。

在这一时期，尽管传递性质的间接贸易在很早的时候就将西方的地中海区域、中东的两河地区、中亚地区、印度河地区以及东亚的中原地区连接起来，但各大区域之间的直接贸易一般是在公元前 1000 年以后才逐渐普及起来，并且，最西的地中海区域和最东的中原地区仍未建立直接的贸易联系。整体上，贸易的活跃程度在西半边较高，在东半边较低。由于陆运和海运技术还处于较早阶段，世界贸易的绝大部分属于中间传递性质的间接贸易。

（二）公元后至大航海时代的世界经济贸易发展

到公元 1 世纪时，汉帝国、贵霜帝国、安息帝国（帕提亚帝国）以及罗马帝国组成了横贯欧亚大陆的文明地带。这种变化的基础是技术上的进步，技术水平影响了人们的活动范围。例如，铁器的量产化（在中国大概是在公元前 600 年实现，在印度大概是公元前 800 年，在中欧大概是公元前 750 年）使得森林变得易于砍伐，于是农业文明的区域得以大大扩张。③ 穿越四大帝国的漫长贸易路线连接成了古代东西方陆上丝绸之路。准确地说，在公元前 139 年和公元前 119 年张骞两次出使西域之后，丝绸之路就已经逐渐建立起来。丝绸之路从

---

① ［美］斯塔夫里阿诺斯. 全球通史［M］. 吴象婴等，译. 北京：北京大学出版社，2006：67.

② 王晓明. 世界贸易史［M］. 北京：中国人民大学出版社，2009：262.

③ ［美］斯塔夫里阿诺斯. 全球通史［M］. 吴象婴等，译. 北京：北京大学出版社，2006：83-84.

汉朝的都城长安出发，经中亚、中东各主要城市到达地中海，再以罗马为终点，全长6437公里。除了陆上贸易路线以外，还有环绕大陆的海上贸易路线（中国—东南亚—印度—中东的波斯湾或亚非之间的红海，以及地中海—北海），一些商人还会沿着红海航行到东非。这一东西方之间的贸易大发展得益于各个国家对海陆交通的改善：中国打通了中亚的好几条陆上商路，并建立了便利海上贸易的运河体系；罗马帝国逐渐控制了地中海沿岸以及欧洲中部和西北部的很大部分，确保了贸易的安全和便利。① 中国的香料和丝绸，中亚的宝石，印度的香料和棉纺织品，中东的工艺品，非洲的象牙和黄金，希腊和罗马的珍珠、橄榄油、亚麻布、羊毛织品和玻璃制品，波罗的海地区的琥珀都是这一时期的著名贸易品。公元166年，古罗马帝国使者来到中国，建立了外交关系，这标志着东西方丝绸之路的两端开始了直接往来。当然，受当时并不发达的交通运输技术的限制，很少有商人会完成整条线路的来回，因此跨越的路线越长，直接贸易的比重就越小，间接贸易的比重就越大。随着时间的不断推移，技术进步使得直接贸易的比重逐渐增加，间接贸易的比重逐渐减小。在后来漫长的历史中，从西方传向东方的货物还包括马匹、马鞍和马具、葡萄藤和葡萄、牲畜和家畜、动物毛皮、水果、蜂蜜、毛毯、地毯、纺织品、金银、骆驼、奴隶以及武器和盔甲等；从东方传向西方的货物还包括茶叶、染料、陶器、瓷器、青铜和黄金文物、药物、香水、大米、纸以及火药等。东西方丝绸之路的价值还不止于经济。艺术、宗教、哲学、语言、建筑、技术和科学等文明的元素都沿着这些路线传播，促成了东西方各国之间的交流，对全人类来说都有着重大的意义。

魏晋南北朝时期，中国政治动荡、战乱不止，丝绸之路有所衰微。不过，公元5世纪下半叶和6世纪早期，北魏和南朝先后与东来的波斯使者建立了联系，互赠了礼物。隋朝时期，政治较为稳定，西域商人经常来到张掖进行贸易，丝绸之路逐渐复苏起来。唐朝在全盛时期，疆域向西大大扩张，经过中亚的陆上贸易和经过南海、印度洋沿岸的海上贸易都繁荣发展。敦煌、阳关、玉门成了著名的贸易之地；广州、泉州等港口也成了著名的商贸港口，几乎每天都有来自大食（阿拉伯帝国）的船只。此外，唐帝国还和西南的吐蕃发展起了繁荣的"茶马互市"，主要是用茶叶交换吐蕃的马匹。在海上，中国商人在与日本的

---

① ［美］斯塔夫里阿诺斯. 全球通史［M］. 吴象婴等，译. 北京：北京大学出版社，2006：85-89.

贸易中和在东南亚商圈中都扮演着主要角色。① 由于丝绸之路的繁荣，东来的外国人络绎不绝，连首都长安都居住着许多波斯人、印度人、犹太人、亚美尼亚人以及各种中亚人。然而，受安史之乱、吐蕃入侵等内外战争的影响，此后中国逐渐丧失了对西域的控制，陆上丝绸之路受到较大冲击。尤其是南宋时期，由于无法通往西北地区，海上丝绸之路便成了倚重的对象。从广州、泉州、杭州等地出发的海上航路日益发达，船队越走越远，到达阿拉伯海地区甚至东非沿岸地区。② 中国的造船和航海技术迅速发展，12 世纪末开始，中国商人逐渐取代了中东商人在东南亚的海上优势地位。宋元时期，中国商人遍及东南亚及印度各港口。

公元 7—8 世纪，阿拉伯帝国扩张至全盛期，控制整个中东地区，领土西至北非和伊比利亚半岛，东至中亚地区。阿拉伯人向西南拓展了向非洲内陆延伸的几条商路，向南运送盐、贝壳、珠宝和布匹等货物，换回象牙、黄金、奴隶、鸵鸟羽毛和非洲灵猫等货物。大约在 10 世纪之后，阿拉伯人又向北开辟了通往俄罗斯和东欧地区的商路。接下来几个世纪，阿拉伯商人将棉花、铁器、亚麻布、毛织品和马匹等从西方运到东方，换回丝绸、瓷器、宝石、柚木和香料等商品，其活动范围向东能到达中国南部的广州等地，向北甚至能到达斯堪的纳维亚半岛和波罗的海。阿拉伯帝国和欧亚大陆两端的来往还使许多重要的技术进一步扩散开来，并产生了深远的影响。三角帆船这一航海科技是一个重要例子，这种帆船由阿拉伯人发明，不仅灵活，还能逆风航行。这一技术传至地中海地区，到 11 世纪时，它已在地中海区域普遍使用。后来，这一技术又传至大西洋。15 世纪，葡萄牙和西班牙设计师改进出了三桅帆船，才使得后来大航海时代的远洋航行成为可能。此外，造纸术、指南针以及活字印刷也均是从中国传至中东，再传至欧洲。③

公元 5 世纪，西罗马帝国无力抵抗长达一个世纪的，来自不同方向的外来入侵，于 476 年灭亡，西欧进入较为封闭的中世纪封建时代。欧洲的封建时代早期，由于人口较少，市场规模小，交通通信技术也不发达，经济体系主要是自给自足的，具体表现为一个个孤立自足的庄园。尽管在不同的国家、民族、聚落之间会有行商从事一定的商贸活动，但其比例相当微小。10—12 世纪，人

---

① 王晓明 . 世界贸易史［M］. 北京：中国人民大学出版社，2009：494-496.

② 杨希义 . 中华人文自然百科：历史卷［M］. 北京：北京师范大学出版社，2011：68.

③ ［美］斯塔夫里阿诺斯 . 全球通史［M］. 吴象婴等，译. 北京：北京大学出版社，2006：203-204.

口不断增加，聚落密度增加，城市复兴，商贸活动增加，并在范围上逐渐扩张。12—13世纪，欧洲各国之间的贸易已经普遍发展起来，从东方进口的货物数量也稳步增大。欧洲本地代表性的产品有英格兰的原羊毛、佛兰德斯的羊毛织品、德意志的铁和木材、斯拉夫地区的毛皮，以及西班牙的皮革和钢等。外地产品主要是从意大利运来的东方货物。① 香槟地区的集市在12—14世纪初是欧洲内陆重要的商业中心。

总的来说，在前近代欧亚大陆上，大概已经存在着四个较为成熟的经济圈，分别以中国、印度、中东和欧洲为中心。蒙古帝国在13世纪征服和统一了欧亚大陆的大部分地区后，设立了许多驿站，恢复了欧亚交通网络。于是，将这四个经济圈连接起来，贸易路线变得更加安全和繁荣。主要的陆上贸易路线经过中亚的撒马尔罕和塔什干、中东的巴格达或巴士拉，再到达地中海东部，或到达小亚细亚地区和黑海沿岸，最后进入欧洲。② 马可·波罗这位著名的意大利旅行家、商人，便是在这一时期穿越中东和中亚来到了中国。蒙古帝国的建立还促成了一些更北的贸易路线的建立，如塔那（俄罗斯顿河河口）—中亚—中国的贸易路线，甚至莫斯科和诺夫哥罗德都有中国侨商定居。③ 这段时期的全球化程度比以往上升了不少。后来，蒙古帝国体系解体，陆上贸易路线受到很大影响，贸易大量转移至海上商路。这一时期，印度也是欧亚贸易的一个中心点，包括陆上贸易和海上贸易（中国南海—东南亚—阿拉伯海—波斯湾—中东地区—地中海）。另一条海上贸易路线是"中国南海—东南亚—阿拉伯海—红海—埃及港口—地中海"。欧洲各国之间此时战争频繁，因此欧洲商人开始更多地通过大西洋在欧洲各地进行贸易。13世纪末，地中海东岸和小亚细亚的十字军国家相继覆灭，欧洲就主要通过地中海的埃及港口与世界经济体系相连。直到大航海时代非洲好望角路线开辟之前，这条东西方贸易航路最为稳定。

在这一阶段，随着陆上和海上交通运输技术的不断发展，东西方之间的间接贸易比重不断缩小，直接贸易的比重不断增大。但整体上，间接贸易还是明显多于直接贸易。由东西方贸易带动的不同文明的经济、文化、技术交流，推动了世界的进步和发展，也给各国带来了全球视野。

---

① ［美］斯塔夫里阿诺斯. 全球通史［M］. 吴象婴等，译. 北京：北京大学出版社，2006：280.

② Harreld D J. An Economic History of the World Since 1400［M］. Chantilly：The Teaching Company，2016：12.

③ ［美］斯塔夫里阿诺斯. 全球通史［M］. 吴象婴等，译. 北京：北京大学出版社，2006：202，208.

二、大航海时代及其后的经济全球化发展

（一）大航海及早期殖民时代的经济全球化

1405—1433 年，中国开始了航海探险，郑和七下西洋，到达过东南亚地区、南亚沿海地区、印度次大陆和中东的印度洋沿岸地区、非洲东海岸和红海沿岸，共访问 30 多个国家和地区，并用金、银、手工业品交换回珠宝和香料、苏木等。不过，由于种种原因，中国的这种航海探险活动并没有进行下去。14 世纪后期至 15 世纪上半叶，奥斯曼土耳其帝国逐渐占据了巴尔干半岛，并消灭了东罗马帝国，控制了连通欧洲和小亚细亚（进而中东）的陆地贸易路线。同时，埃及处于马穆鲁克王朝的统治之下，而地中海东部的贸易也主要由威尼斯人控制。因此，欧洲与东方世界的贸易逐渐被伊斯兰世界和威尼斯人垄断。于是，欧洲人逐渐尝试寻找通往东方的新航路。1488 年，葡萄牙航海家迪亚士成功绕过非洲南部的好望角并返航。1497—1499 年，葡萄牙航海家达·伽马首次经过好望角到达印度，并带回了香料。1492 年，在西班牙王室的资助下，意大利航海家哥伦布想要向西航行到达亚洲，却无意中开辟了到达中美洲的航路。1497 年，在英王的资助下，意大利航海家约翰·卡伯特发现了北美洲。新航路的开辟以及后来欧洲的殖民扩张，使得西欧与美洲、西非沿岸、东非沿岸、阿拉伯半岛、印度、东南亚，以及东亚地区之间都建立了直接的商业联系。从亚洲输入的香料和茶叶等大增，它们从奢侈品逐渐变成了日常消费品。非洲的咖啡和美洲的烟草、可可也都成了欧洲市场上的新商品。后来，玉米、马铃薯、南瓜和西红柿逐渐从美洲传至世界各地，成为今天许多地区的主要日常饮食。在向美洲殖民的同时，欧洲人还开启了将要延续三至四个世纪的罪恶的"黑三角贸易"：首先，向南到达非洲，用朗姆酒、布匹和枪炮等制成品交换黑人奴隶；其次，从非洲出发向西，到达西印度群岛和美洲殖民地，用黑奴交换烟草、蔗糖等经济作物和黄金白银；最后，回到欧洲。在这一阶段，西欧和东欧之间的贸易也大规模地发展起来，东欧出口谷物、牲畜、毛皮和亚麻，而西欧出口纺织品、金属制品、武器和殖民地商品。1553 年，英国通过东北航线与俄国建立了直接贸易联系。16 世纪末，俄国人开始了对西伯利亚的扩张，1689 年，他们和清王朝签订了通商条约，此时主要是用黄金和毛皮交换茶叶。18 世纪中叶，俄国人越过白令海峡，开始殖民北美洲阿拉斯加地区，并将当地海獭毛皮运至中国出售。18 世纪末，英国开始正式殖民澳大利亚。

总而言之，新航线的开辟以及欧洲的殖民扩张意味着世界历史进入了全球

阶段。至此，斯塔夫里阿诺斯所称的"第一次国际分工"已经大规模地完成：南北美洲、东欧和西伯利亚生产原料，非洲提供劳动力，亚洲提供各种奢侈品，而欧洲主要生产各种工业制造品，并主导着许多全球经济活动。① 世界贸易逐渐由以传递性的间接贸易为主，转向以直接贸易为主。不过，尽管全球贸易网络已经建立起来并初具规模，但比起后来几个世纪，贸易量还是相当小的。

（二）工业革命至第二次世界大战之间的经济全球化

第一次工业革命带来了蒸汽机和资本主义大工业生产方式，这不仅直接提升了生产能力，在此过程中建设的运河网络、铁路、蒸汽轮船和蒸汽火车也使得交通运输大为便利。电报系统的逐渐应用也便利了通信。类似的，第二次工业革命带来了内燃机、发电机、汽车、有轨电车、远洋轮船和电话等发明，并创造了电力、化学、石油和汽车工业等新产业，同样既大大提高了生产能力，又便利了交通和通信。到 1914 年时，世界上已经架设了庞大的电报和电话线路网，建设了大致 120 万公里的铁路，海底铺设了 50 多万公里电缆，总吨位 5000万吨的 3 万多艘船只从事于世界贸易。苏伊士运河（1869）和巴拿马运河（1914）的开凿也大大便利了世界贸易。从 1870 年开始，金本位制在世界范围内逐渐推广开来，人们不必再担心汇率的波动及其引发的其他问题，资本在各国间的自由流动得到大大促进。

这一系列在生产、交通、通信以及金融上的组织和技术进步使得欧洲的贸易扩张和殖民扩张大大加速，把越来越多的发展中国家纳入世界经济体系，进而大幅推动了全球化。世界贸易的价值从 1851 年的 6.4 亿英镑上升至 1913 年的78.4 亿英镑。各大强国，尤其是英国、法国和德国，对外国进行了大量投资。到 1914 年，英国已在海外投资了 40 亿英镑，大致为其国民财富总量的四分之一。欧洲俨然成了世界的银行。②

此外，19 世纪末至 20 世纪初，欧洲列强还将殖民和势力范围向非洲内陆扩张，几乎瓜分了整个非洲，非洲的黄金、铜、金刚石等矿产资源，以及棕榈油、橡胶、象牙等动植物资源都被大量出口。整个非洲基本上被纳入了全球经济体系。

19 世纪末至 20 世纪初，贸易保护主义盛行，经济全球化程度逐渐降低。第

---

① ［美］斯塔夫里阿诺斯. 全球通史［M］. 吴象婴等，译. 北京：北京大学出版社，2006：461.

② ［美］斯塔夫里阿诺斯. 全球通史［M］. 吴象婴等，译. 北京：北京大学出版社，2006：505-507.

一次世界大战前后，经济全球化逐渐复苏。20世纪20年代末，发生了波及全球的经济大萧条，在美国1930年推出的斯穆特—霍利关税法案（Smoot-Hawley Tariff Act）的带头下，世界各主要国家均"以邻为壑"，大幅提高关税，再次剧烈转向贸易保护主义。并且，经济萧条之下，为了能够灵活地使用货币政策加以应对，世界各国相继放弃了金本位制。这一系列原因使得用贸易状况衡量的经济全球化程度在短短数年内急剧下降至一半。（见图3-1）第二次世界大战前，正当经济全球化显现复苏之势时，二战的爆发又使得经济全球化程度在波动中下降至100多年以前的水平，经济全球化遭受重大挫折。

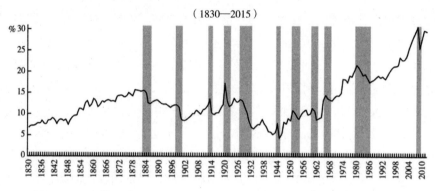

（1830—2015）

图3-1　以贸易开放度（进口占GDP比重）衡量的经济全球化发展史①

第二节　经济全球化的当代发展

第二次世界大战的爆发，使正在复苏的经济全球化逐渐跌入谷底，全球经济发展也受到严重打击。二战后，经济全球化迅速发展，1948—1990年，世界贸易量平均每年增长约7%，是有史以来最快的。② 经济全球化开始进入新的阶段。

一、经济全球化的世界趋势

经济全球化的发展可以分为两个阶段。第一阶段是20世纪70年代之前。

---

① 裴长洪，刘洪愧. 习近平经济全球化科学论述的学习与研究 [J]. 经济学动态，2018（04）：4-18.

② ［美］丹尼·罗德里克. 全球化的悖论 [M]. 廖丽华，译. 北京：中国人民大学出版社，2011：60.

在美国的主导下，布雷顿森林体系这一金汇兑本位制，以及相关的促进国际贸易与投资的国际机构与制度安排建立了起来，包括国际货币基金组织（IMF）、世界银行（WB）以及关税及贸易总协定（GATT）等。IMF 主要负责监督国际汇率，向成员国提供短期资金借贷以及协调国际货币关系，从而协助稳定国际货币体系；世界银行主要负责提供中长期信贷，促进成员国经济复苏和发展；关贸总协定以及 1995 年取而代之的世界贸易组织（WTO）则负责促进各国之间的自由贸易和资本自由流动，包括取消或降低关税，建立低关税或免关税的自由贸易区，以及取消或减少资本管制等。在这一系列的制度安排和国际努力之下，经济全球化迅速复苏。尽管布雷顿森林体系于 20 世纪 70 年代初解体，但经济全球化并未受到影响，因为美元仍然保持着世界货币的地位，发挥着全球结算货币的功能。同时，布雷顿森林体系认可一定程度的资本管制理念，其解体反倒有可能进一步放松资本的跨国流动。

第二阶段起因于凯恩斯主义经济学说的失势和新自由主义经济学说的兴起。20 世纪 70 年代，由于欧美出现了普遍的"经济停滞+通货膨胀"情形，凯恩斯主义经济学说失势，强调自由放任的新自由主义经济学说逐渐兴起。这一派别主张将政府的角色最小化，将绝大部分经济事务交给市场配置，无论是商品和服务市场，还是金融市场。在经济全球化问题上，这意味着要求政府对国际贸易和跨国资本流动的干预越少越好。因此，经济全球化获得了新动力。随后，在自由放任理念的支配下，资本自由流动在 20 年内逐渐成为许多国家的共识，欧美的跨国公司进行了一轮新的全球扩张，并将大量生产环节外包至世界各地，创造出了日益复杂的全球供应链和价值链。这与过去企业将生产内部化或主要置于国内范围的做法形成了对比。通信和交通技术的创新、更大的经济开放以及更少的政府干预，均促成了这一转变。1995 年成立的世界贸易组织继承了关贸总协定的任务，也继续推动着经济全球化进程。实际上，在将经贸投资自由化向全世界推广的过程中，国际货币基金组织和世界银行也扮演了重要角色，它们在资助发展中国家时往往强行附加了相应的条款。与此同时，在技术层面上，海陆空运输技术和效率也不断增长，以信息技术为核心的科技革命向全球扩散，大大缩短了世界各国及其市场的时空距离，为全球性的贸易和投资提供了高效手段。经济全球化程度不断提高，直至 2008—2009 年到达历史巅峰。

经济全球化包括贸易全球化、投资全球化、金融全球化。这三方面的全球化相当于"三驾马车"，极大地拉动了世界范围内的经济增长和贸易往来。首先，是贸易全球化，主要表现为世界市场扩大，经济容量增加。进入 90 年代后，国际贸易发展快速。据世界贸易组织报告，1995 年的世界贸易总额超过了

6 万亿美元，其中，商品贸易额为 48750 亿美元，服务贸易额为 12300 亿美元。当时，全世界每年生产的约五分之一产品进入国际贸易市场。1998 年，世界贸易额已达 6.5 万亿美元，占世界 GDP 的 24.3%。① 全球贸易的增长速度明显快于同期的世界经济的增长速度。其次，是投资全球化，国际投资市场前所未有的活跃。联合国贸易发展大会资料，据统计数据，1990 年以前，全球国际直接投资总额年均不超过 2000 亿美元，之后逐年递增，到 2007 年达到约 20000 亿美元峰值，2008 年受国际金融危机影响，投资规模有所下降，但仍保持在 10000 亿美元以上，② 增长的速度迅速、规模庞大。最后，是金融全球化。生产和贸易的全球化使得货币流动的速度加快，规模扩大，一国的金融活动范围已超出了国界，进而在世界范围内开展经营、寻求发展，金融全球化开始显现。

二、中国的经济全球化历程

新中国成立后，在很长一段时间内中国强调自力更生的经济发展策略，实行对外贸易管制，在对外贸易上实行高度集中的计划管理和行政管理，并否定利用外资的做法。整体而言，对外贸易在国民经济中处于辅助地位，国民经济具有明显的封闭性。1978 年 12 月，中国共产党第十一届三中全会拉开了中国改革开放的序幕。1979—1980 年，深圳、珠海、汕头、厦门四个经济特区先后建设起来，鼓励引进外资，学习技术和管理经验。1984 年，天津、上海、大连等14 个沿海港口城市得到进一步开放。1984 年 10 月，中国共产党第十二届三中全会将对外开放确立为基本国策。随后，经济开放区的范围得到了扩大。1992 年，在邓小平南方谈话和中国共产党第十四次全国代表大会之后，对外开放区域逐渐从沿海向沿江及内陆和沿边城市延伸。2001 年，中国正式加入世界贸易组织，恰好承接了国外转移的大量制造业或其加工装配环节，发展了出口导向型经济，迅速地融入了世界经济体系。尽管受到了 2008 年金融危机的冲击，但中国依旧坚定对外开放政策。2012 年，中国共产党第十八次全国代表大会提出要实行更加积极主动的开放战略。2018 年，习近平主席在海南发表讲话时指出，中国将继续扩大开放，积极推动经济全球化和构建人类命运共同体。③ 总的来说，改革开放前，中国的经济较为封闭。改革开放后，中国渐进而又坚定地融入了世界经济体系；近年来，更是接过了经济全球化倡导者的大旗，并提倡一

---

① 顾关福. 战后国际关系 [M]. 北京：时事出版社，2003：74.

② 沈微. 国际投资自由化与中国经济发展关系研究 [J]. 对外经贸，2012（02）：60-62.

③ 史本叶，马晓丽. 中国特色对外开放道路研究——中国对外开放 40 年回顾与展望 [J]. 学习与探索，2018（10）：118-125.

种包容、普惠、共赢的经济全球化模式。

1952—2020 年，中国的货物进出口总额由 64.6 亿人民币增长到 321556.9 亿人民币，年均增长 13.34%。同一时期，中国货物进出口总额占 GDP 的百分比也由 9.51% 上升到 31.88%。1983—2020 年，中国的实际利用外资由 22.6 亿美元增加到 1443.7 亿美元，年均增长 11.89%。2007—2019 年，中国的对外直接投资流量由 265.1 亿美元增加到 1369.1 亿美元，年均增长 14.66%。① 这些数字均能表明中国对全球经济的日益融入。目前，中国已成为世界第二大经济体和第一大货物贸易国，利用外资、对外投资均居世界第二。

三、逆全球化的挑战

（一）逆全球化思潮的出现

自 2008 年金融危机冲击以来，国际层面上逐渐出现了逆全球化的思潮与相应行动。标志性的事件包括特朗普在美国当选总统，积极推行"美国优先"的贸易保护主义战略；英国公投脱离欧盟；欧洲右翼民粹主义政党相继崛起；等等。从统计数字上看，世界银行的数据表明，世界进出口贸易总额（包括商品与服务）占全球 GDP 的比重自 1970 年以来不断提高，从 1970 年的 26.54% 提高到 2008 年的顶峰 60.79%，但到 2016 年则下降至 55.96%，尽管此后略有回升，但到 2019 年仍只是 58.24%，相当于 2006 年的水平。② 尽管逆全球化现象背后不乏一些政客的推波助澜，但总的来说，它们也有一定的客观基础。经济全球化在助推世界经济发展的同时，也引发了分配不均、社会贫富差距扩大、金融危机等社会冲击较大的负面问题。这些问题在一些国家尤其严重，因此引发了人们对经济全球化的怀疑和批评。

实际上，早在 20 世纪 90 年代，就已经有不少反对全球化的声音出现，当时反对全球化的声音主要来自发展中国家，他们抗议发达国家主导的经济全球化将不切实际的财政约束和金融开放规则强加给他们，并抗议发达国家在关税谈判时持双重标准，这样的经济全球化给他们带来了许多不良后果。而近几年的逆全球化呼声则主要来源于发达国家的中下层民众，他们抗议经济全球化给他们带来了收入下降和失业的遭遇等问题。

---

① 中华人民共和国国家统计局. 国家数据［EB/OL］.［2021-08-29］. Retrieved from ht-tps：//data. stats. gov. cn/easyquery. htm？cn＝C01.

② World Bank. Trade（% of GDP）［EB/OL］.（2021-06-30）［2021-07-20］. Retrieved from https：//data. worldbank. org/indicator/NE. TRD. GNFS. ZS.

（二）逆全球化思潮的原因

一方面，各国主流舆论、社会各界，乃至常识，都将经济全球化视为经济繁荣发展的必由之路，如果一个国家的经济绩效欠佳，那很可能是因为没有"足够地"参与经济全球化。与此同时，大部分的经典国际贸易理论似乎都表明，经济全球化将惠及所有人，或至少是绝大部分人。另一方面，激进的反全球化呼声则将其视为各种社会经济灾难的罪魁祸首。那么，究竟是哪里出了问题？

1. 经典国际贸易理论及其不足

在《国富论》（1776）中，斯密提出了"如果外国能以比我们自己制造还便宜的商品供应我们，我们最好就用我们有利地使用自己的产业生产出来的物品的一部分向他们购买""只要甲国有此优势，乙国无此优势，乙国向甲国购买，总是比自己制造有利"，以及其他的相关论述。① 这些论述被后来的学者总结为绝对优势学说，主要含义是各国应专业化生产自身生产成本绝对低的产品，然后相互交换，其结果有利于所有国家。在《政治经济学及赋税原理》（1817）中，李嘉图证明，一个在制造品的劳动生产率上有极大优势的国家，即便土地较为肥沃，从而谷物的劳动生产率也比邻国更高，也仍然可以输出制造品以输入本国所需的一部分谷物，并以此使自身状况更加改善。② 这被后人称为比较优势学说，在更一般的情形下证明了自由贸易下国际分工的互惠性。赫克歇尔—俄林贸易理论（要素禀赋论）完成于1933年，强调各国的土地、劳动力以及资本等要素禀赋不同，因此，如果各国出口那些使用本国相对丰裕生产要素生产的产品，进口那些使用本国相对稀缺生产要素生产的产品，则能改善所有国家的状况。

无论是斯密的绝对优势理论、李嘉图的比较优势理论，还是赫克歇尔和俄林的要素禀赋论，均表明自由贸易（经济全球化的内涵之一）将自然为各国带来共赢的结果。然而，这些理论一方面没有考虑到长期的动态效应，另一方面则没有微观考察（或至少并未充分重视）一国内部异质群体的具体得失。在长期动态效应方面，始自汉密尔顿及李斯特的幼稚产业保护论，以及后来普雷维什、阿明、弗兰克和沃勒斯坦等学者的依附理论，均向人们提醒，后发工业化

---

① ［英］亚当·斯密. 国民财富的性质和原因的研究［M］. 郭大力，王亚南，译. 北京：商务印书馆，1974：28-30.

② ［英］彼罗·斯拉法. 李嘉图著作和通信集（第一卷：政治经济学及赋税原理）［M］. 郭大力，王亚南，译. 北京：商务印书馆，1962：114.

国家或发展中国家在国际自由贸易中有陷入"比较优势陷阱"的危险；在微观考察异质群体得失方面，萨缪尔森基于赫克歇尔—俄林模型推导出的要素价格均等化定理①其实早已暗示，一国内部异质群体在国际贸易中的成本与收益并没有均匀分担与分配。但在政策实践方面，它似乎并未受到重视。上述这些不足导致了一个服务于发达国家跨国资本利益的全球生产秩序的建立。细细审思可以发现，分别来源于发展中国家和发达国家的两种逆全球化呼声，都是这一秩序带来的后果。

2. 发展中国家与发达国家之间的利益分配不均

在数十年来的经济全球化秩序中，发达国家本就已经拥有资本、管理和技术上的优势，而全球经贸投资的政策与规则又主要由发达国家制定，更多地服务于发达国家的需求。某些发达国家在进行贸易谈判时经常采取双重标准，对发展中国家施加不公平的条件。因此，在经济全球化过程中，尽管两类国家都获得了净收益，但大部分的收益仍然是由发达国家获取的。虽然发展中国家通过参与全球化发展起了劳动密集型产业，并从发达国家获得了一部分管理和技术上的知识，但发达国家的金融资本和跨国公司仍然获得了大部分的收益。并且，发展中国家在核心技术上的落后，及其面临的发达国家技术封锁，导致了其可能长期居于产业链低端、全球价值链低端的危险。不少拉美国家和东南亚国家就曾经或仍然陷入在"中等收入陷阱"中，一般认为，这是因为这些国家没能及时实现产业结构升级，即在廉价劳动力优势和低端产业优势逐渐丧失之时，没有能实现技术转型，建立起具备国际竞争力的中高端产业。尽管这一问题与发展中国家自身的内外发展政策都有较大关系，但不乏一些激进的观点将其视为不平等的经济全球化秩序的结果，或者说，是发达国家有意无意利用这一秩序将发展中国家锁定在全球产业链、价值链的低端的结果。另一些激进学者还称之为"新帝国主义"，以及新的"经济殖民主义"。

另一方面，发达国家自身的中低端制造业也在经济全球化中遭遇了来自发展中国家的巨大竞争压力，从而遭受了沉重打击，引发了制造业衰退及外迁的空心化后果。进而，这些产业原来的工人失去了工作，不得不与更低技能的劳动力竞争，从而导致整个中低技能劳动力市场的工资下降。关于这一点，从2016年美国大选中"锈带州"和"锈带工人"对特朗普的支持就可窥知一二。发达国家国内受到波及的民众往往将发展中国家称为"工作小偷"，并因此反对

---

① 准确地说，其实赫克歇尔和俄林已经指出了要素价格均等化趋势，但成功将其严格证明的是萨缪尔森。

经济全球化。

3. 一国内部的利益分配不平等

经济全球化的收益在各国内部不同群体之间的分配也是不平等的。这些分配不平等主要体现在两方面：（1）在劳动和资本之间的分配不平等；（2）在不同劳动力群体之间的分配不平等。1980—2016 年，不同收入群体在全球经济增长中所获得的份额（世界平均）：收入最少的 50% 人群获得 12%，收入居中的 40% 人群获得 31%，收入最高的 10% 人群获得 57%。平均而言，这一分配不均问题在发达国家更为严重。① 以下进一步分析这种收益分配不平等的原因。

首先，经济全球化的收益在劳动和资本之间的分配不平等。在发达国家，这一问题尤为严重。由于资本的全球性流动远远高于劳动力，当发达国家的资本流向发展中国家开设跨国公司时，国内的就业岗位减少，工资降低，劳动力议价能力减弱。本来，政府可以通过征税将资本利润的一部分转移给劳动力作为补偿，从而实现共赢。但跨国公司能够通过各种避税方法将净利润记为海外子公司所获，从而逃避征税。为了争取税源，留住本国资本，吸引外来资本，各国不得不竞相降低针对公司的税收，这就导致经济全球化的收益大部分被跨国资本获取，政府对劳动力的补偿也只能保持在相当有限的程度，甚至难以进行。Egger、Nigai 和 Strecker（2019）对 65 个最大的经济体进行了研究，发现平均企业税率从 1980 年的 46% 左右下降到了 2007 年的 29% 左右，且它们向避税天堂转移利润的做法激增。与此同时，中等收入阶层的劳动所得税反倒有轻微上升，从 14.9% 左右上升至 16.4% 左右。②

其次，经济全球化的收益在不同劳动力群体之间的分配不平等。以发达国家为例，由于制造业衰退以及向其他国家转移，本地中低技能劳动力就业岗位减少，收入降低。同时，中高端行业由于在国际市场上具备较强竞争力，因此中高技能劳动力的收入增加。于是，不同劳动力群体之间出现了收入的两极分化现象。一些发展中国家同样遇到了这一现象，如在经济全球化的影响下，拉丁美洲地区教育程度较高者获得了更高的收入，而教育程度较低的人则收入减少。③ 在这一问题上，一方面，不少实证研究认为，关于收入极化现象，经济

① Alvaredo F, et al. World Inequality Report 2018 [M]. World Inequality Lab, 2017：46.

② Egger P H, Nigai S and Strecker N M. The Taxing Deed of Globalization [J]. American Economic Review, 2019, 109 (2)：353-390.

③ Korzeniewicz R P, Smith W C. Poverty, Inequality, and Growth in Latin America：Searching for the High Road to Globalization [J]. Latin American Research Review, 2000, 35 (3)：7-54.

全球化只是次要原因，而技术进步才是最主要的原因。比如，在美国和欧洲，自 20 世纪 80 年代以来，信息技术革命导致了中等收入工作减少，高技能工人的收入甩开了中产阶级，而中产阶级的收入则向低技能工人靠拢。自 20 世纪 90 年代以来，工业机器人在全世界的使用飞速增长，使得管理人员和高技能工人的收入增加，而中低技能工人的收入下降。① 然而，另一方面，也有一些学者指出，由于经济全球化鼓励了竞争，并扩大了市场规模，因而也有助于加速技术进步。换句话说，技术进步本身也是得益于经济全球化，经济全球化仍要为收入极化现象承担较大责任。

总的来说，经济全球化使世界经济蛋糕变得更大了，这是确定无疑的。因此，"赢家"所获得的总收益也必定大于"输家"所损失的总收益。那么，无论在各个国家之间，还是在一国内部的资本和劳动之间，抑或不同劳动力群体之间，只要使得"输家"获得足够的补偿，使其境况至少不比以前更差，经济全球化就能真正实现"包容"和"普惠"的共赢局面。在当前的全球化模式中，在国家层面上，情况绝对恶化的"输家"主要是部分发展中国家；在微观层面上，则主要是发达国家和部分发展中国家的中低阶层劳动者。例如，有文献指出，在经济全球化中，美国中低阶层受损的利益约占美国总收益的 50%，而其得到的补偿费用却仅占总收益的 1% 至 2%。② 当前的逆全球化思潮与运动，主要根源就是上述种种分配不均的情形，其背后却是效率与公平的失衡。总而言之，经济全球化本身没有问题，有问题的是当前收益分配不均的经济全球化模式。从根本上说，有问题的是为发达国家的跨国资本利益服务的生产方式，以及以此为基础的经济全球化模式。

第三节　经济全球化与共赢机制

当今时代，经济全球化已成历史大势，逆经济全球化思潮的兴起与发展，使人们不得不开始反思经济全球化过程中出现的问题。但这并不是说要回到过去封闭的时代，而是要寻找如何使经济全球化惠及所有参与的国家和人民，其关键在于寻找到一种新的经济全球化模式。

① Colantone I, Stanig P. The Surge of Economic Nationalism in Western Europe [J]. Journal of Economic Perspectives, 2019, 33 (4): 128-151.

② 任晓聪，和军. 当代逆全球化现象探析——基于马克思恩格斯经济全球化理论 [J]. 上海经济研究，2019 (04): 110-118.

一、参与经济全球化的必要性

总的来说，当前经济全球化模式的问题只是分配不均。而如果抛弃经济全球化，则意味着当前已经高度交错融合的全球价值链将会解体重构，这不仅在短期会造成经济震荡，而且还会在长期直接缩小绝大部分国家的经济蛋糕。以下分别从三个角度具体分析参与经济全球化的必要性。

（一）一般意义上的经济全球化必要性

对小国而言，经济全球化的必要性是不言而喻的。小国的人口和市场规模都较为有限，若没有海外市场参与，将难以支撑起完备产业链的分工与专业化，甚至连一些重要产业都难以建立。受制于狭小的市场规模，小国产业体系的纵向完备程度，以及商品的横向多样性都将显著减小，导致经济衰退和生活水平明显降低。最后，小国的资源丰富程度也有限，会面临明显的资源约束。

对大国而言，经济全球化的缺失也会导致上述问题，只是大国人口与市场规模较大，因此问题的严重程度或许会轻一些。但就算有的大国愿意承受这种成本，然而，去全球化的同时还意味着闭关锁国，长期而言很可能导致技术落后，这是历史上反复发生的教训。即便是美国这样既是大国又在技术上领先的发达国家，同样会在去全球化中损失海外市场，导致其高技术产业萎缩；同时，还会损失海外进口的廉价日用品，导致物价上涨。更不要说，世界上许多重要资源只在世界上某些国家和地区才比较丰富，比如，中国的稀土。

一些贸易保护主义者认为，自己并不打算推动整个世界的去全球化，而只是希望在本国具备竞争力的行业保持对外开放，在本国缺乏竞争力的行业拒绝外来竞争，从而争取本国利益的最大化。但实际上，这种构想很难成为现实，因为这一做法将会引起其他国家的效仿和反制，造成贸易保护的连锁反应，使得世界经济朝着逆全球化的方向迅速滑落，最终损害别人也并未能利己。1929年大萧条后，在美国的带头下，各国连锁反应式地推出以邻为壑的高强度贸易保护政策，就是一个历史教训。

（二）发展中国家参与经济全球化的必要性

尽管在当前由发达国家主导的经济秩序中，发展中国家整体上的确是得益较少的一方，但这并不意味着发展中国家就沦为了"受害者"。实际上，平均而言，经济全球化给相对贫穷的国家带来了显著的增长效应，从而导致各国之间的收入趋同。许多发展中国家通过参与经济全球化摆脱了贫困。1981—2012年，世界绝对贫困人口占比（每日生活费低于 1.9 美元）从 44.3%减少到了 12.7%。经济全球化参与度相当高的东亚和太平洋国家在这一点上领先世界，绝对贫困人口占比从 80.6%减少到了 7.2%。① 富丽明（2016）以 113 个中低收入发展中国家在 1966—2015 年的数据为样本，分析了贸易开放与发展中国家经济增长之间的关系，发现贸易开放是促进发展中国家自身经济增长的一个重要因素，世界市场对发展中国家至关重要。② 这些研究均证实，平均而言，发展中国家参与经济全球化是非常有利于自身经济发展的。

依附论者们对经济全球化的分析有一定道理，但总体上低估了其对发展中国家的积极影响，如其带来的发展经济所需的机器设备、技术、管理经验以及资金等，这些都是发展中国家自身稀缺且难以在短期内拥有的。与此同时，他们也过度强调了经济全球化对发展中国家的负面影响。实际上，无论发达国家是否有意无意地想要将发展中国家锁定在全球产业链、价值链的低端，最终是否能实现质量兼顾的经济发展，还是看发展中国家自身的内外政策。从历史上看，19 世纪的"发达国家"英国也曾力图限制其他国家的工业发展，如今领先世界的美国，在当时也只是个"发展中国家"，而德国当时不仅属于"发展中国家"，甚至还一度长期处于四分五裂的状态。但到了 19 世纪末，通过恰当的内外发展策略，德国和美国在工业实力上都超越了英国，进入了"发达国家"的行列。从近几十年看，东欧和东亚的不少发展中国家和地区正是借助经济全球化的拉力，以及自身正确政策的推力，才共同促成了经济飞速发展，成了发达国家。具体地说，发展中国家首先应借助比较优势融入经济全球化体系，获得国际市场，在积累了资本与技术之后，又必须及时推动产业结构升级，避免陷入"比较优势陷阱"，才能实现质量兼顾的经济发展。

（三）发达国家参与经济全球化的必要性

整体而言，发达国家在经济全球化中的收益本就是大于发展中国家的。③一方面，通过大量进口发展中国家物美价廉的中低端商品，发达国家降低了国内的物价水平，改善了许多民众的生活条件。另一方面，发达国家的资本在全

---

① UNCTAD. Development and Globalization：Facts and Figures：2016 ［EB/OL］. （2019-01-23）［2021-07-17］. Retrieved from https：//stats. unctad. org/Dgff2016/people/goal1/index. html；https：//stats. unctad. org/Dgff2016/people/goal1/data/Fig1_ 1. xls.

② 富丽明. 经济全球化理论研究—马克思主义和非马克思主义思想的比较［D］. 辽宁大学，2016：80.

③ ［美］约瑟夫·斯蒂格利茨. 全球化逆潮［M］. 李杨等，译. 北京：机械工业出版社，2019：49.

球流动，开设跨国公司，赚取了巨大的投资和贸易收益。问题在于，当发达国家内部中低端制造业衰退或外迁影响许多民众的生计时，其跨国公司的巨额获利并没有以恰当的方式补偿国内利益受损的民众，导致他们只能以支持逆全球化的方式来捍卫自己的生计。实际上，在中美贸易争端中，尽管中国对美有巨大贸易顺差，但这一贸易顺差中相当大的部分是由美国在中国的跨国公司所贡献的。换句话说，美国民众损失的利益有相当大部分恰恰是被他们自己的跨国公司赚走的。中国在全球价值链分工中主要从事的还是低附加值的加工制造和转口贸易，并未获得大部分产品利润。Tyers（2015）认为，尽管中国在2001年后出口的飞速增长在美国和欧盟地区造成了收入分配压力，但美国和欧盟在这一变动中获得的总收益仍是正的，因此需要获益者（熟练劳动力和资本所有者）补偿利益受损者（低技能劳动力）。并且，中国在经济逐渐成长起来后，也会反过来为世界其他地区提供市场，变得不再对它们施加收入分配压力。① 因此，对发达国家来说，坚持经济全球化，并寻找办法将跨国公司的巨额收益转移给利益受损的民众才是明智之选。

二、经济全球化：人类命运共同体的经济基础

（一）经济全球化是不可逆转的必然趋势

纵观历史，从人类祖先走出非洲并逐渐定居于除南极洲外的所有大陆之后，随着农业进步、人口增长、聚落密度增加，以及交通运输技术发展后，不同文明地带的扩张便会自然带来不同文明的相互交流、来往和贸易，甚至移民。这是不以人们的主观意志为转移的社会历史规律。因此，经济全球化不仅是必要的，也是必然的。进一步说，这种必然性来源于相关的客观条件和动力机制。

从客观条件上看，在交通、通信、金融上的技术进步，总是为经济全球化的发展提供着技术保障。航海技术的发展、各类商业票据的使用、铁路的发明，都推动着最初的经济全球化大发展。现代的海陆空运输技术不断革新，互联网、移动支付、5G通信技术、量子通信卫星等通信或金融技术进步层出不穷，自然也能为经济全球化的进一步发展保驾护航。

从动力机制上看，首先，人类拥有通过贸易交换自己（或自己所在群体）

---

① Tyers R. International Effects of China's Rise and Transition：Neoclassical and Keynesian Perspectives［J］. Journal of Asian Economics，2015，37（2）：1-19.

所缺乏的货物的本能。早在古代部落社会，不同共同体之间就已经开始进行贸易了。其次，根据马克思主义政治经济学的观点，资本主义生产方式的出现大大强化了这种贸易交换行为的获利动机，资本获取剩余价值的需要会使得经济全球化不断地扩张。最后，根据国际政治经济学的观点，在每个特定的时期里，出于种种考虑，一般都会有一个强国作为领袖来主导并建立全球的经济往来秩序。当然，我们反对由特定霸权国家来主导这样的秩序，提倡基于多边合作的，各个国家共同努力实现平等共赢的经济全球化秩序。实际上，推进经济全球化在某种程度上是出于维护国际和平的考虑。早在19世纪，英国商人科布登就曾经将他的自由贸易游说事业视为追求国际永久和平的事业。现在维护国际和平稳定已是当今世界的普遍共识。因此，经济全球化已是不可逆转的必然趋势。正如习近平主席所说，我们无法回避"世界经济的大海"，而人为切断国际经济的"资金流、技术流、产品流、产业流、人员流"，更是无异于退回"一个个孤立的小湖泊、小河流"，这是不可能的，也是不符合历史发展大势的。①

（二）经济全球化为人类命运共同体奠定了经济基础

在一个经济高度全球化的世界里，由于存在着自然资源、劳动力、资本以及技术等生产要素的差异，各国在生产上是高度相互依赖的。同时，各个国家也相互为对方提供着市场，在金融上也有着密切的相互联系。若一个国家出现经济衰退和金融震荡问题，往往不只是影响自己，也很可能会对其他相关国家的出口、经济表现，以及金融稳定产生负面影响。因此，各国在某种程度上是"休戚与共"的。我们还应注意到，"你中有我，我中有你"的全球价值链意味着任何商品的生产过程都可能涉及多个国家的分工协作，由此带来的收入流的分配也将涉及多个国家的居民。某件商品的生产与销售所牵涉的不再是某个特定公司、特定国家居民的生计和福祉，而是相关价值链上的所有公司、所有国家居民的生计和福祉。这也意味着，某个国家的经济政策变动将不只是影响本国企业和本国居民，而是会通过直接和间接方式，迅速且广泛地影响到世界上许多其他地区的企业和居民。

因此，如同马克思提及的民族历史向世界历史的转变一样，如今的民族经济也日益向世界经济转变。正如哈贝马斯所说，经济全球化使得地球上的人们成为风险共担的共同体，有着无法回避的集体命运。② 可以说，经济全球化已

① 习近平. 论坚持推动构建人类命运共同体［M］. 北京：中央文献出版社，2018：403.
② 张谊浩，陈柳钦. 当代西方经济全球化理论研究综述及其反思［J］. 南都学坛，2004（06）：113-117.

经把世界变成了"你中有我，我中有你"的命运共同体。这也就是说，经济全球化为人类命运共同体奠定了经济基础。而经济全球化在大趋势上不可逆转且日益加深的性质，则将使人类命运共同体的经济基础日益牢不可破，同时，构建人类命运共同体的必要性也日益显现。

三、构建人类命运共同体：经济全球化的共赢机制

经济全球化为人类命运共同体及其价值认同奠定了经济基础，而反过来，人类命运共同体理念也能促进一个更加互利互惠、合作共赢、普惠包容的经济全球化共赢机制的构建。

（一）构建经济全球化的共赢机制需要人类命运共同体理念

过去的经济全球化秩序主要由发达国家主导，受霸权主义与零和博弈思维的影响，这一秩序总是有意无意地帮助其跨国公司在全球价值链中攫取巨大利益。结果，尽管全球经济效率提高，但公平却受到严重损害，从而引来了逆全球化浪潮。显然，这些饱受批评的政策与规则已经难以再担负起推进全球化的重任。许多人反对的并不是经济全球化本身，而是不公平的经济全球化。正如葛浩阳所说，以资本利益为原则的经济全球化必然优先满足的是资本的利润诉求。因此，当这种经济全球化陷入困境时，我们要以新的理念指导新的经济全球化实践。[①] 新的经济全球化实践一方面要求我们加强对利益受损群体的转移支付和其他形式的帮助，另一方面则要求我们超越过去以资本获利为首要原则的经济全球化秩序和相关配套政策。而"人类命运共同体"理念，提倡互利互惠、合作共赢、普惠包容，恰恰为构建这样一种新型经济全球化秩序提供了思想基础与改革方向。

（二）基于人类命运共同体理念的经济全球化共赢机制

基于人类命运共同体理念的经济全球化共赢机制，要求在推进经济全球化的时候真正将各个国家、各个阶层人群视为"命运共同体"的一部分，视为平等的合作伙伴，遵循合作共赢、互利互惠的原则，促进各国的共同发展，实现各阶层共同获益的包容性增长。这将能有效地解决效率与公平的兼顾问题。进而，这一秩序将是解决经济全球化问题，推进世界经济向前发展的良方。

---

① 葛浩阳. 经济全球化真的逆转了吗——基于马克思主义经济全球化理论的探析 ［J］. 经济学家，2018（04）：11-18.

1. 坚持平等、尊重、协商原则，推进全球经济治理改革，制定经济全球化新规则

过去的经济全球化主要是由发达国家主导推进，而在这一过程中，发达国家往往并未将发展中国家视为平等的经济伙伴，而是单方面采取不对等的规则，或实施双重标准。一方面，它们将自身的理念、规则、政策和制度强加于发展中国家，而由于这些适用于发达经济体的框架难以在发展经济体中良好运转，最后给发展中国家造成了一些严重后果。另一方面，发达国家有时也基于自身霸权利益的考虑，强行施加一些不平等规则，不公正地为自己攫取更多利益，实际上也侵占了发展中国家的利益。习近平指出，现在"新兴市场国家和发展中国家对全球经济增长的贡献率已经达到80%""国际经济力量对比深刻演变，而全球治理体系未能反映新格局，代表性和包容性很不够"①。因此，习近平倡议，"推进全球经济治理改革，提高新兴市场国家和发展中国家代表性和发言权"②。也就是说，全球经济治理改革最主要的是打破发达国家对国际规则制定的话语霸权，提高新兴市场国家和发展中国家的话语权，使各国平等参与规则制定，共建经济全球化新秩序。

2. 坚持双赢、多赢、共赢原则，促进世界各国互利合作，实现经济的共同发展和繁荣

由于过去的经济全球化规则由发达国家主导，不可避免地对发展中国家有所不公，甚至可能将发展中国家锁定在全球产业链低端。因此，过去的经济全球化虽然带动了全球经济增长，体现了经济效率，但很大程度上却是片面的、有失公平的效率，它造成了发达国家与发展中国家更大的差距与矛盾。诚然，在经济全球化过程中，国与国之间难免有冲突和竞争存在，但人类命运共同体理念提倡各国应树立命运共同体意识，强调要认清"一荣俱荣，一损俱损"的联动效应，主张奉行双赢、多赢、共赢的新理念，扔掉我赢你输、赢者通吃的旧思维，放弃零和博弈，抱着"在竞争中合作，在合作中共赢"的态度，"在追求本国利益时兼顾别国利益，在寻求自身发展时兼顾别国发展"，并且"让每个国家发展都能同其他国家增长形成联动效应，相互带来正面而非负面的外溢效应"。要明白，"一个强劲增长的世界经济来源于各国共同增长"③。

而要实现双赢、多赢、共赢，一个相互封闭的世界经济格局是做不到的，

---

① 习近平. 习近平谈治国理政：第二卷［M］. 北京：外文出版社，2017：479.

② 习近平. 论坚持推动构建人类命运共同体［M］. 北京：中央文献出版社，2018：480.

③ 习近平. 论坚持推动构建人类命运共同体［M］. 北京：中央文献出版社，2018：38.

必须打造一个发展创新、增长联动、利益融合的开放型世界经济。习近平在论述人类命运共同体时曾多次指出:"我们要坚定不移发展开放型世界经济,在开放中分享机会和利益,实现互利共赢。""我们要下大气力发展全球互联互通,让世界各国实现联动增长,走向共同繁荣。我们要坚定不移发展全球自由贸易和投资,在开放中推动贸易和投资自由化便利化,旗帜鲜明反对保护主义。"① 而一个开放型世界经济想要稳定地存续,并保持其灵活地、动态地实现共赢的能力,则需要一个共同维护、公平参与的合作平台。因此,习近平强调:"我们要打造开放型合作平台,维护和发展开放型世界经济,共同创造有利于开放发展的环境,推动构建公正、合理、透明的国际经贸投资规则体系,促进生产要素有序流动、资源高效配置、市场深度融合。"② 在这样一个新的世界经济格局中,强调的是开放、合作、公平、互助,在互利共赢中实现共同发展。

3. 坚持公平、包容、普惠原则,打造各个群体合作共赢的经济全球化模式

过去的经济全球化主要照顾的是跨国公司和资本的利益,从而导致大部分全球化收益被其俘获,而政府却并未对利益受损人群提供足够的补偿。对此,习近平指出:"推动建设一个开放、包容、普惠、平衡、共赢的经济全球化,既要做大蛋糕,更要分好蛋糕,着力解决公平公正问题。"③ 这也就是说,要兼顾好效率与公平,让经济全球化带来的机会分布得更加均匀,收益分配得更加公正,最终确保经济全球化的成果人人都能享受。事实上,逆全球化浪潮应该引起资本所有者及相关决策者的反思,他们应该认识到,资本所有者与作为消费者的广大劳动者也是"命运共同体",一味地无视劳动者的利益终究会导致市场购买力不足、投资血本无归,以及经济衰退等问题。习近平也指出,当前的经济全球化存在着"增长和分配、资本和劳动、效率和公平的矛盾",并倡议"我们要讲求效率、注重公平",从而,"让不同国家、不同阶层、不同人群共享经济全球化的好处"④。具体而言,"要在教育、医疗、就业等民生领域加大投入力度,解决好贫困、收入差距拉大等问题",同时,"要加大对弱势群体的扶持力度,改善中小微企业发展环境,增强劳动者适应产业变革的能力"⑤。

---

① 习近平. 论坚持推动构建人类命运共同体 [M]. 北京:中央文献出版社,2018:406.

② 习近平. 论坚持推动构建人类命运共同体 [M]. 北京:中央文献出版社,2018:436-437.

③ 习近平. 论坚持推动构建人类命运共同体 [M]. 北京:中央文献出版社,2018:421.

④ 习近平. 论坚持推动构建人类命运共同体 [M]. 北京:中央文献出版社,2018:402-403.

⑤ 习近平. 论坚持推动构建人类命运共同体 [M]. 北京:中央文献出版社,2018:501-502.

我们认为，为了避免经济全球化对不同人群收入分配的不利影响，真正做到使经济全球化惠及整个人类共同体，还应重点推动世界各国共同商议并实践以下具体事项。首先，世界各国应联合增强对跨国公司及资本的税收，并打击跨国公司的逃税、避税行为，将所得用于增加对利益受损者的社会转移支付，如失业补贴和基本生活保障等；或用于专门解决底层人群的民生问题，如中国已经成功完成的"脱贫攻坚战"。这要求世界各国必须共同行动，否则跨国资本将会流向税收保持不变的国家或地区。其次，世界各国应建设好解决不同劳动力人群收入分化问题的机制，如增加教育投资，为劳动力提供更充分、更公平的教育机会，并为可能在全球价值链变动中失业的劳动力提供就业再培训机会，从而使劳动力具备符合岗位需求的技能，增强劳动力市场供给与需求的动态匹配度。必要时，或许应增强所得税的累进程度。最后，世界各国还应共同应对好全球系统性金融风险的聚集和传播问题，以及协调处理好宏观经济政策的外溢问题。做好以上几点，经济全球化将真正惠及整个世界。

（三）良好的开端："一带一路"国际合作倡议初见成就

"一带一路"中的"一带"指的是"丝绸之路经济带"，而"一路"指的是"21世纪海上丝绸之路"。习近平主席分别于2013年9月和10月提出了建设它们的战略构想。在陆上，"一带一路"主要包括经过北京或东北地区—俄罗斯—欧洲的路线，经过中国东部—中部—西北—中亚—俄罗斯—欧洲的路线，经过中国东部—中部—西北—中亚—西亚—小亚细亚—欧洲的路线，中国西北—南亚次大陆西北部的路线，以及中国西南—东南亚地区及印度的路线。在海上，"一带一路"主要包括通往北太平洋—日本和韩国—日本海—白令海—北美洲（美国、加拿大）的路线，经过南海—东南亚及南太平洋地区的路线，以及经过南海—东南亚—印度洋—孟加拉湾或阿拉伯海—东非沿岸或红海—地中海的路线。

"一带一路"倡议的提出，是实践人类命运共同体理念的一个良好开端和示范。过去的全球化是发达国家或多或少把自身的理念、规则、政策和制度强行推及世界，并强制他国执行。而"一带一路"以自愿参与、共商、共建、共享为原则，在承认各国平等和国别差异的基础上寻求合作共赢。习近平主席指出，"它的核心内容是促进基础设施建设和互联互通，对接各国政策和发展战略，深化务实合作，促进协调联动发展，实现共同繁荣"①。值得强调的是，基础设施

---

① 习近平. 论坚持推动构建人类命运共同体 [M]. 北京：中央文献出版社，2018：442.

建设在这一倡议中占了很大比重，或许对国内而言，基建的边际收益已经相对不高，但对不够重视基建的其他国家来说，却仍能带来相当大的长期收益。就此而言，"一带一路"的互利共赢理念绝非虚言。此外，"一带一路"还遵循了联合国和国际劳工组织关于包容性发展的规则，与《联合国 2030 年可持续发展议程》对接。2017 年通过的《民营企业海外投资经营行为规范》强调，民营企业要依法依规聘用东道国（地区）员工，积极为当地创造就业机会。2018 年制定的《中国对外承包工程行业社区沟通手册》和《中国国际承包商社会责任指南》要求对产品和服务进行本地化采购，从而促进当地员工就业。① 这些措施为沿线国家的包容性增长提供了制度保障。

在"一带一路"建设的这 8 年时间里，中国与沿线国家和地区开展广泛的经贸投资合作，带动它们的基础设施建设、经济增长和就业，推动了各国的共同发展。截至 2021 年 6 月 23 日，中国已同 140 个国家和 32 个国际组织签署了 206 份共建"一带一路"的合作文件。② 截至 2019 年 3 月，中国与沿线国家货物贸易总额超过 6 万亿美元，为当地创造 24 万多个就业岗位和 20 多亿美元税收。③ 2020 年，全年与"一带一路"沿线国家货物贸易额 1.35 万亿美元，占我国总体外贸的比重达到 29.1%。中欧班列全年开行超过 1.2 万列，通达境外 21 个国家的 92 个城市。全年对沿线国家非金融类直接投资 177.9 亿美元，占全国对外投资的比重上升到 16.2%；在沿线国家承包工程完成营业额 911.2 亿美元，占全国对外承包工程的 58.4%。同时，沿线国家企业也看好中国发展机遇，在华新设企业 4294 家，直接投资 82.7 亿美元。④

"一带一路"是人类命运共同体构建的具体行动，并已初显成果。"一带一路"的经济建设让沿途各国见证了经济发展的效率，同时也惠及沿途各国的当地民众，体现了效率与公平的相互兼顾，也让人们看到了经济全球化不同于以往的新方向和新模式。

---

①　焦莉莉，张丹，王志芳．"一带一路"建设中的国际规则完善与创新［J］．全球化，2021（04）：71-82，135.

②　中国一带一路网．共建"一带一路"促进共同繁荣［EB/OL］．（2021-07-26）［2021-07-28］．Retrieved from https：//www.yidaiyilu.gov.cn/ghsl/gnzjgd/181379.htm.

③　中国一带一路网．国际人士谈"一带一路"："一带一路"合作实现了共赢［EB/OL］．（2019-03-25）［2021-08-30］．Retrieved from https：//www.yidaiyilu.gov.cn/ldzd/dejgfld/mbbm/rmrb/87358.htm.

④　中国一带一路网．我国已签署共建"一带一路"合作文件 205 份［EB/OL］．（2021-01-30）［2021-07-28］．Retrieved from https：//www.yidaiyilu.gov.cn/xwzx/gnxw/163241.htm.

总之，经济全球化拥有漫长悠久的历史渊源。5000 多年的历史反复证明，经济全球化是无法逆转的历史大势。经济全球化的日益发展使世界经济逐渐形成了客观上的命运共同体，为人类命运共同体价值认同奠定了经济基础。另一方面，今天的经济全球化所面临的主要挑战是，确保经济全球化成为真正惠及所有国家、所有阶层人群的积极力量。从这个意义上说，人类命运共同体理念的提出，又反过来呼应了时代之需。为了建设一个互利互惠、合作共赢、普惠包容的经济全球化共赢机制，我们迫切需要形成人类命运共同体的价值共识，共同促进构建人类命运共同体。

第四章 人类命运共同体价值认同的政治基础

经济全球化促进了世界多极化的形成，而世界多极化又主要表现为政治多极化。政治多极化是人类命运共同体价值认同的政治基础。冷战结束，世界进入多极化时代。但美国却继续奉行霸权主义，妄想形成单极化世界政治体系，做整个世界的霸主，当然也受到世界各国的反对。人类命运共同体提倡各个国家应该秉承我们共有一个地球的政治理念，提倡大家的事情由大家来做主，世界各国应在联合国的框架下共商共量，共谋人类的发展和美好未来。

第一节 政治多极化的历史背景

随着新航路开辟，资本主义的世界市场开始形成，真正意义上的世界格局出现了。从一战后的凡尔赛—华盛顿格局进入二战后以雅尔塔体制为基础的美苏争霸的两极格局。东欧剧变后两极格局瓦解，世界政治格局趋于多极化。

一、战后世界政治格局的演变

世界政治是指以主权国家为主的政治行为主体，为实现一定的政治目的而进行的各种活动以及相互间形成的各种政治关系的总和。[1] 世界政治格局，有时又称为国际政治格局，是指活跃于世界舞台上充当主角的国家和国际组织间在一定历史时期内相互作用形成的一种结构和态势。它既有相对的稳定性，又在不断变更的均衡形态中发展。世界政治格局的形成，主要取决于主要国家或国家集团综合国力的对比以及在国际上的地位和作用。

战后世界政治格局历经了由两极到多极的演变过程。按照历史脉络大致可分为三个时期：第一个时期，两极格局的形成；第二个时期，两极格局的发展

---

① 陈志强.当代世界政治经济与国际关系［M］.上海：格致出版社，2017：33.

与演变；第三个时期，两极格局瓦解，世界多极化趋势在曲折中发展。

（一）雅尔塔体系的形成

第二次世界大战后期，美、英、苏为了各自利益，就结束战争、处理战争遗留问题及维护战后和平问题，在 1943—1945 年期间先后召开了德黑兰会议、雅尔塔会议和波茨坦会议等一系列会议，其中，雅尔塔会议是雅尔塔体系形成的关键一环。第二次世界大战结束后，国际关系与国际政治舞台上的各种力量对比也发生了变化。美、英、苏三国作为主要战胜国，对国际关系利益、资源的分配和再分配起着举足轻重的作用。1945 年 2 月 4 日至 11 日，美、英、苏三国领导人罗斯福、丘吉尔、斯大林于苏联黑海北部的克里木半岛的雅尔塔皇宫内举行关于制定战后利益分配以及世界新秩序等问题的雅尔塔会议，又被称为"三巨头"会议。会议的目的是划分势力范围，商议战后大国合作及维护世界秩序问题，主要内容：（1）战后处置德国问题，确立了由美、苏、英、法四国分区占领德国的原则；（2）确立各国联合对日作战的方针；（3）决定组建联合国，商定苏、美、英、法、中五国为安理会常任理事国；（4）讨论了波兰边界的划分等具体问题。德黑兰会议、雅尔塔会议和波茨坦会议这三次重要会议及其签署的一系列文件构成了雅尔塔体系的整体，雅尔塔体系是战后世界秩序的重新安排和大国之间相互妥协的结果。雅尔塔体系为两极格局的形成奠定了基础，新的世界政治格局正在逐步酝酿形成。

（二）两极格局的形成

两极格局，是指在国际体系中存在着两个大国或大国集团，它们之间相互对立、相互排斥，对整个国际事务起着决定性的影响。[1] 冷战期间美国、苏联两大集团的两极对抗为典型的两极格局。雅尔塔体制奠定了两极格局的基础，加之战后资本主义一统天下的局面被打破，形成了以美国、苏联两个大国为中心，资本主义制度和社会主义制度两大阵营对峙的局面。

两次世界大战深刻改变了国际力量的对比，欧洲遭受了重大损失，在世界政治经济中的地位被极大地削弱。而美国大发战争财，经济军事实力得到了空前的提高，一跃成为资本主义阵营中最强大的国家，成了世界第一超级大国，其称霸世界的野心日益显露。与此同时，苏联崛起，在二战期间借助高度集中的政治经济体制，大力发展军事工业，国力也得到了提升，并且深刻影响了东

---

[1] 胡宗山，王勇辉，张弦，等 . 国际政治学 ［M］. 武汉：华中师范大学出版社，2016：144.

欧各国，在苏联的支持下，东欧各国也纷纷建立了人民民主政权，在此基础上形成了以苏联为首的社会主义阵营。

由此，世界逐渐形成以美国为首的资本主义和以苏联为首的社会主义两大阵营。1947年3月12日，时任美国总统杜鲁门在国会上发表咨文，宣称希腊和土耳其受到了共产主义的威胁，要求国会立即采取行动援助希腊和土耳其。杜鲁门政府提出了把"遏制共产主义"作为国家政治意识形态和对外政策的指导思想。杜鲁门主义标志着两大阵营全面冷战开始。随后，美国又从经济方面推出了马歇尔计划，军事方面成立了北大西洋公约组织。面对美国和其他西方国家政治的孤立，意识形态的攻击以及经济、军事上的封锁和威胁，苏联没有退却，在政治上成立了九国共产党和工人党情报局，经济上组建了经济互助委员会，军事上成立了华沙条约组织，从多方面采取了一系列针锋相对的措施，与美国展开了全方位的斗争。美苏冷战全面展开，两极格局形成。

从一定意义上说，美苏两个大国的兴起和他们之间进行的冷战绝非偶然，而是历史演进的必然结果，资本主义和社会主义意识形态的对立，经济、地缘政治等各方面因素影响，促成了冷战的开始。资本主义阵营试图通过各种政治、经济、军事手段来扼杀新生的社会主义国家，社会主义国家保持着高度警惕，在自力更生的基础上，逐步建立、发展社会主义阵营进行对抗和斗争。

二、两极格局的演变

冷战初期美苏两个大国之间的较量主要集中在欧洲，双方在欧洲地区的对峙最为紧张。在这样的背景下，1948年6月爆发了第一次"柏林危机"，美苏之间的对峙到了剑拔弩张的地步。一方面，苏联封锁了西方国家同西柏林之间的所有交通。另一方面，美国组织了大规模的空运来同苏联相对抗，这场较量持续了一年之久，表明两大阵营之间的对抗和矛盾僵持不下。到50年代，两大阵营的斗争程度更加激烈，而且场域已经扩大到了欧洲以外的地区。

（一）美苏世界霸权之争

1949年1月，杜鲁门抛出"第四点计划"，强调美国应利用自身优势"技术援助和开发落后地区"。国会通过了《国际开发援助法案》，实质上是采用经济援助的方法来笼络第三世界国家，以便和苏联争夺这一广阔的中间地带。1953年艾森豪威尔上台后，美国开始调整对苏政策：第一，对东欧从原来的"遏制政策"改为"解放政策"，也就是用战争以外的一切手段，尤其是"和平演变"的办法把东欧从苏联的控制中解脱出来；第二，在中东地区，艾森豪威尔利用苏伊士运河战争中英国的失败、苏联插手这个地区填补"真空"的机会，提出了"艾森豪威尔主义"，同苏联争夺第三世界；第三，在亚洲，美国进行了一系列针对社会主义国家的军事侵略，用"大规模报复战略"取代早期的"军事遏制战略"。1950 年 6 月，美国发动了朝鲜战争，朝鲜战争是冷战时期美国同社会主义国家进行的最大规模的一次较量，最终以美国的失败而告终。

整个 50 年代，苏联整体上处于守势，但也进行了不少斗争。50 年代后期，赫鲁晓夫接替斯大林掌权，改变了对美的积极防御方针，开始推行同美国争夺世界霸权的政策。1956 年苏共召开二十大，赫鲁晓夫提出了"三和"政策，即同美国"和平共处""和平竞赛"，在第三世界进行"和平渗透"。目的是缓和冷战以来美苏的僵硬关系，希望实现美苏合作。同时加紧扩大在第三世界的影响，同美国争夺战略空间。肯尼迪执政期间，美国对苏联的政策又发生了一些新变化，1961 年肯尼迪政府提出"和平战略"，力图在实力地位的基础上，利用战争与和平两种手段，确保美国在争霸中的主动地位。1971—1981 年的 11 年间，苏联与埃及、伊拉克、印度等 12 个国家签订了《友好合作条约》，利用经济和军事援助，把这些国家变为自己的势力范围。70 年代后期，苏联利用古巴在第三世界打代理人战争，提供武器，插手、介入了一些国家的内部斗争。不顾国际舆论的强烈反对，利用这些手段扩大了势力范围。苏联的扩张态势，使美国卡特政府感受到了严重威胁，面对苏联咄咄逼人的攻势，卡特在国情咨文中提出了卡特主义，扩充军力，调整核战略。此后，里根提出"重振国威""以实力求和平"的口号，将遏制苏联作为对外政策的中心环节，努力恢复美国的霸权地位。对第三世界中的亲美政府施加影响，促其实行"民主化"改革，避免因内部动乱为苏联所用。这是美国推行强权政治的典型表现，目的就是要在苏联力量衰弱的形势下，与其争夺第三世界。①

（二）两大阵营分化

随着美苏两个超级大国在各自阵营内部推行大国主义不平等政策以及国际力量对比发展不平衡，国际力量结构出现了分化和改组，资本主义和社会主义两个阵营内部都出现了新的变动。

首先，是西方阵营的分离倾向。随着西欧经济的恢复，一些国家独立性开始增强，在许多重大问题上出现了与美国不同的立场和观点，资本主义世界不

---

① 周琦，朱陆民，喻珍，等. 当代世界经济与政治［M］. 湘潭：湘潭大学出版社，2016：
50-53.

再是美国可以任意操控的。其中最先有所表现的是法国,1959 年 1 月,戴高乐再次担任法国总统后,提出"欧洲是欧洲人的欧洲",而美国并非欧洲的一部分,由此采取了一系列措施来赢得独立自主权。1966 年 3 月,法国退出了北大西洋公约组织。另外,20 世纪 60 年代后期,联邦德国也拉开了与美国的距离,总理勃兰特提出了"新东方政策",打破同苏联的僵持关系,同东欧国家实现关系正常化,使欧洲出现了新的局面。与此同时,西欧国家的经济联合和一体化进程也取得了重大进展,成立了欧洲共同体。欧洲成了在国际格局中有一定分量、相对独立的中心,削弱了美国在欧洲的影响。在亚洲,日本对美国也出现了离心倾向。战后日本经济得到了恢复,要求扩大世界市场,因而产生了与美国的经济竞争和贸易摩擦。20 世纪 60 年代,日本经济快速发展,经济地位大大提高,由于经济地位的提高,日本在政治上不再甘心从属于美国,努力争取独立的国家主权。以上种种表明,到 20 世纪 60 年代,资本主义阵营内部已明显分化,为各自利益展开了斗争,出现了美、欧、日三大经济中心。

其次,是社会主义阵营的分裂倾向。由于苏联在社会主义国家内部推行大国沙文主义、大党主义,把自己的意志和利益强加给别的国家和政党,令人难以容忍,因此出现了分歧。20 世纪 60 年代,中苏的思想分歧和关系破裂是社会主义阵营破裂的重要表现。由于主要西方国家对中国实行封锁政策,中国曾奉行"一边倒"的外交政策,在政治、经济等方面全面学习苏联模式。然而,1956 年苏共二十大开始,苏联要把自己的全部路线、纲领和政策强加给中国及其他社会主义国家,这显然不符合各国实际。中国对此表达了自身看法,引发了苏联的不满。1959 年,中印发生了边境冲突,苏联违反《中苏友好互助同盟条约》,不但不支持中国,反而祖护印度,将中苏分歧公之于众。[①] 1960 年后,中苏关系进一步恶化,苏联采取了逼债等一系列举动制裁中国,并且同中国断绝了党和国家的关系,在这种情况下,中国与苏联之间的对抗到了难以挽回的境地。苏联陆续出台的政策和系列举动同样使得东欧出现了离心倾向,如 1956 年发生的"波兹南事件"以及受这一事件影响的"匈牙利事件"以及"捷克事件",这说明东欧国家不愿再效仿苏联模式,要求走独立自主之路,社会主义阵营逐步分化。

(三)第三世界国家崛起

二战后,亚非拉地区民族解放运动空前高涨,到 20 世纪 50 年代中期,推

---

① 顾关福. 战后国际关系 [M]. 北京:时事出版社,2003:28.

翻帝国主义殖民统治获得独立的亚非国家约有 30 个。1955 年万隆会议召开，会议宗旨是促进亚非各国的友好合作关系，讨论面临的共同问题。面对会上出现的分歧和帝国主义的破坏行径，中国代表团团长周恩来提出了"求同存异"的方针，获得了各国代表的广泛支持，使得会议得以顺利进行。会议通过了《亚非会议最后公报》，公报体现了反对殖民主义、维护民族独立、反对侵略、保卫世界和平、促进友好合作的精神，也标志着第三世界开始兴起。此外，1961 年至 1970 年召开的三次不结盟国家和政府首脑会议，不结盟运动兴起，成为国际舞台上的重要力量。第三世界国家的崛起改变了国际力量结构的对比，这些变化促使国际力量结构朝着多极化方向发展。

三、两极格局的解体

两极格局解体实质上是指以苏联为首的社会主义阵营的瓦解，其中包括东欧剧变、华约和经济互助委员会解散以及德国统一等一系列重大事件。其中最重要的是东欧剧变和苏联解体。

（一）东欧剧变

20 世纪 50 年代后，东欧社会主义国家遭受着苏联的强势控制，到 80 年代，这些国家普遍陷入了严重的经济困难时期，积压了许多矛盾，政治局势发生了激烈动荡。共产党或工人党领导人纷纷放弃了社会主义道路，放松了对社会的高压统治，转而追求"民主化"、多党制，实行政治多元化，减弱了对反对派的打压，反对势力迅速发展，通过大选建立新政权，形成了反对共产党和社会主义制度的不可遏制的潮流。短时间内就使各个国家从根本上改变了面貌。另一方面，在柏林墙倒下之后，东德、西德重新统一。此外，位于巴尔干半岛的南斯拉夫也一分为五，包括斯洛文尼亚、克罗地亚、波斯尼亚黑塞哥维纳、马其顿及南联盟。而捷克斯洛伐克则于 1993 年分裂解体为捷克和斯洛伐克。① 在东欧国家的要求下，1991 年 6 月，苏联军队被迫陆续从东欧撤出，后续华沙条约组织也停止了活动，解散了所有的军事组织，东欧同苏联划清界限。

（二）苏联解体

任何事物的产生、发展和灭亡都是外因和内因共同作用的结果，其中内因起决定性作用。苏联解体的关键原因是内部因素和条件。作为当时苏联最高领

---

① 周琦，朱陆民，喻珍，等．当代世界经济与政治［M］．湘潭：湘潭大学出版社，2016：54.

导人的戈尔巴乔夫负有不可推卸的责任，是他的理论、路线、政策和种种做法将苏联一步步推向了灭亡。戈尔巴乔夫执政后决心改革，以使苏联摆脱严重的经济困境。为此，他制定了全面改革的思想理论体系，全面否定了苏联的政治制度。在经济上提出了"加速发展战略"，选择了重点发展工业的方针，导致经济结构比例严重失调，经济形势更加严峻。然而他却不从问题本身入手，认为是政治体制阻碍了经济的发展，因而错误地转向了政治制度的改革。采取了一系列操作，取消了苏共的领导地位，苏联的国家性质也全部被改变，将苏联引上了绝路。1991 年 12 月 25 日，时任苏联总统的戈尔巴乔夫宣布辞职，并将核密码箱移交给叶利钦。当晚，苏联国旗从克里姆林宫上空降下，苏维埃社会主义共和国联盟宣告解体。1991 年 12 月 26 日，苏联最高苏维埃举行最后一次会议，宣告苏联停止存在，苏联正式解体。苏联的解体使得两极中的一极不复存在，也标志着两极格局的结束。同时也意味着国际共产主义运动遭受了重大挫折。

两极格局的终结并非偶然，而是多种因素相互交织、相互作用的结果。除了以戈尔巴乔夫为首的执政集团主动放弃意识形态的斗争，积极向西方世界靠拢这个直接的原因外，还受各国自身的历史、政治、经济、文化等因素的影响，此外，西方的和平演变政策也扮演了重要角色。在种种原因的共同作用下，苏联解体、东欧剧变，两极格局最终走向了终结。

（三）两极格局解体的影响

两极格局解体是 20 世纪末国际关系中的重大事件，对之后乃至当今世界政治都产生着深远影响。英国伦敦国际战略研究所《战略研究 1991—1992 年》报告中指出它"不仅摧毁了苏联，而且改变了世界"。可见，两极格局解体对世界的影响是全局性的，但这种影响存在消极和积极两个方面。

一方面，两极格局解体打破了原来相对平衡的力量结构，国际力量对比失衡，世界局势出现新动荡。首先，冷战时期，美国和苏联的对峙在很长一段时间内保持了东西方力量的大致均衡。随着苏联解体，俄罗斯取而代之，但俄罗斯的综合国力远不如美国。美国经济自 90 年代以来一直保持着平稳增长的势头，反观俄罗斯，在 1992—1999 年期间，国民经济总量呈现下滑之势，GDP 减少了一半多，同美国 GDP 的差距由原来的 1∶9 扩大为 1∶30，经济总量大体只有美国的 3%。[①] 就连综合国力处于上升期的日本和德国，它们的总体实力都不

---

① 顾关福.战后国际关系［M］.北京：时事出版社，2003：42-43.

能与美国相提并论，更不用说其他国家。在军事力量方面，美国更是具有绝对优势。成为世界第一超级大国的美国，在冷战后企图建立一个"单极世界"，保持自己的绝对优势和国际地位。其次，苏联解体和东欧剧变意味着社会主义的阵地被极大缩减了，国际共产主义运动遭受了致命打击，陷入了低潮。西方资本主义国家趁机向社会主义国家加强演变和打压，采取各种手段遏制社会主义国家的发展。最后，两极格局解体造成第三世界整体战略地位下降，南北差距扩大，冷战时期被掩盖的历史纠葛、民族纷争、领土争议等矛盾也逐渐凸显，出现了一些国家和地区局势的动荡与冲突。① 在独联体国家和整个巴尔干地区局部冲突不断，形成一些国际干预也难以解决的"热点"问题，这在相当长一段时间影响国际关系的正常发展。此外，两极格局解体后，旧的国际秩序瓦解，而新的国际秩序尚未建立，世界呈现出相对无序的状态。

另一方面，两极格局解体加速了世界格局向多极化方向的发展。两极格局解体后国际关系出现了一个新特点，许多国家打破了先前冷战的僵硬外交关系，积极调整与其他国家的关系，建立了友好伙伴关系，从而使整个国际关系面貌焕然一新。表现为对立减少了，合作增多了，国际关系朝着健康化方向推进。国与国之间的依赖性加强，经济全球化快速发展，世界经济逐渐形成一个整体。和平与发展成为不可阻挡的潮流，世界局势呈现"总体缓和、局部紧张"的特点，发展成为各国的首要问题，和平与发展成为世界主题。虽然美国力图建立单极霸权，但许多国家都期望建立一个多极世界，多极化已成为一个不可逆转的趋势。但世界仍处于向多极化方向发展的过渡期，世界力量结构必然要经过一个长期的消长、分化、组合过程，才能重新形成新的、相对稳定的格局。但毋庸置疑的是，世界多极化正在形成发展之中，一个新的历史时期正在到来。

第二节　政治多极化的形成发展

美苏冷战背景下的两极格局主导了 20 世纪后半叶的国际政治发展，随着东欧剧变和两极格局的瓦解，人类步入了 21 世纪。在经济全球化、社会信息化、政治民主化三大因素的推动下，世界政治格局出现了转型。中国的改革开放带来了经济的高速发展与政治地位的变化，大国间实力的此消彼长使得国际关系

---

① 徐蓝. 从两极格局到多极化趋势的发展——20 世纪 70-90 年代冷战态势的演变［J］.
浙江学刊，2005（02）：78-84.

重新分化和调整，呈现出"一超多强"的政治格局。多极化已然成为不可阻挡的趋势向前发展。所谓"极"，指的是综合国力强、对国际事务影响大的国家或国家集团。所谓"化"，是指一种发展趋势，并非指现实。① 世界是复杂和多样化的，世界的事务应由各国人民共同来管，而不能由一个超级大国说了算，这是政治多极化的要义。"与单极格局和两极格局相比，多极格局表现为世界政治力量多元化，各极力量在政治、经济和军事方面相互合作、制约和影响，形成一种能够消除威胁的均衡世界格局。"② 但同时也要看到多极化是一个长期演进的过程。当今的世界政治发展呈现总体缓和、局部动荡，非传统安全威胁凸显，国际关系民主化趋势加强等基本特征。

一、政治多极化的形成条件

冷战结束、两极格局瓦解后，一种新的世界格局也在逐渐酝酿、形成当中。总体来看，影响国际政治格局走势的有几大因素：第一，20世纪90年代以来，世界各国间的经济联系加强、依赖程度提高，经济全球化的进程大大加快；第二，国际力量对比发生了深刻变化，新兴市场国家和发展中国家群体性崛起；第三，世界主要大国之间关系不断调整，如中美关系、中俄关系等；第四，美国霸权主义对世界的干涉。前三个因素对多极化的形成都起到了积极的推动作用，第四个因素则干扰和阻碍了多极化的发展。多极化作为还没成长壮大起来的新生事物，其进程必然是曲折艰难的，但多极化符合历史发展的规律，反映了社会进步的要求，已成为不可逆转的趋势，发展前途是光明的。

（一）经济全球化为政治多极化提供经济基础

经济基础决定上层建筑，经济全球化为政治多极化提供了经济基础。世界经济格局是世界政治格局的基础，并制约着世界政治格局的发展。世界政治格局的变化主要取决于主角国家力量的消长和力量对比的变化。③ 冷战结束后，经济全球化全面发展，经济全球化时代真正到来。世界各国经济上的紧密联系，加强了国家间的合作，促使国际关系发生了转变，极大地冲击了原有的国际政治格局，对于加速世界多极化进程起到了推动作用。

---

① 胡宗山，王勇辉，张弦，等. 国际政治学［M］. 武汉：华中师范大学出版社，2016：210.

② 肖星，张林. 世界政治多极化与地缘政治［M］. 北京：人民教育出版社，2001：170.

③ 刘文汇，孙建社，何杰，等. 全球化、多极化进程中的当代世界［M］. 哈尔滨：黑龙江人民出版社，2006：51.

　　跨国公司是推进经济全球化的主力。20 世纪 90 年代以来，信息化的快速发展对世界经济产生了强大的推动力，以跨国公司为主要载体的经济全球化迅速发展，国际关系随之发生了显著的变化。各国之间的交往空前增多，利益关系紧密，国与国之间的相互依存程度加深，国际关系的层次更加丰富，质量明显提升。与此同时，随着经济全球化程度的不断加深，国际分工不断细化，各国的经济行为日益交融，经济全球化逐渐趋向"合作共赢"。一方面，合作共赢是经济全球化的必然要求。为了顺应经济全球化潮流，为了实现自身的经济利益，世界各国只有通过合作才能达到共赢的目的。另一方面，经济全球化是合作共赢的最终归宿。随着资金、技术、人才、管理、信息等生产要素在全球流通中速度加快，要求加强各国之间的经济合作和世界经济之间的联系，从而推动经济全球化的发展。①

　　经济全球化促进了国际合作。经济全球化背景下，世界各国能够在全球大市场中进行密切的经济交往，参与世界竞争，实现资源的优势互补。尤其是给发展中国家带来了机遇，带动产业结构的调整与升级，促进了经济区域化，同时加快了世界经济一体化进程。在这个进程中，世界经济出现了一个显著的特点，第三世界发展中国家的经济发展速度超过了发达国家。与此同时，新兴市场国家登上世界历史舞台，加入了多极化竞争的行列。新兴市场国家和发展中国家的群体性崛起，改变了世界力量结构对比，从而促进了世界多极化的进一步发展。

（二）大国关系的调整为政治多极化提供有利环境

　　大国关系在国际事务中一直以来都占据特殊地位，是影响世界政治走向和发展的重要因素，大国关系的调整相应地会引起世界政治格局的变动。冷战结束后，世界的各方政治力量重新进行了分化、调整。20 世纪 90 年代中后期，大国关系朝着伙伴化的方向发展。美国与俄罗斯建立了"和平伙伴关系"，中国与俄罗斯建立了"战略协作伙伴关系"，中国与美国决定共同致力于建立"面向21 世纪的建设性战略合作伙伴关系"，中国与法国建立了"全面伙伴关系"，中国与日本共同构筑"面向 21 世纪的中日睦邻友好合作伙伴关系"②，等等。到1998 年，中、美、俄、日、欧等多边之间全面达成建立"伙伴关系"的共识，

---

① 胡宗山，王勇辉，张弦，等. 国际政治学 [M]. 武汉：华中师范大学出版社，2016：222.

② 周琦，朱陆民，喻珍，等. 当代世界经济与政治 [M]. 湘潭：湘潭大学出版社，2016：58.

从而确立了非对抗性战略定位大国关系的基本框架。大国关系的一系列重大调整为世界多极化提供了和平有利的国际环境。一方面，大国关系的良性发展使得大国之间相互牵制，从而保持相对均衡的态势，促进多极化的发展。另一方面，大国关系的重大调整本身就是多极化的产物，有利于国际力量对比均衡化。

大国尤其是强国之间的关系如何处理，历来是国际政治中的难题。在这一问题上，中国始终致力于建立新型大国关系，其特征是以相互尊重、互利共赢的合作伙伴关系为核心。中俄关系就是一个良好典范，中俄双方签订的《中俄睦邻友好合作条约》将两国和两国人民"世代友好，永不为敌"和"不结盟，不对抗，不针对第三国"等理念以条文形式固定下来，确立了两国新型的国际关系。在此基础上，中俄根据时代要求和变化后续签署并发表了系列文件，确保了中俄关系在稳定、健康的轨道上不断向前。中国始终是推动世界多极化发展的积极力量。

（三）文明多样性为政治多极化提供社会基础

文明的多样性主要是指各国和各地区的历史文化、社会制度和发展模式的多样性。世界由不同的民族国家组成，这就决定了世界上不可能只存在一种历史文化、一种社会制度和一种发展道路。《共产党宣言》中指出："过去那种地方的和民族的自给自足和闭关自守状态，被各民族的各方面的相互往来和各方面的相互依赖代替。物质的生产是如此，精神的生产也是如此。各民族的精神产品成了公共的财产。民族的片面性和局限性日益成为不可能，于是由许多种民族和地方的文学形成了一种世界的文学。"① 文明从一开始就是多样的，文明多样性是人类社会的基本特征，也是世界发展的源泉和动力。从政治制度来说，有社会主义制度和资本主义制度；从民族国家来看，有单民族国家，也有多民族国家；从经济和社会发展程度看，有发达国家，也有发展中国家。民族无论大小，国家无论强弱，都有自己的文化传统和民族特色，形成了自己的政治信仰和价值观念，② 有选择自己发展道路的自由，任何国家都不能将自己的制度观念强加给别国。文明的多样性是世界的多样性发展的前提，也为世界多极化提供了社会基础。

世界的多样性是客观存在的，也是历史发展的必然。文明多样性要求不同文明、不同国家之间应该相互尊重、和谐共存。建立单极世界是对文明多样性

---

① 马克思，恩格斯．马克思恩格斯选集：第 1 卷［M］．北京：人民出版社，1995：276.
② 李景治，林甦，刘丽云，等．当代世界政治与经济［M］．北京：中国人民大学出版社，2013：18.

的否定，因为企图建立单极世界会引起文明的冲突，是不符合历史潮流的。不同文明和不同发展道路应该相互借鉴、取长补短，在求同存异中共同发展。

二、政治多极化的深入发展

(一) 地区力量兴起

20世纪90年代以来，区域经济一体化组织如雨后春笋一般在全球范围内涌现，形成了一个个强劲的地区力量。其内容之广、形式之多前所未有，反映了世界多极化趋势的深入发展。在此列举两个较为典型的区域经济一体化组织。

1. 欧洲联盟

冷战结束后，欧洲一体化进程明显加快。实现欧洲一体化成了欧洲各国的共识。各国在经济上加强了合作，建立了欧洲单一货币体系和统一市场，政治和军事的一体化也在推进。随着一体化进程的持续发展和深化，1991年12月欧洲理事会在荷兰的马斯特里赫召开了最高领导人会议，签署了《欧洲联盟条约》。这一条约的签订标志着欧洲一体化进入了新阶段。欧洲的联合不再局限于经济方面，而是要进入以政治联合为重要目标的更高阶段。欧洲联盟（Europäische Union，简称EU）是当今世界区域化的一个典型代表，在国际关系中占有重要地位，其发展对推动全球经济一体化及世界多极化深入发展具有举足轻重的作用。欧盟的建立，也从一定程度上说明构建人类命运共同体是可以变成现实的。

2. 亚太经合组织

亚太经合组织（Asia-Pacific Economic Cooperation，简称APEC）是亚太地区层级最高、领域最广、最具影响力的经济合作组织，由1989年成立之初的6个成员国扩展到如今的21个成员国以及三个观察员。作为经济合作论坛，亚太经合组织主要探讨与全球和区域经济相关的议题，如贸易投资自由化、经济结构改革等。对于会议成果与协定，各成员国在政治上和道义上有责任予以实施。亚太经合组织自成立以来，致力于实现贸易投资自由化、便利化，通过削减APEC地区的贸易成本等措施，推动了区域经济一体化，在促进经济创新发展、改革与增长，加强基础设施建设，互联互通等方面取得了一定的成果。2014年，习近平总书记在亚太经合组织工商领导人峰会开幕式上的演讲中指出："今天的亚太，占世界人口的40%、经济总量的57%、贸易总量的48%，是全球经济发展速度最快、潜力最大、合作最为活跃的地区，是世界经济复苏和发展的重要引擎。"① 这些数据充分说明了亚太经合组织的重要战略地位。类似的区域经济一体化组织还有很多，如北美自由贸易区、东盟自由贸易区等，在可预见的未来，区域经济一体化仍会继续蓬勃向前发展。"当前区域经济一体化的实质是世界经济多极化和世界政治多极化"②，区域经济一体化在世界各个地区的蓬勃发展有力地推动了国际合作，在维护地区和平与稳定方面发挥了巨大作用。

（二）霸权主义与强权政治受到挑战

当今世界呈现"一超多强"的政治格局，美国作为唯一的超级大国，其奉行的霸权主义和强权政治意图更加明显，并有新的表现。多极化趋势和单极化趋势仍在继续斗争中发展。但同时也能够看到反对霸权主义的力量在增强，霸权主义受到多方挑战，多极化的趋势仍在深入发展。随着日本和西欧等国国力逐渐增强，独立自主处理国家事务的愿望逐渐强烈，因此，逐渐摆脱美国的控制和支配，美国的支配力在逐渐减弱。法国、德国等一些发达国家和广大的发展中国家都对美国的霸权主义和企图建立单极世界主宰世界秩序的做法越来越不满，在不少国际问题上同美国分庭抗礼。随着各国主权独立意识的增强，美国的做法也越来越不得人心。2011 年，以美国为首的北约，积极推动"阿拉伯之春"，出动战机轰炸利比亚，支持反对派武装。对此，中、俄反对，德国拒绝参加。2012 年，美国多次要求联合国授权干涉叙利亚，中、俄都投反对票。诸如此类的事件对美国的霸权主义和强权政治形成了很大牵制。多极化实质上是要建立一种反对霸权主义的公正合理的国际政治新秩序，美国的各种霸权行径破坏了国际社会的公平正义，遭到了许多国家的抵制，但反对霸权主义和强权政治仍有很长的路要走。

（三）新兴市场国家和发展中国家群体性崛起

多极化意味着世界不再是一两个大国主宰的单极世界，而是存在多方力量中心，他们之间相互依存，既有合作也有竞争，彼此制约，相互影响，共同推动着世界多极化的发展。其中非常值得关注的是一批新兴力量的崛起，与以往局限于某一地区不同，本轮兴起的新兴市场国家广泛分布在亚洲、非洲、拉美、东欧等各地区。冷战后经历了几十年的风雨，其经济实力不断增强，地位不断提高，成为国际舞台上一支不可忽视的重要力量。其中的典型代表有金砖五国

---

① 习近平. 谋求持久发展　共筑亚太梦想 ［N］. 人民日报，2014-11-10 （02）.
② 蒋玲媛，朱彤. 区域经济一体化与世界多极化 ［J］. 求是，2006 （14）：57-59.

（BRICS）、二十国集团（G20）等。1999 年 6 月，美国等国财长提议，在增加一批新兴国家的基础上，组成二十国集团会议。由各国财长或银行行长参加，就国际经济、货币政策等举行非正式对话，防范金融危机，谋求国际金融和货币体系的稳定。2008 年金融危机爆发之后，开始举行二十国集团首脑会议，扩大发展中国家的发言权。成员国既有美国、日本、德国等发达国家代表，也有中国、巴西、南非等发展中国家代表，此外还包括澳大利亚、韩国和欧盟。在这个平台上，不同类型国家能够开展对话，共同商量国际金融体制的改革。① 这说明在全球化时代，依靠单个国家的力量，已经不能够抵御世界性风险。中国、巴西、南非等新兴大国的作用开始凸显，新兴市场国家和发展中国家对未来世界格局的发展将会产生革命性的影响。体现在：第一，它们的发展区别于传统西方强国，无论是历史文化或现有制度都各具特色，走出了与西方不同的发展道路，真正体现了非传统的多元化模式；第二，它们的崛起从根本上改变了以欧美为中心的国际政治格局，极大地促进了战后国际政治格局向多极化方向发展；第三，它们在国际上发声，要求公平正义，争取建立国际政治经济新秩序，深入推进了国际合作，从捍卫主权到要求国际关系民主化，它们的努力成了建立新国际机制的重要力量。

三、中国积极推动世界多极化趋势

中国作为最大的新兴崛起国家，在国际体系中的地位十分特殊。一方面，中国的历史经历和发展中国家的身份使得中国与其他新兴市场国家和发展中国家天然联系在一起，并且在它们崛起的过程中发挥了带动作用。另一方面，中国由于经济体量大、发展劲头足而被一些守成大国视为劲敌而严加防范。当今的中国已经成为仅次于美国的全球第二大经济体，如何处理好与其他国家的关系成为一个重要问题，中国在国际事务中的行为不仅仅局限于本区域，并且会影响全球。

（一）改革开放以来中国国际地位的提高

在所有的新兴市场国家中，中国是最具影响力的国家。1978 年党的十一届三中全会拉开了改革开放的序幕，从传统的计划经济体制向社会主义市场经济体制转变，改革的春风吹遍了中国大地，中国开启了全方位开放政策。到 2010

---

① 李景治，林甦，刘丽云，等 . 当代世界政治与经济 ［M］. 北京：中国人民大学出版社，2013：16.

年，我国 GDP 世界排名跃升为世界第二大经济体。社会主义中国的面貌发生了翻天覆地的变化。新中国成立以来，经过 70 多年的社会主义建设，中国的综合国力不断增强，在相对和平稳定的国际环境中取得了巨大的经济发展成就。在国际舞台中的地位日益提高，发挥着越来越重要的作用。2001 年 11 月 10 日，中国成功加入了世界贸易组织，这给中国的经济、政治、文化等各方面的发展带来了机遇和挑战。中国城乡居民的消费水平稳步提升，精神文化生活逐渐丰富，科技事业突飞猛进，国防军事实力不断增强，经济建设取得举世瞩目的成就。国家统计局发布的数据显示，2020 年中国国内生产总值（GDP）首次突破100 万亿元大关，比 1978 年增长约 40 倍，占世界经济比重跃升至 17%。① 经济和社会建设等各方面的快速发展，为提高中国的国际地位，增强中国在区域和世界范围内的活动能力奠定了坚实的物质基础。实践证明，中国已经由贫穷落后的旧中国转变为初步全面建成小康的社会主义新中国，并将进一步向建设社会主义现代化强国的目标迈进。

中国作为发展中的社会主义大国，是维护全球和地区稳定的重要力量，在许多地区热点问题上，中国不畏强权，始终站在正义的一方。对世界的稳定起着重要影响和作用。在推动世界经济发展和国际合作方面，中国做出了不可磨灭的贡献。面对世界性问题，中国始终坚持以对话解决争端，推动矛盾和冲突的合理解决。中国关于国际事务的一系列主张得到了广大发展中国家的支持，同广大的发展中国家建立了广泛的友好合作关系。中国并积极推动"一带一路"建设，在促进国家之间的合作方面做出了不懈努力，国际声望不断提高，在解决全球性问题上，中国扮演着重要角色，发挥着积极作用。

（二）改革开放以来中国的外交思想

20 世纪 90 年代以来，中国新的国家领导集体以马克思列宁主义、毛泽东思想、中国特色社会主义理论体系为指导，始终坚持和平共处五项原则，科学分析当前世界形势，提出了中国相对完整的一套新外交思想。第一，谋求世界持久和平，促进各国共同发展。众所周知，和平与发展是邓小平提出的重要战略思想，在新的国际环境下，江泽民继承并发展了这一思想。他指出，"和平与发展的核心问题是南北问题"，要实现和平与发展，就要解决南北问题，这一问题是政治和经济问题，需要南北合作，携手解决。中共十六大指出："和平与发展

---

① 2020 中国 GDP 首超 100 万亿元 ［EB/OL］．（2021-01-18）［2021-11-25］．http：//www.xinhuanet.com/fortune/2021-01-18/c_ 1126994121.htm.

仍是当今时代的主题。维护和平，促进发展，事关各国人民的福祉，是各国人民的共同愿望，也是不可阻挡的历史潮流。"① 第二，在世界多极化趋势中推进国际关系民主化。多极化是当今世界发展的基本趋势，早在 1988 年邓小平就指出，未来的世界是个多极世界。经济全球化和世界多极化为世界和平与发展创造了有利的环境和条件。中国共产党在十六大报告中提出："我们主张顺应历史潮流，维护全人类的共同利益。我们愿与国际社会共同努力，积极促进世界多极化，推动多种力量和谐并存，保持国际社会的稳定。"② 多极化趋势是中国对当前国际格局做出的基本判断，多极化有利于国际力量的相对平衡和稳定，它追求的目标是实现国际关系民主化，尽管多极化的进程充满曲折，但趋势不会改变。第三，以人为本的理念。进入 21 世纪，胡锦涛领导的党中央提出了以人为本、执政为民的新理念。这一理念也深入中国外交中，在外交中强调以人为本的理念，体现在对境外中国公民的保护上以及对别国的帮助上，以人为本成了中国外交的鲜明特点。第四，构建和谐世界理念。随着中国的崛起，中国在地区和世界事务中的影响越来越大，各种怀疑的声音也越来越多，尤其是"中国威胁论"一时盛行。因此，让世界了解中国的发展道路和发展方向成了中国外交的当务之急。胡锦涛适时提出了"和谐世界"的理念，"我们应该尊重各国自主选择社会制度和发展道路的权利，相互借鉴而不是刻意排斥，取长补短而不是定于一尊，推动各国根据本国国情实现振兴和发展；应该加强不同文明的对话和交流，在竞争比较中取长补短，在求同存异中共同发展，努力消除相互的疑虑和隔阂，使人类更加和睦，让世界更加丰富多彩；应该以平等开放的精神，维护文明的多样性，促进国际关系民主化，协力构建各种文明兼容并蓄的和谐世界"③。这一理念强调合作共赢，充分展现了中国坚持走和平发展道路的决心。

（三）习近平新时代中国的外交理念

2012 年，党的十八大确立了以习近平总书记为首的新一代领导集体，也开启了中国特色社会主义的新时代。2013 年，习近平主席提出了构建人类命运共同体的新外交理念，并一直致力于向世界宣传和倡导构建人类命运共同体。他指出，世界正处于一个加快演变的历史进程之中，全球性问题给人类社会带来

① 江泽民. 江泽民文选：第 3 卷 ［M］. 北京：人民出版社，2006：566.
② 江泽民. 江泽民文选：第 3 卷 ［M］. 北京：人民出版社，2006：566.
③ 胡锦涛. 努力建设持久和平、共同繁荣的和谐世界 ［N］. 人民日报，2005 - 09 - 16 (01).

了前所未有的挑战，没有哪个国家可以置身事外，人类生活在同一个地球，各国已经成为一个你中有我、我中有你的命运共同体。构建人类命运共同体，要坚持多边主义，建立新型大国关系，建设全球伙伴关系，走"对话而不对抗，结伴而不结盟"的国与国交往新路。因此，中国越来越多地在世界面前发出中国声音，提出解决全球问题的方案，为世界的共同发展贡献中国智慧。中国将始终做世界和平的建设者、全球发展的贡献者、国际秩序的维护者。在新时代中国外交理念的指引下，中国将坚持和平共处的外交政策，承担大国责任，致力于维护世界持久和平，为人民的生活安定、国际新秩序的公正合理、各国的共同繁荣做出贡献。

概括地说，中国的外交原则、外交思想都包含并体现了多极化这一思想倾向。中国的多极化战略思想出于以下几方面的考量：第一，世界多极化是国际政治发展的大趋势；第二，多极化符合世界各国人民的利益；第三，世界多极化有利于各国的和平与发展；第四，中国始终坚定不移地推动世界多极化进程。而世界政治多极化的不断推进，非常有利于促进人类命运共同体的价值认同。

第三节　政治多极化与合作机制

冷战结束，世界进入多极化时代，但美国却继续奉行霸权主义，妄想形成单极化世界政治体系，做整个世界的霸主，遭到世界各国的反对。人类命运共同体提倡各个国家应该秉承我们共有一个地球、各国地位平等的政治理念，提倡大家的事情由大家来做主，世界各国应在联合国的框架下共商共量，共谋人类的发展和美好未来。这体现了人类命运共同体在政治领域的范式转换。

一、政治多极化面临的主要问题

时至今日，多极化仍是一种趋势，多极格局尚未定型。在世界多极化的趋势中，各国的政治经济实力对比依然很不平衡，美国作为世界上唯一的超级大国，在当今的国际社会和重要的国际组织中仍处于"领导"地位，而且这一情况还将持续相当长一段时间。总之，政治多极化是一个不断斗争的漫长过程，国际格局在相互制约、相互借重中不断调整。政治多极化在发展进程中仍面临着许多挑战。

（一）单边主义和贸易保护主义盛行

冷战结束以来，世界经济发生了重大变化，资本、劳动力等经济资源在全球范围内流动，一改冷战时期造成的全球经济体系的分裂和人为的资源、市场隔离。加之广大新兴市场国家和发展中国家采取了对外开放政策，经济实现了快速增长，使得全球经济结构向多极化方向发展得更明显。其中，中国是所有新兴市场国家中毫无争议的可以看作全球增长极的国家。① 尤其是 2008 年金融危机发生后，美国实力受到重大打击，而中国仍保持着经济发展的良好势头，这使得美国对中国的担心和疑虑有所上升，有学者甚至指出，美国和中国的关系很类似历史上守成大国与新兴国家之间的权力转移模式，有可能陷入修昔底德陷阱。近年来，美国的担忧在思想和行动上更明显地表现在其单边主义的行径中。国际关系中的单边主义有广义和狭义的区分。广义上的单边主义，是指相关国家独自采取措施来维护本国利益的单边行为，表现出一种退而自保的不合作行为模式。而狭义的单边主义则是我行我素，为实现自身狭隘的利益诉求，破坏国际行为准则，对和平、发展进步有破坏性影响的行为和倾向。通常指某些大国的霸权主义思想和行为，为追求本国利益，损害其他国家乃至国际社会的整体利益。② 在现实语境中我们所讲的单边主义一般是指狭义的单边主义。美国的单边主义由来已久，体现在其外交思想和行为中。冷战后，美国成了唯一的超级大国，单边主义行为愈加突出。美国推行单边主义的实质就是"谋求单极霸权，建立单极体系"③。在全球化的时代背景下，各国之间的联系加强，各方面的往来与合作增多，多边合作已成为大势所趋。而单边主义势力抬头，其一，破坏了平等的国际规则和秩序，给国际社会增加了不安定因素。其二，唯自身利益至上的思维模式下的贸易保护主义行为容易引发贸易摩擦，对世界经济与国际贸易的发展造成严重阻碍。其典型表现在特朗普政府经济单边主义的做法中。特朗普政府在经济领域，尤其是国际贸易领域采取了一系列举措：2017 年开始，特朗普政府绕开世贸组织的争端解决机制，多次单边启动贸易调查，对象包括中国和美国盟国在内的世界主要经济体，这种做法是对国际法和多边贸易机制的无视。此外，美国采取大幅提高关税和投资门槛、设置贸易壁垒等贸易保护主义措施，单方面挑起对华贸易摩擦，并且多次推出和消极抵制现有的多边国际机制。④ 特朗普政府对中国等新兴经济体进行遏制和打压的一系列做法带有强烈的单边主义和贸易保护主义色彩，实质上是在试图阻止世界多极化趋势，维护美国的"霸主"地位。

---

① 世界银行. 全球发展地平线（2011）［M］. 北京：中国财经经济出版社，2012：11-12.
② 美国为何偏爱单边主义［J］. 人民论坛，2017（35）：116-118.
③ 陈玉刚. 单边主义与美国霸权［J］. 太平洋学报，2003（03）：63-70.
④ 王玉主，蒋芳菲. 特朗普政府的经济单边主义及其影响［J］. 国际问题研究，2019（4）.

(二) 霸权主义、强权政治与新干涉主义有所上升

强权政治是指在国际关系中，有些国家崇尚实力，迷信强权，追求超越合法主权利益的强权利益。强权政治是霸权主义的理论基础，将强权政治应用于国际关系中便是霸权主义。① 这两者表现为任意干涉别国内政，以国家利益和安全、人权等为借口，对他国或地区进行经济制裁乃至直接出兵干涉，手段可谓无所不用其极。干涉包括政治、经济、文化等多个领域。伊拉克战争是新干涉主义的重要表现，美国以伊拉克拥有大规模杀伤性武器和支持国际恐怖活动为由，发动了伊拉克战争，推翻了萨达姆政权。以美国为代表的西方大国鼓吹"人权高于主权"的言论，利用他们所控制的军事集团或政治军事同盟，绕开联合国，任意干涉他国内政。② 其干涉行为违反了《联合国宪章》的规定以及国际社会公认的国际法基本准则，严重侵犯了他国的国家主权。此外，海湾战争、空袭南联盟、拒签京都议定书、退出巴黎协定、对台湾问题的干涉等事件都体现了美国的强权政治和单边主义政策，妨害了地区乃至整个世界的和平与安全。同时，强权政治也是近代以来日本国家战略的基本内涵。日本历史上的军国主义以及当代要成为军事大国或政治大国都是强权政治的表现。③ 近些年来，日本倚仗美国的支持和纵容，不将邻国及周边的弱国、小国放在眼里，想尽各种办法成为联合国安理会常任理事国，并挑起钓鱼岛、历史教科书等问题，对国际政治和东亚地区造成恶劣影响。

当今多极化趋势已成为不可逆转的潮流，霸权主义、强权政治和新干涉主义的上升是阻碍政治多极化的一大障碍。反对霸权主义和强权政治，反对以各种不正当理由干涉别国内政的行为，推动建立公正合理的国际新秩序成为全世界爱好和平的国家和人民的共同责任。

(三) 不公正、不合理的国际旧秩序

国际旧秩序是资本主义国家在开拓世界市场、建立殖民体系的过程中建立

---

① 胡宗山，王勇辉，张弦，等．国际政治学［M］．武汉：华中师范大学出版社，2016：184.

② 李景治，林甦，刘丽云，等．当代世界政治与经济［M］．北京：中国人民大学出版社，2013：24-25.

③ 胡宗山，王勇辉，张弦，等．国际政治学［M］．武汉：华中师范大学出版社，2016：185.

起来的，政治上主要表现为"强权即是公理"，经济上表现为"垄断"①，这是国际旧秩序的两大基本特征。国际旧秩序的不公平体现在以下几方面。第一，以不合理的国际分工为基础的国际生产体系。殖民时期，殖民地作为帝国主义国家的原料供应地和"工厂"，产品单一化，生产结构畸形，这种不合理的生产结构一直制约着发展中国家的进步。在资金、技术方面十分依赖发达国家。近年来，发达国家在技术转让方面加强了控制，有意与发展中国家保持距离，导致发展中国家对其依赖程度加深，发展缓慢。第二，以不等价交换为特征的国际贸易体系。发达资本主义国家通过压低原料、初级产品价格，提高工业品价格来压榨经济落后的国家，在发展中国家的对外贸易中，进口的65%是工业制成品，出口的70%是原材料和初级产品，发达国家还设置贸易壁垒，损害了发展中国家的利益。第三，以国际垄断资本占支配地位的国际货币金融体系。发达资本主义国家操控着国际货币、金融体系，发展中国家的汇率机制依附于发达国家，采用与发达国家汇率"挂钩"的做法，但对抗风险的能力又不如发达国家。第四，以发达资本主义国家为主导的国际协调机制。二战前，发达资本主义国家可以直接对其殖民地进行统治和剥削，二战后这种做法行不通了。以美国为首的西方国家转而采取建立国际经济机构和签订协议的方法，通过垄断国际规则的制定权来维护自身利益。② 尽管近代以来第三世界国家争取建立国际政治经济新秩序的斗争取得了一些进展，但发达国家的抵制使得这一尝试举步维艰，仍未从根本上改变旧秩序桎梏下的尴尬处境，在国际上遭受着种种不公平、不合理的对待。

二、当今时代潮流与建立国际新秩序

世界时代主题经历了从"战争与革命"到"和平与发展"的转换。和平与发展仍是世界的主要矛盾，也是各国亟待完成的主要任务。世界正处于深刻复杂的变化中，多个发展中心在世界各地逐渐形成，全球与区域合作机制在逐步加强和完善，国际力量对比继续朝着有利于世界和平与发展的方向前进。同时，人类也面临着诸多严峻挑战。世界经济增长不稳定因素增加，非传统安全威胁和全球性问题不断出现，维护世界和平，促进共同发展，推动建立国际新秩序

---

① 周琦，朱陆民，喻珍，等．当代世界经济与政治［M］．湘潭：湘潭大学出版社，2016：83.

② 李景治，林甦，刘丽云，等．当代世界政治与经济［M］．北京：中国人民大学出版社，2013：259.

任重而道远。

（一）和平、发展、合作、共赢成为时代潮流

世界正处于大发展大变革大调整时期，但和平与发展仍然是时代主题。而"时代主题是世界尚未解决的中心问题与世界总体局势及主流现实的辩证统一"①。进入 21 世纪以来，世界历史整体发生了深刻的变化。随着经济全球化的加快，世界各国的经济活动联系频繁，往来更加密切，使世界各国各地区越来越成为一个紧密相连的整体。同时，一批国家和地区实力不断增长，世界多极化愈加深入发展。这些变化在给各国带来机遇的同时，也出现了新的挑战。如何应对这些挑战关系到全人类的命运走向。2013 年习近平主席在莫斯科国际关系学院的演讲中提出和平、发展、合作、共赢成为时代潮流的新时代观。他指出："要跟上时代前进步伐，就不能身体已进入 21 世纪，而脑袋还停留在过去，停留在殖民扩张的旧时代里，停留在冷战思维、零和博弈的老框框内。"②面对世界多极化、经济全球化、文化多样化和社会信息化的深入发展，人类比以往任何时候都要更接近、更有条件实现和平与发展的目标，而合作共赢就是实现这一目标的现实途径。合作就是要"着眼各国共同安全利益，从低敏感领域入手，积极培育合作应对安全挑战的意识，不断扩大合作领域，创新合作方式，以合作谋和平，以合作促安全"③。世界发展已经迈入了新阶段，将世界各国的利益紧密地联系在一起，只有合作共赢才能顺应时代潮流，使各国利益最大化，实现共同发展。中国将始终高举和平、发展、合作、共赢的伟大旗帜，加强同各国人民的友好往来，扩大同世界利益的交汇点，为促进人类和平与发展的崇高事业做出积极贡献。

（二）全球与区域合作机制空前活跃

根据国际协会联盟（Union of International Association，简称 UIA）的统计数据，1909 年世界各类国际组织仅为 213 个；二战后，由于战后国际秩序重建的需要，国际组织大量涌现，从 1951 年的 955 个增长至 1978 年的 9810 个；而到 20 世纪 90 年代，随着经济一体化的到来，国际组织更是呈现爆发式的增长势

---

① 郑保国. 当今世界剧变背景下的时代主题和未来走向 [J]. 马克思主义研究，2019（01）：106.

② 习近平. 积极树立亚洲安全观　共创安全合作新局面 [N]. 人民日报，2014-05-22（02）.

③ 习近平. 积极树立亚洲安全观　共创安全合作新局面 [N]. 人民日报，2014-05-22（02）.

态，1990 年到 1998 年间，各类国际组织以平均每年 2500 个的速度增长，到 1999 年已高达 50373 个。进入 21 世纪以来，国际组织的数量依然有增无减，到 2004 年，世界各类国际组织总数已高达 58859 个，比 20 世纪初增长了 276.3 倍。其中政府间国际组织为 7350 个。① 全球性和区域性的合作组织机制越来越 多，活跃于政治、经济、生态、安全等各个领域。其中，亚洲在世界战略全局 中的地位不断上升，在世界多极化、国际关系民主化进程中发挥着越来越重要 的作用。

1. 联合国

联合国是目前世界上影响最大、活动范围最广，也最具代表性的全球最大 政府间国际组织，在各类国际组织中处于核心地位。联合国是在第二次世界大 战的反法西斯统一战线的基础上建立起来的。1945 年 4 月 25 日，50 个国家代表 参加了旧金山联合国制宪会议，通过了《联合国宪章》，联合国正式成立。联合 国的目标是维护国际和平与安全，促成全球人民经济及社会之进展。宗旨具体 有四项：一是维护国际和平与安全，以和平的方式解决国际争端；二是发展各 国间以尊重人民平等权利和自决原则为基础的友好关系，以增加普遍和平；三 是促成国际合作，以解决国际经济、社会、文化和人道主义性质的问题；四是 作为协调各国行动的中心，以达到上述共同目的。可见，联合国涉及的领域相 当广泛，充当了国际沟通的桥梁，切实增进人类的共同福祉。为了实现《联合 国宪章》中规定的宗旨与原则，联合国下设 6 个主要机构。包括大会、安全理 事会、经济及社会理事会、托管理事会、国际法院及秘书处，各机构还设有各 种辅助机构。在 70 多年的风雨历程中，联合国经历了许多曲折和挑战，在国际 社会中担当了不同的角色和责任。冷战结束后，联合国在维护国际和平与安全 方面的作用更加突出，充分发挥了全球和平与安全的维护者和调停者的作用。 联合国曾多次化解国际冲突，如调节两伊冲突、停止萨尔瓦多内战等。此外， 联合国还在推动世界非殖民化，促进军备控制和裁军，促进全球环境与发展， 解决国际犯罪、疾病流行等方面的全球公共问题等方面发挥了重要作用。② 联 合国已经成为协调各国和各种国际组织行动的中心，成为国际社会中不可替代

---

① UIA Number of international organizations in this Edition by Type（2005/2006）［EB/OL］. （2009 - 09 - 21）［2021 - 11 - 25］. http：//www. uia. Org/statistics/organizations/types - 2004. pdf. 转引自：滕珺. 国际组织需要什么样的人联合国系统人才标准及中国教育对 策研究［M］. 上海：上海教育出版社，2018：3-4.

② 胡宗山，王勇辉，张弦，等. 国际政治学［M］. 武汉：华中师范大学出版社，2016： 134-136.

的角色。

2. 东盟

东南亚国家联盟（Association of Southeast Asian Nations – ASEAN，简称东盟），1967 年 8 月 7 日—8 日，印度尼西亚、泰国、新加坡、菲律宾四国外长和马来西亚副总理在曼谷举行会议，发表了《曼谷宣言》（又称《东南亚国家联盟成立宣言》），东盟正式成立。其成员国包括印度尼西亚、泰国、新加坡、菲律宾、马来西亚、文莱、越南、老挝、缅甸和柬埔寨。20 世纪 90 年代，东盟率先发起了东亚区域合作进程，逐渐形成了以东盟为中心的一系列区域合作机制。其中，东盟与中国、日本、韩国的合作机制已经发展成为东亚地区合作的主要渠道。另外，东盟还与美国、澳大利亚、新西兰、加拿大、俄罗斯、印度等 9 个国家以及欧盟形成了对话伙伴关系。2002 年 1 月 1 日，东盟自由贸易区正式启动，其目标是使东盟成为一个具有竞争力的地区，吸引外资，消除成员国之间关税与非关税障碍，促进本地区贸易自由化。2009 年 8 月 15 日，中国与东盟签署了中国—东盟自由贸易区投资协议，并于 2010 年如期建成了中国—东盟自由贸易区。中国—东盟自由贸易区是中国对外商谈的第一个自贸区，同时也是东盟作为整体对外商谈的第一个自贸区。中国—东盟自由贸易区不仅是世界上人口最多的由发展中国家组成的最大自由贸易区，并且从经济规模上看，将是仅次于欧盟和北美自由贸易区的全球第三大自由贸易区。在 2015 年举行的第 27 届东盟峰会上，东盟领导人宣布建立以安全共同体、经济共同体和社会文化共同体三大支柱为基础的东盟共同体，会议通过了愿景文件《东盟 2025——携手前行》，同年 12 月 31 日，东盟共同体正式成立。

3. 一带一路

2013 年，中国国家主席习近平在出访中亚和东南亚国家期间，先后提出共建"丝绸之路经济带"和"21 世纪海上丝绸之路"，简称"一带一路"（The Belt and Road，缩写 B&R）的重大倡议，得到了国际社会的高度关注。2015 年正式发布了《推动共建丝绸之路经济带和 21 世纪海上丝绸之路的愿景与行动》，"一带一路"合作倡议是一个伟大的制度创新，表明了中国扩大开放，积极参与多边合作，打造利益共同体、命运共同体的决心。在 2017 年举办的"一带一路"国际合作高峰论坛开幕式上，习近平主席发表主旨演讲，强调坚持以和平合作、开放包容、互学互鉴、互利共赢为核心的丝路精神，提出要加强沿线国家的政策沟通、设施联通、贸易畅通、资金融通、民心相通，将"一带一路"

建成和平、繁荣、开放、创新、文明之路。① "五通"极大地拓展了对外经济合作的深度和广度，创新了合作模式。这一倡议得到了许多国家的积极响应和支持，据统计，截至 2021 年 1 月，中国已与 171 个国家和国际组织，签署了 205份共建"一带一路"的合作文件。② 同 20 多个国家开展机制化的国际产能合作，在沿线 20 多个国家建立 50 多个自贸区。与沿线各国搭建区域合作平台，不仅刺激了合作主体间的有效政策沟通与协商，还为政策协调提供了良好的实践经验。③ 许多国家主动加强与中国的经济合作，各方达成了"一带一路"务实合作协议，其中涵盖了多领域的合作规划和具体项目，包括交通运输、基础设施、通信、海关、经贸、产业等项目。"一带一路"倡议，以"共商、共建、共享"为原则，强调各国发展战略的对接与合作，体现了多元化和开放性。合作机制的多元化表现为亚洲国家发展的多样性，"一带一路"兼容经济发展水平不一、政治制度和历史文化不同的各国并存发展，"一带一路"的沿途伙伴既可以是发展中国家，也可以是发达国家，既包括亚洲国家，也包括域外国家。打破了现有的区域合作机制，顺应了时代要求和各国加快发展的愿望，提供了一个包容性巨大的发展平台，既是打造人类命运共同体的伟大实践，也是打造合作共赢的新型国际关系的重要抓手。

（三）世界大变局下国际秩序面临深度调整

2018 年 6 月，习近平在中央外事工作会议上发表讲话指出："当前，我国处于近代以来最好的发展时期，世界处于百年未有之大变局，两者同步交织、相互激荡。"④ 在之后的会议中，习近平也多次强调了这一论断。2018 年 11 月，俄罗斯总理访华时，中俄双方签署的联合公报中写了"双方认为，当今世界正处于大发展大变革大调整的转型过渡期，面临百年未有之大变局"的言论。"百年未有之大变局"是习近平对国际形势的最新提法，它准确概括了当今的国际形势，已成为广泛的共识。何谓"百年未有之大变局"？张宇燕认为："对百年变局的理解可以从大国实力对比变化，科技进步影响深远并伴随众多不确定性，民众权利意识普遍觉醒，人口结构改变，国际货币体系演化，多边体系瓦解与

---

① 习近平．携手推进"一带一路"建设 [N]．人民日报，2017-05-15（03）.
② 一带一路网．我国已签署共建"一带一路"合作文件 205 份 [EB/OL]．（2021-01-30）[2021-11-25]．https：//www.yidaiyilu.gov.cn/xwzx/gnxw/163241.htm.
③ 左凤荣．世界大变局与中国的国际话语权 [M]．北京：商务印书馆，2020：128.
④ 习近平．坚持以新时代中国特色社会主义外交思想为指导努力开创中国特色大国外交新局面 [N]．人民日报，2018-6-24（01）.

重建，美国内部制度颓势显露和中美博弈加剧八个维度进行。"① 其中，"世界格局与国际秩序是理解'百年未有之大变局'的两个关键变量"②。从世界格局上看，当今国际力量对比更趋均衡，世界经济中心东移，世界多极化深入发展。在世界百年未有之大变局下，随着世界经济和国际权力格局的演变，全球治理格局也发生了新变化，主体更加多元，以中国为代表的新兴国家在全球治理中发挥着更大的作用。然而，现行的国际旧秩序严重制约了新兴国家的进一步发展，未能反映新格局，代表性和包容性不够，需要进行改革和创新。当前，全球治理和国际秩序都面临着深刻的历史性调整，变革不公正、不合理的国际旧秩序成了许多新兴国家的诉求。

当前，建立国际政治经济新秩序是一项重要任务，仍面临挑战和阻力，诸如国际社会中存在着的严重的"信任赤字"和"治理赤字"。对此，外交部部长王毅做了概括，即表现为国际竞争摩擦上升，地缘博弈色彩加重，冷战思维和冷战工具被重新拾起，国际社会信任与合作根基受到侵蚀。从新冠疫情中美国将病毒溯源工作政治化、污名化就可以看出国际社会信任的严重匮乏。这种零和博弈思维极大阻碍了国际新秩序的建立。同时也要看到有利因素在增加，一方面，国际政治民主化趋势在不断加强，各国人民对美好生活的愿望不会变。新兴国家参与全球治理的意愿与能力在增强，积极推动国际秩序的变革，将会成为未来世界大变局发展的重要力量。此外，构建以合作共赢为核心的新型国际关系的理念逐步深入人心，并且付诸了实践，如中国的"一带一路"合作倡议，推动了沿线国家间的合作与对话，为建立更加平等均衡的新型全球发展伙伴关系做出了贡献。因此，世界百年未有之大变局下更应深刻把握"变"与"不变"，抓住历史机遇，建立国际政治经济新秩序，推动构建人类命运共同体。

三、世界多极化为人类命运共同体提供政治基础

当前，国际政治不断朝着世界多极化和地区一体化的方向发展，全球与区域合作机制空前活跃，要和平、谋发展、促合作、求共赢成为不可阻挡的历史潮流。在此背景下，共生共治、合作共赢成为今后国际政治发展的方向。多极化本身就包含了反对霸权主义、单边主义的内容，这意味着推动世界多极化向前发展就要从人类整体视角看待和处理世界性问题，树立命运与共、权责共担

① 张宇燕. 理解百年未有之大变局［J］. 国际经济评论，2019（05）：9.
② 赵磊. 从世界格局与国际秩序看"百年未有之大变局"［J］. 中共中央党（国家行政学院）学报，2019，23（03）：114–121.

的意识，在各国相互尊重的基础上，对话协商、包容互鉴、促进合作共赢，这是顺应多极化发展的必要途径，也是建立国际政治经济新秩序的必要条件。而这些要求和内容恰恰是人类命运共同体所提倡的理念及内容，从这一角度看，可以说世界多极化为人类命运共同体的构建提供了政治基础，而人类命运共同体为世界多极化提供了具体可行的方案。二者相辅相成，是顺应世界历史发展潮流大势的必然选择。

（一）世界多极化深入发展，建立多极世界得到各国广泛认同

首先，多极化趋势已经成为一个客观存在的事实，不可逆转。和平、发展、合作、共赢是世界各国人民的共同愿望，各国都在大力发展经济、改善民生、提升综合国力，反对霸权主义和强权政治的意愿是相同的。随着世界多极化的深入发展，建立多极世界的思想和主张越来越广泛地得到国际社会的认同。在这一过程中，美国依靠强大的综合国力，力图维护自身既得利益，实行单边主义，企图建立单极世界，这种违背历史潮流的做法遭到了许多国家的极力反对。其中，俄罗斯和中国起到了较大的作用。俄罗斯政界和学界的主流观点都认为国际关系日趋多极化，主张建立多极世界，并且俄罗斯政府历来将促进世界多极化明确为其对外政策。① 21 世纪初，普京上任后，将世界多极化列入了《俄罗斯联邦外交政策构想》中，指出："俄罗斯致力于建立能够真实地反映当今世界及其利益多样性的多极国际关系体系。""对世界进程发挥影响，建立一个以公认的国际法准则及平等伙伴关系为基础的稳定、公正和民主的国际秩序。"② 由此，以国家正式文件的形式将建立多极世界确立为俄罗斯的对外政策和战略目标。

中国不但欢迎多极化，而且相应地在政策上支持并提出了推动世界多极化的目标和主张。中国领导人邓小平最早提出并提倡世界多极化。一直以来，中国对世界多极化持肯定态度，并且积极推动和促进建立多极世界格局和国际新秩序。2002 年 11 月，江泽民在党的十六大报告中阐述了中国对于多极化的认识和态度立场，认为"世界多极化和经济全球化趋势的发展，给世界的和平与发展带来了机遇和有利条件"。并表示"我们愿与国际社会共同努力，积极促进世界多极化，推动多种力量和谐并存，保持国际社会的稳定"③。2018 年 6 月 22

---

① 丛鹏．俄罗斯的世界多极化政策［J］．国际观察，2003：28．
② 丛鹏．俄罗斯的世界多极化政策［J］．国际观察，2003：30．
③ 江泽民同志在党的十六大上所作报告全文［EB/OL］．（2012-09-27）［2021-11-25］．http://fuwu．12371．cn/2012/09/27/ARTI1348734708607117．shtml

日，习近平在中央外事工作会议上发表重要讲话时要求外交工作要把握"四个大势"，其中首先就是要"把握世界多极化加速推进的大势"，并指出："国际格局快速走向多极化，是时代进步的要求，也符合各国人民的利益。多极化格局使世界各种力量逐渐形成既相互借助又相互制约与制衡的关系，有利于避免新的世界大战的爆发，有利于遏制霸权主义和强权政治，有利于推动建立公正合理的国际政治经济新秩序，有利于实现各国人民对和平、稳定、繁荣的新世界的美好追求，也有利于广大发展中国家抓住机遇，发展自己。"① 中国将积极推动多极化作为外交思想、外交战略的一个重要部分，并作为中国认识和分析国际形势以及制定外交政策的基本依据。2021 年 7 月 6 日，在中国共产党与世界政党领导人峰会上的主旨讲话中，习近平再次提及"要共同反对以多边主义之名行单边主义之实的各种行为，共同反对霸权主义和强权政治。中国将坚决维护联合国宪章宗旨和原则，倡导国际上的事大家商量着办，推动国际秩序和国际体系朝着更加公正合理的方向发展"②。中国在整个历史进程中的和平发展以及在和平发展中促进世界发展正是这种理念的有力体现。

此外，世界多极化也得到了欧洲及亚非拉国家许多领导人的支持和认同。如法国，2001 年 1 月 4 日法国前总统希拉克在巴黎谈到欧盟与美国及俄罗斯的关系时，再次重申法国将为建立一个多极世界而努力。此后，法国外长德里纳在《法国、欧洲与多极化》的讲话中，提醒人们警惕世界单极化所带来的危险，并强调"我们的愿望是建立一个多极化的世界"。德国前总理施罗德在八国集团埃维昂首脑会议召开前夕，面对柏林勃兰登堡门前 20 万听众表示"我确信文明社会需要一个多极世界"。亚非拉国家的领导人，不仅通过与中国的双边声明和《上海合作组织》文件多次肯定多极化，而且他们个人也公开谈论过建立多极世界的必要性与合理性。③ 当然，也有人不看好甚至反对世界多极化，但总体来看，在世界范围内多极化仍得到了大多数国家的支持和认同，尤其是广大的发展中国家，他们成了多极化进程中的重要组成部分，也是推动多极化趋势的强大力量。

（二）世界多极化背景下，合作共赢是出路

合作共赢是对 21 世纪时代特征的准确把握。世界多极化背景下，国与国之

---

① 习近平要求外交工作要把握"四个大势"［EB/OL］.（2018-06-29）［2022-06-18］.
https：//www. chinanews. com. cn/m/gn/2018/06-29/8550835. shtml.
② 习近平. 加强政党合作　共谋人民幸福——在中国共产党与世界政党领导人峰会上的主旨讲话［J］. 中华人民共和国国务院公报，2021（20）：5.
③ 俞邃. 世界多极化问题概说［J］. 思想理论教育导刊，2008（02）：56.

间的相互依存日益紧密，利益共生不断深化。在经济全球化迅猛发展的今天，世界各国前所未有地联结成为一个整体，人类社会呈现出高度的复杂性和不确定性，世界和平与发展面临的挑战越来越具有全局性、综合性和长远性。随之而来的是各种全球性问题不断增多，人类面临越来越多的挑战，如经济危机、环境污染、气候变化、地区冲突以及传染性疾病等问题。没有哪一国能够置身事外，这些全球性问题单纯依靠单个国家或几个国家已经无法解决，这是国际社会面临的现实。

新形势下，面对机遇和挑战，要求各国不断加强对话合作，构建合作共赢的伙伴关系是世界各国的现实出路。2008 年爆发的国际金融危机让各国认识到，在一个相互依存的世界面前，没有哪一个国家能够独善其身，也没有哪一个国家可以为所欲为。"合则强，孤则弱"，各国"要积极树立双赢、多赢、共赢的新理念，摒弃你输我赢、赢者通吃的旧思维"①。国际社会也要确立全新的治理理念，以平等相待、互利互惠、合作共赢理念为指导，寻求人类的共同利益和共同价值，以此为基点，探求各国合作应对多样化挑战和实现包容性发展的途径。胡锦涛在党的十八大报告中指出："合作共赢，就是要倡导人类命运共同体意识，在追求本国利益时兼顾他国合理关切，在谋求本国发展中促进各国共同发展，建立更加平等均衡的新型全球发展伙伴关系，同舟共济，权责共担，增进人类共同利益。"② 实现国际社会的通力合作和有效运转，各国才能更紧密地联系在一起，共同处理全球性问题。正如习近平在 2015 年博鳌论坛中所说的，只有合作共赢才能办大事、办好事、办长久之事。合作共赢不单纯是一个口号，而要付出实实在在的行动。它包含了国际政治、经济、文化、安全、环境等各个领域，要求做到政治上平等相待，经济上融合发展，尊重文化多样性，寻求共同安全，倡导全球环境治理等。可以预见在不久的将来，合作共赢将成为处理国际关系的一个基本原则和应对全球问题的最佳选择。

（三）世界多极化推动各国权责共担，增进价值共识

世界多极化的目标指向是建立怎样的国际秩序和国际关系。尽管世界各国的历史文化、政治制度、意识形态各有不同，但是在全球化进程中存在着多方面的利益交汇点。每个国家都希望主权平等，在国际社会上享有一定的政治地位，得到世界其他国家的承认和尊重。各国在追求平等权利的同时，也要承担

---

① 习近平. 论坚持推动构建人类命运共同体 [M]. 北京：中央文献出版社，2018：132.

② 胡锦涛. 坚定不移沿着中国特色社会主义道路前进　为全面建成小康社会而奋斗——在中国共产党第十八次全国代表大会上的报告 [J]. 求是，2012（22）：21.

相应的责任，习近平主席呼吁："让和平的薪火代代相传，让发展的动力源源不断，让文明的光芒熠熠生辉，是各国人民的期待，也是我们这一代政治家应有的担当。"① 面对世界多极化带来的机遇和挑战，各国应权责共担，努力增进共同利益，凝聚价值共识，这是推动建设公正合理的国际新秩序的重要遵循。在人类长期的历史发展进程中，形成了和平、发展、公平、正义、民主、自由等共同价值。在此基础上，不仅有可能，而且有必要增进价值共识。人类命运共同体提倡"世界命运应该由各国共同掌握，国际规则应该由各国共同书写，全球事务应该由各国共同治理，发展成果应该由各国共同分享"②。从而超越了意识形态和价值观的对立，强调国际关系的民主化，倡导构建利益共同体、责任共同体、命运共同体。

人类命运共同体方案是在中国自觉地承担国际责任后提出的，是中国对两极格局瓦解后国际政治命运走向思索的结果，也向世界提出了一个在多极化世界中如何构建和谐、健康的国际关系的全新思想。

（四）人类命运共同体助力构建公正合理的国际政治经济新秩序

1. 有力驳斥修昔底德陷阱

有人认为，人类历史至今的每一次大国战争和冲突似乎都验证了"修昔底德陷阱"的存在，远如雅典和斯巴达之战，近如一战和二战中德国与其他列强的冲突。因此，"修昔底德陷阱"几乎被视为国际关系的铁律。如今，崛起的中国和作为守成大国的美国的关系备受世界瞩目，它们之间是否会像历史上那样，重蹈"修昔底德陷阱"的覆辙？中国实行改革开放以来，综合国力迅速提高，与此同时，美国等西方国家不断出现所谓的"中国威胁论"，认为中国的崛起会威胁到其本国利益。对此，习近平在美国《赫芬顿邮报》旗下《世界邮报》创刊号刊登的对其专访中指出："我们都应该努力避免陷入'修昔底德陷阱'，强国只能追求霸权的主张不适用于中国，中国没有实施这种行动的基因。"③

人类命运共同体思想驳斥了"修昔底德陷阱"所认为的新旧大国必有冲突的观点。相反认为，只要彼此尊重、互相合作，新旧大国之间是一定能和平共处的。而中国近年来在国际社会中承担了越来越多的国际责任，对世界政治经济的稳定和对全球化的推动作用越来越重要。人类命运共同体提出的互利合作、共存共荣共赢、义利统一等重要理念，是对人类以往的政治学理论的补充。在

---

① 习近平. 共同构建人类命运共同体 [N]. 人民日报，2017-01-20 (02).

② 王义桅. 人类命运共同体的内涵与使命 [J]. 人民论坛·学术前沿，2017 (12)：6.

③ 正确认识"修昔底德陷阱" [N]. 人民日报，2016-04-17 (005).

如何处理国家间关系的问题上更是一种超越，如强弱实力有差距的国家间只要互相尊重、互利合作，也能构建命运共同体，这是对马克思所说的实力差异导致国家间冲突理论的创新和发展。① 中国以自己的发展实践向世界各国证明，大国的崛起并不是都会威胁他国，也可以是和平的崛起，中国不会追求霸权，而会以自身的发展促进世界的发展。人类命运共同体突破了现实主义的零和博弈论，认为经济全球化的世界，各国一荣俱荣、一损俱损，并非如西方学者所言，你之所得即为我之所失，世界各国完全可以成为利益共享、合作共赢的命运共同体。

2. 促进国际关系民主化

世界多极化的趋势表明，国际社会不可能也不允许长时间由个别国家把持，最终将由多个国家或者国家集团共同治理，共同发挥作用。世界多极化的发展与以往帝国主义列强的大国争霸格局不同，各个大国不是试图瓜分世界，而是要推动世界各国平等竞争、和平共处、共同发展。强权政治已经遭到了时代的唾弃，霸权主义必将受到制约而不能任由其按照自己的意志处理国际事务，国际事务将由各个国家协商解决。世界是多元化的，矛盾和冲突时有发生。世界上不同民族、不同文明在生活习惯、意识形态、价值观念等方面都存在着各种各样的差异，如何在多元利益、多元价值、多元文化的多元世界中构建一个自由、平等、民主、和谐的社会共同体，是当代国际社会面临的重大难题。人类命运共同体做出了解答，即强调各国在相互尊重、平等相待的基础上，包容互鉴、协商合作。提倡"我们应该共同推动国际关系民主化。世界的命运必须由各国人民共同掌握，世界上的事情应该由各国政府和人民共同商量来办"②，而这些正是民主的内在要义之一。人类命运共同体强调"和平、发展、公平、正义、民主、自由，是全人类的共同价值"③，首次谈到构建全人类的价值共识，从而找到各国利益的交汇点，针对多元社会中多样性的矛盾、冲突，主张通过对话沟通、相互协商的和平方式来解决。这正是共识民主的鲜明体现。"共识民主模式以其包容性、妥协性、协商性的制度特征克服了多数民主模式的竞争性、排他性、对抗性的制度特征所带来的缺陷和弊病。"④ 这显然是更适合多元世界的路径选择。人类命运共同体反对少数国家的霸权专政，为弱国发声，追求世

① 何英. 大国外交"人类命运共同体"解读 [M]. 上海：上海大学出版社，2019：51.
② 习近平. 论坚持推动构建人类命运共同体 [M]. 北京：中央文献出版社，2018：133.
③ 习近平. 论坚持推动构建人类命运共同体 [M]. 北京：中央文献出版社，2018：253.
④ 李鹏. 多元社会的民主：阿伦·李普哈特的民主理论研究 [M]. 北京：人民出版社，2016：4.

界的公平正义，有利于促进国际关系民主化。

3. 助力构建国际政治经济新秩序

人类命运共同体是对联合国宪章、宗旨和原则的继承和弘扬，倡导和平共处原则，即互相尊重主权和领土完整、互不侵犯、互不干涉内政、平等互利、和平共处。正如习近平在联合国日内瓦总部的演讲中所说的："理念引领行动，方向决定出路。纵观近代以来的历史，建立公正合理的国际秩序是人类孜孜以求的目标。从 360 多年前《威斯特伐利亚和约》确立的平等和主权原则，到 150 多年前日内瓦公约确立的国际人道主义精神；从 70 多年前联合国宪章明确的四大宗旨和七项原则，到 60 多年前万隆会议倡导的和平共处五项原则，国际关系演变积累了一系列公认的原则。这些原则应该成为构建人类命运共同体的基本遵循。"[①] 历史和现实证明，在国际关系中，任何阵营、集团等以社会制度划分阵线或以价值观决定亲疏的做法，都是靠不住的。唯有普遍恪守和平共处五项原则，顺应和平与发展的时代潮流，符合各国人民美好生活的向往，才能赢得国际社会的欢迎和支持。人类命运共同体就是在这样的理念基础和现实基础上提出的，因此得到了许多国家尤其是广大发展中国家的热烈欢迎。首先，人类命运共同体始终维护联合国在处理国际事务中的核心地位，发挥联合国的应有作用。其次，人类命运共同体致力于构建以合作共赢为核心的新型国际关系。这些原则和理念为推动建立更加公正合理的国际政治经济秩序发挥了积极作用，而这也是建立公正合理的国际政治经济新秩序的前提条件。

总之，当前世界正处在大发展、大变革、大调整的重要时期，世界多极化、经济全球化、文明多样化与和平、发展、合作、共赢的时代潮流不可阻挡。世界也面临霸权主义、单边主义等各种逆多极化现象的威胁。近几十年来，新兴国家群体性崛起，要求参与全球治理，建立公正合理的国际新秩序的呼声也愈加强烈。中国领导人基于对国际形势的正确判断和把握，提出构建新型大国关系和构建人类命运共同体的目标，努力打造全球伙伴关系、加快"一带一路"建设和积极参与全球治理，积极推动多极化的深入发展，提倡世界的事应该由各国人民共同做主，推进国际关系民主化进程。世界多极化和全球范围内合作的增多为人类命运共同体的价值认同提供了坚实的政治基础，人类命运共同体又从价值理念层面为多极化提供了价值引领，有利于形成国际社会共识，为世界多极化指明前进的道路和方向。

---

① 习近平主席在联合国日内瓦总部的演讲（全文）[EB/OL]. (2017-01-18) [2021-11-25]. http://www.xinhuanet.com/2017/01/19/c_ 1120340081.htm.

第五章　人类命运共同体价值认同的文化基础

伴随着人类社会的发展，人类文明在广袤的大地上产生、变迁；随着时间的流逝，有些文明携带着千百年的丰富文化瑰宝流传至今，有些文明却在时间洪流中失去踪迹。不同文明之间的文化交往，或是交融或是排斥，反映的就是文化价值认同的过程。多元性的文化发展与多样性的文化共存，既是构建人类命运共同体的目标，也是人类命运共同体实现价值认同的基础。而人类命运共同体的价值认同也需要在文化交往过程的相互借鉴、兼收并蓄中实现。

第一节　世界文明形态的产生与变迁

什么是文化？从概念来说，《简明哲学辞典》指出，文化是"人类在社会历史实践过程中所创造的物质财富和精神财富的总和"。文化有广义和狭义之分。从广义上讲，"文化是一种社会现象，它反映社会发展的一定历史阶段上技术进步、生产经验和人们的劳动技能方面，教育、科学、文化、艺术以及与之相适应的机构方面所达到的水平"。从狭义上讲，"文化就是在一定的物质资料生产方式的基础上发生和发展的社会精神生活形式的总和。因此，社会在教育、科学、文学、艺术、哲学、道德等以及与之相适应的机构的发展中所达到的水平都属于文化"①。黄枬森认为，"广义的文化包括人类社会里的一切东西。狭义的专指精神文化，确切说就是精神活动及其产品。最狭义的就是文化部所管的文化，包括文学、艺术等。还有一般所说的文化水平的文化，即教育水平、知识水平"②。张守刚认为，广义上的文化是指"社会在每个发展阶段一定质的状

---

① 罗森塔尔，尤金．简明哲学辞典［M］．中共中央马克思恩格斯列宁斯大林著作编译局译，北京：人民出版社1955：54.
② 黄枬森．哲学的科学化：黄枬森自选集［M］．北京：首都师范大学出版社：2008：15.

况程度的标志"①，狭义的文化则是指只属于人们精神生活领域的精神文化。以上论述基本上都是从广义与狭义、物质与精神层面定义文化的。陈先达则把文化分为物质文化、制度文化、精神文化三大部分，认为"文化是社会结构的概念，表明社会结构存在一种要素是文化。物质文化指的是其精神内涵而不是其效用，制度文化是制度的精神内涵和学说理论支撑，精神文化则是各种各样的精神文化形态"②。

从文化的特征来看，王孝哲认为，"文化的特性是具有民族性、时代性、历史继承性、阶级性和创造性""文化的社会功能主要是具有信息功能，认识功能，教化、培育和塑造人的功能，以及影响社会发展的功能"③。黄枬森则认为："文化的共性与个性是由社会实践的共性与个性决定的。""人类文化的共性只能通过多种文化的特殊性、个性表现出来。这些特殊性、个性对各自文化来讲，也是普遍性、共性。"④ 马克思主义认为，经济基础决定上层建筑，有什么样的经济状况和政治状况就会有什么样的文化状况。正如恩格斯所说："每一历史时期的观念和思想也可以极其简单地由这一时期的经济的生活条件以及由这些条件决定的社会关系和政治关系来说明。"⑤ 《毛泽东选集》大辞典则指出："文化发展有其自身发展的客观规律和历史的连续性、传承性。作为意识形态的文化，是一定社会的政治和经济的反映，又反过来对一定社会的政治和经济以巨大的影响和作用。在有阶级的社会中，文化具有阶级性。随着民族的产生和发展，文化具有民族性，通过民族形式的发展，形成民族的传统。"⑥

总之，文化随着历史的发展而变化，文化的发展离不开经济关系、政治关系和社会关系，文化具有历史性、民族性、阶级性和地域性特征，文化是人类在社会实践过程中产生出来的丰富的物质财富和精神财富，它以文明的形式发展，绵延不绝，传承至今。在人类社会发展中，人类文明从低级走向高级，社会形态依次交替。随着交通和通讯的便利，人类活动范围也不断扩大，文化也从地方的、民族的开始走向世界。世界民族交往日益频繁，民族间、地区间、国家间的联系越来越紧密，多元文化开始逐步形成，并在不断的碰撞中走向包

① 张守刚. 马克思主义哲学教程 [M]. 北京：人民出版社，1991：349.
② 陈先达. 马克思主义和中国传统文化 [M]. 北京：人民出版社，2015：56.
③ 王孝哲. 历史唯物主义新论 [M]. 合肥：合肥工业大学出版社，2011：49-50.
④ 黄枬森. 哲学的科学化：黄枬森自选集 [M]. 北京：首都师范大学出版社：2008：584，587.
⑤ 马克思恩格斯选集：第3卷 [M]. 北京：人民出版社，1995：335.
⑥ 张占斌，蒋建农主编. 《毛泽东选集》大辞典 [M]. 太原：山西人民出版社，1993：1043.

容与融合。

一、古代文明的产生

世界古代文明的产生相对独立，具有多元化的特征。经济的发展推动了阶级的产生、国家的形成、文字的出现，不同的地理特点、资源环境、交通条件等产生了不同的社会文化、政治制度、民族性格。古代文明分散、孤立，但也会通过战争、移民、贸易等方式相互交流，不同文明之间多元共存发展，产生了两河流域文明、古埃及文明、印度河流域文明、黄河流域文明、爱琴文明。

（一）人类的起源与发展

最早的人类从古猿演化而来。为了能够在自然环境中生存，古代类人猿学会直立行走，学会使用天然石块和木棒采集植物、捕捉动物；接着学会制造工具，开始进行有意识的活动。① 广阔的自然有着不同的地理环境和各异的生存条件，于是在漫长的岁月中演化出不同的种族。同一种族的人群具有区别于其他人群的共同遗传体质特征，这种特征的形成具有区域性、渐进性和适应性。

从旧石器时代到新石器时代，在不断尝试与大自然的共生中，人类经济活动内容逐渐扩大，制作出了称手的生产工具，学会用弓箭狩猎，用鱼叉渔猎，当生活趋于稳定，农业、畜牧业产生并发展起来。② 人类从简单的食物采集者转变为了食物生产者，从依靠自然转变为利用、改造自然。从铜石并用时代到铁器时代，石器、青铜器、陨铁刀、短剑见证了社会的发展，分散的部落逐渐结盟，掠夺性战争愈演愈烈。

原始社会开始于人类的出现。最初，人与自然的关系并不和谐，恶劣的自然环境甚至能轻易地夺取人类的生命。为了长期生存与发展，原始人聚集在一起，进行自卫，共同劳动，不断繁衍。在漫长的原始群时期，以血亲关系为纽带的联合产生，也推动了经济关系的维持。随着生产力的发展，以女性为中心的母系氏族公社产生，男子从事狩猎，女子从事采集，生产资料归氏族所有，氏族成员共同居住、共同劳动、共同消费。在农业、畜牧业、手工业发展的客观要求下，男子逐渐占据主导地位，母权制的氏族公社转变为父权制的氏族公社。父权制的确立促使财产迅速积累在个体家庭之中，个体家庭逐渐成为社会

---

① 吴于廑，齐世荣. 世界史：古代史编. 上卷. 北京：高等教育出版社，2011：2-6.
② 吴于廑，齐世荣. 世界史：古代史编. 上卷. 北京：高等教育出版社，2011：6-13.

经济单位。①

　　文明的产生体现在金属冶炼、社会分工、私有制和阶级的形成以及国家的出现。② 当人类学会了冶炼铜、冶炼合金青铜、冶炼铁时，坚硬锋利的武器成为生存、护卫与争夺的重要依靠。人口增多，需要增长带来的是分工的发展。不同的人从事不同的工作，有人享受，有人劳动，有人生产，有人消费。生产关系随着生产力的变化发展而改变。产品出现剩余使私有制产生有了基础，以交换为目的的商品生产出现。阶级伴随着私有制的出现而产生。一方面，为了生产、积累更多的剩余产品，人们开始把战争中的俘虏变成奴隶，剥削和奴役奴隶进行生产劳动。财产分化表现为富人掌握权力、财富、地位，掌握较多的牲畜和奴隶以及较好的土地。另一方面，生产趋向个体化。由于私有财产的出现，人们的私有观念加强。一些个体家庭要求从血缘关系紧密的大家族中独立出来，逐渐形成了以地域关系结合起来的农村公社。在利益产生的那一刻，对立和矛盾也随之出现。在过去，战争是为血亲复仇或疆域争执而战，生产力进一步发展后，战争是为了掠夺他人财产和奴隶而战。面对阶级冲突和利益冲突，作为调节阶级利益冲突的强制机关——国家，出现了。国家和氏族的根本区别在于，国家按地域来划分它的国民，设有公共权力的暴力机关，而氏族是以血缘关系为纽带组织起来，没有凌驾于社会之上的公共权力机关。

　　（二）两河流域文明

　　两河流域又被称为美索不达米亚，是指幼发拉底河和底格里斯河流域。在由原始向文明过渡的时期，在两河流域生活的人类逐步掌握了人工灌溉技术，同时也开始用石器、骨器、铜器进行畜牧和渔猎活动。生产力的发展推动社会分工复杂化，氏族社会内部出现分化，一些比较大的村落形成了居民中心，几个较大的居民中心则结合成了城市或小镇。

　　公元前 3000 年，位于两河流域南部的苏美尔地区已经出现了 12 个独立的城邦。在苏美尔各城邦经济生活中，神庙是城邦的经济中心。神庙经济控制在以城邦首领为首的奴隶主贵族手中。神庙经济分工细密，有农业、畜牧业和捕鱼业等，同时控制了城邦的手工业和商业。

　　为了争夺土地、奴隶和霸权，苏美尔各城邦之间展开激烈、长期的斗争。在城邦争霸战争过程中，城邦内部的阶级矛盾也十分尖锐。王权在战争中不断

---

① 《世界古代史》编写组. 世界古代史（上册）[M]. 北京：高等教育出版社，2016：48-57.

② 吴于廑，齐世荣. 世界史：古代史编. 上卷. 北京：高等教育出版社，2011：15-18.

扩大，王权和以祭司为代表的贵族之间的矛盾也十分突出。比如，城邦首领侵吞神庙财产，向高级祭司征收贡税，加强对神庙劳动者的监督和剥削等。①

两河流域地区在长期的征服与被征服中，社会经济不断发展。如在阿卡德统一时期（约前2296—前2112），灌溉网扩大完善，农业生产水平有了提高；乌尔第三王朝时期（约前2112—前2004），在商业贸易中，白银成为商品价值公认的尺度；古巴比伦时期（约前1894—约前1595），《汉谟拉比法典》的颁布试图消除人与人之间的各种冲突，解决各类社会状况，维护私有制和奴隶主阶级的利益，宣扬王权神授。②

（三）古埃及文明

埃及是一个具有较大孤立性且受自然屏障保护的大河流域国家。尼罗河贯穿埃及全境，不仅把整个流域地区连接成一个稳定有效的整体，也使得埃及人拥有了可靠的交通运输线。

在阿姆拉特时期（约前4000—约前3500），阶级随着私有制的出现而逐步形成。当时出现了若干个规模很小的国家，虽然国家人口不多，但王权已经形成。经过不断的战争，埃及南北交流不断加强，统一是当时政治、经济和文化发展的必然结果。为了巩固国家统一，处理日益激化的阶级矛盾，以国王为中心的国家机关被设置了起来，王权逐步加强，君主专制逐步形成。

君主专制在古王国时期（前2686—前2125）开始确立。国王拥有决策权、军权、司法权。宰相由国王任命，在处理日常事务中有相当大的权力。为了强化统治，国王需要得到神权支持，因此国王给神庙捐赠大量土地和劳动力。因此，这一时期王室经济、神庙经济、奴隶主经济占有极大比重。由于阶级矛盾激化，王权更加依赖神权势力和地方贵族的支持，为此，国王不断把土地、劳动力和其他财富给予神庙和地方贵族，以致他们的势力更加膨胀，而王权则更加快速地衰落。③ 沉重的剥削、频繁的战乱、经济的破坏，导致统一局面不复存在。人民起义、贵族叛乱、外族入侵频仍，自此君权神授被打破。

在农业与手工业方面，国家统一为农业生产和手工业发展提供了重要条件。在地理位置上，尼罗河沉积的淤泥十分肥沃，能够种植大量粮食，供养庞大国

---

① 《世界古代史》编写组. 世界古代史（上册）[M]. 北京：高等教育出版社，2016：71-72.

② ［美］斯塔夫里阿诺斯. 全球通史：从史前到21世纪. 第7版新校本. 上册［M］. 吴象婴，梁赤民，译.《全球通史》编辑小组校译. 北京：北京大学出版社，2020：100-102.

③ 吴于廑，齐世荣. 世界史：古代史编. 上卷［M］. 北京：高等教育出版社，2011：22-38.

家机器的运行。在较为安定的生活环境下，埃及的手工业出现了金属加工、冶金、造船、酿酒等。同时，国家重视对外贸易，经常派商队到国外，但这种对外贸易往往是同对外掠夺相结合的。

（四）印度河流域文明

古代印度指的是地理上的南亚次大陆，包括现在的印度、巴基斯坦、孟加拉、尼泊尔、不丹等国的领土。南亚次大陆环绕的山脉与海洋避免了印度文明受外来侵扰过多，西北方的山口则保持了跨地区经济文化交流的通畅。印度河与恒河流经之处形成了大面积的冲积平原，因此人口比较稠密。恒河平原土质肥沃，空气湿润，易于农耕，是古代印度文明发展的核心区域。

印度河的哈巴拉文化（约前2500—约前1750）是南亚次大陆早期文化的代表。在农业方面，哈巴拉人已经使用镰刀、斧头等农具，栽培大麦、小麦、蔬菜、棉花等，能够驯养牛、羊、猪、驴、狗等家畜，并且食用牛肉、羊肉、猪肉。在手工业方面，哈巴拉人掌握了金属加工技术，能生产用象牙雕刻而成的精美手工艺品和奢侈品，也能生产坚硬的匕首、矛头等武器。在哈巴拉文化遗址中发现了纺锤、纺轮和染缸，说明当时的人们已经掌握了纺织品染色技术。哈巴拉人的国内外贸易也非常频繁，在已发现的图案各异的印章表明，此时哈拉巴人已经与周边地区甚至是遥远地区开展经济交往，金、银、铜可能都是从国外输入的。① 此外，留存于石器、陶器、印章上的文字符号表明印度河流域文明已经创造了自己的文字。

（五）黄河流域文明

黄河发源于青海省的巴颜喀拉山北麓，在中华文明的形成和发展过程中起着无可替代的重要作用。距今8000—3000年前，黄河流域气候温暖湿润且雨量充沛，土壤易于开垦且渗水性好，在华北地区形成了旱作农业体系，华中地区形成了水田农业体系。在这样的条件下，人类能够使用简单的木质、石制或骨质工具进行劳作，提高生产效率。仰韶文化、龙山文化、夏商周三代文明都是黄河流域早期文明的产物。

发达的农业不仅促进了经济的发展，还影响了人们的生活方式、社会组织、思想文化等。定居生活使安土重迁的观念出现。人们组成家庭，不会主动地向外拓展，相对保守和封闭，由此便联结成了以血缘关系为纽带的家族、宗族、

---

① 《世界古代史》编写组. 世界古代史（上册）　[M]. 北京：高等教育出版社，2016：166-168.

氏族组织。

与其他文明相比较，黄河流域农业的发达一定程度上抑制了其他生产活动的发展。重农抑商的观念在国家管理和人们思想意识上长期占据统治地位，导致手工业生产和商业发展十分缓慢。虽然黄河流域文明相对缺少开放性，但优越的地理环境推动经济、政治、文化向成熟发展，这种优势使黄河流域文明具有更多的接纳感和包容性。①

（六）爱琴文明

爱琴文明又称"克里特—迈锡尼文明"，指爱琴海地区的青铜文明。在爱琴文明形成后，爱琴海与希腊逐渐组成了著名的古希腊文化区。从地理位置上看，爱琴海处于地中海东部的西北隅。希腊以地小山多、岛屿密布为环境特点，海洋主宰了它的气候，也在一定程度上影响了它的历史和文化。

希腊爱琴地区很早就有人类活动。公元前7千纪，克里特岛就有了居民。②中石器时代，南希腊的人类已经能够使用石器捕捉海鱼。新石器时代的居民种植大麦、小麦和豆类等作物，驯养绵羊、山羊、猪等家畜，崇拜象征丰产的女神，能够用黑曜石制造较锋利的石器。随着金属器逐渐增多，人口有了明显增长，海上贸易较之前更为频繁，在靠海地方出现了较大的建筑物和城防设施。进入铜器时代以后，爱琴海变成希腊与东方先进文明建立联系的主要通道。

希腊最大岛屿克里特岛的农业、手工业不断发展，发达的工商业和造船业推动了商船往来。③ 克里特的居民主要以农工产品与地中海各地做航海贸易。岛上出现的黄金、象牙等奢侈品大多来自埃及。约公元前2000年，克里特出现了最初的国家。克诺索斯是克里特的首都，也是地中海最大的城市。克诺索斯王宫是克里特文明最伟大的创造，每个城市国家都围绕王宫而形成。王宫是国家的政治、宗教、文化和经济中心。在克里特国王米诺斯的统治下，在发达的海外商业和强大海军的支持下，克里特利用优越的地理位置，成功建立了海上

---

① 《世界古代史》编写组．世界古代史（上册）［M］．北京：高等教育出版社，2016：204-207.

② 《世界古代史》编写组．世界古代史（上册）［M］．北京：高等教育出版社，2016：242-243.

③ ［美］斯塔夫里阿诺斯．全球通史：从史前到21世纪，第7版新校本．上册［M］．吴象婴，梁赤民，译．《全球通史》编辑小组校译．北京：北京大学出版社，2020：105-106.

霸权，控制了东部地中海的海运贸易网，也便于更好地获取欧亚非三大洲的资源。①

迈锡尼文明（约前2千纪初—前2千纪末）由大陆上的希腊人所创造，曾经影响过科林斯、雅典、底比斯等地方。在经济上，迈锡尼时代的经济处在宫廷的控制之下，国王是最大的土地所有者，手工业和商业也处在宫廷的控制之下。手工作坊由宫廷直接开办，经营武器、纺织等。迈锡尼文明的君主制度、对经济的严密控制、浓厚的军事色彩都与克里特文明有所区别。②

爱琴文明给古典时代的希腊留下了种植农作物的方法、武器制造和陶器生产的方法、脍炙人口的史诗神话以及城邦制度。希腊文明是在扬弃爱琴文明的基础之上创造的。

二、古代文明的发展

古代文明经过发展、传播、交融，形成了古希腊文明、古罗马文明、中华文明等重要文明。古希腊文明作为欧洲最古老的文明，通过"希腊化时代"，在文字、语言、哲学、教育、宗教等方面对欧洲、北非、西亚、中亚、南亚文明产生了广泛影响。而古罗马文明同样接受了高度发达的古希腊文化，承续了希腊文化的衣钵。在世界的另一端，中国出现了春秋战国的思想百花齐放时代，到秦汉时期形成了专制主义和中央集权制的国家体制，魏晋时期出现了民族大融合，推动了统一多民族国家的形成。

（一）古希腊文明

迈锡尼文明灭亡之后，希腊社会动荡，居民流离迁徙。到荷马时代（前10—前8世纪），希腊世界已经跟迈锡尼世界迥然不同。荷马时代的希腊世界，农业取得了基础和主导地位，土地成为社会的主要财富，人们选择定居，建立城市。此时，手工业和商业刚刚萌芽，交换更多是通过不同地区之间的礼物交换或者是通过海盗抢掠而开展的物品交换。在城市建立之后，人们可以通过市场购买一些所需物品，但总体来说，荷马时代的商业仍然处在物物交换的原始状态。荷马时代有三个重要的政治机构：一是国王，重大决策几乎都由国王提出并执行；二是议事会，议事会由德高望重的老年人组成；三是人民大会，跟

---

① 吴于廑，齐世荣.世界史：古代史编.上卷［M］.北京：高等教育出版社，2011：58-62.

② 《世界古代史》编写组.世界古代史（上册）［M］.北京：高等教育出版社，2016：243-245.

全体有关的大事人民大会都有权讨论，但人民大会没有力量去贯彻执行任何决议和决策。①

希腊城邦在古风时代（前8—前6世纪）形成。希腊城邦是以公民为核心的政治经济体制。希腊城邦的公民享有参与城邦行政和司法管理、出席人民大会等一些重要的权力。他们可以占有土地、房屋，享受国家的各种补贴，能够直接参与国家管理，担任国家官职。在军事上，城邦实行公民兵制。战争来临时，公民必须自备武器参加战斗，战争结束，军队立即解散，兵士重新成为和平的公民。士兵、公民和土地所有者的三位一体，是希腊城邦的基本特征之一。希腊城邦没有常备军，没有维持秩序的治安力量，因此城邦非常重视立法活动，法令由公民大会颁布，并且放在城邦内最显眼的地方便于全体公民阅读。小国寡民的特征使希腊城邦的政治能够有效地运行下去。古风时代，希腊人还进行了范围广阔的殖民，大大小小的希腊城邦都开始了海外殖民活动，有的殖民城邦在发展起来后，又外出建立了新的城邦。殖民运动的开展使希腊人的活动范围扩大到整个地中海，大大推动了希腊经济的发展，殖民地和母邦之间、殖民地相互之间、殖民地和土著部落之间的经济交流迅速地发展起来。② 同时，殖民活动使希腊人和广大的地区发生了接触，开阔了他们的眼界，推动了希腊文化的发展与传播。

古典时代的雅典民主是参与程度最广泛，人民权力最显著的民主之一。在这一时期，雅典公民大会摆脱了贵族控制，成为独立自主并且名副其实的国家最高权力机构，雅典国家的大小事情都可以拿到公民大会上讨论。雅典的议事会承担国家大量的日常工作，拥有一定的司法职能。议事会议员由抽签选举，需要大量的公民参与，这使它成为雅典公民参与政治、锻炼政治能力的重要机关。③ 无论权力多大、威信多高的人物，都必须接受议事会和公民大会的监督。雅典的陪审法庭审理国家的大小案件和盟国的一些案件，年满30岁的雅典公民都可以通过抽签当选为陪审员。

（二）古罗马文明

意大利是古罗马的发祥地，位于地中海中部。意大利气候冬季温暖湿润，

---

① 《世界古代史》编写组．世界古代史（上册）［M］．北京：高等教育出版社，2016：247-248.

② 《世界古代史》编写组．世界古代史（上册）［M］．北京：高等教育出版社，2016：248-249.

③ 郭圣铭．世界文明史纲要（古代部分）［M］．上海：上海社会科学院出版社，2013：120-125.

夏季较为干热。山区森林茂密，平原土壤肥沃，丘陵覆盖草坡，这些有利条件推动了农牧业的发展。新石器时代，意大利半岛已有原始的农业，居民能够驯养家畜，制作陶器。公元前 2000 年出现了特拉马拉文化，居民居住在水上房屋中，使用青铜器，从事农业和畜牧业。同一时期在亚平宁中部山区出现了亚平宁文化。

在罗马兴起之前，伊达拉里亚人在意大利半岛处于支配地位。当时的社会经济以农业为主，为了改良土壤，伊达拉里亚人兴修各种水利设施。伊达拉里亚人的手工制品大量销往波河流域和高卢地区。当时伊达拉里亚的贵族过着奢侈的生活，他们占有大量的土地和奴隶，经常从事海上贸易和海盗活动。伊达拉里亚人吸收古代东方国家和希腊文化，并在意大利进行传播。他们的生产工具和技术、城邦制度、宗教信仰等都对罗马的发展产生重要影响。

王政时代（约前 753—前 509）是罗马从氏族社会到阶级社会的转变时期。王政前期，罗马人生活在氏族社会末期的军事民主制之下。当时的管理机构有王、元老院和库利亚大会。王掌握军事指挥权、审判权和宗教权，元老院在王进行决策和处理内外事务中发挥着顾问的作用，库利亚大会召集全体公社成员，决定公社的一切重要问题，比如，宣布战争、选举王和审判重大案件等。在罗马社会的逐渐分化中，平民和贵族等级的矛盾和对立日益加深。王政时代后期，为了适应当时社会发展和对外扩张的需要，塞尔维乌斯实行了一系列改革，如建立新的地域部落、实施人口和财产登记、创设森都里亚大会。[①] 塞尔维乌斯改革打破了过去由氏族贵族阶级一统天下的模式，建立起了以地域为主的居民关系，扩大了统治基础。

共和国时期（约前 509—前 27），为了限制贵族权利、维护平民利益，颁布了第一部成文法典《十二铜表法》。《十二铜表法》是罗马习惯法的汇编，其中很多法律条文来源于不同年代长期延续下来的各种习俗。《十二铜表法》极力维护贵族的特权地位，是一部严格维护私有财产、维护贵族利益的法典。但是国家将法律条文明确固定下来并公布于众，一定程度上限制了贵族的专横跋扈，推动平民反对贵族斗争不断走向深入，为罗马法的发展和完善奠定了基石。[②] 在共和国时期，罗马的国家机构逐渐完善起来，形成了以执政官、副执政官、监察官等高级官员为主体的罗马官员系统。森都里亚会议、部落会议和平民会

---

① 《世界古代史》编写组 . 世界古代史（上册）［M］. 北京：高等教育出版社，2016：294-295.

② 吴于廑，齐世荣 . 世界史：古代史编 . 上卷［M］. 北京：高等教育出版社，2011：208-214.

议成为共和国主要的公民大会。平民会议的存在，让平民的政治和社会权利得到了基本保障，加强了共和政制中的民主因素。平民有权担任国家各级公职，参加公民大会，在法理上成为共和国的主人，这就实现了全体公民的政治自由和在法律面前一律平等的民主原则。同时，在对意大利半岛的征服与统治中，罗马推行分而治之的政策，根据不同地区、不同城市、不同部族以及对于罗马的不同态度，采取各种政策进行分而治之。罗马共和国大规模向外扩张，凭借政治、经济、军事优势向意大利的同盟者施加影响，使意大利半岛的政治、经济、法律与文化等逐渐罗马化，保障了罗马对意大利的顺利征服和有效统治。

西罗马帝国时期（约前 27—476），奥古斯都作为罗马帝制的创建者，创立新制，使帝国初期呈现出了繁荣的局面。① 比如，奥古斯都采取的一些政策：维护社会秩序，新建公共基础设施，加强城市的警戒预防系统，维持社会治安；加强行省统治，发展和完善行省的城市自治体制，加强行省议会的作用；建立精锐军队，军团纪律严明，战斗力强，成为帝国统治的坚强基石；匡正社会风气，颁布系列法令复兴淳朴古风，反对奢靡浪费。

（三）中华文明

夏商周三代时期（约前 2070—前 256）是早期中国政治体制的形成时期。宗法制度使政权、族权、宗教神权紧密联系在一起，宫殿宗庙制度和都邑制度体现出了城市是王室获得政治权力的工具和实施政治、军事统治的堡垒，在宗法制度统辖下的内外服制度使中央和地方的关系更加密切，也更加利于中央的有效控制。东周时期，周王的势力逐渐减弱，中国进入了诸侯群雄纷争霸主的春秋战国时代。春秋战国的经济发展推动了科学技术的进步，社会变革促成了思想的空前活跃和文学艺术的繁荣。因此，春秋战国时期也是百家争鸣、人才辈出、学术风气活跃的时代，由此也奠定了中国整个封建社会的文化基础。

中国的统一始于秦（前 221—前 207），完成于汉（前 202—220）。秦汉时期，社会结构和政体从血缘封建关系向中央集权地缘关系转变，皇权在皇帝制度下被抬高到至高无上的地位，专制主义和中央集权的国家体制正式形成。皇权思想和皇帝制度成为此后两千多年专制主义中央集权制度的核心。自此之后，专制主义和中央集权的统一多民族国家一直是中国古代历史的主要形态。

魏晋时期（386—317），战争频繁，官场腐败，民不聊生。但这一时期也是

---

① ［美］斯塔夫里阿诺斯. 全球通史：从史前到21世纪. 第7版新校本. 上册［M］. 吴象婴，梁赤民，译.《全球通史》编辑小组校译. 北京：北京大学出版社，2020：172-182.

中国历史上民族大融合的时期。少数民族的大量内迁促进了汉文化的传播，也有利于统一多民族国家的形成。另外，古印度的佛教传入中国，在魏晋时期得到迅速发展，佛教思想开始中国化，与儒家思想、道家思想、玄学思想相融合，形成了独特的中华文明的多元文化共存的状态。

三、中世纪文明的演进

铁器文明的传播影响了欧亚大陆的农业生产、经济贸易和地缘政治，造船业、航海业的发展消除了地区孤立，伊斯兰文明、拜占庭文明、西欧文明、非洲文明等产生了商业、技术、宗教、知识方面的联结并相互影响。

（一）伊斯兰文明

阿拉伯半岛位于亚洲西南端，总面积约 320 万平方千米。其自然环境十分复杂，各地气候温差悬殊，物产和社会经济结构都各不相同。半岛内陆酷热干旱，沙漠地带难以耕作，半岛南部闷热潮湿，绿洲错落散布，水草丰茂，宜于放牧。阿拉伯人是滞留在阿拉伯半岛的闪米特人的一支。在伊斯兰教产生以前，阿拉伯半岛社会发展不平衡，居住在半岛中部和北部从事游牧的阿拉伯人叫作贝度因人，其社会组织还处在原始公社末期。游牧的贝度因人逐水草而居，终年过着迁徙不定的生活。部分定居或半定居的阿拉伯人在绿洲上种植椰枣和少量谷物，贝度因人用他们的家畜和皮革等与定居的阿拉伯人交换椰枣、衣物、武器以及其他生活用品。阿拉伯半岛的游牧与定居两种生活方式是相互依赖和彼此制约的。阿拉伯半岛文明的孕育和产生受尼罗河流域、幼发拉底—底格里斯河流域以及印度河流域等古代文明的影响。其中米奈人和赛伯邑人曾经建立起国家。希贾兹商路上的贸易往来推动了周边城镇的发展，其中以麦加和叶斯里卜最为重要。

阿拉伯半岛南部的社会经济基础是农业，早在公元前数世纪，也门地区的塞白人利用有利的自然资源发展农业生产。他们修建的马里布水坝控制了洪水泛滥，使大荒漠变为良田。也门是古代东西方商品的集散地，商业繁荣，许多城市就此兴起。南部阿拉伯人在半岛开辟的交通要道及其从事的国际商贸活动，打破了半岛的孤立状态，沟通了内部世界与外部世界的联系，给阿拉伯社会带来了东西方的先进文化，使阿拉伯人的思想受到启迪。比如，早期的阿拉伯人信仰多神教，犹太教和基督教传入半岛以后，有一部分阿拉伯人皈依了犹太教或基督教。

阿拉伯帝国（7—13 世纪）建立后，投入巨额财力改善农作环境，发展水利灌溉，引进推广新作物，提高土地利用率，减少耕地牧场化。推广棉花种植，利用传入的蚕丝加工技术推动纺织业发展。在商业贸易上，区域性内陆贸易流通日常消费品、农产品、纺织品，过境贸易主要进行奢侈品的贩运。①

（二）拜占庭文明

中世纪的欧洲实际上是以拜占庭帝国（4—15世纪）为中心以及受其文化影响的欧洲地区。拜占庭是古希腊罗马文化的直接继承者，它高度发达的政治、经济、军事、文化、宗教等，对东欧其他国家和民族都产生直接间接、或大或小的影响。拜占庭是东方与西方、欧洲与亚洲经济文化交流的桥梁。②

拜占庭帝国人烟稠密，城市众多，农业以小农经济为主，隶农从地主处领得土地从事生产经营，同时定期向田庄地主缴纳租税和供物。拜占庭的手工业和商业也相当繁盛，国内外贸易十分发达。手工作坊生产出的各种手工业品行销国内外，商人来往于欧亚各地运销东方和西方的各种商品，如中国的丝绸、印度的香料、埃及的粮食、叙利亚的刺绣等，这些商品经过君士坦丁堡或其他拜占庭的大城市转运至欧亚各地。繁荣稳定的农业、手工业生产和发达的国内外贸易为拜占庭帝国的国家财政来源提供了有力保障。③ 一方面，拜占庭帝国作为保护盾使后来的西方文明能够自由发展；另一方面，拜占庭推动整个地中海盆地的经济发展，它的货币则成了国际标准的交换媒介。

（三）西欧文明

西欧文明是以西欧为主要地域生长起来的一种文明形态，欧洲的北部、西部和南部，在整个欧洲中，除了以斯拉夫人为主要居民的欧洲东部之外，都是西欧文明的涵盖范围。公元4世纪到6世纪，欧洲出现日耳曼民族大迁徙运动，日耳曼民族摧毁了西罗马帝国，同时也使高度发达的文明遭到毁灭性的打击，因而西欧进入中世纪，一切都有待于重建。日耳曼人不懂文化，不通拉丁语，在摧毁罗马帝国城市的同时，也将罗马的图书馆、学校、建筑、艺术品等一起摧毁了。在如此情况下，原有世俗教育完全荒废，世俗文化日益衰落，天主教会神职人员成为西欧中世纪前期最有文化的阶级。随着天主教会组织与日耳曼

---

① 《世界古代史》编写组．世界古代史（下册）［M］．北京：高等教育出版社，2016：93-95.

② ［美］斯塔夫里阿诺斯．全球通史：从史前到21世纪．第7版新校本．上册［M］．吴象婴，梁赤民，译．《全球通史》编辑小组校译．北京：北京大学出版社，2020：301-303.

③ 吴于廑，齐世荣．世界史：古代史编．下卷［M］．北京：高等教育出版社，2011：103-104.

贵族走上合作道路，天主教会获得了精神统治的地位，并拥有大量财产，这也自然使天主教会承担起了复兴西欧文化的重任。由于神职人员尤其是修道僧侣重视抄写工作，通过抄写一些重要的古典文化作品收藏于教堂或修道院，因此一些古罗马文化作品在教会组织间得以流传，也随着教会组织传播到了西欧各地。本着培养教士的目的，天主教会组织在没有学校、教师、学生的中世纪最初阶段开启了教育事业。在修道院学校，教士需要学习"七艺"即文法、修辞、逻辑、算术、几何、天文和音乐。在加洛林王朝查理曼统治时期（768—814），为了复兴文化，他曾要求每一个教堂和修道院都要设立学校，学习读书写字，学习思想，学习谈吐。在查理曼的推动下，加洛林王朝形成了宫廷学校、主教堂学校和修道院学校。12世纪之后，随着城市的发展，需要更多的世俗人才，更高级的社会管理人才，更博学的科研人才，12世纪的翻译运动为教育转型营造了知识文化氛围，修道院教育走向衰落，教堂学校逐渐社会化，形成了大学。① 大学里崇尚自由探讨和辩论的风气促进了学术的进步，为文艺复兴运动培养了富有思想和探索精神的人才。

（四）非洲文明

非洲是世界上仅次于亚洲的第二大洲。纵观非洲大陆，它的南北两端是小而肥沃的狭长地带。北非与撒哈拉以南非洲在人种构成、文化传统、生产力发展水平等方面形成了较大差别。因此非洲社会的发展并不平衡，撒哈拉沙漠以北地区很早就进入了文明社会，而撒哈拉沙漠以南广大地区由于多种因素的限制，直至欧洲殖民者入侵之前，许多地区仍然没有摆脱原始状态。

纵横交错在全非洲的许多商路将非洲诸社区连接起来，而且这些商路还经由红海、地中海和印度洋将非洲与外部世界联系在一起。考古研究表明，非洲许多地区早在公元前就开始开采铁矿，掌握了冶铁知识。铁的出现提高了农业的产量，有了可用于贸易目的的剩余产品，也导致了社会的分化。大约公元9世纪前后，出现了明确的国家机构，这些国家机构进行军事治理和行政管理。②

非洲诸民族曾受到伊斯兰教的影响。姓名、服饰、家庭摆设、建筑风格等都有明显的变化。伊斯兰教还将非洲经济同被穆斯林商人控制的欧亚大陆商陆网联系在一起，从而促进了非洲的经济贸易往来。穆斯林商人运送盐、珠宝、

---

① ［美］斯塔夫里阿诺斯．全球通史：从史前到21世纪．第7版新校本．上册［M］．吴象婴，梁赤民，译．《全球通史》编辑小组校译．北京：北京大学出版社，2020：334.

② ［美］斯塔夫里阿诺斯．全球通史：从史前到21世纪．第7版新校本．上册［M］．吴象婴，梁赤民，译．《全球通史》编辑小组校译．北京：北京大学出版社，2020：251-367.

布匹，非洲人提供象牙、奴隶、黄金。西非桑海帝国阿斯基亚王朝（1493—1591），在政治上建立中央集权制，在经济上开凿运河，统一度量衡，在宗教上采用伊斯兰教巩固统治，并专门设置管理全国非穆斯林的最高祭司，在文化上大力引进阿拉伯文化，招来学者、文人开办学校。伊斯兰教推动了非洲内部关系的增多、外部联系的加强。①

漫长的岁月过去了，创造过历史辉煌的古代文明在经受大自然的洗礼与人类社会的动荡中艰难前行，一些文明在历经沧桑后不断发展壮大，一些文明则在历经风雨后烟消灰灭。但更多的文明在相互的经济贸易和普遍交往中融合发展，并创造出更为灿烂的民族文化！

第二节　世界文化多样的形成与发展

文化因人与人之间的交流而形成、发展。不同生产力条件下产生了丰富的有形遗产和无形观念。随着各国、各民族在经济政治、社会生活、科学技术、历史文化等领域的交往，先进文化与落后文化间交流、碰撞、影响，各具特色的多元文化逐渐走向世界。

从食物采集者到食物生产者，人类在不断地适应自然、改造自然。人类需要交往和表达，于是产生了文字；人类需要了解自然、解释自然，于是产生了科学；人类需要居住、需要凝聚，于是产生了各式各样实用、坚固、美观的建筑。

一、文字

1. 文字的产生

文字的产生经历过一个很长时期的发展过程。在文字出现之前，语言是原始人的主要交际工具。随着生产和生活内容的增多，为了能够记忆信息或把信息传到远方，需要将语言记录下来。原始人普遍使用刻痕和结绳的方法，比如，古代中国、日本、波斯、埃及等都曾经盛行结绳记事。但结绳和刻痕都只能简单表示数量，并不能表达事件或思想。后来原始人发明了图画文字，用图画在树皮、石头、皮革上表现思想，记录事实。图画文字进一步发展之后，象形文字从简单的图画、花纹中产生，有了一定的读音，成了真正的文字。象形文字后来

---

① 吴于廑，齐世荣．世界史：古代史编．下卷［M］．北京：高等教育出版社，2011：240-241.

又演进成为表音文字，逐渐被定型化的符号代替，并且与一定的读音相联系。

2. 楔形文字

最早的文字产生于公元前 4000 年末，在西亚的塞姆语区，创造者是苏美尔人。楔形文字是古代西亚最主要的文字书写方式，表达多种不同语系、语族的语言。比如，苏美尔语、阿卡德语、赫梯语等。在文字产生之前，两河流域的人类已经用陶筹、数字泥版等记录信息，为了传递表达更复杂的内容，他们在泥版上画上了图画和代表数字的符号。楔形文字在日常生活中用来记录账目、便条等，在政府部门，用来书写政令、法律、合同等，学校和图书馆收藏的文献典籍也多是用各种语言的楔形文字传抄的王室铭文、神话传说、诗歌等。

3. 古埃及象形文字

古埃及象形文字有铭刻体埃及语、祭司体埃及语和世俗体埃及语。文字由大量的图形符号构成，一类是表意符号，表达出单词的基本含义；一类是表音符号，揭示单词的辅音拼写形式。

4. 中国汉字

中国的汉字起源于龙山文化时代（前 2500—前 2000）。商代（约前 1600—约前 1046）已出现刻写在龟甲和兽骨上的甲骨文，周代已出现刻写在青铜器上的金文。根据考古资料，商代的甲骨文已经非常成熟，记录在铜器、陶器、丝帛、竹木上的文字多与战争、祭祀、占卜相关。秦统一后，下令用大篆书写正式公文，用小篆书写一般公文，隶书在民间更为常用。隶书发展为楷书之后，中国汉字的写法和结构基本定型。汉字是中国古代维护国家统一、传承文化、记录历史的重要载体。

5. 阿拉伯字母

阿拉伯字母是阿拉伯语的书写形式。阿拉伯语属于闪含语系闪米特语族，是世界主要语言之一，是中东和北非 22 个国家和地区的官方语言，是全世界大部分穆斯林通用的语言。阿拉伯语文字源于古代的阿拉米文字，可能从古埃及文字的一种变体演变而来。阿拉伯字母因伊斯兰教的影响流传很广。

二、科学

1. 数学

数学是人们生活、劳动、学习中不可缺少的工具，人们能够通过数学观察、描述自然现象和社会现象。古代西亚人用数学中的 60 进制和直角三角形定理计算粮食产量、商品数量、劳动力人数等，也用于丈量土地、城市规划布局、建筑神庙与王宫。古代埃及人已经学会运用无理数，能够计算平方根，他们用于计算三角形、长方形和梯形的公式沿用至今。中国秦汉时代的第一部《周髀算经》采用最简便的方法揭示日月星辰的运行规律，为人们的生活作息提供有力的天文历法保障，同时记载、使用了勾股定理，为人们解决几何问题提供了重要工具。《九章算术》总结了战国、秦、汉时期的数学成就，其中记录的负数、分数、一次方程等内容具有世界意义。

2. 医学

古代西亚医学的进步与宗教活动密不可分。古代的先民认为人的生老病死源于神的旨意。古代西亚医学发展的成就，很大一部分来自各类宗教仪式文献。在大量驱魔除妖的仪式文献中发现了各种治疗手段的记录。新苏美尔时期编纂的药典详细记录了当时已经发现的各种药材的成分和使用方法。在古代埃及，人们早已了解了人体各个器官，认识到心脏的重要性及其引发的病症，知道脉搏可以用来诊断病情，他们还把数以千计的动物、植物和矿物质用来入药。中国春秋战国时期，扁鹊采用望、闻、问、切四诊法，用汤药、针灸等手段治愈了许多疑难杂症。战国时期著名的医书《黄帝内经》记载了关于人体解剖的知识和血液循环的理论。汉代设立了医官，出现了很多民间医师，著名的医学家张仲景所著述的《伤寒杂病论》为后世中医临床医学的发展奠定了坚实的基础。东汉的《神农本草经》是中国最早的一部较为完善的药物学著作。西晋时期医学家王叔和编写的《脉经》十卷，是中国现存最早的脉学专著。在西方，罗马医生塞尔苏斯用拉丁语写的八卷本的《医学大全》，多是记录外科手术。罗马皇帝的御医盖伦著作达 131 部，记录了关于解剖、生理、病理、卫生、药物等内容。

三、建筑

1. 城市汇集无上权力

在阿拉伯世界，大规模的武力征服是阿拉伯世界城市化的起点。军事营地成为阿拉伯城市的重要起源。教俗合一的封建统治，在城市生活中占有极其重要的地位，聚礼清真寺是城市的核心建筑，象征着伊斯兰教的神圣地位。另外一方面，城市也是阿拉伯社会的统治中心，同样也是权力角逐的舞台，高官、显贵和上层宗教者，无疑是城市的权力核心，操纵着城市的命运。

2. 神庙表现虔诚信仰

古代两河流域神庙一般为大型建筑群，神庙竖立男女神祇塑像，波浪线代表生命永恒、福祉连绵不绝。神庙建筑群中的多级塔庙一般为七层，寓意七重天，代表人间与天界的距离。古希腊的帕提侬神庙展现了匠师精湛的技艺，他们以精细的雕刻工艺展现了雅典娜女神的端庄美丽，神庙浮雕展现了公民对女神的虔诚与崇敬。

3. 建筑体现价值取向

古罗马的建筑强调实用、和谐、宏伟。罗马人建造的公共设施，如广场、道路、公共浴池等，为公民的生活和出行提供了便利。图拉真广场的建筑师在设计时，巧妙地将皇帝崇拜和公民活动和谐地融会在一起。帝国时期，罗马境内遍布宫殿、神庙、凯旋门、纪念柱等宏伟建筑，展示了罗马的霸权与威严。

第三节　世界文化的交流互鉴与共同繁荣

世界文明绚丽多彩，不同地理环境、生产方式、种族、宗教、历史时期，都会产生不同的文化类型和文明形态。贸易推动不同文明形态、不同发展程度的文化进行交流融合，资本加速文明交流的步伐。在交往交流中，货物、商品在交换的同时，制度、价值观念也随之传播出去，文化随之普及、加强、更新。人类文明进程和文化发展在和平交流或暴力冲突中从区域性的多样多元向世界化发展，最终将超越疆域、大陆板块的隔阂，走向共存共生。

一、世界文化的融合

文化的交流因有意义的双向交往而存在，文化的进步因社会群体的吸收转化而发展。多元文化因社会制度、移民浪潮、继承与创造而相互融合。

（一）古代区域性文明的文化融合

1. 专制王权要求下的文化统一

苏美尔城邦时代末期的阿卡德王国，为了统一管理，国家建立全国统一的公文和文书管理体系，统一文字、度量衡，用阿卡德语取代苏美尔语成为两河流域南部的通用语言。阿卡德语和楔形文字成为两河流域地区各民族使用的主要语言文字，并且一度成为当时西亚国际社会通用的语言文字。

中国秦王朝，秦始皇为强化国家统一，在经济上统一货币、度量衡，既有助于控制经济和赋税，也便利了各地区之间的经济往来；在文化上统一文字，既克服了不同地区的方言障碍，也推动了中华民族的历史文化传承。文化的统一和民族认同感的增强促进了政治大一统。在公元前213年，秦始皇为加强思想控制，下令焚烧六国史籍和私人藏书，坑杀儒生，造成了无法估量的文化损失。

2. 移民浪潮席卷下的文化同化与文化传播

苏美尔人建立的乌尔第三王朝的末期，随着移民浪潮而来的阿摩利人融入当地的政治经济生活，有人担任地方官员，有人作为牧民四处流动，有人成为强盗，有人成为雇佣兵。阿摩利人在定居生活中逐渐被苏美尔人的语言、文化、生活同化，逐渐成为两河流域主流民族的一分子。在移民浪潮下，印欧人进入安纳托利亚地区、印度河流域地区。在安纳托利亚地区，赫梯人逐渐将自身的风俗文化融入当地土著的哈梯人文化中，并吸收帕莱人和卢维人的文化、古亚述商人带来的古老两河流域文化，逐渐形成了多元的赫梯文化。

希克索斯王朝是埃及历史上第一次民族融合时期。大量涌入的移民为埃及带来了许多先进文化，移民带来的复合弓箭、马和战车都有利于埃及的对外战争。另一方面，由于频繁的对外交往，往来于世界各地的埃及商人和政府官员把埃及文化传播到国外，促进了各国之间经济和文化的交流和发展。埃及新王国时期，对外贸易在推动经济文化交流的同时，还给埃及带来了人口的流入和语言、文化的传播，包容的多元化社会随之出现，但是这种改变并没有动摇埃及人的价值体系和信仰。

3. 国家建立健全下的文化继承

由阿拉米亚人创立的阿拉米亚文化影响着亚述帝国。在亚述，阿拉米亚语言取代了楔形文字，成为地区民间通用语言、商用语言。在波斯阿赫美尼德王朝建立后，阿拉米亚语成为帝国官方语言。同时，阿拉米亚语也是最早的基督教语言。

巴比伦人和亚述人都继承了苏美尔人的多神崇拜、宗教仪式、人生观和世界观，也继承了苏美尔人的历史观念。在国家统治上，继承苏美尔人的政治制度、行政管理制度、文字和度量衡等；在宗教上，遵循传统，崇拜城市神和城邦神；在文学文献上，古巴比伦编纂完成了大量苏美尔时期的文学作品和文献资料。

居鲁士大帝创建了横跨欧亚非的多民族帝国。波斯帝国融合了多种不同的语言和文化，采用笼络拉拢的亲善政策对待不同民族帝国的人民。比如，修缮巴比伦神庙，释放囚禁在巴比伦的犹太人，修正埃兰人、巴比伦人和亚述人的观点和体制，使之更加符合自己的传统习俗。帕萨尔加德城的王宫和王陵建筑融合了波斯、亚述、爱奥尼亚的多元文化。

4. 国家发展下的文化创造与文化学习

米坦尼国家主要居民之一的胡里人在进入两河流域地区后，接受了两河流域文化，同时保留自身的文化特色，创造出了胡里文化。在宗教文化上，保留了多数胡里人神祇名称，如雷神泰苏普、日神西米基、女神芍乌斯卡等，同时也融合了两河流域的宗教崇拜，如将女神芍乌斯卡崇拜与两河流域传统女神伊斯塔崇拜合而为一。胡里文化影响了赫梯文化，经赫梯人传播，也影响了古代希腊文化。

罗马人在西方文明发展进程中创造了灿烂辉煌的罗马文明。罗马人在赢得南部意大利战争胜利之后，大规模接受希腊文化，学习和继承希腊文化，并且根据自己的政治需求、文化传统、价值取向对希腊文化加以改造和创新。

法兰克王国加洛林王朝的查理大帝为改变日耳曼人落后的文化状况，带头学习拉丁文和希腊文，邀请学者讲学，兴办主教学校强制贵族子弟入学读书，在修道院设置图书馆收藏史学著作。

日本在吸取大陆文化的基础上形成了独具特色的民族文化。日本学习儒家的秩序道德，模仿唐朝制度实行大化改新，模仿唐朝律令颁布日本律令。为了能更全面、快速地学习大陆文化，日本朝廷派出文化使节、学问僧、留学生到长安学习医学、绘画、史学、文学、建筑等。在学习中也有相应的创造，如日本的假名是将汉字简略化，取汉字的偏旁、部首创造了平假名和片假名。

5. 国家发展下的文化融合

埃及托勒密王朝为了稳固统治，融合了埃及文化和希腊文化。在宗教上，人民信仰的萨拉皮斯神是希腊埃及的结合体，司丰产、丧葬、康复等多重职责。在语言上，官方语言有铭刻体埃及语、世俗体埃及语和希腊语。在艺术上，托勒密王朝时期的艺术风格继承了埃及的传统，但是在人物形象的描绘上明显带有浓厚的希腊元素。

中国春秋战国时期夷夏之间的界限逐渐淡化，文化取代种族成为区分民族的重要标准。民族融合趋势的加强、经济发展、政治统治的变动推动了思想文化的繁荣，出现了百家争鸣的局面。魏晋南北朝时期是中国历史上的一个民族大融合时期，思想文化也十分繁荣。北方地区的少数民族进入中原、关中和辽东地区，与汉人杂居，开始过上定居生活。语言、生活方式、姓氏、婚姻等都开始与汉族融合、靠拢。汉文化在融合扩大下逐渐传播，也有助于统一多民族国家的形成。

6. 地理环境区别下的文化多样

中国自然地理环境的显著特点是不同的地理区域有着各不相同的丰富资源，由此而使人们形成不同的生活方式和思想观念，多样的地理特征使中国文化多样性非常明显，如半坡文化、仰韶文化、红山文化、马家窑文化、龙山文化、良渚文化等，都各有自己的特点。

7. 宗教影响下的文化变迁

中国魏晋时期思想文化非常活跃，各家学派在此时得到发展，如法家、墨家、道家等，在发展的同时也在逐渐融合。比如，道家与儒家结合而成的新思想"玄学"。古印度的佛教在东汉传入，在魏晋时期得到发展。佛教思想也与各学派思想合流，开始了逐渐中国化的过程。

（二）近现代东西方文明的交流互鉴

1. 大翻译运动奠基欧洲文艺复兴

为巩固政治统治，在几代哈里发的倡导和支持下，地跨亚、非、欧的大翻译运动推动了东西方先进文化的交流。大翻译运动初期，学者们翻译了波斯文的《卡里莱和笛木乃》、印度文的《信德罕德》、亚里士多德的《逻辑学》，托勒密的《天文大集》等。阿巴斯王朝时期，"智慧宫"中大批阿拉伯翻译家、学者和一些犹太学者将长期收集和保存的古代希腊、罗马的历史文化典籍翻译成阿拉伯文，如毕达哥拉斯的《金色格言》、柏拉图的《理想国》、亚里士多德的《范畴篇》等。在研究和翻译中，学者们将波斯的律例史记，印度的神学、数学，希腊的逻辑学和哲学等先进文化引入阿拉伯世界。大翻译运动吸收先进地区的文明成果，创造了灿烂的伊斯兰文明，同时也为保存人类文明成果做出了重大贡献。欧洲文艺复兴时代，有些欧洲典籍失传，欧洲的学者们将阿拉伯文的典籍重新翻译成拉丁文，传播到欧洲各国，对欧洲文化的发展产生了重要作用，推动欧洲和西方进入了崭新的近代文明期。

2. 中国四大发明传播促进欧洲科学复兴

中国古代文明的传播推动了欧洲近代文明的产生与发展。马克思认为，火药、指南针、印刷术"是预告资产阶级社会到来的三大发明。火药把骑士阶层炸得粉碎，指南针打开了世界市场并建立了殖民地，而印刷术则变成新教的工具，总的来说变成科学复兴的手段，变成对精神发展创造必要前提的最大杠杆"①。造纸术和印刷术传入欧洲，使教会垄断文化的状况被改变，书籍广泛传播，有力地推动了欧洲反封建斗争。火药传入欧洲，推动了作战方法的变革。恩格斯认为："火器的采用不仅对作战方法本身，而且对政治上的统治和奴役关系起了变革的作用……火器一开始就是城市和城市为依靠的新兴君主政体反对

---

① 中共中央马克思恩格斯列宁斯大林著作编译局．马克思恩格斯全集（第47卷）［M］．北京：人民出版社，1979：427．

封建贵族的武器。"① 火药传入欧洲，作为侵略工具被欧洲各国使用，在世界各地进行大规模的殖民扩张。指南针是中国古代劳动人民的伟大发明。指南针应用于航海，推动了中国海上交通的发展和对外贸易的往来。指南针传入欧洲后，远洋航行具备了条件，欧洲人利用指南针不断开辟航线，发展海外贸易，建立殖民地，推动了各国间、各文明间的经济文化交流。

3. 中学西传与西学东渐推动思想文化交流

明末清初，大量耶稣会会士来华，传教士们钻研中国的四书五经，将中国古代的主要经典和儒家学说翻译成拉丁文、法文，使欧洲人了解中国的政治学、伦理学。传教士利玛窦将中国的政治制度、伦理道德、文化艺术、宗教习俗等全面地介绍到了欧洲。中学西传引起了欧洲人对中国的广泛关注，如伏尔泰、狄德罗、斯宾诺、莱布尼茨等一批思想家、政治家、哲学家都深受中华文明的影响。另一方面，传教士把科学作为传教的主要手段，将欧洲的地理学、天文学、数学、生物学、逻辑学等介绍到中国，帮助朝廷制造观象台，编修历法，观测天象，绘制地图。东西方文化在传播交流中进入了互学互鉴的新境界。

二、世界文化的冲突

文化冲突因历史和现实存在着的宗教信仰、政治主张、道德准则等不同的价值观念而形成。区域性文化冲突、集团性文化冲突、阶级性文化冲突、宗教文化冲突引发了不同文化体系的疏离、隔阂甚至仇视、对抗的情绪。

(一) 区域性文化冲突

一种外来文化进入不同区域或同质文化国家组成的区域时，会引起区域性文化的容纳或反对。比如，一个国家的不同区域，南方和北方存在不同的文化差异，生活习性、饮食习惯、地方语言、自然地理环境、解决问题的方式等。

(二) 集团性文化冲突

不同的集团有着各自的集团利益，利益的不一致导致利益冲突的发生。经济利益集团的冲突、学术派别的冲突、地区利益的冲突、国家利益的冲突等都属于集团性文化冲突。在中国佛教发展史上出现的"三武一宗灭佛"，即北魏太武帝、北周武帝、唐武宗、后周世宗灭佛，原因在于佛道之争、儒佛之争、佛教发展与政权政治的矛盾，这是由宗教信仰集团间争斗而引起的文化冲突。

---

① ［德］恩格斯. 反杜林论［M］. 北京：人民出版社，1999：174.

（三）阶级性文化冲突

文化有其社会性和阶级性，文化为不同的阶级服务。不同阶层之间存在着不同程度的文化冲突。如在中国，恃强凌弱的封建势力地主阶级和有反抗意识的农民阶级之间的冲突。在西方，贫富差距悬殊所暴露出来的不同阶级间的鸿沟而引发矛盾，意识觉醒而捍卫自身经济利益的工人阶级和剥削、控制、打压工人阶级的资产阶级之间的冲突。

（四）宗教文化冲突

宗教因有不同的信仰、教义、礼仪，其文化也各不相同。不同宗教的核心价值和宗教传承会对信教者产生不同的文化影响。历史上有不同的宗教信仰，为维护宗教的信仰、神圣权威，为维护教民利益，民族间、地区间、国家间发生过许多宗教文化冲突。

三、现代世界多元文化的共存之路

纵观人类文明的发展历史，人类的文化是逐步由封闭走向开放，由孤立走向交流，并在交流中融合、共生与发展。人类文化在发展演变过程中的阶段性共生、互补性共生、合璧式共生告诉世人，文明多样性发展和共同进步是人类社会发展的必然规律。交往不再有阻隔，交流不再被阻碍，人与人之间、国与国之间日益形成"你中有我，我中有你"利益相连、相互依存的集合体。

（一）人类命运共同体推动文化共生

2017年12月1日，习近平总书记在中国共产党与世界政党高层对话会上的主旨讲话中指出："人类命运共同体，顾名思义，就是每个民族、每个国家的前途命运都紧紧联系在一起，应该风雨同舟，荣辱与共，努力把我们生于斯、长于斯的这个星球建成一个和睦的大家庭，把世界各国人民对美好生活的向往变成现实。"[①] 文化共生现象在人类历史发展过程中始终存在。天然的地理环境造成了人与人之间的隔阂，随着陆路、海陆交通的开发，信息传播方式的多样化，世界各文明开始相互往来并相互影响。人类在交往中既接触到了具有地域特色的思想和观点，同时也在交流中寻找人类共同的价值、观念和情感。"地球村"上的人类在多元文化的交往中逐渐融合、互补、进步，关系愈加紧密。每一种

---

① 习近平．携手建设更加美好的世界习近平在中国共产党与世界政党高层对话会上的主旨讲话 [N]．人民日报，2017-12-02（02）．

文化都有其特色，构建人类命运共同体包容差异，尊重自主，推动促进多元文化和谐共生，倡导兼容并蓄、和而不同，在多元文化互学互鉴中推动超越种族、地域、阶级的文化认同，促使共同成员寻找到共同的精神家园。

（二）"一带一路"助力文化交流

丝绸之路是横穿欧亚大陆的综合贸易之路，也是沟通中原文化、印度恒河流域文化、希腊文化、波斯文化的文化交流之路。在丝绸之路上，中国的丝绸、造纸术和印刷术传入中亚、西亚、北非和欧洲。另一方面，佛教、伊斯兰教、基督教、犹太教和摩尼教也由中亚传入中国，中亚各国的文化对我国也产生了一定影响。2013 年 9 月，习近平主席在哈萨克斯坦纳扎尔巴耶夫大学做重要演讲时，提出建设"丝绸之路经济带"的战略构想，推动欧亚各国通过创新的模式使经济交往、合作发展更加密切。2015 年 3 月 28 日，国家发展改革委、外交部、商务部联合发布了《推动共建丝绸之路经济带和 21 世纪海上丝绸之路的愿景与行动》，坚持以共商、共建、共享的原则推动"一带一路"沿线国家发展战略对接，加强不同文明交流互鉴。"一带一路"建设推动沿线国家人文交流合作不断深入。沿线国家互办的艺术节、电影节、音乐节、文物展、图书展等活动有力推动了民心相通。"一带一路"国际科学组织联盟的成立，科技伙伴计划的启动推动了沿线国家的科技创新合作，在共享科技发展经验的同时，增强区域内国家的科技能力，造福人民。从古代丝绸之路，到现代"一带一路"，这条道路将会是一条国际性、开放性的文化传播之路。

（三）人类文明新形态引领未来

习近平总书记在庆祝中国共产党成立 100 周年大会上的重要讲话中指出："我们坚持和发展中国特色社会主义，推动物质文明、政治文明、精神文明、社会文明、生态文明协调发展，创造了中国式现代化新道路，创造了人类文明新形态。"[①] 人类文明新形态是中国共产党人带领全国人民在中国特色社会主义道路中创造出来的，是促进人的全面发展和人类共同发展的文明新形态。人民是历史的创造者，人类文明新形态展现了以人民为中心的发展理念和价值追求，以最大多数的世界人民为中心。中国古代儒家"天下大同"的思想代表了中国古人对人类未来社会的美好憧憬和向往，这种憧憬和向往就是希望天下所有的人都同在一片和谐安宁的蓝天之下，实现各自的愿望，过上美好幸福的生活。

---

① 习近平. 在庆祝中国共产党成立 100 周年大会上的讲话［N］. 人民日报，2021-07-02（02）.

而今，中国共产党紧紧依靠人民创造历史，贯彻群众路线，践行以人民为中心的发展思想，推动全体人民共同富裕。面对中华民族伟大复兴的战略全局，面对世界百年未有之大变局，中国共产党弘扬和平、发展、公平、正义、民主、自由的全人类共同价值观，推动构建人类命运共同体，以"和而不同"的态度，包容世界各种不同的文明形态，尊重每个民族、每个国家的文化独特性，促进世界文化多样性发展。人类文明新形态向世界各国展示了中国的使命担当，顺应规律，顺应历史，顺应人心。现在和未来，人类文明新形态必将为建设更加美好的世界做出新的更大贡献。

（四）文化交流促进人类命运共同体价值认同

马克思曾指出："过去那种地方的和民族的自给自足和闭关自守状态，被各民族的各方面的互相往来和各方面的互相依赖代替了。"①，"历史也就在愈来愈大的程度上成为全世界的历史。"② 人类交往越来越密切，涉及政治、经济、文化和生活中的方方面面，普遍性交往使人类依存关系加深。价值认同是建立在相互交往基础上形成的价值共识，这是一个成熟的国家和社会必然需要的价值追求。一方面，国家间、人与人之间总是存在着丰富多样的"个性"，为了统率、调和"个性"，"共性"产生了。社会包容各种思想观念，但是一个社会想要长久发展，必须具备价值共识，即认可一定的思想和意志，有相对一致的利益，从而找到价值认同的共同点，自觉实现价值认同。社会发展需要共同价值观念的推动才能发挥社会共同体的动力，维持社会秩序。时代在变化，认同难度加大，但彼此间认同的需求也被加强。另一方面，价值冲突、文化冲突的出现催生了价值认同的出现。文化具有独特性、多元性，不同价值观和文明在相互冲突中达到相互交融，价值冲突成为价值观进步的推动力。文化多元化为人类社会带来动力，在社会发展中，冲突与和解、碰撞与认同，都在求同存异中共同发展。当今世界，任何一个国家都不可能孤立地维护自己的特殊利益。世界各国有着广泛的共同利益的基础，人类命运共同体能够实现利益高度融合。文化交流能增进不同民族、国家之间的情感交往和融合，在民心相通、树立共识中推动世界各国各民族人民形成对人类命运共同体的归属感，扩大利益融合，汇聚价值认同。

总之，人类在不同的地理环境与漫长的生产生活实践中创造出了世界文

---

① 马克思恩格斯选集：第 1 卷［M］. 北京：人民出版社，1995：276.

② 马克思恩格斯选集：第 1 卷［M］. 北京：人民出版社，1995：67-68.

明百花园。每一种文明都独具特色，每一种文化都生机勃勃，滋养着人类社会发展进步。最初的世界文明自我孤立、自我生长，在历史巨轮的推动下，文化交流打破地域屏障，消除文明隔阂。尊重差异、接受多样成为多元文化发展态势下人们的基本共识，也构成了人类命运共同体价值认同的文化基础。构建人类命运共同体的提出，是为了更好地解决全球各族人民面临的共同危机和挑战，也是为了世界不同国家和民族的独立而共同的发展，它符合全世界人民的利益与诉求。历史证明，文明的交流互鉴能够破解文明冲突。在历史与现实的基础上，尊重文明，寻求价值共鸣，在利益交汇点上推动国际社会形成最广泛、最科学的价值共识，才能共同推动全球发展，让世界各国人民共享发展红利。

第六章　人类命运共同体价值认同的生态基础

人与自然不可分割的天然联系是人类命运共同体价值认同的生态基础。工业化过程中人类对自然环境的破坏到了无以复加的地步，面对共同的环境恶化局面，整个人类命运与共。习近平指出"人与自然是生命共同体"，并向世界提出了构建"地球生命共同体"的倡议。这说明今天的人类如果不充分认识并处理好人与自然的关系，将会给人类带来灭顶之灾。因此，人类必须携手合作，共同应对环境污染和气候变化问题，建立人与自然和谐相处的美好家园。

第一节　人类与自然关系的演化

地球是人类的家园，人类是迄今为止地球生命的最高形态。从过去直至可预见的未来，人类的生存与发展都离不开地球，都必须以地球自然环境为依托，可以说，从人类诞生的那一天开始，人与自然就紧密相连、不可分割。人与自然环境之间是相互联系、相互作用、相互制约的生命共同体。

一、人类的演化及与自然的关系

（一）人类的诞生与演化

科学研究发现，地球已经有约46亿年的历史。在漫长的演化中，大约在35亿年前地球出现了生命。大约600万年前，非洲住着一种类似黑猩猩的猿类，它们善攀爬，也能直立行走几步。到大约500万年前，这些猿类一分为二：一群留在非洲热带森林，最后演化成为现在的黑猩猩和侏儒黑猩猩；另一群则适应地面生活，渐渐开始直立行走，并扩展到稀树草原，这就是人类最早的成员，也可以叫人科动物。在人类祖先漫长的演化过程中，充满了失败甚至也有灭绝，唯一的幸存者是智人。①

　　智人从 15—20 万年前在非洲演化，并逐渐发展出现代行为。基因研究发现，现代人最早的共同女性祖先存在于 15 万年前的非洲，被称为"线粒体夏娃"。而全球最早的共同男性祖先可能生存于 9 万年至 6 万年前之间，被称为"细胞核亚当"。大约 6 万年前开始，智人从非洲被迫一波波地离开，逐步扩散到全球各地，取代原本的居民而成为地球上唯一的人科动物。随着克罗马农人（智人的一种）在欧洲的出现，四万年前发生了一场文化革命，他们的生理结构、社会和行为完全与现代人无异，他们的文化非常发达，以至有人把这个阶段称为"大飞跃"。而出现"大飞跃"的原因被认为可能是语言和自我意识出现导致的创造力提升与想象力的飞跃。克罗马农人不仅会制造工具，而且创造了大量的乐器、雕塑、珠宝、壁画等艺术形式。②

　　（二）史前时期人与自然的关系

　　在史前时期人类漫长的进化过程中，人与自然的关系始终是依附关系，同时人类祖先对神秘的大自然充满恐惧和敬畏之心。在整个旧石器时代，人类祖先对自然界的干预能力非常有限，基本上都是依靠自然提供的天然食物，采摘植物果实和狩猎是人类获得食物的主要手段。人类是杂食动物，同时也是群居动物，为了能狩猎大型动物，人类祖先学会了合作。但一个地方的食物是有限的，当一个地方的环境恶化或食物不能供养所有的居民时，人类祖先只能离开这个地方去寻找一个新的供养地，因此迁徙就成为人类史前时期适应环境的基本方式。在这个漫长的过程中，人类的祖先学会了使用火、制造工具并发展了语言交流，到大约 1 万至 1.5 万年前，人类已经遍布世界五大洲，并逐步定居下来，开始进行食物种植与动物驯化，人类开始逐步进入农耕与畜牧时代，并逐步出现了符号乃至文字记载，人类文明也开始揭开序幕。

二、农业文明时期人与自然的关系

　　农业文明作为人类文明的起点，经历了原始农业文明、古代农业文明（传统农业文明）、近代农业文明（工业化农业文明）、现代农业文明，现在正向生态农业文明演进。可以说，农业决定文明的进程及人与自然的关系，而不同的

---

① 英国 DK 公司和史密森尼学会．人类大百科［M］．王绍婷，吴光亚，译．广州：新世纪出版社，2012：22.

② 英国 DK 公司和史密森尼学会．人类大百科［M］．王绍婷，吴光亚，译．广州：新世纪出版社，2012：30-32.

文明形态对人与自然的关系也带来不同的影响。①

（一）农业文明的历史发展

原始农业（约前8000—前4000）开始于新石器时代，以磨制石器工具和人的体力劳动为主进行农业生产。西亚、北非、中国、印度及中美洲等地的古人类率先使用木棒、石斧、石锄等石器工具，用来开荒掘地种植作物，后来发明了木犁，并利用驯化的牛、马等大牲畜作为工具开启了原始的农业生产，主要种植的作物有大麦、小麦、亚麻、豌豆、水稻、棉花等，驯养的动物主要有牛、马、羊、猪、鸡、狗等。②

古代农业（约前4000—19世纪中叶）主要指奴隶社会到封建社会的农业，其形成的标志是使用铁犁工具和牛耕方式，这是农业技术的一次飞跃。

在西方，古代农业开始于荷马时代。约公元前1130年，古希腊的多里亚人开始使用铁器农具——镰刀、铁制的犁铧，大大提高了农业劳动生产率，农业的发展推动了经济、政治、文化的发展，雅典、斯巴达等较强的奴隶制国家形成。到公元前5世纪中期，古希腊人已经学会了作物轮种以提高产量。公元前1000—公元前500年，古罗马已经形成农业村落。从罗马帝国灭亡到18世纪末法国大革命前，在农业生产方式上，欧洲各国采取休耕，轮作以及放牧地的二圃制、三圃制、四圃制，但谷物的单位面积产量很低，说明农业发展不足，没有引起欧洲人的重视。

中国古代农业发端于商朝及春秋战国时期，铁制农具出现于春秋晚期至战国早期，到战国中期，铁制耕犁得到推广。在秦始皇统一中国后到清末，封建皇权下大一统的封建社会，有利于农业的发展，且由于铁制农具的广泛应用，提高了生产率；实行生活废弃物、人畜粪便的循环使用确保了土壤肥力；另外灌溉农业得到发展，都江堰水利枢纽是灌溉农业的典范；还有各种农业技术和生产方式的发展和推广，提高了农作物的单产量和总产量，也确保了华夏文明的持续发展。

在中国两千多年的封建统治中，农业具有极端重要的地位，历朝历代统治者和黎民百姓都十分重视农业生产，也重视农业生产的经验总结。中国古代先后有500多种农书，其中《氾胜之书》《齐民要术》《农桑辑要》《王祯农书》《农政全书》《授时通考》影响较大，它们真实地反映了各个历史时期农业生产

---

① 苏百义. 农业生态文明论［M］. 北京：中国农业科学出版社，2018：2.
② 苏百义. 农业生态文明论［M］. 北京：中国农业科学出版社，2018：2-4.

的技术，也真实地反映了天地人和谐共存的社会生活状态，不仅是我国劳动人民农业生产经验的总结，而且折射出华夏文明的精神和智慧。①

近代农业（19世纪中叶至20世纪中叶）主要是指资本化、工业化的农业，其标志是农业机械化、科学化。这是传统农业向工业化农业转变的发展阶段，是农业史的又一次飞跃，也是农业文明与工业文明齐步并进的时代。此后单一的农业文明逐步消亡，它与工业文明一起融合形成新的文明形态。19世纪中叶，以蒸汽机为标志的近代工业革命开创了一个农业新时代，蒸汽拖拉机、汽油拖拉机、柴油拖拉机以及联合收割机应用于农业生产，使得农业生产由以前的以人力、畜力和手工工具为主过渡到以机械动力为主的工业时代。德国、法国、英国、美国、日本走在近代农业的前列，率先实现了农业机械化，而中国则沦为半封建半殖民地社会并缺失了近代的工业革命，也阻碍了农业机械化的步伐。另外，化肥、农药、除草剂的使用也彻底改变了传统的农业生产技术、生产方式，不仅降低了生产成本，也提高了农业生产率，粗放农业向集约农业、化学农业转化。特别是由于细胞理论、进化论、免疫学、遗传学的产生，促使近代农业育种及动植物免疫技术日趋成熟，杂交玉米、小麦、水稻相继问世，近代农业进入一个新时期。②

现代农业（20世纪中叶至21世纪中叶）是指在工业技术装备条件下，以实验科学为基础的商品化、机械化、智能化的农业。伴随第三次技术革命的浪潮，高新科技成果被广泛应用于农业。现代农业技术包括电子技术、杂交育种技术、生物工程技术、信息遥感技术等，③ 这些技术的全面应用将带来农业的新一轮变革。随着绿色生态理念的深入人心，生态农业开始逐步走上农业文明发展的历史舞台，也将给世界带来全新的面貌。

（二）农业文明下人与自然的关系

农业文明的发展对人类的生存与延续至关重要，不仅为人类形成、生存、发展、演化奠定了物质基础，同时也造就了与农业相适应的人类的精神文明和生活方式，使人类能够超越其他的同类动物而成为自然进化的最顶端的生命存在。在这个漫长的演化过程中，人类也在无意或有意地造成了对大自然的侵害与破坏，并导致严重的生态后果。

原始农业时期人与自然的关系还处于自发的阶段，人类缺乏对自然环境的

---

① 苏百义. 农业生态文明论［M］. 北京：中国农业科学出版社，2018：4-8.
② 苏百义. 农业生态文明论［M］. 北京：中国农业科学出版社，2018：8.
③ 苏百义. 农业生态文明论［M］. 北京：中国农业科学出版社，2018：9.

科学认识。原始农业的产生，标志着人类首次超越大自然的约束，开始以自己的能力改造自然环境。原始人学会了开荒种植作物，驯养家畜，这会对自然有一定的侵扰，这种侵扰在人口不多的情况下，尚在自然的修复能力范围之内，不会构成对大自然的破坏。相反，由于大自然的演化导致的严重自然灾害而使原始人的家园经常深受侵害而不得不流离失所，西方的挪亚方舟故事正是这一现象的反映。而中国的大禹治水故事反映的则是原始人在大自然灾害面前的勇敢而智慧的应对，也显示了原始人已经有了对自然规律的一定认识和应对能力。

古代农业时期，随着铁器农具的使用，人类开垦耕地的能力大幅提升。由于人类对人与自然的关系还缺乏正确的认识，人类以自然界主人的身份，把大自然看作是取之不尽、用之不竭的源泉，因此，随着生产力的提高和人口的增长，对自然的破坏性开发利用也不断增多，为满足人口增长对食物的需要，大量的烧荒垦田导致水土流失和土地沙化严重，人类对大自然的破坏已经出现了端倪。正如恩格斯所说："美索不达米亚、希腊、小亚细亚以及其他各地的居民，为了想得到耕地，把森林都砍完了，但他们梦想不到，这些地方今天竟因此成为荒芜不毛之地，因为他们使这些地方失去了森林，也失去了积聚和贮存水分的中心。"[1] 这便是大自然对人类的报复。中国虽然自古以来就有天人合一的自然观，认识到要与自然和谐相处。但由于对自然规律认识的局限以及人口发展的客观需要，也难免会造成对自然环境的侵害与破坏。

近代农业是伴随着工业文明而发展起来的，由于机械化的广泛使用，人类对自然的改造能力大幅提升，开山辟地、填海造田，似乎无所不能，对自然的破坏力也同步增长，加上化肥、农药、除草剂的使用，对土壤及水土的污染日益严重，人与自然的关系日趋恶化。

二、工业文明时期的人与自然的关系

随着蒸汽机的发明和使用，人类进入了工业文明时代。工业革命既是人类社会巨大进步的起始，同时也是自然环境巨大灾难的开端。工业革命带来了生产力的极大提高，增强了人类改造自然的能力，提升了人类的生活水平，也促进了人口的极大增长，同时加快了人类发展的进程。人口的快速增加和人们生活品质提升的需要，更促使人类肆无忌惮地向自然掠夺和破坏，以致大自然越来越不堪重负，人类的发展开始超出了自然环境的承载极限，大自然对人类的报复日益显化。

---

[1]　马克思恩格斯全集：第 20 卷［M］. 北京：人民出版社，1971：519.

（一）工业文明的历史发展

三次技术革命不仅改变了人类发展的历史，而且也对大自然造成致命影响。

18世纪60年代，源起于英国的以蒸汽机为标志的第一次工业革命，带来了世界范围内社会生产关系的变革，以英国为首的西方国家凭借先进的科学技术，对外大肆侵略和掠夺，对内残酷剥削和压迫，率先由农业国家进入工业国家。比如，英国在工业革命前，农业人口占总人口约75%，到19世纪末，这一比例下降到10%以下。英国的霸主地位也由此得以确定。这是自由资本主义发展阶段。

第二次技术革命从19世纪70年代开始，以电力、内燃机、新交通工具、新通信手段、化学工业为标志的科技发展，大大提高了生产力发展水平，也改变了世界格局。美国、德国通过发展钢铁、石油、电气、化工、航空等产业，赶超了英国、法国老牌资本主义国家，逐步成为世界霸主，世界中心也由伦敦转移到了华盛顿和柏林。资本主义进入私人垄断阶段。

第三次技术革命是指二战后以原子能、电子计算机、空间技术和生物技术等方面的发明和应用为主要标志的新技术革命，它不仅极大地推动了人类社会经济、政治、文化领域的变革，而且也影响了人类的生活方式和思维方式。随着科技的不断进步，人类的衣食住行等各个方面都发生了重大变革。第三次技术革命还加剧了世界各国发展的不平衡，促进了以美苏为主导的两极格局的形成。如今，美国作为超级大国称霸全球，到处颐指气使，稍不合其意，轻则实施各种制裁，重则点燃战火。

（二）工业文明下人与自然的关系

早在100多年前，恩格斯在其《自然辩证法》中就告诫过："我们不要过分陶醉于我们对自然界的胜利。对于每一次这样的胜利，自然界都报复了我们。"[①] 人类的各种技术革命，不仅给社会带来翻天覆地的变化，同时也给自然带来了难以逆转的破坏。在整个工业文明时期，人与自然的关系实际上变成了人类对大自然不计后果的肆意掠夺和妄为，从而导致自然资源日益枯竭，大气、水体、土壤全面被污染，不仅对人类的健康与生存产生巨大影响，而且对整个生物圈都产生致命的打击，生物多样性受到严重破坏，整个地球生态都处于危机之中。

大气污染主要来自工业污染源、农业污染源、生活污染源和交通污染源，

---

① 马克思恩格斯全集：第20卷［M］．北京：人民出版社，1971：519．

又分颗粒污染物和气态污染物。工业污染源主要是工业燃料排放的废气及工业生产过程的排气，包括燃烧完全的 CO_2、SO_2、NO_2 和燃烧不完全的 CO、硫氧化物、氮氧化物、醛类、炭粒、多环芳烃等。农业污染源主要是农用燃料燃烧的废气及某些有机氯农药对大气的污染等；生活污染源主要是民用炉灶及取暖炉烧煤排放污染物及城市垃圾堆放和焚烧产生的废气等；交通污染源主要是交通工具燃烧燃料排放的尾气等污染物。①

水污染是指水体因为某种物质的介入而导致其物理、化学、生物或者放射性等方面特性的改变，从而影响水的有效利用，危害人体健康或破坏生态环境，造成水质恶化的现象。水污染可以分为化学性污染、物理性污染和生物性污染。化学性污染主要有无机无毒物、无机有毒物、有机无毒物和有机有毒物污染等；物理性污染包括悬浮物污染、热污染、放射性物质污染等；生物性污染主要是城市特别是医院排放的污水中包含有细菌、病毒、原生动物、寄生蠕虫等从而引起病原微生物污染。② 水体污染会导致水质恶化并变得有毒性，进而危害人类的身体健康与生命安全。

土壤污染是指人类活动所产生的污染物质通过各种途径进入土壤，其数量超过了土壤的容纳和同化能力，而使土壤的性质、组成及性状等发生变化，并导致土壤的自然功能失调、土壤质量恶化的现象。土壤污染物来源极广，其主要来自工业（城市）废水和固体废物、农药和化肥、牲畜排泄物与大气沉降等。土壤污染物包括有机污染物、无机污染物、重金属、固体废物、放射性元素与病原微生物等。土壤污染既影响植物的生长发育，又可能导致遗传变异，还可能通过食物链进入人体，危害人类健康。③

伴随着人类对自然界的巨大破坏和全面污染，自然界也极大地报复着人类。大量化石能源的使用，大量的 CO_2、SO_2 等废气被排放到空气中，导致大气污染严重、出现酸雨，甚至臭氧层也遭到破坏，南极上空出现了臭氧层空洞；巨量的碳排放导致地球气温上升和温室效应，由此带来的严重恶果是南北极冰川融化导致海平面水位上升，一些太平洋岛国因国土被淹没而失去家园，沿海国家与城市的经济也深受影响；大量污水直接排放、垃圾随意堆放、农药化肥的

---

① 付修勇，刘连兴. 环境保护与可持续性发展 [M]. 北京：国防工业出版社，2007：77-79.

② 付修勇，刘连兴. 环境保护与可持续性发展 [M]. 北京：国防工业出版社，2007：100-105.

③ 付修勇，刘连兴. 环境保护与可持续性发展 [M]. 北京：国防工业出版社，2007：111-114.

过度使用导致世界各地的土壤、河流、海洋遭到不同程度的污染，这一切都给地球环境带来不可估量的破坏性影响。① 人类的生存与发展遇到了由人类自身造成的严重危机。

第二节　生态意识的产生与发展

当环境污染越来越严重，已经危害到人类的生存发展的时候，人类也开始了对人与自然关系的深刻思考与反思。于是生物圈、生态系统、环境保护等相关的概念与思想便纷纷提出并逐步达成共识。

一、生态科学的产生

工业化社会带来了严重的环境污染问题，首先在工业发展趋前的发达国家出现，并陆续在发展中国家漫延，到 20 世纪中下叶，环境问题呈现全球化趋势。日益严重的环境危机，引起了各国政府与社会组织对经济发展与环境问题的重视，人类终于在征服自然的自我陶醉中逐渐清醒过来，开始重新思考人与自然的关系问题，环境保护与可持续发展提到了重要地位，生态科学应运而生。

（一）生态与生态系统

从词源学上，"生态"一词源于古希腊文"oikos"，是指"住所"或"栖息地"的意思。1866 年，德国动物学家海克尔在《生物体普通形态学》一书中首次提出"生态"的概念。他认为，作为一个生物学名词，生态指的是生物群落的生存状态，包括一个生物群落与其他生物群落的关系以及与生态环境的关系。现在对生态的理解是：生态是指自然生态，即一切生命的生存状态，包括一切生命体之间及其与环境之间相互影响、相互作用、相互制约的生存关系。或者说，生态亦即生物和环境之间的各种因素相互联系和相互作用的关系。②

1935 年，英国学者坦斯勒提出"生态系统"的概念，开始从更宏观的角度认识自然生态环境。具体说，生态系统是指生命体或生物群落同其生存环境相互联系、相互作用所构成的相对稳定的自然系统。生态系统是自然界的基本功能单位，时刻不停地进行着物质、能量、信息的交换和流动，保持着相对的动

---

① 苏百义. 农业生态文明论［M］. 北京：中国农业科学出版社，2018：42-43.
② 苏百义. 农业生态文明论［M］. 北京：中国农业科学出版社，2018：36.

态平衡。一个生态系统包括生产者（植物、蓝绿藻、细菌等）、消费者（人、动物等）、分解者（微生物等）和非生物环境（无机界）四类成分，并以营养关系构成食物链或食物网，形成生物之间的取食与被取食的关系，并通过这种关系使能量在生态系统内传递。地球生态系统主要包括大气圈、生物圈、水圈、岩石圈等要素，它们以不同形式相互联系、相互影响构成一个统一整体。生物圈是地球最大、层次最高的生态系统，是地球上包括人类在内的所有生物及其赖以生存的环境的总体。其范围包括整个水圈、大气圈下部（主要为对流层部分）和岩石圈上部（主要为沉积岩部分）。在这里，生物与生物之间、生物与环境之间以及环境各要素之间，无时无刻不在进行着物质循环和能量交换，从而构成一个相互依存、相互制约的生态系统。①

生态系统还具有相关性、动态性、开放性和自我调节性等特征，即生态系统是一个相互依赖、相互制约的有机统一体，总是处于不断运动变化发展过程中，并同外界环境不断地进行物质循环与能量交换，生态系统还具有自我调节与自我组织的特性，以适应不断变化的环境，维持自身的动态平衡。②

生态系统的运动变化并非杂乱无章而是有活动规律的。一是普遍联系的规律。蝴蝶效应是这一规律的最好阐释。蝴蝶效应说的是，一只南美洲亚马孙河流域热带雨林中的蝴蝶扇动翅膀，可以引起美国得克萨斯州的一场龙卷风。它主要告诉我们，蝴蝶扇动翅膀导致空气系统发生变化并产生气流，引起一个巨大的连锁反应，最终导致整个系统状况的变化。因此展示了一个生态系统普遍联系的规律。二是物质不灭循环规律。生态系统通过植物、动物、微生物及环境之间的相互影响和作用，导致物质在生态系统中循环流动，使生命得以延续和进化。在物质循环过程中，物质从一种形式转化为另一种形式，物质不灭。三是物竞天择生态平衡规律。在地球生态系统中，生物的形成、存在、发展，生物群落内部彼此之间的竞争，以及生物群落与自然环境之间的较量，能适应环境的就存留下来，不能适应环境的就被淘汰。正是通过竞争方式，使物种生命力更加强盛，整个生态系统动态平衡发展。③ 四是生态演替规律。生态演替是指随着时间的推移，生态系统的结构和功能不断发生变化的过程。生态演替是一个有顺序、有规律、有方向和可以预见的过程。在这个演替的过程中，有的物种灭绝了，有的物种得以侵入并不断发展壮大。生态系统依次经过先锋期、

---

① 钱俊持，余谋昌. 生态哲学［M］. 北京：中共中央学校出版社，2004：2-13.
② 钱俊持，余谋昌. 生态哲学［M］. 北京：中共中央学校出版社，2004：14-20.
③ 苏百义. 农业生态文明论［M］. 北京：中国农业科学出版社，2018：41-45.

发展期、顶级期等阶段，最终形成一个稳定的顶级生态系统。生物进化就是全球生态系统不断由低级到高级、由简单到复杂，逐步由生产者、消费者和分解者组成完整生态系统的历史过程。①

（二）生态科学的诞生

生态学"ecology"一词源于古希腊文"oikos"（房子、住所等）和"logos"（学科或讨论）的结合，原意是研究生物住所的科学。1866年海克尔（Haeckel）首次为生态学下的定义是：生态学是研究生物与其环境相互关系的科学。海克尔所说的环境包括非生物环境和生物环境两类。生态学家奥德姆（Odum）则认为，生态学是研究生态系统的结构和功能的科学。统合起来，可以认为，生态学是研究生物和人与环境之间的相互关系，研究自然生态系统和人类生态系统的结构和功能的一门科学。生态学研究的范围很广，从个体的分子直到生物圈，研究的具体对象包括个体、种群、群落和生态系统等。②

其实，生态问题的研究早在古希腊时期就已经出现。希波克拉底（Hipporates）在其《空气、水和草地》一书中指出，必须研究植物与季节变化之间的关系。亚里士多德（Aristotle）在《自然史》一书中，描述了生物与环境之间的相互关系以及生物之间的竞争。他的学生特奥夫拉斯图斯（Theophrastus）在《植物的群落》一书中，研究了陆地及水域中植物群落及植物类型与环境的关系，被后人认为是最早的一位生态学家。这意味着生态问题早已为人类所关注。

但生态学作为一门科学进行研究是在19世纪中叶以后才开始。1866年，海克尔首次提出生态以及生态学定义。1898年，波恩大学教授A. F. W. Schimper出版了《以生理为基础的植物地理学》；1909年丹麦植物学家E. W. arming出版了《植物生态学》。这两本书全面总结了19世纪末叶之前生态学的研究成就，被公认为是生态学的经典著作，标志着生态学作为一门生物学分支学科成立。此后，一直到20世纪50年代，生态学主要集中在种群生态学、群落生态学领域开展研究，生态学基础理论框架得以建立。③ 虽然这一时期生态学研究广泛开展，但生态问题并未形成社会共识，生态学研究主要还是学者们关心的问题。

二、生态意识的形成

20世纪30—40年代以来，特别是二战之后，经济和科技获得史无前例的发

---

① 钱俊持，余谋昌. 生态哲学［M］. 北京：中共中央学校出版社，2004：23-24.
② 王现丽，毛艳丽. 生态学［M］. 徐州：中国矿业大学出版社，2017：3.
③ 王现丽，毛艳丽. 生态学［M］. 徐州：中国矿业大学出版社，2017：5.

展，生物学研究达到分子水平，深入基因工程领域；航空航天技术将人类送上了月球，并遨游太空，人类上天入海，似乎无所不能。科技的飞速发展，使人类征服自然的能力大大提升，于是"向自然开战"几乎成为人类豪迈的宣言。

（一）环境破坏导致生态问题凸显

然而，人类凭借着科技发展对大自然进行掠夺性的开发利用，加剧了对大自然的破坏，自然也无情地报复人类，在此仅举两例。一是 19 世纪下半叶，美国开始大规模向西部大草原移民开荒，90 万平方千米的处女耕地被开垦。过度垦荒和放牧，造成垦区土壤大面积沙化。到 20 世纪 30 年代，北美大陆沙尘渐成气候，1932 年爆发 14 次，1933 年达 38 次，1934 年春季终于发展成灾害性沙尘暴，扫荡了美国中西部大平原，使全国小麦减产 1/3。1935 年震惊世界的"黑风暴"横扫美国 2/3 的地区，把 3 亿吨肥沃表土送进了大西洋。黑风暴所经之处，农田水井道路被毁，小溪河流干涸，16 万农民逃离西部地区。当年美国农业损失惨重，粮食减产一半以上。二是在苏联，从 1954 年开始，在哈萨克、乌拉尔等地的半干旱草原，10 年之内开垦了约 60 万平方千米的土地。其结果是，植被和表土结构被破坏。1960 年 3—4 月，苏联出现了两次大面积的黑风暴，仅哈萨克新垦农田就被毁了 20 万平方千米，新垦区农耕系统几乎瘫痪，邻近的罗马尼亚、匈牙利和南斯拉夫也都尘雾迷漫。① 这样的事例在全球范围内还有很多，近 10 多年来，困扰我国北京等主要大城市的雾霾，也是环境受到工业、农业和城市扩张等各方面产生的污染以及环境破坏的结果。

自 17 世纪的第一次工业革命以来，人类的科技经历了几次飞跃，极大地促进了生产力的发展。科技的进步无疑是造福人类的，它使人类的生产力水平以及生活质量大幅地提高。但其另一个结果是带来了环境污染、资源枯竭等重大问题。1930 年 12 月，比利时马斯河谷工业区空气污染致人死亡；1952 年 12 月，伦敦发生烟雾事件；1954—1955 年，美国洛杉矶的汽车废气引起光化学烟雾事件；1955 年，日本富山神通川由于镉污染导致了"痛痛病"事件；1959 年，日本九州发生"水俣病"事件；1979 年 3 月 16 日，美国宾夕法尼亚州三哩岛核电站溢出辐射，致 10 万人撤离；1984 年 12 月 3 日，印度博帕尔市的美国联合碳化物公司农药厂毒气泄漏，死伤数万，受影响者达 20 万；1986 年，苏联的切尔诺贝利核电站发生核泄漏事故，致 35 万人撤离，辐射扩及欧洲各国，等等。②

① 赵仲龙.生存还是毁灭　大自然的警示（上）［M］.北京：北京出版社，2008：14-15.
② 赵仲龙.生存还是毁灭　大自然的警示（上）［M］.北京：北京出版社，2008：13-14，18.

全球各种环境公害事件不胜枚举，全球生态问题日益凸显。

（二）环境危机催生生态意识觉醒

到 20 世纪 80 年代，环境问题已经演变成全球性不可忽视的问题，森林面积减少、土地沙漠化、水资源短缺、大气污染、气候异常、温室效应……在全球范围内全面发生，环境危机频频暴发。环境污染又无不与生态息息相关，并深刻地影响着整个地球的生态系统，甚至给局部或全球的生态平衡带来严重破坏，而环境污染问题要得到解决，需要以生态学原理为基础，因此也引起了人们对生态环境的高度重视。当环境问题越来越严重的时候，人类的生态意识也开始逐渐觉醒。

1962 年，美国出版了一本畅销书《寂静的春天》，其作者雷切尔·路易斯·卡逊花了整整 4 年的时间，搜集了大量无可辩驳的事实，证明由于滥用杀虫药物，已经让春天变得寂静无声。这无疑是大自然向人类敲响的又一记警钟。卡逊通过这本书，让人们了解了化学杀虫剂"滴滴涕"毒害环境生态的真相，并以翔实的资料披露了滥用农药对整个生物界，包括对人类自身的危害。她以身患癌症的身躯，继续呼吁人们停止使用滴滴涕去对付同样也是"大自然之子"的昆虫和植物，呼吁人类尊重生命，敬畏生命。[①]

《寂静的春天》的出版，不仅在美国政界与企业界引起广泛争论，也在美国乃至欧洲国家的社会公众当中造成了强烈反响，推动了欧美公众环境危机意识的普遍觉醒和环境运动的兴起，生态意识也逐步由自发走向自觉。20 世纪 60—70 年代，有关环境方面的著述或报告大量涌现。如 1968 年加勒特·哈丁的《公地的悲剧》，1971 年巴里·康芒纳的《封闭的循环》，1972 年罗马俱乐部的研究报告《增长的极限》，芭芭拉·沃德与勒内·杜博斯的《只有一个地球》等。[②]这些书籍的出版，让环境问题更深入地走进公众的视野，对生态意识也是一种可贵的普及。正是在专家学者的呼吁下，社会民众的环保观念与生态意识开始逐步提高，到现在，环境保护与生态维护观念已经逐步成为人类的共识，在联合国框架下，各种环保会议召开，各种环保组织产生，各种规则协定被制定和要求执行。

---

① 赵仲龙. 生存还是毁灭 大自然的警示（上）［M］. 北京：北京出版社，2008：119-21.

② 蔺雪春. 绿色治理：全球环境事务与中国可持续发展［M］. 济南：齐鲁书社，2013：21.

三、生态文明的发展

（一）生态文明的提出

生态文明是相对于近代以来的农业文明、工业文明而提出的，也是近代农业文明和工业文明之后的人类文明新形态。在农业文明阶段，人类一切基本上都是依靠自然，虽然由于铁器农具的使用，人类改造自然的力量得到提高，但在巨大的自然力面前，人类的力量依然极其有限。因此，人类对自然的态度是敬畏的。

进入工业文明阶段，科技的飞速发展使得人类改造自然的能力越来越强，于是"人类中心主义"的思想冒头，人类开始自以为是，目空一切，把自然当作取之不尽、用之不竭的聚宝盆，以征服者的姿态对自然开展掠夺性索取，从而造成了对自然环境的极大伤害，同时人类也受到自然的无情报复。

当人类面对荒芜的土地、腥臭的河流、肆虐的洪水、异常的气候、全球变暖导致海水淹没家园和南极上空出现臭氧层空洞时，才逐渐意识到，人类要在地球上可持续地发展下去，必须转变对自然的态度，正确地认识自然和善待自然，强调人与自然的和谐相处，于是人类走上了生态文明的新历史阶段。

生态文明的到来是人类痛定思痛的结果，它是人类以新的理念处理人与自然关系所形成的新文明形态。生态文明从本质上说是人与自然的和谐相处。生态文明是通过人类劳动而创造的人与自然、人与社会、人与自我的和谐世界的生成过程。① 因此，生态文明之路是漫长而艰辛的，它不仅需要人类达成共识，更需要人类付诸行动。

（二）生态文明的发展

20世纪上半叶到中叶，是环境污染总爆发的时期，各种严重的环境公害事件发生，引起了科学家、政府、学者以及整个国际社会的关注，一些对生态环境的思考和对人与自然关系的探讨专著陆续出版，生态文明开始走进人们的视野，如果说《寂静的春天》是对工业文明的反思，那么《增长的极限》可以看作是对新文明形态的呼唤。人类越来越意识到，环境污染不是一地、一国之事，而是整个地球和全人类的事情。

1972年，联合国在瑞典首都斯德哥尔摩召开了第一次国际环境会议，113个国家的1300名代表对全球环境问题进行了讨论，开始关注人类活动对自然环

---

① 苏百义. 农业生态文明论［M］. 北京：中国农业科学出版社，2018：65.

境所造成的破坏及其给人类生存与发展所带来的威胁。会议通过了《联合国人类环境宣言》，并决定建立统一规划、组织和协调全球环境事务的联合国环境规划署（UNEP），这标示着联合国全球环境治理机制的正式确立。其议题首先瞄向了对野生生物、海洋环境等生物物理环境的保存或保护。大会还提出了"只有一个地球"的口号，发出了"拯救地球"的呼声。此后，联合国为应对全球环境问题多次召开会议，也形成了多个公约或协议，其中最为著名的是1992年在巴西里约热内卢召开的联合国环境与发展大会所形成的《联合国气候变化框架公约》（UNFCCC），此后联合国召开的气候变化大会基本上都是围绕这一公约开展讨论和形成协议，当然在这个过程中也遇到许多阻力与困难。但即便如此，节能减排的绿色低碳大趋势已经无法阻挡。而环境治理也在这个过程中最终进入全球治理的框架，并获得巨大推进。

（三）生态文明的中国之路

中国是一个具有悠久传统的农业文明大国，中国古代就有天人合一的思想理念，因此，在漫长的农业文明进程中，中国人学会了如何与自然和谐相处。无论节气农时，还是休耕轮作；无论是兴修水利，还是封山育林，都是农业发展的宝贵经验，也是人与自然和谐相处的法宝。然而，在人口的压力和缺乏科学认识的情况下，中国古人也做过过度开垦土地和破坏性砍伐山林的事情，不可避免地伤害了大自然。在新中国建设的初期，由于缺乏对生态环境的科学认识，环境保护意识薄弱，在"人定胜天"思想的指导下，在社会主义建设过程中，也存在没有节制地过度开发自然和利用自然的现象，出现乱砍滥伐、水土流失、土地沙化等严重问题，环境恶化已初露端倪。

1. 经济建设过程中产生的环境问题

改革开放之后，确立了以经济建设为中心的指导思想，中国走上了经济发展的快车道。尽管这个时期我们已经有了一定的生态观念与环保意识，但由于物质条件差、技术水平低、经济底子薄，贫困人口多，提高人民群众的物质生活水平，解决人民群众的温饱问题成为最迫切的需要。因此，改革之初，中国虽然已有环境保护的立法，也努力去实施和落实，但因管理面大，法制不完善，也导致部分违法现象得不到惩罚，违反《环境保护法》的事件也时有发生。"是要经济发展还是保持环境美好但继续贫困？"甚至成为学界和民众讨论的社会热点问题，甚至也有人提出"以环境换发展"的观点，这就使得一些地方为了发展经济，不惜以牺牲环境为代价。一些地方政府明明知道发展低端工业会导致环境污染，但为了经济的增长而放宽了要求，对废气、废水排放把关不严；一些地方为了经济发展，也采取睁一只眼闭一只眼的态度，致使违法行为屡禁不止，环境污染日趋严重；也有一些企业千方百计绕过环保检查，将工厂生产的废水、废气不经任何处理直接排放至江河湖海，固体废料和城市垃圾随意堆放，导致我国许多江河湖泊大面积污染，许多大城市持续出现雾霾。农业则一方面因工业排污而深受其害；另一方面则因化肥、农药的大量使用而破坏了土壤本身的肥力并或使土地受到污染，进而导致农业生态失衡。一些地方甚至出现地不能种、水不能吃、村不能住的现象。环境污染向中国人敲响了危急的警钟。严酷的事实告诫我们，环境治理刻不容缓，生态保护人人有责。

2. 改革开放以来的环保措施

改革开放以来，在注重发展经济的同时，党和政府也非常重视环境保护。一方面，根据我国实际情况，与时俱进地做好国内的环境保护工作；另一方面，积极参与国际的环保行动，从而走出了具有自身特色的环境保护之路。

1972 年 6 月，中国代表团参加了在斯德哥尔摩召开的第一次世界环境问题会议。对于中国而言，这也是一场意义深远的环保"启蒙"。1973 年 8 月，国务院召开第一次全国环境保护会议，讨论了我国的环境问题，我国的环境保护改革工作拉开了序幕。11 月，国家计委、国家建委、卫计委联合批准颁布了中国第一个环境标准——《工业"三废"排放试行标准》。随后，我国第一部有关环境保护的法规性文件《关于保护和改善环境的若干规定》颁布。因此，这一年也可看作是中国现代环境保护的"元年"。1974 年 10 月，国务院环境保护领导小组正式成立。1978 年，第一次在《宪法》中作出"国家保护环境和自然资源，防止污染和其他危害"的规定。1979 年 9 月，第五届人大十一次常委会通过新中国的第一部环境保护基本法——《中华人民共和国环境保护法（试行）》，中国的环境保护工作开始走上法制化轨道。1981 年，成立了中国环境管理干部学院，对全国环保系统的管理人员进行岗位培训、继续教育和学历教育。1982 年 5 月，国务院机构改革，组建城乡建设环境保护部、部内设环境保护局。1983 年，我国召开第二次全国环境保护会议，第一次把环境保护确定为我国的一项基本国策。1984 年 5 月，国务院成立环境保护委员会，领导组织协调全国环境保护工作。同年，国务院发出《关于环境保护工作决议》，环境保护开始纳入国民经济和社会发展计划。1984 年 12 月，城乡建设保护部环境保护局改为国家环境局。1988 年 7 月，国务院将环保工作以城乡建设部分离出来成立独立的国家环境保护局（副部级），并被确定为国务院直属机构，体现了对环境保护工作的高度重视。1992 年 4 月，成立了"中国环境与发展国际合作委员会"。该委员会由 40 多位中外著名专家和社会知名人士组成，负责向中国政府提出有关咨询意见和建议。1993年3月，中国开始实施环境标志计划；1993年10月，全国第二次工业污染防治工作会议召开，标志着中国工业污染防治工作指导方针发生了新的转变。1994年3月，批准发布了《中国21世纪议程——中国21世纪人口、环境与发展白皮书》，从人口、环境与发展的具体国情出发，提出了中国可持续发展的总体战略、对策以及行动方案。① 1996年7月，第四次全国环境保护会议召开，提出保护环境的实质就是保护生产力。同年，国务院发布了《关于环境保护若干问题的决定》，实施《污染物排放总量控制计划》和《跨世纪绿色工程规划》。1997年9月，党的十五大报告强调，在现代化建设中必须实施可持续发展战略。1998年6月，国家环境保护局升格为国家环境保护总局。2000年11月，国务院印发了《全国生态环境保护纲要》，强调"通过生态环境保护，遏制生态环境破坏，减轻自然灾害的危害；促进自然资源的合理、科学利用，实现自然生态系统良性循环；维护国家生态环境安全，确保国民经济和社会的可持续发展"。2002年我国第一部循环经济立法《清洁生产促进法》出台。同时，还颁布了一系列环境保护法律、自然资源法、环境保护行政法规、环境保护部门规章和规范性文件、地方性环境法规和地方政府规章等。2003年，党的十六届三中全会提出，要坚持以人为本，树立全面、协调、可持续的发展观，促进经济社会和人的全面发展。2005年，中央人口资源环境工作座谈会提出了生态文明的概念，指出当前环境工作的重点之一是"完善促进生态建设的法律和政策体系，制定全国生态保护规划，在全社会大力进行生态文明教育"。由此，中国的环保之路开始了新的篇章。

3. 生态文明建设的发展

2007年，党的十七大把建设生态文明列入全面建设小康社会的目标，把"建设生态文明，基本形成节约能源资源和保护生态环境的产业结构、增长方式、消费模式。循环经济形成较大规模，可再生能源比重显著上升。主要污染物排放得到有效控制，生态环境质量明显改善。生态文明观念在全社会牢固树立。"② 作为实现全面建设小康社会奋斗目标的一个新要求。提出要建设资源节约型、环境友好型社会，实现经济社会的永续发展。

在整个"十一五"规划期间（2006—2010），围绕建设资源节约型、环境友

---

① 文档库：我国的环境保护之路 [EB/OL]. [2021-07-05]. http://www.wendangku.net/doc/32bc296627d3240c8447efc8-2.html.

② 胡锦涛. 提出实现全面建设小康社会奋斗目标新要求（十七大报告）[R/OL].（2007-10-15）[2021-07-05], http://www.chinadaily.com.cn/hqzg/2007-10/15/content_6174991.htm.

好型社会，国家下大力气解决危害人民群众健康和影响经济社会可持续发展的突出环境问题，大力发展循环经济，加大自然生态和环境保护力度，强化资源管理等政策；围绕实现"十一五"规划纲要确定的主要污染物排放总量控制目标，把防治污染作为重中之重，加快结构调整，加大污染治理力度，建立了节能降耗、污染减排的统计、监测和考核体系和制度。2008年7月，为解决话语权弱、职能交叉等问题，国家环境保护总局升格为环境保护部，成为国务院组成部门。这一身份的转变，使得全国的环保系统得到了进一步的完善。

"十二五"规划期间（2011—2015），首先是2012年党的十八大提出"必须更加自觉地把全面协调可持续作为深入贯彻落实科学发展观的基本要求，全面落实经济建设、政治建设、文化建设、社会建设、生态文明建设五位一体总体布局，促进现代化建设各方面相协调，促进生产关系与生产力、上层建筑与经济基础相协调，不断开拓生产发展、生活富裕、生态良好的文明发展道路。"

以习近平同志为核心的党中央把生态文明建设摆在中国特色社会主义"五位一体"总体布局的战略高度，采取切实举措，大力推进生态文明建设。习近平的"绿水青山就是金山银山"的理念更是成为社会主义现代化建设必须遵循的重大原则，指导着中国进行全国范围生态环境的系统综合的治理和保护。2013年9月，国务院印发了《大气污染防治行动计划》（国发〔2013〕37号），提出了五年大气污染防治的奋斗目标和具体指标及其十个方面的举措。2015年4月2日，国务院印发了《水污染防治行动计划》（国发〔2015〕17号），提出了到2020年、2030年以至21世纪中叶，生态环境质量的工作目标和水污染防治的具体指标及十个方面的举措。2015年4月25日，国务院印发了《关于加快推进生态文明建设的意见》，全面阐述了我国生态文明建设的总体要求、具体目标与相关举措，并特别提出，"要统筹国内国际两个大局，以全球视野加快推进生态文明建设，树立负责任大国形象，把绿色发展转化为新的综合国力、综合影响力和国际竞争新优势。"① 2015年9月，国务院印发了《生态文明体制改革总体方案》，并发出通知，要求各地区各部门结合实际认真贯彻执行。一系列重头文件彰显了党和国家政府治理环境的决心、信心与恒心。

"十三五规划"（2016—2020）提出后，党中央、国务院作出了加快生态文明体制改革、建设美丽中国的战略部署。统筹推进"五位一体"总体布局和"四个全面"战略布局，提出"创新、协调、绿色、开放、共享"的新发展理

---

① 中共中央国务院关于加快推进生态文明建设的意见［EB/OL］.（2015-05-06）［2021-07-05］，人民网 http://politics.people.com.cn/n/2015/0506/c1001-26953754.html.

念和建设"美丽中国"的宏伟目标,将"坚持人与自然和谐共生"作为新时代坚持和发展中国特色社会主义的基本方略之一,提出了生态文明建设是中华民族永续发展的千年大计、人与自然是生命共同体等重要论断。进一步明确了推进绿色发展、着力解决突出环境问题、加大生态系统保护力度、改革生态环境监管体制等重点任务,先后出台了一系列重大决策部署,陆续印发了《土壤污染防治实施计划》(2016 年 5 月)、《"十三五"控制温室气体排放工作方案》(2016 年 11 月)、《"十三五"生态环境规划》(2016 年 12 月)、《"十三五"节能减排综合工作方案》(2017 年 1 月)、《国家综合防灾减灾规划(2016—2020年)》(2017 年 1 月)、《关于划定并严守生态保护红线的若干意见》(2017 年 2 月)等一系列重要文件,不断深入推进我国的生态文明建设。

2018 年 3 月 13 日,国务院机构改革方案中,组建自然资源部与生态环境部。2018 年 4 月 16 日,中华人民共和国生态环境部正式揭牌。环保部门一次次的"升格",也体现出了中央政府对环境保护工作的高度重视。2018 年 5 月 18日,全国生态环境保护大会召开,习近平作了《推动生态文明建设迈上新台阶》的重要讲话。讲话中强调要深化生态文明体制改革,实行最严格的生态环境保护制度,大力推进生态文明建设,切实解决生态环境问题,不断满足人民日益增长的优美生态环境需要。

改革开放 40 年来,我国的环境保护不仅体现在政策、措施及理念上,其环保机构的身份也历经了多次改革。加快推进生态文明建设是大势所趋,也取得巨大成绩。正如习近平总书记在庆祝改革开放 40 周年大会上所说:"40 年来,我们始终坚持保护环境和节约资源,坚持推进生态文明建设,生态文明制度体系加快形成,主体功能区制度逐步健全,节能减排取得重大进展,重大生态保护和修复工程进展顺利,生态环境治理明显加强,积极参与和引导应对气候变化国际合作,中国人民生于斯、长于斯的家园更加美丽宜人!"①

党的十八大,生态文明建设被写入党章。党的十九大,生态文明建设成功列入宪法,更是表明党与国家意志是一致的,与人民的意志是一致的。在宪法中明确强调"生态文明建设",一方面是为生态环境法治建设提供新的动力和保障,意味着我国在建设生态文明的道路上,用法治的"框架"为环境保护"保驾护航";但其最根本目的还是为了保障人民福祉,保障每一代中国人的生存权与发展权。正如习近平总书记所说的:"我们要加强生态文明建设,牢固树立绿水青山就是金山银山的理念,形成绿色发展方式和生活方式,把我们伟大祖国

---

① 习近平在庆祝改革开放 40 周年大会上的讲话 [N]. 人民日报,2018-12-19(02).

建设得更加美丽，让人民生活在天更蓝、山更绿、水更清的优美环境之中。"①

第三节 全球环境治理与人类命运共同体

人类对人与自然关系的认识是一个由自发到自觉、由粗浅到深刻、由片面到全面的过程。在漫长的人类社会发展历史中，人与自然本是息息相关，不可分割的关系，但这种关系在相当长的时期并不为人类所认识。直到自然一次次地报复人类，直到地球满目疮痍，人类才如梦初醒，开始反思人类与自然的关系，思考人与自然应该如何相处。

一、生态危机全球化彰显人类命运与共

进入 20 世纪以来，随着科技进步与经济发展，环境问题日趋严重，并呈现全球性趋势。工业文明造成了人类生存环境的全面破坏。② 有学者对当前环境安全问题进行了概括，主要凸显在五个方面：（1）水资源危机。一方面是水资源的紧缺。世界上有 80% 的人生活在水安全受到威胁的区域。另一方面是水污染。与水有关的疾病成为世界上引起疾病、死亡的最普遍的疾病，主要受影响的是第三世界的人。（2）生物多样性的丧失。全球生物种类正在以空前的速率减少。（3）土地荒漠化。目前地球表面上的三分之一土地都面临荒漠化的危险。（4）危险废弃物越境转移。发达国家越来越多地将废物转移到处理成本低、环境管理松懈的发展中国家。（5）环境纽带安全堪忧。水资源、能源、粮食安全已经成为全球性问题，没有国家或边界的限制。以水资源、能源、粮食安全为核心的环境纽带安全受到威胁。③

环境污染、生态恶化是从一地一处开始的，先是发达国家在工业化过程中造成了严重的环境污染，然后是发展中国家的工业化进程中出现的环境污染，不同的是发达国家是在工业化完成后才意识到环境污染问题，在开始环境治理的同时还进行着垃圾与废物的转移，为发展中国家带来二次污染。而发展中国家则是工业化开始就面临环境治理问题，同时还要承接发达国家的垃圾转移等带来的转移性污染，使得环境治理更为艰难。当全世界找不到一方净土之时，

---

① 习近平在庆祝改革开放 40 周年大会上的讲话 [N]. 人民日报，2018-12-19（02）.
② 万长松. 走出人类中心与非中心主义之争的困境 [J]. 科学技术与辩证法，2008（2）：1.
③ 于宏源. 全球环境治理内涵及趋势研究 [M]. 上海：上海人民出版社，2016：003-005.

我们发现，人类的命运从没有像今天这样紧密相连，一损俱损，一荣俱荣。日益严重的生态危机，不仅给当前的人类健康带来了灾难性影响，也必将给人类未来的持续发展带来断代性影响，人类越来越显现出命运与共。就以暴发于2019年底的新冠肺炎疫情为例，由于一些国家的轻视与短期行为，在短短的几个月时间就已漫延全球，并愈演愈烈，即使国际社会合力抗疫，近两年时间过去了，疫情在一些国家仍然没有缓解的趋势，一些国家还出现了反复反弹现象，全球抗疫任务依然繁重。新冠肺炎疫情告诉我们，大自然对人类的惩罚是全方位的，如果人类依然蔑视自然规律，必将受到更加具有毁灭性的打击。而人类在自然的报复面前命运相同，它对地球上生存的每一个人都可能产生影响。因此，防治污染，爱护环境，保护地球，人人有责。在共同的命运面前，世界各国更要团结一致，鼎力合作，共同应对生态危机带来的灾难。

二、全球环境治理呼吁人类命运共同体理念

环境问题具有跨界性、公共性、全球性、长期性和难以逆转性等特点。要解决全球性环境问题，单独治理难见成效，需要主权国家、政府组织以及非政府组织的共同合作。全球环境治理不仅涉及环境层面，而且还与政治、经济层面相关联，且全球性环境安全问题也不能通过军事干预等传统手段解决，只能采取合作、协商和多边治理的政治与经济方式来解决。因此，进行环境保护合作、建立合理有效的全球环境治理系统，更是全人类的期盼。

（一）全球环境治理体系的形成与发展

全球环境治理进程开始于20世纪60年代环境运动的兴起。关注的是人类的生存问题，即全球性环境问题对地球环境安全的影响。由于世界的联系性以及蝴蝶效应，往往一个国家造成的环境污染，却可能要相邻国家甚至全球国家共同来承担后果，尤其以大气污染的影响为甚。因此，必须由国际组织来统筹环境治理问题。1972年，联合国召开了第一次人类环境会议并通过了《联合国人类环境会议宣言》，会后建立了联合国环境规划署，这标志着全球环境治理进程的启动。

此后，联合国为应对全球环境问题召开了很多次会议，讨论并形成一系列协议和公告。1979年，在日内瓦召开第一次世界气候会议，与会的各国科学家们号召各国政府"预见并防止潜在的人为气候变化"，因为"这些气候变化可能对人类福利产生不利影响"；1988年，联合国在多伦多召开了大气变化会议，认为地球气候正在发生迅速变化，并将对世界经济发展和人类健康带来重大威胁，

有提案要求发达国家到 2005 年时其排放量比 1988 年减少 20%；1990 年，召开第二次世界气候大会，认为已经有一些技术上可行、经济上有效的方法可供各国减少二氧化碳的排放；1992 年，在里约热内卢联合国环境与发展大会上，通过了《联合国气候变化框架公约》（UNFCCC），1994 年，《联合国气候变化框架公约》正式生效。它标志着联合国有关全球气候变化问题的相应机制正式建立，国际社会终于在应对气候变化的共同政治行动方面取得初步共识和重大突破。

自 1995 年起，公约秘书处开始每年组织 UNFCCC 缔约方会议，每次会议均有一定的讨论主题，并尽可能达成一定的共识和形成一定的协议和规则。如1996 年，瑞士日内瓦会议通过的《日内瓦宣言》；1997 年，日本京都会议通过的《京都议定书》，以及后来的《布宜诺斯艾利斯行动方案》（1998 年），《马拉喀什协定》（2001 年），《哥本哈根协议》（2009 年），《昆坎协议》（2010 年）等，但由于充满争议，因此成效不大。

2015 年 12 月 12 日，在巴黎举行的《联合国气候变化框架公约》第 20 次缔约方大会暨《京都协定书》第 10 次缔约方大会通过了《巴黎协议》。这是人类应对全球气候变化挑战的新里程碑，也是绿色发展的重要际遇。国际社会终于普遍达成共识，能源转型、低碳经济、气候韧性提升成为 21 世纪实现可持续发展目标的迫切和优先任务。《巴黎协议》最重要的亮点是提出"争取把温度提升限定在 1.5℃，并把减排减至 400 亿吨"。联合国秘书长潘基文高度评价大会："这是第一次世界上每一个国家承诺抑制排放，加强弹性，并因为共同的原因而加入应对气候变化的行动中。面对这项前所未有的挑战，大家唯有团结一致才能成功，没有任何一个国家能够单独实现这项目标，这是一个巨大的成功的多边主义。"中国气候变化事务特别代表解振华也指出："《巴黎协议》是一个公平合理全面平衡富有雄心持续有效具有法律约束力的协议。各缔约方都在关键时刻，做出了对本国人民有益、对子孙后代负责、促进全世界可持续发展的正确抉择。"[①]

为节能减排，联合国做了 20 多年的劝说工作。1997 年的京都协议，仅包括发达和富裕国家，且美国没有签字。2009 年的哥本哈根会议基本上以失败告终，因为各个国家不同意一个有约束性的排放协议。而巴黎会议约有 138 位国家领导人参加，大量企业、社会组织参会，185 个国家提交了国家自主贡献方案，《巴黎协议》更是涵盖 195 个国家（加欧盟），各国表示"将努力达成并实现本

---

① 于宏源. 全球环境治理内涵及趋势研究［M］. 上海：上海人民出版社，2016：248-250.

国内的减排目标"。① 值得一提的是,《巴黎协议》的通过,中国作出了巨大努力。习近平在会上发表了《携手构建合作共赢、公平合理的气候变化治理机制》的讲话,不仅肯定了《巴黎协议》的作用,更是作出了庄重承诺:"2030 年单位国内生产总值二氧化碳排放比 2005 年下降 60%—65%,非化石能源占一次能源消费比重达到 20% 左右,森林蓄积量比 2005 年增加 45 亿立方米左右。"同时一针见血地指出:"对气候变化等全球性问题,如果抱着功利主义的思维,希望多占点便宜、少承担点责任,最终将是损人不利己。"呼吁"巴黎大会应该摈弃'零和博弈'狭隘思维,推动各国尤其是发达国家多一点共享、多一点担当,实现互惠共赢。"②

《巴黎协议》取得广泛共识来之不易,也受到各国政要、企业领导者、学者专家等的交口称赞,被认为是前途光明的。2016 年 4 月 22 日在纽约正式签署后改称《巴黎协定》,并于三年后正式生效。《巴黎协定》共识形成也说明了世界各国与国际社会对全球性环境安全问题越来越重视,也越来越意识到只有全球合作,才能从根本上解决全球的生态环境问题。环境治理也在这个过程中最终进入全球治理的框架。而中国在全球气候变化应对方面也由跟随变成了主导,越来越多地在全球环境治理中发挥重要的领导作用,并受到国际社会的普遍欢迎,全球环境治理也由于中国的加入和担责而更有信心。

(二) 全球气候变化合作应对模式的形成

全球气候变化合作的政治经济行动始于 20 世纪 80 年代政府间气候变化专门委员会（IPCC）的成立,其主要任务就是围绕气候变化有关问题展开定期工作。1990 年 12 月 21 日,联合国通过了 45/212 号协议,决定成立气候变化框架公约政府间谈判委员会。1992 年 6 月在里约热内卢召开的联合国环境与发展大会由 166 个国家签署并通过了《联合国气候变化公约》,并于 1994 年正式生效。此后每年都召开气候变化大会进行讨论与谈判,至 2019 年已经召开了 25 次《联合国气候变化公约》缔约方会议。1997 年通过了《京都议定书》后,每年都围绕着"《联合国气候变化公约》+《京都议定书》"进行谈判,并形成了京都模式。该模式的基础是《联合国气候变化公约》和《京都议定书》规定的发达国家和发展中国家在应对气候变化问题上承担"共同但有区别的责任",

---

① 于宏源. 全球环境治理内涵及趋势研究 [M]. 上海:上海人民出版社,2016:251,262,268.

② 习近平. 携手构建合作共赢、公平合理的气候变化治理机制习近平在气候变化巴黎大会开幕式上的讲话 [N]. 人民日报,2015-12-01 (02).

其主要的谈判模式是 2005 年蒙特利尔会议开启的"双轨制"（发达国家与发展中国家分别进行谈判），它从制度上保证了发达国家与发展中国家"有区别的责任"。①

　　然而，也不能不看到，国际社会在"京都模式"谈判中耗费了极大的政治资源，每一轮的谈判都异常艰难，各方利益的博弈、意见的分歧，都使协议难以达成。京都机制下的第二承诺减排共识几乎无法实现，没有共同一致目标的双轨并进已经走到了无所适从的境地。"双轨制"谈判模式最重要的一个原则是发达国家与发展中国家承担"共同但有区别的责任"，这主要是指发达国家执行具有强制性的减排目标，而发展中国家则根据国情可以执行不具有强制性的减排目标，即自主国家贡献目标。且发达国家要为发展中国家提供资金和技术支持。但"有区别的责任"遭到发达国家的抵制，他们拒绝承担历史责任却要求发展中国家承担越来越多的责任。在共识无法达成之时，各国更是明哲保身，都希望别人多做，自己少做或不做。于是全球气候治理面临严重的集体行动困境。全球气候治理"京都模式"效果不彰呼吁全新机制的产生。2009 年的哥本哈根大会后，全球气候治理开始强调所有国家共同减排，并逐渐提出了自下而上的减排模式。2011 年南非德班大会设立德班增强行动平台，并决定 2012 年结束原有"双轨制"的谈判，在 2013—2015 年，所有谈判都集中于德班增强行动平台。因此，从 2012 到 2015 年的气候谈判重点是推动发展中国家与发达国家在"德班增强行动平台"下共同承担义务，双轨制将合二为一。到 2014 年利马大会开始要求全部国家都提交国家自主贡献（INDCs），自下而上的气候治理终成定局。②

　　2015 年，巴黎大会通过的《巴黎协定》成为全球气候治理历史上最新也是最重要的多边协定。《巴黎协定》废除了《京都议定书》以二分法处理发达国家和发展中国家减排义务的模式，并首次以国际条约形式确认了所有缔约方自下而上提出国家自主贡献的减缓合作模式。《巴黎协定》的这一处理方式，既考虑了发展中国家的关注，也照顾了发达国家的关切，为发达国家在履行相应义务和责任出现困难时提供了借口，也为强化发展中大国的责任与义务提供了依据。无疑也给中国和印度等发展中大国造成了严峻的挑战。③ 按理，这是一个有利于发达国家的协定，但非常遗憾的是，美国政府却以《巴黎协定》让美国

---

① 于宏源. 全球环境治理内涵及趋势研究 [M]. 上海：上海人民出版社，2016：125, 128.
② 于宏源. 全球环境治理内涵及趋势研究 [M]. 上海：上海人民出版社，2016：128-131.
③ 于宏源. 全球环境治理内涵及趋势研究 [M]. 上海：上海人民出版社，2016：131-133.

处于不利位置，而使其他国家受益为由，于 2019 年 11 月 4 日正式通知联合国，要求退出应对全球气候变化的《巴黎协定》。世界超级大国的这种自私自利的行为无疑是对人类应对气候变化的积极努力造成了巨大打击，也使得 2019 年 12 月的联合国气候变化公约第二十五次缔约方会议的气候谈判明显受阻，且困难重重。然而，相比于美国的"退群"行为，中国则用自己的实际行动，切实履行着大国责任。根据中国生态环境部发布的中国应对气候变化"成绩单"显示，2018 年中国全国碳排放强度比 2005 年下降 45.8%，已经提前达到 2020 年碳排放强度比 2005 年下降 40%—45% 的承诺（2009 哥本哈根会议），基本扭转了温室气体排放快速增长的局面。中国的积极行为也给了世界各国以希望。到目前为止，除美国外，没有任何一个国家提出退出《巴黎协定》。而美国也在今年拜登上台后重新申请加入《巴黎协定》。这也预示着，国际谈判合作模式充满艰辛，但始终是全球环境治理的首选办法。回首 20 多年走过的路程，取得的共识与成绩是有目共睹的，这也说明互利合作是解决全球环境问题的最好方法，尽管有困难，却也充满希望。

（三）全球环境治理存在的问题与挑战

从意识到环境问题到全球环境治理框架体系形成，从部分国家提倡到世界各国形成基本共识，道路崎岖坎坷，一路走来，世界各国与国际组织为环境保护做了许多工作，取得的成绩显著，但问题也不少。第一，全球环境仍然持续恶化。例如，全球二氧化碳排放继续呈上升趋势，2011 年比 1990 年平均水平高出近 50%。全球物种种群正在减少，1970 年以来，脊椎动物种群已经减少了30%，土地转用退化已经导致某些自然生态环境系统减少了 20%。全球每年丧失数百万顷的森林，可再生的水资源也变得更加稀缺，估计当前有 28 亿人生活在水资源紧张的状况下。第二，全球环境治理机制落后。联合国环境规划署作为全球环境治理的重要机构，其内部部门分散、工作程序和机制僵化；作为非营利性机构，因其资金来源有限、融资方式单一而缺乏资金支持；环境保护技术创新能力不足，缺乏技术、管理人才和长远战略思维等，导致其环境治理力量显得分散化和碎片化，在全球治理中的领导力和号召力越来越弱，只能依靠不定期的全球性环境会议来巩固和协调。第三，全球环境治理体系内部矛盾重重。由于利益分歧，价值观不同和对权力的追逐，全球环境治理体系内部分化使其难以形成治理合力。主要表现为发达国家与发展中国家关于生态危机的成因以及环境问题责任的划分存在分歧。发达国家虽然在全球环境治理方面有技术、资金、管理等方面的优势，但却总是推卸责任，在全球环境治理方面消极应对或持观望态度，不愿履行援助承诺；发展中国家则面临着发展经济和环境保护的双重任务，还要承受发达国家苛刻的援助条件。贫穷国家和小岛国联盟则要求发达国家和发展中国家都加大减排力度。各方的利益诉求难以达成一致导致全球环境治理乏力。第四，全球环境治理主体单一。全球环境治理最初以西方国家的推动和控制为主，发展中国家无权参与。随着发展中国家的兴起，以西方国家为主导的治理模式逐渐向以服务全球民众利益的模式转变，但这并没有从根本上改变发达国家治理的主体地位，且都是以政府部门为主，虽然也有非政府组织和企业参与，但作用有限。①

要解决这些问题，首先就需要凝聚共识，促进人类命运共同体的价值认同。树立人类命运共同体价值理念，可以凝聚全世界各国的人心，使世界人民都能认识到，在地球村里，大家的命运紧密相连，每一个国家的破坏或保护环境的行为都不仅影响到自己，也可能影响到其他国家，当然自己的国家也同样受到其他国家的影响。世界环境是"你好、我好、大家好"。因此，世界各国应该携起手来，着力构建环境保护命运共同体，各国共同参与到全球环境治理之中，积极担责任尽义务，最终才能避免"公地悲剧"，才能有整个人类的可持续发展。

三、生命共同体是人与自然关系的本质特征

（一）人与自然关系的重要观点

当环境问题越来越严重时，人类也开始反思人与自然的关系，于是各种理论纷呈，各种观点碰撞，在此仅涉及几种最具代表性的理论观点。

1. 人类中心主义的观点

人类中心主义思想古而有之，东西方文化中都有"人居于宇宙中心"的说法。在古希腊，公元前五世纪，哲学家普罗泰戈拉曾提出："人是万物的尺度。"这是西方文化中关于人类中心主义的最早表述。亚里士多德也说过："所有动物都是大自然为了人类而创造的。"这是自然目的论的人类中心主义观点。到近代，人类中心主义在笛卡尔、培根、洛克、康德等哲学家那里得到了进一步的阐释。随着工业革命的开始以及科学技术的进步，人类中心主义不仅仅只是一种思想理论，更是体现于人类改造自然的实践活动中。人类中心主义的核心思想是：一切以人为核心，人类行为都是从人的利益出发，以人的利益作为唯一

---

① 于宏源. 全球环境治理内涵及趋势研究［M］. 上海：上海人民出版社，2016：213-214.

的尺度。人类只依照自身的利益行动，并以自身的利益去对待其他事物。① 有学者认为，人类中心主义是有其合理性的。首先，人类中心主义思想有其物种性质的根源，即人和所有生物为了自己的生存，都有利己性。利己性是所有物种的自然性，是物种赖以生存的条件，利他行为只表现在物种内部。其次，与动物不同的是，人关心自身利益的这种利己性是自觉的，这种自觉性是从人类自我意识产生就开始的。也正是这种自我意识，使人把自己与动物和自然界分离开来，并逐步产生以自我为中心的自觉意识，最后上升为价值目标形态。从这个意义上，人类中心主义的产生是人类认识发展的伟大成就。在对待自然的态度上，它表现为为了人的利益去改变自然和利用自然，以满足自己的生存与发展的需要。在人类中心主义思想的指导下，人类以自己巨大的创造力，取得对自然的一个又一个胜利。人类以为自己最终成为自然的主人，可以主宰和统治自然。但在人类征服自然的同时，大自然也在无情地报复着人类，当人类还陶醉于对自然的胜利之时，环境污染和生态破坏已经在全球漫延。在面临环境恶化、生态危机之时，学界普遍把关注点投向了"人类中心主义"，并向其问责。人类中心主义遇到了前所未有的挑战，人类中心主义思想的局限性也暴露无遗。② 于是突破或超越人类中心主义的呼声日益高涨，人们认为，只有走出或超越人类中心主义，才会有对生命和自然界价值的正确认识，也才会有人类的未来。

当一些学者把人类中心主义看成是导致生态危机的根源之时，也有学者开始为人类中心主义进行辩护，并论证其与生态危机无涉。汪信砚认为，人类中心主义是一种伴随着人类对自身在宇宙中的地位的思考而产生并不断变化发展着的文化观念。自古代以来，人类中心主义曾经历了三种不同的历史形态：（1）宇宙人类中心主义。这是古代的人类中心主义，其核心论点就是主张人类在空间方位的意义上是宇宙的中心或人类居于宇宙的中心位置。（2）神学人类中心主义。这是中世纪的人类中心主义，其核心是一种神学目的论。即认为人类是宇宙间万事万物的目的。（3）生态人类中心主义。这是在 20 世纪特别是当代以来生态危机日趋严重的情况下人类重审自身在宇宙中的地位、重审人与自然关系的结果。其核心论点就是主张在人与自然的相互作用中应将人类的利益置于首要的地位，人类的利益应成为人类处理自身与外部生态环境关系的根本价值尺度。其中前两者是世界观，是一种事实判断，解决的是人在宇宙中的位置或

---

① 钱俊生，余谋昌. 生态哲学［M］. 北京：中共中央学校出版社，2004：255-259.
② 钱俊生，余谋昌. 生态哲学［M］. 北京：中共中央学校出版社，2004：259-262.

目的问题；后者则是一种伦理观和价值观。并认为，任何形态的人类中心主义都不是也不可能是当代生态环境问题的根源，人类中心主义与当代生态环境问题的形成是无涉的。个人中心主义和群体中心主义才是当代生态环境问题的根源。① 在另一篇文章中，汪信砚把生态人类中心主义称为现代人类中心主义。他认为，并不是在任何意义上以人为中心和以任何人为中心的理论立场或观点都属于人类中心主义。现代人类中心主义所强调的人类利益也就是人类的共同利益，亦即人类整体利益和长远利益，而非作为个体或群体的人的特殊利益和眼前直接的利益。在诸种形态的人类中心主义中只有现代人类中心主义才具有明确的价值取向，也只有主张将人类利益或人类的共同利益作为处理人与自然、人类与生态环境关系的根本价值尺度的环境伦理价值观才属于现代人类中心主义。②

邱耕田的观点与汪信砚相似。他认为，人类中心主义在通常的意义上是指以人的利益或价值为轴心，以人的目的、要求为尺度去认识、评价、把握人与外部世界关系及支配人的实践行为的价值观念、思维准则。但他同时认为，第一，从实然的角度看，真正意义上的"人类"中心主义还没有形成。当今"人类"呈现的是被分割为无数各自为政、相互博弈的利益主体，所谓人类中心主义其实是打着"人类"旗号的"群体中心主义"和"个体中心主义"等。第二，从价值论的角度看，人类中心主义本身是无法否定的。人类中心主义是人类生存和发展的根本的价值取向。第三，最为关键的是，把生态危机发生发展的价值根源归咎于人类中心主义，无法全面准确说明或反映生态危机发生演变的真实原因。他认为，人类中心主义的理论或提法掩盖了导致生态危机发生的真实原因——即不是人"类"导致了生态危机，而是当今人"类"的某一部分、某一些成员导致了生态危机。确切地说，导致生态危机的真正的价值理念根源是自我中心主义。自我中心主义包括个人自我中心主义和群体自我中心主义。自我中心主义是一种从自我的至上性出发，或在将"自我中心"极端化、教条化的基础上来看待世界并处理自我与他我或与周围事物关系的世界观和方法论。自我中心主义有国家或民族自我中心主义、集体自我中心主义等多种形式。自我中心主义从合理的"自我中心"出发，却在实践中将其推向了极端，把自我中心的"为我"性变成了"唯我"性，这表明，自我中心主义实则是彻

① 汪信砚. 人类中心主义与当代的生态环境问题——也为人类中心主义辩护 [J]. 自然辩证法研究，1996（12）：13-16.

② 汪信砚. 现代人类中心主义：可持续发展的环境伦理学基础 [J]. 天津社会科学，1998（3）：54-55.

底的或极端的利己主义，其实质就是自我利益的最大化。在人与自然的关系上，自我中心主义为了自身利益最大化，一方面把属于别人或别的主体的自然资源以各种手段据为己有，为满足自我的需求或实现自我的利益对弱者进行肆意掠夺，从而引发各种争端和冲突；另一方面，自我中心主义还把应属于子孙后代的生存资源或物质资料提前拿来为我所用，对现有的有限资源采取了一种"竭泽而渔""杀鸡取卵"的态度，不计后果地肆意滥用，从而损害子孙后代的利益，无疑是把他们逼入生存困境。①

综上所述，关于人类中心主义大概有两种观点：一是认为人类中心主义的实质是一切以人为中心、或一切以人为尺度，为人的利益服务，一切从人的利益出发（这里的"人"不分个体、群体和类）。认为人类中心主义是导致环境恶化、生态危机的根源，因此要走出或超越人类中心主义；二是认为人类中心主义是以人类整体和长远利益来认识和处理人与自然关系的价值判断，并把个人或群体自我中心主义与人类中心主义相区别，认为导致环境恶化、生态危机的根源是自我中心主义而不是人类中心主义。

我们认为，人类中心主义是相对于自然而言的，这里的"人类"当然包括个人、群体以及整个人类，作为与自然相对应，使用的是"人类"这一集合概念。但个人或群体自我主义则是相对于其他个人、群体以及人类整体而言的，它们是"人类"的下位概念。当我们说人类中心主义时，表征的是人与自然界的关系；当我们说个人或群体自我中心主义时，表征的是个人（群体）与其他的个人（群体）或整个人类（最大的群体）的关系。因此，汪信砚、邱耕田把个人或群体中心主义与人类中心主义区分开来是有必要的。他们对生态危机根源的分析也是有道理的。在全球环境治理的所有争端中，其实都是个人或群体（民族、国家）自我中心主义与人类整体利益之间的博弈。如何能够让各自为政的各国政府摒弃狭隘的国家、民族中心主义（比如美国利益优先之类）而站在全人类整体利益的视野看待和处理全球环境问题，最终还是要回到人类命运共同体的理念共识上来。

2. 生态中心主义的观点

针对人类中心主义造成生态环境问题的观点，学者们也提出了系列"非人类中心主义"的理论和观点。其中最有代表性的是 20 世纪 70 年代以后出现的动物权利/解放论（主张动物与人有平等的道德地位，应获得相应的道德关怀）、生物中心论（认为自然界是一个相互依赖的系统，人与其他生物物种一样，只

① 邱耕田. 发展——在人与自然之间［M］. 北京：社会科学文献出版社，2019：45-47.

不过是地球进化过程中的一个存在物，主张一切生命都是平等的）和生态中心主义以及深层生态学等。挪威学者阿伦·奈斯的"深层生态学"强调生物圈平等主义，要求人们尊重其他存在物的内在价值，并把其他存在物的利益看作人类自我利益的实现过程。他提出了两个基本准则：一是"每一种生命形式都拥有生存和发展的权利"，"若无充足理由，我们没有任何权利毁灭其他生命"；二是"随着人类的成熟，他们将能够与其他生命同甘共苦"。①

以上理论观点中，又以生态中心主义或生态主义的环境保护思想最为激进。人类中心主义是站在人类的视角谈论生态环境的危机以及对人类所造成的影响。但生态主义想表达的观点却是：不管能否对人类的福利作出贡献，非人类自然界都拥有自在的价值。

英国的政治生态主义学家布赖恩·巴克斯特在其《生态主义导论》一书中，对其生态主义观点进行了概括性表述：（1）把道德关怀给予非人类存在物，但对不同生物的道德关怀程度各不相同；（2）把最高程度的道德关怀给予人类，但要求人类必须把对待非人类存在物纳入道德考量的范围；（3）把人类的福祉作为关怀的重心，但坚持要求从情境主义的角度来理解这种福祉；（4）认为人类在物质、文化、精神上与非人类存在物具有密切的相互联系，但反对那种认为非人类存在物的道德地位来源于这一事实的观点；（5）认为对人类存在物的道德关怀要求一种新的政治哲学，在这种政治哲学中，人类和非人类存在物之间的正义问题将得到解决；（6）为了实现这个目标，认为政治结构和其他社会实践，尤其是经济实践，需要做出广泛的修正；（7）强调道德关怀，而不是花大力气去预言生态危机，尽管后者不能被排斥；（8）并不寻求建立关于人类行为的极限的重要论点，尽管它的观点与这种极限论是相容的。② 这种生态主义的观点并没有那么极端，毕竟它"把最高程度的道德关怀给予人类"，事实上承认了人类比其他非人类存在物有更重要的地位，并在人与自然关系上起主导作用。

布赖恩·巴克斯特还介绍了玛休斯的生态主义观点，她从整体主义观点出发，认为宇宙不只是一种物质或载体，而是像人类和其他有生命的事物一样，是一个自我。因此，它有一个内在于自身的要求或目的，那就是它自己的生存和繁盛。人类与宇宙自我以及每一个其他具体的自我之间具有相互联系性。人

---

① 万长松. 走出人类中心与非中心主义之争的困境 [J]. 科学技术与辩证法, 2008 (2): 1.

② [英] 布赖恩·巴克斯特. 生态主义导论 [M]. 曾建平, 译. 重庆: 重庆出版社, 2007: 10-11.

类在有意识地参与到宇宙自我的实现之中显现生命的意义。由于宇宙自我的自我实现是寻求最大数量的个体生命形式的自我发展，即寻求存在的丰富性和完整性，因此，人类与宇宙结成联盟，其宗旨在于要求人类避免任何会导致当前地球生物圈中的不同生命形式的数量减少的行为，亦即人类要保护生物的多样性。①

因此，生态主义最重要的观点是，要承认非人类存在物的自身价值，给予非人类存在物以道德关怀，而不管它是否对人类有贡献。在这里，生态中心主义坚持的是宇宙中心论观点，认为人类也不过是宇宙的一分子，是为宇宙自我的实现服务的，并在这种服务中显现人类的生命价值。生态中心主义的这种观点无非是降低人类在地球生物圈的地位，把人类自己变成宇宙中的一颗尘埃，以此来打击人类中心主义。其积极意义在于深化人类对保护生物圈的重要性和责任性的认识，以约束人类破坏自然环境的行为。但毕竟目前的处于地球生物进化顶端的是人类，在人类还没有解决自身的生存与发展问题之时，要人类放弃自我而以宇宙为中心其实是做不到的，因此，宇宙生态中心主义难以诉诸现实。反而是温和的生态主义观点更有价值和意义，它让人类从另一视角来看待人与自然的关系，从而让人类对自然多一份敬畏与尊重。

3. 共生主义的观点

当生态环境危机问题出现时，共生理念便出现于人们的视野，学者们纷纷探讨共生的原因与存在领域。共生原是指不同物种的生物个体一起共存互利的状态，共生是一种普遍的生物现象。甚至有人提出，推动自然界进化的是共生法则，竞争只不过是共生过程中的一个方面。共生不仅存在于生物界，而且也体现于人类社会的各个层面。邱耕田认为，共生概念主要包括三个方面的含义：其一，两个或两个以上具有差异性的事物在特定时空中的共同存在即共在或共存；其二，两个或两个以上共同存在的事物间具有相互依存、相互需求、相互满足的共利关系，即共存的事物间有共同的利益；其三，共存的事物间存在着差异和竞争，但这种竞争只能是一种合作性、和谐性竞争，而且只能在这种竞争中走向共进、共荣，绝非你死我活或两败俱伤。当我们基于社会领域来把握共生主义，共生主义则是关于人类共生体的思想学说。换言之，共生主义是对人与自然、人与人、人与社会之间相互依存、互利共荣、协同发展的生存状态

① ［英］布赖恩·巴克斯特. 生态主义导论 ［M］. 曾建平，译. 重庆：重庆出版社，2007：24，30.

和发展方式的一种观念反映。共生主义包括共存、共和、共利、共荣四种意识。①

因此，自然对于人类来说，既不单纯是人类中心主义的利用价值，也不单纯是生态中心主义的自然价值，更不是自我中心主义的工具价值，而是共生主义的自然价值与工具价值的有机统一。共生主义似乎是化解人类中心主义和生态中心主义的灵丹妙药，人类中心主义和生态中心主义可以通过共生主义获得一种和解与平衡。从共生主义看待人与自然的关系，人与自然就是共同的生命体，人与自然是共存、共和、共利和共荣的。虽然人类具有比其他生物更强的掌控自然的能力，但作为自然界一员的人类，并不能够为所欲为地掠夺自然界（无论是于人类还是于其他生物而言），而必须坚持与自然共生的理念，在保护环境、尽可能不伤害自然的前提下，利用自然资源为人类的生存与发展服务。

其实，导致环境恶化、生态危机的原因有很多，并不能完全归结于人类中心主义或个人（群体）中心主义。而解决生态环境危机问题的关键既不是走出或超越人类中心主义，也不是走进人类中心主义，而是科学正确地认识人与自然的关系，认识到人与自然是生命共同体。最根本的就是跳出个人或群体自我中心主义的窠臼，站在人类整体利益和长远利益的高度来考虑全球环境治理，以生命共同体理念处理人与自然的关系。因此，解决生态环境问题的具体方法：一是坚持可持续发展理念；二是形成全球环境合作治理共识；三是学会与自然和谐共处。

（二）人与自然的和谐关系

当人类社会发展到工业文明，科学技术的发展使人类具备前所未有的对自然的征服能力，同时也对自然环境造成了最大的破坏与伤害。当这种破坏与伤害反噬人类时，人类终于醒悟，并发现人与自然具有不可分割的关系。

1. 人类是自然的一部分

人类是自然界发展到一定阶段的产物，是迄今为止整个地球生物进化的最高形式。在人类祖先漫长的演化过程中，当人类祖先在1万多年前学会制造工具后，人类的进化就大踏步前进了。对这个过程，恩格斯在《自然辩证法》中总结为：是"劳动创造了人本身"，他详细地论证了"劳动在从猿到人转变过程中的作用"，并描述了人是怎样从猿进化成人的。② 随着社会生产力的发展，人

---

① 邱耕田. 发展——在人与自然之间［M］. 北京：社会科学文献出版社，2019：55-59.
② 马克思恩格斯全集：第20卷［M］. 北京：人民出版社，1971：509.

与自然的关系也由最初的完全依附于自然变得越来越能够改变自然以获得更好的生存与发展的条件,而且由于现当代科学技术的飞速发展,人类对自然的改造能力更是无可比拟,但不管人类的能力有多强,人都不可能离开自然界而存在,人只能在自然条件下生存发展,而不可能超越于自然环境,成为单独的存在。因此,人永远是自然界的一部分。

2. 自然是人类生存的基础

正由于人是从自然界中进化而来的,因此,人类的命运与自然界息息相关。可以说自然界可以没有人类,但人类却离不开自然界。人类赖以生存的最直接的自然环境就是地球生态系统,人时刻与地球生态系统进行物质、能量与信息的交换,离开地球生态系统,人就不能生存,人的生命便会终止。从这个意义上,自然是人类生存的基础和前提。自然界可以独立于人类而存在,没有了人类,自然界只是变成了无人的状态,照样生机盎然,但没有了自然界的一切,人类根本不可能产生和发展;破坏地球生态系统,毁灭人赖以生存的自然万物,人类也很快就会灭亡。因此,关爱地球,善待自然,治理环境,保护生态,其实是爱护我们人类自己。

3. 人类对自然具有能动性

人类来源于自然界,但人类并不单纯依附于自然界,人类对自然具有能动作用,人类可以通过改变自然来为自身服务。正如恩格斯在《自然辩证法》中所指出,"动物仅仅利用外部自然界,单纯地以自己的存在来使自然界改变;而人则通过他所作出的改变来使自然界为自己的目的服务,来支配自然界。"但是,恩格斯进一步指出:"我们必须时时记住:我们统治自然界,决不像征服者统治异民族一样,决不像站在自然界以外的人一样,——相反地,我们连同我们的肉、血和头脑都是属于自然界,存在于自然界的;我们对自然界的整个统治,是在于我们比其他一切动物强,能够认识和正确运用自然规律。""事实上,我们一天天地学会更加正确地理解自然规律,学会认识我们对自然界的惯常行程的干涉所引起的比较近或比较远的影响。特别从本世纪自然科学大踏步前进以来,我们就愈来愈能够认识到,因而也学会支配至少是我们最普通的生产行为所引起的比较远的自然影响。"[①]

在这里,恩格斯明确指出,人类确是可以统治自然界,但并不是任意统治,肆意作为,而是要在认识和遵循自然规律的情况下利用和改造自然。而且随着科学的发展和人类认识水平的提高,我们就越能预测人类作用于自然所造成的

---

① 马克思恩格斯全集:第 20 卷 [M]. 北京:人民出版社,1971:518-519.

比较远的后果，并可以预先避免不良后果的产生。当人类学会科学地利用和改变自然时，也"愈会重新地不仅感觉到，而且也认识到自身和自然界的一致"。认识到人与自然的不可分割的联系性。因此，人类对自然界的能动性是有限制、有约束的，并不可以任意妄为，如果人类无视大自然的规律，做出违反自然规律的行为，最后只能受到自然的惩罚。

（三）人类与自然是生命共同体

人来源于自然，依赖于自然，人因有丰富的自然资源而生活精彩，而自然因有人类的繁衍生息而绚丽多姿。因此，人与自然是生命共同体，这是人类命运共同体在人与自然关系上的体现，也反映了人与自然关系的本质特征。习近平总书记在十九大报告中指出："人与自然是生命共同体，人类必须尊重自然、顺应自然、保护自然。人类只有遵循自然规律才能有效防止在开发利用自然上走弯路，人类对大自然的伤害最终会伤及人类自身，这是无法抗拒的规律。"①

生命共同体即在生命的层面构成不可分割的统一整体。人是生命的存在，自然界也是各种生命的存在，人与自然是在生命层面相遇，人是自然生命的一部分，但又作为独立的形态与自然界的其他生命相区别。邱耕田提出，人与自然生命共同体具有三个层面的含义：一是指人与自然这两个不同质的"子系统"相互构成更大的"巨系统"，它反映了人与自然密不可分的联系；二是人与自然两个子系统的密切关系是一种相互依存、相互作用和相互转化的关系；三是人与自然在相互作用中只能走向共生、共荣，绝非你死我活和两败俱伤。生命共同体的共生性包含共存性、共和性、共利性和共荣性等特性。共存性是指空间结构上人与自然的共存关系；共和性是指人与自然之间的一种关系状态，即这种关系是和谐的或协调的；共利性是指人与自然的关系具有互利的性质，是互利互惠的关系；共荣性即人与自然的共同繁荣和共同发展。这几个特性是相互关联的。共存必然指向和谐，和谐才能共利，共利的目的就是共荣。② 然而，这种共生关系还不能完全描述人类与自然的关系，应该说共生只是人与自然关系的一种形式，和谐才是人与自然关系的终极追求。

回顾前面我们提出的和谐论，它包括了遗传原理、进化原理、多样性原理和共生原理。当和谐论应用于讨论人与自然关系的时候，就变成了和谐主义观点。也就是说，在讨论人与自然之间的共生关系时，还应包含其他三个原理的

---

① 习近平. 习近平在中国共产党第十九次全国代表大会上的报告 ［N］. 人民日报，2017-10-28.

② 邱耕田. 发展——在人与自然之间 ［M］. 北京：社会科学文献出版社，2019：10-12.

思想，即人与自然在遗传、进化上共进退，在生物多样性基础上与其他生命共生，最终实现人与自然的和谐相处。2020年9月30日，习近平主席在联合国生物多样性峰会上的讲话中向世界呼吁："让我们从这次峰会携手出发，同心协力，共建万物和谐的美丽世界!"① 这里的万物和谐理念，正是对人与自然生命共同体的具体阐释。2021年10月12日习近平主席在昆明召开的《生物多样性公约》领导人峰会上作了《共同构建地球生命共同体》的主旨讲话，首次提出了"地球生命共同体"理念，并再次强调："人与自然应和谐共生。"呼吁"国际社会要加强合作，心往一处想、劲往一处使，共建地球生命共同体。"② 这实际上是人与自然生命共同体的具体落实。因此，生命共同体是人与自然关系的本质表现。在人与自然的生命共同体中，人类与自然共同促进，都获得最大程度的彰显与实现。

总之，人与自然的关系在人类诞生的时候就已经存在，但在很长的时间里人类缺乏对人与自然关系的正确认识。科技发展和生产力水平的提高，加剧了对自然的肆意掠夺和盲目破坏，最终也受到自然界的无情报复。当面对全球性生态环境危机之时，人类开始重新审视人与自然的关系。人与自然的关系既不是人类中心主义的观点，也不是生态中心主义的观点，而是和谐主义的观点，即人与自然是生命共同体，人与自然应和谐共生。因此，人类要共同应对全球性生态环境问题，就需要达成人类命运共同体的价值认同，形成全球环境修复与生态保护共识，凝结合力，共同治理，让生态环境恢复生机，使人与自然和谐共生。

---

① 习近平在联合国生物多样性峰会上的讲话 [N]. 人民日报, 2020-10-01 (03).
② 习近平. 共同构建地球生命共同体——在《生物多样性公约》第十五次缔约方大会领导人峰会上的主旨讲话（2021年10月12日）[N]. 人民日报, 2021-10-13 (02).

第七章　人类命运共同体价值认同的社会基础

全球治理态势是人类命运共同体价值认同的社会基础。1990 年，国际发展委员会主席维利·勃兰特（Willy Brandt）首次提出全球治理理论，旨在对全球各种事务进行共同管理。这些事务包括全球安全、生态环境、国际经济、跨国犯罪、基本人权等。习近平在十九大报告中指出，中国秉持共商共建共享的全球治理观，倡导国际关系民主化，坚持国家不分大小、强弱、贫富一律平等，支持联合国发挥积极作用，支持扩大发展中国家在国际事务中的代表性和发言权。

第一节　社会治理理论的提出

在人类思想史上，马克思第一次对人的本质做出了界定，在《关于费尔巴哈的提纲》中他提出了"人的本质不是单个人所固有的抽象物，在其现实性上，它是一切社会关系的总和"的著名论断。这一论断表明人并不是一座孤岛，而是生活在人与人的生产活动交织而成的社会关系网中。为了维护社会秩序，保证社会的各项活动正常进行，人类必须有意识地对社会公共事务进行组织和管理，调和社会的各种矛盾，以实现整个人类社会的可持续发展。因而，社会管理和治理理论应运而生。

一、从社会管理到社会治理的变革

（一）社会管理的含义

人类进行管理活动已经有漫长的历史，有关管理思想的起源，翻阅四大文明古国的历史典籍都有迹可循。举世闻名的埃及金字塔、中国万里长城皆是人类历史上管理和组织能力的见证。历史的演进和现实的需要催生了诸多不同的管理思想流派。管理思想发展到现代，思想体系日趋丰富、系统和精细，并且衍生出了许多种类的管理。其中，社会管理是管理的一个重要分支，它贯穿社会生活的方方面面，渗透到社会发展的整个过程和领域。

西方社会管理思想的发展与其市场经济的发展密不可分，早期实行自由放任的政策，基本上不干预社会的发展，政府对社会的管理十分有限。到了近现代，经历了经济大萧条之后，西方政府相对加强了对社会的管理。但总体来说，西方社会的公民更追求个人自由与社会秩序之间的一种平衡，作为一个非总体性的分化和分工相当精细的社会，西方的社会管理侧重于行政管理、公共管理、经济管理、工商管理或企业管理以及与此相关的社会控制这样一些概念。

什么是社会管理？有学者认为，社会管理是管理主体为了实现一定的社会发展目标，为了保持和促进社会有机体的正常运转和有序发展，通过一定的社会组织，对社会的整体性活动进行规划、组织、指挥协调、控制和监督的社会行为。[①] 这个定义将社会管理看作一个整体、普遍的行为，有明确的目标指向，因而被广泛认同。还有另一种看法也得到了学界的广泛认可，"社会管理主要是指政府和社会组织为促进社会系统的和谐运行与良性发展，对社会生活、社会结构、社会制度、社会事业和社会观念等各个环节进行组织、协调、服务、监督和控制的过程。"[②] 这一定义则更为具体，指明了社会管理的主体和涵盖的宏观领域。社会管理的主体包括两大类：一是政府的管理，政府在国家赋权下行使其行政职能对社会有关事务进行规范与管理，即政府管理社会；二是社会自我管理和社会自治管理，主要通过各类社会组织进行管理。在社会管理中，政府的管理占主导地位，呈现出突出的政府主导性特征。政府通过行政手段、法律手段等来干预、处理社会公共事务，以达到维护社会和谐稳定，促进社会公平正义的发展目标。

（二）社会管理的贡献及缺陷

一方面，社会管理在人类上万年的历史中有着不可磨灭的贡献，它在一定历史时期中，从世界观和方法论的高度给国家机器和社会组织的有序运转提供了思想指引，有效地协调了个人与社会的关系及社会各部门之间的关系。实现了统治阶级一般的、普遍追求的目标即保持社会稳定，维护社会秩序，保证社会的正常运转。一定程度上提高了人民的生活水平，改善了生活环境。为社会

---

① 张明锁. 社会管理概论 [M]. 郑州：河南人民出版社，1994：2.
② 曹海军，李筠. 社会管理的理论与实践 [M]. 天津：天津人民出版社，2001：36.

的进一步发展夯实了基础，创造了大量的社会财富，同时积累了宝贵的管理经验，为后续的社会治理避开了误区，指明了改革方向。

另一方面，随着工业化、城市化、信息化、市场化、全球化等社会发展趋势的影响，社会结构逐渐分化，社会问题日益凸显，现有的管理体制越来越不能适应社会的发展，暴露出诸多弊端。具体表现为：第一，社会管理理念落后。对近年来涌现的先进管理新思想、新观念不能加以吸收，及时革新管理观念，创新管理体制机制。第二，社会管理的主体极化。传统的社会管理体制以政府为核心主体，社会组织成了政府的下属机构，有行政化的倾向，极大地压制了社会组织的自治功能和公民参与公共事务管理的积极性。第三，社会管理方式经验化。社会管理具有明显的"人治"倾向，缺乏法治思维。在管理中有滞后性，往往侧重于事后解决问题，而不是在问题萌芽之初便发现问题并着手解决。当矛盾集中时采用强制手段进行控制。① 第四，社会管理成本高效率低。自上而下的管理体制下，信息传递往往存在延迟现象，各职能部门就像一个个行政"堡垒"、信息"孤岛"，缺乏沟通的管理增加了许多不必要的手续，导致百姓办事跑断腿。因为这种管理不能从最基层了解到人民群众的需求和实际问题，很难抓住根本矛盾。种种迹象都表明社会管理体制已经越来越不能适应社会发展的速度，政府需要简政放权，还权于社会。而社会日新月异的发展给政府管理带来了极大的挑战，因而必须对社会管理体制进行改革以适应社会进一步的发展要求。

(三) 社会治理：社会管理的新发展

随着经济全球化的深入发展，利益群体不断分化，公民社会崛起等种种因素的共同作用下，政府放权，社会分权的趋势要求突破旧有的管理思维，寻找治理社会的新方式。顺应时代的潮流，"治理"的理念应运而生，社会管理也向社会治理转型。从社会的长远发展来看，提高社会自治与自我服务能力已成为当代社会管理发展的一个大趋势。

治理理念兴起于 20 世纪末，国际社会众说纷纭，其中最具权威和影响力的"治理"概念是联合国全球治理委员会于 1995 年提出的，"治理是个人和公共或私人机构管理其共同事务的诸多方式的总和，他是使相互冲突的或不同的利益

---

① 麻宝斌，任晓春. 从社会管理到社会治理——挑战与变革 [J]. 学习与探索，2011 (03)：95-99.

得以调和并且采取联合行动的持续的过程。"① 从这个定义可以看出，治理被广泛运用在社会的各个层级，是个人、政府和社会组织等部门或机构管理公共事务的诸多方式的总和。可以分为全球治理、国家治理、社会治理等范畴。从参与的主体看，治理强调多元的分散主体以及多边互动的合作网络。相对于管理，治理更加强调合作性、协调性与民主性，是一种长效的协调机制。从方式看，治理的方式和手段更加多样化。

社会治理作为治理的其中一个分支，将治理理念融入了社会公共事务的管理中。"社会治理是在公民社会走向成熟，政府、社会和私人之间的互信合作关系不断加强的前提条件下，基于政府不断进行自我调整和重新定位的基础上，公共管理权力在各种社会组织间重新配置，形成政府主导、个人和各种经济社会组织协同参与社会公共事务的管理过程。"② 社会治理理论是对传统社会管理思想的继承、超越和创新，它回应了时代发展对理论创新和实践创新的双重要求。

二、社会治理理论的提出及内涵

（一）社会治理理论的提出

英语中的"治理"一词源于拉丁文和古希腊语，原意是控制、引导和操纵。随着社会各类组织的发展，治理理论与政治、经济、社会等诸多领域结合，形成了专门的治理理论。20世纪末，西方学者赋予"治理"以新的含义，主张政府放权和向社会授权，实现多主体、多中心治理和治理多元化，在今天的西方学术话语语境中，"治理"一词主要意味着政府分权和社会自治。

社会治理是现代治理理念的一个方面，社会治理理论是西方治理理论的重要组成部分。由于西方国家治理理论奉行社会中心主义和公民个人本位，因此，理性经济人的社会自我治理，在理论逻辑上构成了西方社会治理理论的核心内容。在特定意义上可以认为，西方国家的治理理论，本质上即是理性经济人为基础的社会自治理论。在我国，2013年首次在中共十八届三中全会上提出社会治理的理念，推进基本公共服务均等化，加快形成科学有效的社会治理体制，

---

① 卡尔松. 天涯成比邻——全球治理委员会的报告［M］. 北京：中国对外翻译出版公司，1995：2.
② 郑钧蔚. 社会治理理论的基本内涵及主要内容［J］. 才智，2015（05）：262.

确保社会既充满活力又和谐有序，推进国家治理能力和治理体系现代化。①

（二）社会治理的概念

"社会治理"的概念起源于西方，直至今日，针对社会治理的本质及内涵，现有的各类文献研究尚无统一的定论。可以说，社会治理是一个仍在不断发展中的理论。有学者认为，"西方国家所谓的社会治理就是在努力重构政府与社会清晰边界的基础上，强调依靠社会力量，抑或借助政府和社会的合作，协同解决社会问题。"② 从运行意义上讲，"社会治理"实际是指"治理社会"。换言之，所谓"社会治理"，就是特定的治理主体对于社会实施的管理。简单概括为两个问题"谁来实施治理"以及"治理什么"。在我国，社会治理是指在执政党领导下，由政府组织主导，吸纳社会组织等多方面治理主体参与，对社会公共事务进行的治理活动，是"以实现和维护群众权利为核心，发挥多元治理主体的作用，针对国家治理中的社会问题，完善社会福利、保障改善民生，化解社会矛盾，促进社会公平，推动社会有序和谐发展的过程"。③ 另一种说法认为，"社会治理是在公民社会走向成熟，政府、社会和私人之间的互信合作关系不断加强的前提条件下，基于政府不断进行自我调整和重新定位的基础上，公共管理权力在各种社会组织间重新配置，形成政府主导、个人和各种经济社会组织协同参与社会公共事务的管理过程。"④ 社会治理注重参与政治民主，致力于打造一种上下联动的公共管理体制，有利于激发公民主动承担社会责任和积极奉献的精神，给管理注入新生活力，体现了共建共治共享的社会治理原则。社会治理的主体包括个人、政府组织、自治组织和各类经济社会组织。

（三）社会治理的内容

关于社会治理的内容，聚焦于社会领域，涉及的范围领域十分广泛，主要是社会公共服务、社会安全和秩序、社会保障和福利、社会组织、社区管理等等。然而，随着社会治理趋向于制度化、程序化、规范化和法治化，社会治理也会触及国家相关法律和社会治理的体制机制和组织形式的创新改革。围绕社

---

① 中国共产党第十八届中央委员会第三次全体会议公报 [J]. 实践（党的教育版），2013（12）：4.

② 陶希东. 社会治理体系创新——全球经验与中国道路 [J]. 南京社会科学，2017（01）：66.

③ 姜晓萍. 国家治理现代化进程中的社会治理体制创新 [J]. 中国行政管理，2014（01）：24.

④ 郑钧蔚. 社会治理理论的基本内涵及主要内容 [J]. 才智，2015（05）：262.

会治理的整个过程来说，社会治理包括几个内容板块：一是政府职能的转变和行政方式的变革，关乎公共管理权力如何重新配置的问题。如决策权、执行权、财政权等权力的归属以及治理的边界划分问题；二是不同利益的充分表达和整合问题，社会治理涵盖了不同利益群体，是一个充满了协商、沟通、协调的利益博弈和整合过程。社会治理要兼顾大多数人的利益，在社会治理主题之间达成共识，以达到资源的合理配置；三是政府的自我调适和重新定位，面对日益复杂的社会环境，社会问题和社会事务繁多，政府要重新定位自身角色，向"服务型"政府转变，激发各类社会主体的活力，实现政府宏观调控和社会自治的有机结合。四是公民社会的培育和成长，政府要重新认识公民的社会定位，培养公民主动承担社会责任的意识，提高公民和社会组织自我管理、自我服务的能力。让公民在参与社会治理的过程中成长。实现权力真正回归于社会。①

（四）社会治理较之社会管理的新发展

社会治理作为社会管理更高形式的发展，从社会管理的母体中孕育产生，又因时因地以现实条件为转移，对管理理念进行了创新，进而超越了社会管理的局限性。与社会管理相比较，社会治理的新发展主要体现在三大方面，一是理念的更新，二是内容的深化，三是模式的创新。

1. 理念的更新

从"社会管理"到"社会治理"，不仅是简单的词语变化，更是思想理念的深层更新。尽管国际社会目前还没有一个关于"社会治理"的统一定论，但是从对"治理"一词的广泛探讨中，治理的应有之义得到了广泛的认同。社会治理区别于社会管理的理念体现在以下方面：一是多元主体协同。全球治理委员会的界定表明，治理是一个多主体共建共治共享的过程，政府并不是唯一的主体，各种社会组织都会成为治理的重要主体，共同解决公共事务及社会问题。二是更加突出合作协调的理念。政府与社会相互支持，达到资源集约利用的效果，治理多采用对话、协商的方式来解决社会的矛盾问题。三是强调互动性。它强调管理对象的参与，是一个上下互动的管理过程。四是社会公民的自主性及参与意识。治理回应了公民权利这一价值诉求。从根本上说，社会治理更加尊重个人的主体地位，消除以前"行政管控"为主的社会管理模式的影响，进一步扭转观念，增强政府的服务职能，提升个人的参与意识。② 在我国，长期

---

① 郑钧蔚. 社会治理理论的基本内涵及主要内容［J］. 才智，2015（05）：262.
② 陈燕. 思想政治教育社会治理功能研究［M］. 北京：中央编译出版社，2019：2.

以来，采用的是统治、管理或社会管理的概念。党的十八届五中全会通过的《中共中央关于制定国民经济和社会发展第十三个五年规划的建议》对社会治理思想作出了中国特色的解释，"构建全民共建共享的社会治理格局，即确立并调动广大人民群众的主人翁意识和主体地位，调动全体人民共同参与、共同创造、共同建设的积极性和内生动力。从而构建活力、包容、公平、和谐的社会秩序的动态过程。"①

2. 内容的深化

从理论上说，社会治理的内容囊括并超越了社会管理的内容。社会治理是新生事物，它汲取了社会管理这一旧事物中的合理的、积极的因素，并增添了旧事物所不能容纳的新内容。首先，"治理"相对于"管理"更具综合性、主动性和民主性。社会治理的主体是多元的，它更强调政府与个人、各类社会组织的协调合作，从而真实地放权于社会，坚持并巩固了人民的主体地位，能更大程度地调动公民参与治理的积极性，能够更贴近问题源头、从更全面的角度发现社会存在的各类问题。从而使管理走向更深、更广的层次，实现社会的纵深发展。其次，社会管理的愿景相对而言过于简单笼统，停留在维护社会稳定的表面，社会治理则更具有聚焦社会深度发展的魄力，它涉及社会问题的方方面面，治理目标突出"有序、活力、公平、包容的结果导向"，是一个不同群体利益整合的过程。总体而言，社会治理是政治民主的一种重要体现，社会管理所及的范围以政府权力为边界，而治理所及的范围要更加宽广。

3. 模式的创新

在管理的模式上，社会治理较之社会管理主要有以下几点创新：第一，从治理主体看，体现出多元互动，协同治理的格局。各类公共的或私人机构以及个人都可以管理其共同事务。第二，从治理过程看，呈现出循序渐进，潜移默化的特点。根据全球治理委员会的定义，治理是使相互冲突的或不同的利益得以调和并且采取联合行动的持续的过程。说明治理的过程是有商有量的，能够让不同的利益群体发声，在沟通协商的情况下共同行动，最后采用最优办法实现共同利益的最大化。第三，从治理关系看，表现为互信互赖的关系，这是一种由政府和多个社会组织组成的社会网络，在这一信息联通的网络中，运用各种方式提供社会性公共服务。这样的制度安排，使得社会治理主体间的关系表现为相互依赖，缺一不可的依存关系，而且更为普遍地以信任为基础，在此基

---

① 陶希东，王文静，李冰洁，等．共建共享 论社会治理［M］．上海：上海人民出版社，2017：8．

础上进行谈判、协商和互相监督为基础的合作。第四，从治理方式看，方法手段多样化。社会能够综合运用经济、政治、法律等手段进行社会治理，能有效地提高效率，降低治理成本，有利于营造良好的治理生态。第五，从治理的成效看，发扬了自律自为的精神。从他律与自律的角度来看，社会管理模式到社会治理模式的变革体现了社会自律精神的强化。一定程度上可以说将管理从"天国"拉回了"人间"，让管理回归到人民群众本身，更加贴近人民群众实际的生产生活。

社会治理的概念、内容、模式的创新体现出了治理全员、全程、全方位的特点，这能够凝聚起社会的最大合力，从而更好地应对社会发展带来的挑战，中国的社会治理采用党委和政府主导、社会协同、公民参与的协作治理模式，正是参照这种社会治理理念模式建立的。

（五）社会治理理论的时代意义

首先，社会治理适应了新时代的社会发展要求，适应了信息时代带来的诸多挑战。为当代的社会发展提供了良好的社会环境，有助于民主、法治、公平、正义精神的弘扬。其次，在社会治理的框架体系下，公民和社会组织有权参与公共权力，作为社会主体的地位得到了认可和支持，培育了公民的社会责任感和管理能力，有利于推动高素质公民社会的形成。再次，有效提高社会治理社会化、法治化、智能化水平，加强预防和化解社会矛盾机制建设。最后，社会治理是迈向共产主义社会的一个里程碑式的标志。根据马克思主义观点，国家是阶级矛盾不可调和的产物，国家产生于社会又凌驾于社会之上。随着社会生产力的发展，国家将不断地向社会回归并最终消亡。社会协同、公众参与、法治保障的社会治理体制符合国家与社会关系的这一理论，也顺应了时代发展的趋势。

三、社会治理走向全球治理的必然性

随着全球化的不断发展，不同社会彼此之间的联系更为紧密，越来越呈现出相互交融的态势。不同文明、不同意识形态之间的交流、碰撞更为激烈，在这样的时代背景下，社会治理需要突破狭隘的地域局限和单一的发展眼光，建立一种更为包容的全球化治理理念。全球治理理念正是对社会治理全球化的回应。全球治理从整体视角上关注社会治理的本质和问题，为协同治理提供指南。从社会治理与全球治理的关系来看，二者存在包容关系和交集关系。一方面，全球治理作为一个宽泛的维度，内在地包含了社会治理。另一方面，二者在治

理的问题方面存在着交集，表现为个别的民族国家所面临的社会问题同时也是全球治理面临的问题，例如贫困和粮食短缺的问题。而且，伴随着全球化的纵深发展，国家的发展不可能脱离于世界之外独善其身，各国的社会治理必须与全球治理同向同行才可能得到更彻底地解决。同时，全球治理也要兼顾各国的社会治理，从中吸取成功经验和失败教训，不断从理论层面和实践层面完善全球治理。

（一）全球治理面临的问题挑战

全球化时代人员、资本、资源、信息的快速跨国流动给世界经济发展插上了腾飞的翅膀，同时也加快了风险传播的速度和扩散的范围，国内和国际环境变得复杂和多元，给管理增加了难度。各个国家都存在不同程度、不同范围的社会问题，在政治、经济、环境、安全等方面的治理都面临着极大的挑战。当前"各国政府以国家地理疆界为基础解决问题的狭隘个体理性模式导致全球问题的潜在恶化，全球公共利益经常不能够得到应有的维护。"① 这种模式已经不能适应时代发展的需要，因为这个时代各国都因全球性问题和共同的利益而形成了一个相互依存的命运共同体，每一个国家都会受其他国家行为的影响。要应对这种风险挑战，就要明确这些问题包括哪些方面，从而变革治理方式，更好地迎接挑战。

1. 经济问题

在经济全球化时代，各国之间经济上的联系更加紧密，经济发展不再是单纯依靠国内，国与国之间表现为相互依赖的关系，世界范围的贸易自由化趋势已势不可挡。但与此同时，贸易保护主义、单边主义却仍在作祟，企图对抗这一趋势，两者的冲突难以解决，当前的全球经济治理面临着诸多复杂性挑战。例如地区的贫富差距问题，在全球经济中表现为贫富两极分化的问题，全球贫富差距持续恶化，经济结构呈现出失衡的状态。另外，自 2008 年爆发的国际金融危机以来，世界经济的实际增长率始终未能恢复到危机前的水平。经济发展陷入长期低迷，增长乏力。尽管在这样的情况下，贸易保护主义依旧盛行，在对外贸易中设置贸易壁垒限制外国产品进口以保护本国企业免受外国产品竞争。"在贸易体制建设上，多哈回合导致以 WTO 为基础的多边贸易体制受阻，而区

---

① 王乐夫，刘亚平．国际公共管理的新趋势——全球治理［J］．学术研究，2003（03）：
53.

域或双边协定却层出不穷，进一步导致国际规则碎片化。"① 现有的全球治理体制还不够完善，暴露出其内在缺陷。除了上述问题，全球治理面临的经济问题还有许多，如全球经济安全、公平竞争、债务危机、国际汇率等等，以往的全球经济治理结构亟须转型。

2. 政治问题

冷战之后的世界发生了深刻变化，国际间的关系更加复杂。尽管和平与发展已经成为时代的主题，但是地区战争依然存在，各国各民族之间不同的宗教信仰、争夺资源等的矛盾成为导致一些地区冲突和国内战争频仍的主要原因之一，欧洲难民潮、种族歧视等问题也没有得到妥善解决。与此同时，国际恐怖主义、核武器等全球传统和非传统安全威胁正在增加，世界各国依靠自己的力量已经不能够应对这一共同面临的威胁。

3. 生态问题

经济全球化使得人类在创造大量物质财富的同时，也加剧了生态环境的破坏。人与自然之间的矛盾越来越突出，环境污染、全球气候变暖、资源的不合理开发利用导致的资源枯竭、生物多样性丧失等生态问题直接威胁到了人类的生存与可持续发展。生态系统是一个不可分割的整体，且气候问题具有弥散性的特点，这就决定了生态问题不单是一个国家的问题，它与每个国家都休戚相关。因此，治理必须是在合作协同机制下的全球治理。当前，国际已经认识到这一问题的严重性，制定了不少保护环境的国际公约或协议，但要取得良好的治理成效，全球生态治理还有很长的路要走。

（二）社会治理思维对全球治理理念的启发

各国的社会治理思维对全球治理理念的形成具有启发意义。以中国为例，党的十八届三中全会提出，"全面深化改革的总目标是完善和发展中国特色社会主义制度，推进国家治理体系和治理能力现代化"。首次提出了"国家治理体系"的概念。这一概念并非无中生有，而是着眼于现代化，不是一味追求经济发展速度，而是转向追求各个领域的可持续发展，包含"善治"的目标。中国道路和中国模式推动了世界的发展，对良善治理的追求，正符合全球治理的发展方向。中国的发展成就和经验模式深刻地影响了世界各国对自身发展道路的抉择，也影响了国际社会对现行全球治理的判断和反思。这正是各国社会治理

---

① 陈国平，赵远良，等. 全球治理与中国方略［M］. 北京：中国社会科学出版社，2018：68.

思维对全球治理理念有所启发的生动例证。各国的社会治理理念都蕴含着各国的独特智慧，集其大成方能推动全球治理朝着更好的方向发展。

在理论层面，社会治理与全球治理作为治理的两种范畴，一方面，二者存在交叉重合的部分。事实上，不同国家与社会的治理思维在反向塑造着全球治理，例如全球治理中所倡导的民主、法治、平等、公正等基本价值理念是从社会治理中发端的，反过来说，全球治理也在引导着社会治理的发展。另一方面，二者互为助益。社会治理不是单向的被动接受全球治理带来的影响，融入全球治理的大势中，社会治理会事半功倍，二者应该是一个双向互动的过程。全球化的发展催生了社会管理向社会治理的变革，社会治理适应了全球化的要求。同时，社会治理理论的发展又为全球治理提供了新思路、新方法。

社会治理主张将多元、多样、多面的社会组织联系起来，进行协同管理，以便更好地提供社会服务。这就启示我们在进行全球治理的过程中，要善于调动各国政府的和民间的各种力量，集思广益，运用整体性、综合性的治理思维对全球面临问题和危机理性思考、科学分析，找到可行的出路方法。

（三）社会治理的实践推动全球治理的发展

在实践层面，社会治理的实践为全球治理提供了宝贵的经验。社会治理是在全球化的时代背景下出现的一种社会发展方式与制度选择，与全球治理相较而言，它已经具备比较成熟的制度体系和运转机制，在实践中也积累了一定的经验。无论是对重大社会问题的解决还是社会治理组织机构的运转方式、治理体系的创新，这些实战经验都给全球治理提供了基础。从矛盾的视角来看，社会治理与全球治理都要解决的课题是全球化发展下日益凸显的关乎人类生存发展的问题与政治实体治理能力相对滞后之间的矛盾。这就势必要求人类在社会治理与全球治理之间建立关联性，从逻辑的相通到实践的共性，如何解决社会问题和全球问题？从宏观与微观的角度看，在治理中要建立一种思维和实践惯性，要从"社会—全球"与"全球—社会"的整体互动视野来架构理论、指导实践。"在全球化时代，如果割裂国际政治和国内政治，以单一的、孤立的思路寻找解决问题的途径，往往是失败的。"① 简言之，社会治理需要全球治理的宏观视野，全球治理也需要吸取社会治理实践中的经验教训，重视二者之间的联系与发展。

---

① 范逢春. 全球治理、国家治理与地方治理——三重视野的互动、耦合与前瞻 [J]. 上海行政学院学报，2014，15（4）：55.

第二节　全球治理理念的形成与发展

20世纪70年代以来，经济全球化、世界多极化、文明多样性、社会信息化发展趋势更加明显，全球社会各个领域的环境整体上呈现出整体性、多样性、动态性和复杂性等特点，人口问题、粮食问题、污染问题、能源危机、跨国犯罪、恐怖主义等世界性的问题，不断困扰着全球社会。当世界格局和社会问题发生重大变化以致出现新危机、新挑战时，国家乃至全球都势必要重新思考解决社会问题的新思路、新方法。于是从封闭性的国家治理走向跨界合作的"全球治理"成为国际社会的新选择。①

一、全球治理理念的提出及其发展

（一）全球治理理念提出的背景

在政治多极化、经济全球化、文明多样性的推动下，世界各国的联系和相互依存更加紧密。世界发生着深刻而复杂的变化，全球性问题不断增多，任何国家都无法单独应对这种挑战，多主体参与的全球治理理念正是在这样的时代背景下应运而生。全球交往的扩大和深化使得大量的活动和社会联系超出了国家的地理边界，也超出了国家的治理能力范围。全球性问题和全球风险的出现对以国家为中心的治理体系提出了挑战，因此，必须要扩大治理范围，提高治理层次，增加治理主体以维护全球发展的秩序。

1. 政治多极化趋势

人类步入20世纪以来，经历了两次世界大战和美苏冷战，每一次的动荡都令世界发生革命性的、历史性的变化。尤其是两极格局瓦解后，世界政治力量对比发生了重大变化。"世界权力从一个中心向多个中心扩散、各中心之间力量差距逐渐缩小，西方发达国家的世界主导地位持续走弱，多极化趋势逐步发展。"② 呈现出"一超多强"的新格局，随着新兴国家的群体性崛起，国际力量对比更趋平衡。美国试图维护其霸权地位，建立由其主导的世界秩序的意图虽有所削弱，但单极与多极之间的斗争仍然没有停止。在世界多极化趋势的发展

---

① 俞可平. 全球化——全球治理［M］. 北京：社会科学文献出版社，2003.
② 高祖贵. 世界百年未有之大变局的丰富内涵［EB/OL］.［2019-01-21］［2021-12-23］http：//theory. people. com. cn/n1/2019/0121/c40531-30579171. html.

下，国际关系更加错综复杂，大国之间相互影响、相互制约的势头更加强劲。国际格局的演变进入新阶段，面对不断深入展开的多极化趋势，特别是国际秩序混乱、不确定性和风险性持续增加的情况，国家需要重新厘清自身定位，全球治理亟须因应变局，建立与多极化趋势相匹配的国际新秩序，推动国际体系深刻变革。

2. 经济全球化

20 世纪 90 年代以来，经济全球化趋势大大加强，经济全球化表现为资本、劳动力、生产、贸易等要素在全球范围的流动，全球市场逐渐形成。同时，跨国公司的兴起为经济全球化提供了平台和载体。"全球市场和跨国组织在本质上与传统的国家领土观念是相冲突的，资本的全球流动和跨国公司的全球活动客观上都要求冲破领土的束缚。"① 也就是说，当国家疆域阻碍了经济全球化的进一步发展时，资本扩张会想方设法地冲破这种束缚，"全球化概念指出了一个方向，而且只有一个方向：经济活动的空间在扩大；它超越了民族国家的边界，因此重要的是政治调控的空间也在扩大"。② 由此，传统的领土观念正在受到冲击，越来越多地让位于经济全球化的要求，经济全球化对民族国家的主权、领土和公民认同构成了极大的挑战。此外，经济全球化也使得世界各国之间的联系更加紧密，形成"你中有我，我中有你"的局面，世界性的经济危机一旦发生，各国将一荣俱荣，一损俱损。因此，要求建立一个管理经济要素全球流动的世界性组织，采取必要的举措对经济活动加以规范和引导，全球经济治理将成为一项重大的时代课题。

3. 文化多样性

据相关统计显示，截至 2020 年，世界上共有 233 个国家和地区。每个国家和地区都有着不同的历史文化、不同的国情、不同的社会制度，这些文明共同构成了世界文明多彩纷呈的局面。马克思主义认为，正是多样文明之间的交融和震荡，成了人类文明发展的重要推动力。各种文明都有其特点，不存在优劣之分。随着全球化的发展，世界各国之间的文化交流日益增多，多种文明交流、沟通、互补、融合机会增多和文明共性增加。但文明的冲突也开始显现，面对不同文化之间的冲突和隔阂，要建立一种共识和趋势，打造一个和谐的多元文明世界是全球化背景下促进多元文明的互鉴、共存的必经之路。

---

① 俞可平. 经济全球化与治理的变迁 [J]. 哲学研究, 2000 (10): 9.
② [德] 拉尔夫·达伦多夫. 论全球化 [M] //乌·贝克, 哈贝马斯, 等. 全球化与政治. 王学东, 柴方国, 译. 北京: 中央编译出版社, 2000: 212.

（二）全球治理理念的发展过程

1. 全球治理理念的形成

全球治理作为治理的重要组成部分和实践，始于人类对全球问题的关注。1968 年 4 月，在意大利经济学家和实业家奥莱里欧·佩切伊（Aurelio Peccei）的组织下，一批欧洲的科学家、社会学家、经济学家和计划专家聚会于罗马的林奇科学院，举行了第一次讨论全球问题的国际学术会议，并在会后成立了一个名为"持续委员会"的组织，也就是后来著名的罗马俱乐部。罗马俱乐部是最早意识到人类社会将面对全球性问题和危机的一个有远见的知识分子群体。随着全球化进程全方位的发展，这些问题涉及全球经济、社会发展、生态环境等方方面面。① 1989 年世界银行首次使用"治理危机"概念，并于 1992 年发表了"治理与发展"的年度报告。随后，"治理"被广泛应用于众多的场合，也被应用到应对全球性问题层面，全球治理理念应运而生。因为全球性问题不是一个国家产生的问题，也不是一个国家的力量能够解决的问题。只有进行全球治理，才能从根本上解决问题。全球治理的兴起，既表明人类对自己在全球化时代所面临的共同问题和共同命运的觉醒，也表明人类为追求全球安全和普遍繁荣所做的努力。

2. 全球治理理念的现状

全球治理理念在全球公共事务的管理中已经得到越来越广泛的运用，在实施过程中发挥了治理的正向作用，但也存在着不同程度的问题。

从积极的方面来说，全球治理得到了世界各国越来越高的认同度，已经成为影响世界发展的重要因素。各国在全球治理中的理念探索和实践经验，也在不断完善和丰富着全球治理的内涵和模式，推动着全球治理往更加合理和多样化的方向发展。② 具体来说，第一，全球治理的动力在日益增强，范围明显扩大。第二，近年来崛起的新兴国家如中国正在全球治理中发挥着越来越重要的作用，成为推动全球治理发展的一大动力。第三，大量国内与跨国层面结合的全球治理活动在增加，国家之间的合作更为紧密，且取得了较大的实际效果。

但全球治理也存在仍需完善的地方。第一，各界力量参与全球治理的比例不够协调。第二，大国主导下的治理体系缺乏公平性、代表性。第三，国家之间的合作尚未实现良性互动，全球问题缺乏深度治理，治理的能力和定力有待

① 李东燕. 全球治理行为体——机制与议题 [M]. 北京：当代中国出版社，2015：5-6.
② 曹亚斌. 中国参与全球治理的历程及现状分析 [M] //高奇琦. 全球治理转型与新兴国家. 上海：上海人民出版社，2016：224.

加强。

二、全球治理理念的内涵和目标

（一）全球治理理念的内涵

全球治理是全球各种不同行为体协作应对全球问题所形成的复杂机制，其内涵是对国际关系实在的概括，是当代国际互动的一种结构，体现了一种新型的国际关系。就定义而言，全球治理在各界有各种不同的解释与用法，尽管围绕全球治理的讨论已经产生大量丰富的成果，但作为一个开放性的概念，全球治理仍在不断地充实和完善，具有很强的可塑性。就运作机制而言，全球治理具有复杂多样化的形式。其价值原则和目标定位也在逐渐明晰。

1. 概念界定

关于全球治理的概念面临着定义过多的问题。全球化造就了一个相互依赖不断加深的世界，随着全球化而来的大量全球性问题超越了传统的民族国家的界限及其实际解决能力，因此，全球治理最初被界定为：迫切需要跨国性的全球合作。《勃兰特报告》引言中强调："无论我们愿意还是不愿意，反正我们正面对越来越多的问题，这些问题总体上涉及整个人类，所以，解决问题的办法在越来越大的程度上都必须国际化。各种危险和挑战——战争、混乱、自我摧毁——都在全球化，这就要求一种世界内部政治，它要超越宗教的视野，而且远远超越了民族国家的边界。全球治理是各国政府、国际组织、各国公民为最大限度地增加共同利益而进行的民主协商与合作，其核心内容应当是健全和发展一整套维护全人类安全、和平发展、福利、平等和人权的新的国际政治经济秩序，包括处理国际政治经济问题的全球规则和制度。"① 这给全球治理做了初具雏形的定义。

1995 年，詹姆斯·罗西瑙（James N. Rosenau）在新创刊的《全球治理》杂志上撰文，把全球治理界定为涵盖各个层次的人类活动，从家庭到国际组织的规则系统，这些规则系统通过控制行为来追求各种目标，进而对各层次人类活动产生跨国性的影响。这个界定，强调了"人类活动""规则系统"和"跨国影响"，但缺乏实质性的解释，概念非常宽泛。戴维·赫尔德（David Held）在其颇有影响的《全球大变革》一书中也谈道："全球治理不仅意味着正式的制度和组织——国家机构、政府间合作等——制定（或不制定）和维持管理世界秩

---

① ［德］弗兰茨·努舍勒. 全球治理、发展与和平，全球秩序结构的相互依赖［M］//乌尔里希·贝克等. 张世鹏，译. 全球政治与全球治理——政治领域的全球化，北京：中国国际广播出版社，2004：259.

序的规则和规范，而且意味着所有的其他组织和压力团体——从多国公司、跨国社会运动到众多的非政府组织——都追求对跨国规则和权威体系产生影响的目标和对象"，强调了治理的多主体性。

中国学者俞可平表达了自己的看法："所谓全球治理，指的是通过具有约束力的国际规制（regimes）解决全球性的冲突、生态、人权、移民、毒品、走私、传染病等问题，以维持正常的国际政治经济秩序"。在同一篇文章中，他又以另一种表达谈及全球治理："全球治理是各国政府、国际组织、各国公民为最大限度地增加共同利益而进行的民主协商与合作，其核心内容应当是健全和发展一整套维护全人类安全、和平、发展、福利、平等和人权的新的国际政治经济秩序，包括处理国际政治经济问题的全球规则和制度。"[①] 另一位国内学者蔡拓指出，所谓全球治理，"是以人类整体论和共同利益论为价值导向的，多元行为体平等对话、协商合作，共同应对全球变革和全球问题挑战的一种新的管理人类公共事务的规则、机制、方法和活动。"[②] 此外，还有诸多学者对全球治理的概念提出了自己的看法。从总体来看关于全球治理的概念界定虽然各界有不同的看法，但在基本精神和核心内涵上显然是相同或相通的。全球治理强调一种多元性、平等性和协商性，它是多种主体协调、对话、合作的结果。

2. 构成要素

全球治理的构成要素包括治理的主体、客体、介体（治理的方式方法）等。主体囊括了各国政府、国际组织、社会组织、各国公民、非政府组织、非国家行为体、无主权行为体、议题网络等，具有多元性特点。客体即涉及关乎全人类生存与发展的全球性大大小小的问题。介体则是通过建立全球治理的规制即维护国际社会正常秩序、实现人类共同价值的规则体系，包括用以调节国际关系和规范国际秩序的所有跨国性的原则、规范、标准、政策、协议、程序等。

（二）全球治理的价值原则和目标定位

1. 全球治理的价值原则

关于全球治理的价值，全球治理委员会在其《我们的全球之家》中做了比较充分而全面的阐述。该委员会相信："要提高全球治理的质量，最为需要的，一是可以在全球之家中指导我们行动的全球公民道德，一是具备这种道德的领导阶层。我们呼吁共同信守全体人类都接受的核心价值，包括对生命、自由、

---

① 俞可平. 全球治理所带来的演变趋势［J］. 国企，2013（02）：103.
② 蔡拓. 全球治理的中国视角与实践［J］. 中国社会科学，2004（1）：13.

正义和公平的尊重，相互的尊重、爱心和正直。"从而指明了道德在全球治理中的引领作用，以生命、自由、正义等共同价值观作为全球治理的价值原则。

2. 全球治理的目标定位

全球治理要重塑一种多层次、多主体协调合作的治理机制，其目标是"形成与全球化经济相适应的新型政治管理，突破民族国家及其体系的局限，提高民间社会在治理中的作用，以和平手段调节全球化过程中各个国家、社会内部以及它们之间的矛盾与问题，以协调与合作代替冲突与暴力，以对话代替对抗，净化社会环境，保证全球经济发展需要的公正秩序"。① 旨在有效解决全球范围内的公共问题。

三、全球治理理念的实践

(一) 全球治理实践主体多元化

全球治理的主体日益多元化，除了民族国家、国家集团和国际组织之外，其他全球治理主体的作用正在日益增大，特别是跨国公司和全球公民社会组织。多种多样的治理基本单元逐渐参与到治理进程中。詹姆斯·罗西瑙提出全球治理的单位不仅仅是国家和政府，"至少有 10 个描述世界政治的相关术语已经得到人们的认可：非政府组织、非国家行为体、无主权行为体、议题网络（issue network）、政策协调网（policy networks）、社会运动、全球公民社会、跨国联盟、跨国游说团体和知识共同体（epistemic community）"。② 以正式的国际组织为例，联合国、世界银行、世界贸易组织、国际货币基金组织等全球治理组织已经建立并履行着全球治理的职责，全球治理的主体和实体组织正逐步增加。

1. 联合国

联合国作为当今全球最大的国际组织在讨论全球治理之初，就是备受瞩目全球治理多边行为体之一。无论是何种层面上的全球治理，联合国都是最具全球性、代表性和包容性的全球治理行为体。在整合全球不同行为体关系方面，联合国具有独特的、不可替代的作用。联合国各主要机构的问题领域覆盖了和平、经济、社会发展、人权、环境等各个方面，具有广泛性。联合国的全球治理实践包括：通过各类会议和文件，将全球问题的治理提上议程；推动全球伙伴关系的建立；促进国际规范、国际机制和国际法治的建设等。联合国在其 70

---

① 丛日云. 对中国的挑战：如何面对进入全球治理时代的联合国［EB/OL］.（2020-06-17）［2020-08-30］. https：//www.zhaoqt.net/meiwenzhaichao/324700.html.

② 俞可平. 全球治理引论［J］. 马克思主义与现实，2002（01）：26.

多年的历史中对维护国际社会的安全和促进全人类的共同利益发挥了极其重要的作用。

2. 区域性国际组织

区域性国际组织也称区域性政府间国际组织，是特定地理范围内的主权国家为了实现特定的目的和任务根据共同达成的国际条约而成立的常设性组织。① 有代表性的区域性国际组织主要有欧盟、亚太经济合作组织、金砖国家等。这些区域性国际组织成为本地区乃至国际舞台上推动和平建设与发展的重要力量。以上海合作组织为例，组织成员国积极致力于建立公正、公平、合理的国际政治经济新秩序。程国平表示，在过去的 11 年里，上合组织顺应时代发展潮流，从本地区人民的共同利益出发，秉承互信、互利、平等、协作、尊重多样文明、谋求共同发展的"上海精神"，将各领域合作拓展到前所未有的广度与深度，已成为不同国家间深化睦邻、友好合作、推动共同发展繁荣，维护地区和平稳定开展多样文明对话的真正典范。可见，区域性国际组织贯彻了全球治理的理念，同时为全球治理提供了实践支撑和理论经验。

从机理来讲，全球治理的主体大体上可以分为两类：一是国际政府组织的治理，在全球治理中可以采取和平手段解决争端，必要时也可以决定实行制裁，采取集体行动进行治理的过程有一定的强制性特点。二是非政府组织活动的民间社会的治理，非政府组织是以政府间的互动为主的治理结构的参与者，是专门领域的问题解决者，也是各国政府的批评者和监督者。他们可以向政府机构进行正式询问、提出意见、提供信息等，已经发展成全球多层次行为体的互动平台，为全球治理献计献策。在政府间的机制中，还包括 20 国集团、七国集团、金砖国家等这类非正式的集团，这类集团在形式上没有固定的机构和正式的组织章程，却在全球治理中十分活跃②。

（二）全球治理的实践议题多样化

全球治理的实践涉及的范围相当广泛，从具体的实践表现来看，有全球气候治理、全球安全治理、经济治理、金融治理、粮食安全治理、网络空间安全治理等。这些问题直接关系甚至威胁到整个人类的生存与发展，势必成为全球治理的重要问题。

---

① 夏路. 区域国际组织理论研究述评——组织结构的视角［J］. 政治学研究，2013（03）：103.
② 李东燕. 全球治理行为体——机制与议题［M］. 北京：当代中国出版社，2015：14-18.

1. 全球气候治理

气候问题作为典型的全球问题之一，最集中地体现了人类面临的问题与挑战的全球性。工业革命以来，由于人类生产生活活动产生了大量的二氧化碳以及其他的碳、氮化合物，破坏了大气层，加剧了温室效应，导致全球气候变暖。气候变化导致的一系列气候环境问题，两极冰川融化、海平面上升以及各种极端天气、气象灾害，人类不得不正视气候问题。从根源上说，气候问题由全球所有行为体的共同活动而产生，所以治理也必定需要全人类共同行动。气候问题的显著特点是弥散性，从长远来看，气候问题不分国界，仅凭一国之力难以解决，这促使国际社会将气候问题作为一个整体进行治理，全球气候治理的实践表现为国际气候谈判与气候问题合作，并达成了共识，制定了公约。

2. 全球安全治理

对和平与安全的追求是人类社会永恒的课题，满足这一需求是全球治理的重要实践安排。顾名思义，全球安全治理即全球治理中对安全领域的治理，是针对冷战后日益凸显的全球安全威胁而提出的概念。全球安全治理就其内容来说，包括传统安全与非传统安全在内的各类安全问题，例如国际冲突、跨国犯罪、能源安全、粮食安全等，这些问题不单是地区性的，其影响是全球性的，需要不同国家行为体进行协调与合作予以解决。全球安全治理针对的主要还是传统的、典型的安全问题，如核武器问题、地方武装冲突、国家间军事冲突这类直接或间接地关系到国际和平与安全的问题。全球安全治理的范围越来越广泛，全球安全治理的组织也越来越多元，从最初的联合国到欧洲安全与合作组织、各区域组织、非正式集团组织等，构成了全球安全治理体系的重要组成部分。从目前来看，联合国在全球安全治理中仍发挥着主导作用，"作为规模最大，最具广泛性和代表性的全球性组织，联合国具备了动员、协调、整合全球不同行为体参与和平与安全事务的条件。"① 此外，区域和次区域组织在全球安全治理中的作用日益扩大，非政府组织、民间社会力量等也参与其中。实际上，共同的价值原则是全球安全治理的重要支撑，主权、人权、安全与发展、全球法治建设，预防人道主义危机是全球安全治理的重要原则。全球安全治理的重要实践对于缓解地区和国际的安全困境，建立和谐的新型安全关系具有关键作用。全球治理的实践议题已经涉及人类生产生活的各个方面，对这些议题的探讨将有助于完善和发展全球治理的理念、机制，推动国际社会之间的密切合作。

---

① 李东燕. 全球治理行为体——机制与议题［M］. 北京：当代中国出版社，2015：191.

（三）全球治理的实践成果多面化

自国际关系发轫之初，全球治理的实践就已经开始，一次次的灾难战争，深刻地影响着国际格局的调整。近代以来，国家与国家之间的关系日益密切、复杂，国家间的利益协调与行动协调机制不断地在调整和完善。由此，全球治理的机制不断被建立，关乎经济、金融、气候、环境、安全与和平等全球性问题的国际公约和规制也在增加。全球治理的实践成果涉及了方方面面，呈现百花齐放的态势。

在全球经济治理中，为应对金融危机建立了 G20 峰会。2009 年，G20 首脑会晤实现机制化，成为首个发达国家和新兴市场国家共同磋商和协调全球经济事务的正式机制，与世界银行、国际货币基金组织等国际多边机构形成了良好的互动关系，对于促进全球经济复苏与发展发挥着重要作用。

在全球气候治理方面，在多次的国际会晤与谈判中，取得了一系列成果。1992 年在纽约通过的《联合国气候变化框架公约》，建立了相关的气候治理机制和原则，规定了发展中国家与发达国家"共同但有区别的责任"，奠定了国际环境和气候治理法则的基础，对全球气候治理具有里程碑式的意义。1997 年达成《京都议定书》，首次对气候治理进行明确规定，成为具有法律约束力的国际法规则。此外，还形成了《哥本哈根协议》《巴黎协定》等治理实践成果。

在全球安全与和平治理方面，也产出了丰富的成果。第二次世界大战结束后，雅尔塔会议等重大会议制定了若干协议，其中，1945 年 10 月 24 日生效的《联合国宪章》尤为重要。在调解冲突，维护国际和平与安全方面有着重大影响。随着国际形势的变化，基于合作、安全理念上的国际安全条约也应运而生，1996 年 4 月，中国、俄罗斯、哈萨克斯坦、吉尔吉斯斯坦、塔吉克斯坦五国为解决边界问题而创立了"上海五国"会晤机制，2001 年增加乌兹别克斯坦，并正式签署了《上海合作组织成立宣言》，升级为上海合作组织。[1] 在开展对话与合作，共同维护和保障地区安全、和平与稳定方面起到了积极的作用。

无论是全球经济治理机构还是治理相关的公约、协定，都是全球治理实践发展到一定阶段的产物，这些机构和条约既是全球治理的实践成果，也反过来促进全球治理的深度发展。

---

① 辛本健. 全球治理的中国贡献 [M]. 北京：机械工业出版社，2016：69-70.

第三节　全球治理与人类命运共同体构建

全球治理已经成为应对全球化问题的基本发展态势，但是，全球治理的实际进程面临着重重障碍。要冲破这些障碍，解决全球性问题，需要一种新的机制，这就是构建人类命运共同体，因此，全球治理是实现人类命运共同体价值认同的社会基础。

一、全球治理面临的困境与挑战

尽管全球治理已经成为大势所趋，然而，从主观上看，各国在治理理念上存在不一致，系统的全球治理体系仍没有形成，完善的全球治理机制也未建立。从客观外部条件看，全球治理面临着民粹主义、反全球化和霸权主义等诸多不利因素的挑战，全球治理仍处于艰难的探索期。

（一）治理理念不一致

思想作为行动的先导，起到方法论上的引领作用。为什么全球性问题不断涌现但是治理成效甚微？全球性问题得不到根本的解决，这不是单个治理主体的问题，而是因为没有建立起全球治理的共识，强调竞争而忽视合作，表面上的利益纷争实际上反映了深层的理念差异。全球治理本质上是一种国际合作，这种合作建立在共同利益与目标基础上。这种共同利益绝不是眼前的、某一国的利益，每个主权国家在进行国际合作时都会最大限度地维护自身利益，这就不可避免地会出现矛盾与斗争。由此，需要明确地指出，作为治理"圆心"的共同利益一定是一种人类整体利益观，唯有确立人类整体利益观，才能在各方有利益冲突时更着眼于全球利益和长远利益。全球治理在这种共同理念的指引下才不至于一盘散沙。

然而，现在的治理理念表现为三种明显的思维：一元主义治理观、工具理性和二元对立思维方式。一元主义治理观强调全球治理只能有一种基本的或是正确的方式，其他治理方式都被有意或无意地压抑；工具理性是成本效益的权衡，并据此采取行动，这就导致在不同国家行为体之间互不理解且难以达成有效协议的情况；二元对立思维方式，是如何对待治理世界中不同力量之间关系的方法，这是一种非此即彼的冲突模式，并认为斗争和冲突是进取的方法，具有对立性和排他性的特点。① 由此，个体的利益诉求与整体的价值认同产生了断裂，从而不对任何一个真正意义上的体制有认同感。可见，治理类型要在全球范围内成为可能，必须要有与之相适应的特定文化作为治理行动者的共同性精神条件。因此，只有建立起全球治理的共同愿景，才能造就同心同德、同向同行的治理行动。

（二）治理机制不完善

治理的机制也就是治理如何运作，实施治理的主体是谁，以怎样的方式治理。当前的全球治理机制还不完善。第一，缺乏权责分明的治理机构，全球治理在理论上提倡多元主体共治，但各个主体的地位和责任如何分配的问题并不明晰。在当前的全球治理中，一直存在着谁是真正的和可行的治理者的争论，究竟是设想的世界政府这样的超国际组织或机构，还是全球民间社会，抑或民族国家？甚至不同程度地存在着极少数发达国家主导、发展中国家发言权被打压乃至剥夺的情况；第二，治理制度不完善及执行乏力，完善的制度体系还未建构，现行的全球机构及议程设置又得不到全面的贯彻执行。全球治理的现状让我们看到，国家大小、国力强弱极大地影响着主权国家在全球治理中的话语权，联合国在履职时仍受到大国主义、强权政治的挑衅，一些国际公约的贯彻实施由于个别国家的中途退出而难以为继。如何形成各种较为完备的约束行为体行为的制度规范，如何促进利益和行动的协调，让国际社会达到持续的、系统的合作以实现治理的良性互动等诸多问题都是全球治理必须回答的重大问题，但却没有得到回应。因此，现有的治理机制仍有待完善。

（三）民粹主义的兴起

全球化运动带来了经济一体、政治宽容、社会包容和文化多元的局面，但也导致了全球范围内贫富分化的进一步加剧，并且，随着全球化的深入开展，各国、各民族之间的利益冲突不断增加。在现代化和全球化过程中发生认同危机、合法性危机、经济危机、就业危机、生态危机时，民粹主义也应运而起。学者俞可平认为，民粹主义强调对大众情绪和意愿的绝对顺从，哪怕这种情绪和意愿从长远来看明显不利于社会进步时，也坚持这种极端平民化的主张。作为一种政治思潮，新一轮民粹主义高潮有几个明显特征，最突出的特征是它在许多西方发达国家成为政治主导力量；其次是反全球化，是对全球化的一种反

---

① 秦亚青. 全球治理 多元世界的秩序重建［M］. 北京：世界知识出版社，2016：118-121.

动；其三是右翼排外，具有极端民族主义的倾向；其四是网络化，网络既是民粹主义传播的主要工具，也是民粹主义表演的最大舞台；最后，民粹主义的后果具有严重的不确定性。它把民主的理想绝对化，把民主主义推向极端。盲目顺从这种非理性的、情绪化的大众意识，不仅可能有损其长远利益，而且可能会被某些别有用心的政客利用，使大众被这些政客所操纵，成为其专制独裁的手段。① 例如法国极右翼政党"国民阵线"扬言"在脱欧问题上，法国比英国多一千个理由"，其领导人玛丽娜·勒庞（Marine Le Pen）指责全球化为威胁法国的"极权主义"，声称"要把法国从欧洲控制和世界主义中拯救出来"，2007年法国大选时，"国民阵线"的支持率为 4.3%，到 2017 年，其支持率竟上升到26%。② 极端的民粹主义会危害社会团结，破坏公共秩序，给治理带来极大难度。

（四）霸权主义的威胁

霸权主义是全球治理面临的又一挑战。美国作为世界上唯一的超级大国，一直致力于维护其全球领导地位，以零和思维来处理国际关系。近年来，面对中国等国家的崛起，美国明显加强了对中国的战略防范和战略遏制。与此同时，在全球范围内推行其政治制度和意识形态，打压其他国家。2014 年，以美国为首的西方国家再次插手叙利亚内政，导致叙利亚长期陷入内战。他们在中东滥用武力，导致国家动乱，战争不断，使得大量难民逃往欧洲，造成了严重的人道主义和难民问题，又助长了恐怖主义的气焰，成为威胁人类生存、破坏人类和平、践踏人权和人道的主要根源。这种冲突、动荡和失序使得国际治理赤字更为突出，世界的和平与发展面临更大的挑战。

二、全球治理的中国方案及贡献

人类命运共同体是全球治理变革中的中国方案，这一思想从人类整体利益的立场出发，主张推动国际经济秩序、政治秩序的变革以及维护人类文明的多样性，构建一个共同繁荣、持久和平、开放包容的世界。中国秉持共商共建共享的全球治理观，倡导国际关系民主化，坚持国家不分大小、强弱、贫富一律平等，支持联合国发挥积极作用，支持扩大发展中国家在国际事务中的代表性和发言权。中国将继续发挥负责任大国作用，积极参与全球治理体系改革和

---

① 俞可平. 全球化时代的民粹主义 [J]. 国际政治研究，2017，038（001）：9-14.

② 民调显示——法极右翼候选人在大选首轮支持率最高 [EB/OL].（2017-02-24）[2021-11-15]. http：//news. cctv. com/2017/02/24/ARTIawBDASLB8NCEFUPeLoH2170224. shtml.

建设。

（一）中国参与国际事务的历程

新中国成立后，中国作为一个主权独立国家，国家领导人根据国内外政治环境的变化，根据不同时期的情况，科学合理地制定了本国的外交政策。1971年10月25日，中国恢复了在联合国的合法席位，正式回归到国际舞台上，参与到国际事务的管理中。随着中国综合国力的提高和外交理念的不断发展完善，中国在全球治理中发挥着越来越重要的作用。

1. 新中国成立时期

新中国成立时期处于外交理念的探索时期，国际形势上美苏冷战，世界分化为两极，中国相对地被隔离于国际事务之外。外交工作的中心任务是巩固新生的革命政权，为国内建设争取一个和平的国际环境。因此，成立之初新中国就确定了独立自主的和平外交政策。毛泽东先后提出"另起炉灶""打扫干净屋子再请客"和"一边倒"三条方针①。这三条方针构成了新中国外交政策的框架，并基本奠定了初期"一边倒"的外交格局。

苏联与中国同属社会主义阵营，这就决定了中国只能倒向苏联这一边，争取经济援助，保障新生国家的安全等需求。"一边倒"从当时的历史条件来看对新生政权的巩固确实发挥了作用；但从长期发展看，并不符合中国的长远利益，容易导致外交战略上的不平衡，不利于发展中国同世界各国的普遍交往。

20世纪50年代中期开始，中国外交的另一条重要线索是和平共处五项原则。周恩来提炼的这五项原则是：互相尊重主权和领土完整、互不侵犯、互不干涉内政、平等互利、和平共处。这五项原则言简意赅地概括出了新型国家关系的总体特征。从此以后，和平共处五项原则成为我国制定外交政策的基本遵循。总的来说，这一时期的新中国外交取得了巨大成就，也遭遇了一些挫折。

2. 改革开放时期

以1978年召开的中共十一届三中全会为标志，中国进入了改革开放时代，中国对外关系全面发展。中国外交工作的指导思想发生了深刻变化。第一，提出外交工作的任务，除一如既往地维护国家独立、主权和社会主义制度外，主要是配合国家的经济建设和祖国统一大业的完成，并为此创造一个和平的国际环境；第二，在重新阐释独立自主的和平外交政策时，提出要把国家的主权和安全放在第一位，实行真正的不结盟，强调反对霸权主义；第三，在与世界各

---

① 毛泽东选集：第4卷［M］. 北京：人民出版社，1991：1472-1473，1313.

国的交往中要根据世界的发展趋势和自身的利益要求来处理与不同类型国家的关系，不再以意识形态画线，也不再重复划分敌、我、友，团结一部分国家打击某个或某些国家的策略。明确了"独立自主不是闭关自守，自力更生不是盲目排外"的原则。① 在外交上致力于建立更均衡的对外关系，通过一系列外交活动，中国不断改善与周边各国的关系。此外，中国还积极拓展多边外交，加强与联合国的合作，广泛参与多边经济、社会领域的活动和区域性争端的解决。与此同时，邓小平提出了"和平与发展"已成为当代世界的主题的论断。中国开始以更积极主动的姿态自觉地朝着全面融入现存国际体系的道路前进；致力于发展以不结盟、不对抗、不针对第三方为主要特征的新型大国关系。逐步参与融入全球治理的进程。②

3. 中国特色社会主义新时代

进入新时代以来，习近平在众多外交场合中都明确表示，中国将一如既往地坚持和平发展道路，并提出了推动构建人类命运共同体的设想。在对外交往中，中国将高举和平、发展、合作、共赢的旗帜，恪守维护世界和平、促进共同发展的外交政策宗旨，坚定不移地在和平共处五项原则基础上发展同各国的友好合作，推动建设相互尊重、公平正义、合作共赢的新型国际关系。坚持对外开放，学习借鉴别国长处；顺应经济全球化发展潮流，寻求与各国互利共赢和共同发展；同国际社会一道努力，推动建设持久和平、共同繁荣的和谐世界。这一时期，中国的外交政策继承了一贯的和平共处五项原则，同时在此基础上对外交理念进行了深化和创新，提出了构建人类命运共同体的外交新理念，从更宽广、更长远的视野彰显了对全人类共同命运的关怀，全面推进了中国特色大国外交，形成了全方位、多层次、立体化的外交布局。以大国担当积极促进全球治理体系的变革，我国的国际影响力、感召力、塑造力进一步提高，为世界和平与发展作出新的重大贡献。③ 在十九大报告中，习近平代表中国共产党向全世界发出了"各国人民同心协力，构建人类命运共同体，建设持久和平、普遍安全、共同繁荣、开放包容、清洁美丽的世界"的战略倡议。④ 指明了新

---

① 中央社会主义学院编写组. 邓小平文选［M］. 北京：华文出版社，1996：249.

② 章百家. 改变自己影响世界——20 世纪中国外交基本线索刍议［J］. 中国社会科学，2002（1）：16.

③ 侯丽军，伍岳. 积极有为，推进全球治理体制变革——解读习近平在中共中央政治局第二十七次集体学习时的讲话［EB/OL］.（2015 - 10 - 14）［2020 - 10 - 14］. http：//www.xinhuanet.com/politics/2015-10/14/c_ 128318652.htm.

④ 习近平. 全面决胜建成小康社会夺取新时代中国特色社会主义伟大胜利——在中国共产党第十九次全国代表大会上的报告［M］. 北京：人民出版社，2017：57-58.

时代我国外交理念在世界格局中的目标，展现了在国内建设与国际责任中的主动作为。

20世纪70年代中国恢复了联合国安理会常任理事国的席位，随着国内政治、经济的建设和改革的发展，中国一跃成为世界第二大经济体，担任G20集团的核心成员，中国日益走近世界舞台中央，更加有责任也有能力参与制定全球治理规则。在新时代背景下，中国融入全球治理体系的进程正在不断加速和深化，参与国际事务的深度和广度升级，制度性话语权在不断提高。中国在全球治理中的地位发生了深刻变化，走过了从"被全球治理"到逐渐融入国际，再到主动引领塑造、能更好地维护自身利益并推动国际秩序朝更加公正合理的方向发展的历程。如今中国在全球治理中发挥着越来越举足轻重的作用。

（二）全球治理中的中国角色及实践

中国国力的增强和中国参与全球事务意识的觉醒，使得中国在全球治理中经历了从一开始的旁观者到参与者，再到现在的构建者的角色转变过程。中国参与国际事务的广度和深度不断在升级，中国不仅承担了一个大国应尽的国际责任，还试图在全球治理的方方面面贡献出中国的智慧和力量。

一直以来，国际社会的主导权和话语权总是握在实力强劲的国家手里，也就是说，国际社会中的责任是通过实力来界定的。权力的大小、能力的强弱决定了国家在全球治理当中的地位。因此，正确认识当代中国的实力和国际地位才能合理定位在全球治理中中国扮演着什么样的角色。改革开放后，中国经过四十多年的发展，在经济政治文化科技等多个领域取得了令世界瞩目的成绩，中国一跃成为全球第二大经济体，中国的综合国力不断加强，日益走近世界舞台的中央，与国际社会建立起了前所未有的紧密联系。中国参与国际事务的广度和深度正在不断扩展和加深。简言之，中国的发展已经越来越离不开世界，世界的发展也越来越离不开中国。20世纪70年代以来，中国恢复了在联合国和世界银行的合法席位，且陆续加入了亚洲发展银行和世界贸易组织等地区性组织和国际组织。进入21世纪以来，中国在一带一路，亚洲基础建设投资银行中都扮演了主导角色，并于2016年成为G20峰会的主办方，这些都表明，中国正主动承担着越来越多的国际责任。许多重要的国际场合都有中国参与的身影，中国参与全球治理的实践越来越深入。另一方面，中国关于全球治理的理论构想也越来越深入，中国提出了诸多有建设性的治理理念，在"一带一路"的建设中，中国提出了共商共建共享的原则，此外，中国还在众多场合提出了人类命运共同体的思想。为推动全球治理变革做出了重大的理论贡献。中国的崛起给国际政治经济格局带来了深刻的变化，作为一个发展中国家的代表，中国为广大的发展中国家争取更多的发展机会和话语权，得到了第三世界国家的广泛支持，中国的贡献也越来越被国际社会所认可，在国际体系中的地位逐步提升。可以说，中国为世界的发展不断贡献着中国智慧和中国力量，始终是世界和平的建设者、全球发展的贡献者和国际秩序的维护者。① 今日的中国已经成为世界治理中不可或缺的重要组成部分。

中国参与国际事务的历程也已经从早期的认同性向建设性、全面性的更深层面转变。总的来说，中国参与国际事务的深度和广度都在升级。从实践层面来看，20 世纪 70 年代末，我国实行的改革开放政策加强了中国与世界的联系，中国越来越多地参与到各种全球治理活动中，改革开放取得巨大成就的同时，中国也对全球化和全球化带来的问题有了更加全面的认识。党的十六大报告中提出："我们主张顺应历史潮流，维护全人类的共同利益。我们愿与国际社会共同努力，积极促进世界多极化，推动多种力量和谐并存，保持国际社会的稳定。"② 由此，中国开始参与大量全球治理机制完善工作，并开展了许多全球治理活动，例如加入世界贸易组织，参与创立上海合作组织，执行联合国维和任务，在应对跨国贩毒、环境污染、恐怖主义、传染病、贫困等国际事务中也付诸了大量行动。如今，中国的脚步已经遍及全球各地，中国的全球治理开始出现全球、区域、跨国、国内并重的状况，例如灾难救援和对外援助的范围不断扩大，内容涉及农业、工业、经济、基础设施、公共设施、教育、医疗卫生、清洁能源等诸多方面，③ 中国参与国际事务的实践越为全面和深入。

首先，在全球治理规则的制定方面，中国接受并遵守全球治理的国际规则和制度，但是随着中国参与全球治理的程度逐渐加深，现有的全球治理体系在解决全球问题当中暴露出了缺陷。中国敏感地认识到了在规则制定上发声的重要性，参与到推动全球治理规则的变革中，积极推动全球治理体系改革。具体表现为以下几方面：第一，坚持推动新兴市场国家在国际货币基金组织和世界银行等国际经济机构中的投票权改革。第二，积极提出"一带一路"倡议，创

---

① 习近平总书记在庆祝中国共产党成立 95 周年大会上的讲话 [J]. 中国法治文化，2016
（07）：14.

② 江泽民 . 全面建设小康社会，开创中国特色社会主义事业新局面——在中国共产党第十六次全国代表大会上的报告 [J]. 求是，2002（22）：17.

③ 中华人民共和国国务院新闻办公室 . 中国的对外援助白皮书（中文）[EB/OL].
（2011 - 04 - 21）[2021 - 07 - 10]. http：//www. scio. gov. cn/zxbd/nd/2011/document/
896471/896471. htm.

新现有全球治理机制模式。试图通过"一带一路"倡议，加强国家间的经济合作，为全球经济的发展寻找新的增长点。第三，中国通过举办诸多的大型国际会议，引导国际社会关注全球治理的重要议题。① 第四，中国提出了共商共建共享的全球治理理念，丰富发展了的全球安全与和平治理理念，致力于打造人类命运共同体，推动全球治理体系向更加公正合理的方向发展。除此之外，中国还参与了国际发展援助机制，积极帮助广大发展中国家发展本国的经济，在全球经济治理、能源安全治理、粮食安全治理、气候治理以及打击跨国犯罪和国际恐怖主义等方面做出了突出贡献。中国的参与几乎涵盖了全球问题的方方面面，无论从治理理论还是治理实践来看，中国都做出了不可磨灭的贡献。

（三）构建人类命运共同体的当代价值

面对全球治理的诸多不确定因素和挑战，国际社会呼吁更多元的治理方案和更有凝聚力的治理理念。随着中国参与全球治理的进程不断深入，中国在国内建设和国际事务的管理中积累了越来越多的经验，中国已经深刻认识到：各国早以联结成了一个密切联动的有机整体，世界各国的共同利益领域不断扩大，无论是发达国家还是发展中国家，无论是大国还是小国，无论是强国还是弱国都因全球性问题而形成了一个相互依存的命运共同体。因此，提出构建人类命运共同体是中国对全球治理体系建设的创新性贡献。

人类命运共同体是对当前国际秩序失衡、失序、失范等现实困境的回应和批判。它着眼于全人类的共同利益，将世界各国看作是休戚与共的命运共同体。从而能够以整体的、联系的、长远的眼光思考人类面临的世界性问题，为全球治理的思想理念、秩序原则和制度建设提供重要的参考。人类命运共同体提出"和平、发展、公平、正义、民主、自由是全人类的共同价值"，提取了人类价值认同的最大公约数。倡导建立公正合理的新型国际关系，秉持和而不同的价值观，倡导多种文明和谐发展。在当前的时代背景下，构建人类命运共同体无论是对中国还是对世界都具有重要价值和意义。

首先，"人类命运共同体"超越了单边的霸权稳定论，倡导构建持久和平的世界。强调国与国之间地位的平等性，注重维护弱国、小国的权利，坚持多边主义，体现了一种整体性的关怀，有利于推动构建更加合理均衡的国际秩序；其次，"人类命运共同体"强调坚持以对话解决争端、以协商化解分歧、以和谐的方式来处理国际争端，对维护世界和平，促进世界共同发展有重大的理论意

---

① 辛本健.全球治理的中国贡献［M］.北京：机械工业出版社，2016：49-57.

义。再次，"人类命运共同体"超越了狭隘的个体利益观，倡导构建共同繁荣的世界。各国要同舟共济，携手推动经济全球化朝着更加开放、包容、普惠、平衡、共赢的方向发展，展现了一个繁荣的世界图景，有助于激发人类追求美好生活的愿望。最后，"人类命运共同体"超越了"文明冲突论""文明优越论"，倡导全球新型文明观。提倡不同文明的国家之间打破成见，以平等的态度进行交流，有利于加强各国之间的文化交流互鉴，为全球治理提供更多的智慧，推动人类文明进步。① 人类命运共同体思想基于对全球化的实践逻辑的认知来重新思考人类的整体性的未来发展可能实现方式，有着重要理论意义和重要实践价值。其中蕴涵的价值观念和原则给当前国际政治经济秩序的改革提供了新思路，对于解决诸如恐怖主义、环境危机等全球问题，引导构建全球治理新模式的实践具有十分重要的意义。

三、全球治理为人类命运共同体价值认同提供社会基础

各个国家对全球治理的解释、理解和实施都具有不同的版本，因此，在全球治理的过程中，不同的国家往往采取不同的立场和态度。要让全球治理凝聚合力，就必须从全人类的战略高度上来思索、建立一种具有强大引领力的治理理念。这种理念必定与世界上每一个民族的利益都息息相关，才有可能最大限度地调动治理的合力。然而，当前的全球治理仍存在着局限性与矛盾性，许多国家出于自身利益考虑，在许多世界性问题上无法达成一致。这种行动上的混乱实质上是由理念的不一致造成的。这就迫切需要理念的创新，建立更加具有包容性的治理理念。简而言之，就是要树立一种集体行动的逻辑。刘雪莲的《理念还是现实——论全球治理中的矛盾性》一文指出，"利益的依存性和危机的共同性，要求人们必须逐步形成全人类的价值认同与凝聚力，逐步确立全球意识和全人类整体利益优先的原则，以超越国界的全球视角和全球合作去应付这一严重挑战。"②

（一）全球治理需要树立人类命运共同体意识

人类命运共同体在价值共识上提倡真正的全人类共同价值，而不是西方所谓的普世价值；在制度设计上尊重当前以联合国宪章为基础的秩序和规则，强

---

① 周宗敏. 人类命运共同体理念的形成、实践与时代价值［EB/OL］.（2019-03-29）［2021-07-10］. http：//theory. people. com. cn/n1/2019/0329/c40531-31002108. html.

② 刘雪莲. 理念还是现实——论全球治理中的矛盾性［J］. 吉林大学社会科学学报，2008，048（004）：88.

调主权平等，反对帝国霸权；在文化上，主张尊重多样性，各文化间和而不同，包容互鉴，反对文明优越论和普世论。① 人类命运共同体思想具有开放性和包容性，能够从价值认同的角度，超越眼前的利益冲突而看到人类长远共同利益的存在，从而超越维持现状的国家中心治理的种种局限，及早形成以全球公益为基础的全球共识，积极构建和扩大以全球公益为目标的全球治理，也是目前国家中心治理必然的价值向度抉择。"全球治理的理论与实践和人类命运共同体的理念与构建有着世界历史进入全球化时代的深刻背景，二者之间存在着有待探讨的理论逻辑和实践逻辑的内在关联。但是还可以把它当作指向全球化时代的未来世界构型的建构性概念。"② 由此看来，无论是从理论逻辑还是实践逻辑来看，构建人类命运共同体将成为未来全球治理的发展态势。

全球治理是一个全面的、持续的过程，不能简单地把全球治理看作是更好地解决全球性问题和提供全球公共物品，而是应当超越传统公共治理和国家治理的视野，着眼于在全新历史发展条件下，建构一个更可持续、更加协调、更加稳定、更高层次的全球共同体。全球治理要注重方式方法，统筹国内国外、将社会治理和全球治理有机结合起来；加强各国之间的沟通对话，从思想上树立起人类命运共同体的共识，寻求人类命运共同体的价值认同。

1. 社会治理与全球治理有机结合

社会治理为全球治理提供了基层动力、建制经验与智力支持，全球治理的价值理念必定是在区域治理的价值理念基础上改造而成的。全球治理的实施需要社会治理的参与，同时这种社会治理的参与又会影响全球治理的内容，全球治理要以社会治理的利益为出发点和归宿点，从这个意义上考虑，社会治理与全球治理两者是相辅相成、互为助益的，加强社会治理与全球治理的有机结合能让治理少走弯路，双管齐下，最大限度地利用好有限的资源。

2. 完善对话机制，加强沟通对话

全球治理之所以无法摆脱走向相互冲突与对抗的状态，关键在于互信机制的缺失。如何在各国之间建立长久的信任？唯有超越文明优越感，完善对话机制，搭建国际对话平台，只有在沟通对话中消解误会，才能增进彼此理解，在全球治理中守望相助，共同探讨全球问题，以更加多元立体的角度打破思维局限，建立更平衡、合理的治理体系。从对话中解决争端、在协商中化解分歧。

---

① 丛占修 . 人类命运共同体——历史、现实与意蕴［J］. 理论与改革，2016（03）：1.
② 陈家刚 . 全球治理概念与理论［M］. 北京：中央编译出版社，2017：104.

3. 树立"人类命运共同体"共识

人类命运共同体思想超越了政治制度和意识形态的差异，它着眼于人类的共同利益，有助于在不同的国家之间确立一种共同遵守的规则和制度框架，以关照全人类的可持续发展。鉴于此，它能够填补全球治理中缺失的认同感。"人类命运共同体"主张扩大治理主体，强调治理主体之间平等参与、共建共享；改进治理方式，鼓励各方融入开放治理体系，在规则制度之下各方进行协调合作。它就像是一个圆的圆心，能够基于长远的、共同的目标包容不同的声音，推动建立一个更为圆融的世界。在这种共识下，全球治理才能在多样性并存的背景下，团结一心应对全球面临的问题挑战。

（二）全球治理促进人类命运共同体的价值认同

人类命运共同体的提出有着广泛的社会基础，它建立在对全球治理现状的精准把握上，聚焦全人类的共同利益，思考人类的前途命运，把关切人类共同生活和发展当作理念建构的出发点，同各国人民的美好梦想息息相关，必将赢得广大人民的支持。它倡导兼容并蓄、求同存异的文明价值观，超越了不同意识形态、社会制度的差异，为全球治理提供了共同的"价值观基础"。

1. 回应了人类社会发展的时代课题

和平与发展是人类自古以来就一直追求的目标，人类命运共同体的核心思想就是要建设持久和平、普遍安全、共同繁荣、开放包容、清洁美丽的世界。人类命运共同体强调：政治上要相互尊重、平等协商，坚决摒弃冷战思维和强权政治，走对话而不对抗、结伴而不结盟的国与国交往新路。安全上倡议要坚持以对话解决争端，以协商化解分歧，提出各国应树立共同、综合、合作、可持续的新安全观。国家不论大小强弱贫富，一律平等，尊重和照顾其合理安全关切。统筹应对传统和非传统安全威胁，反对一切形式的恐怖主义。以上是对如何实现"和平"这一问题的回答。发展是第一要务，关于发展，人类命运共同体提出，经济上要同舟共济，促进贸易和投资自由化、便利化，推动经济全球化朝着更加开放、包容、普惠、平衡、共赢的方向发展。文化上要尊重世界文明多样性，以文明交流超越文明隔阂，文明互鉴，超越文明冲突文明共存，超越文明优越。要促进和而不同，兼收并蓄的文明交流对话，在竞争比较中取长补短，在交流互鉴中共同发展。生态上要坚持环境友好合作，应对气候变化，保护好人类赖以生存的地球家园。要牢固树立尊重自然、顺应自然、保护自然的意识，走绿色低碳循环可持续发展之路。① 人类命运共同体的内涵涵盖了人类社会发展的方方面面，而且人类命运共同体追求的发展是共同发展，是在谋求本国发展中促进各国共同发展，呼吁建立更加平等均衡的新型全球发展伙伴关系，各国要同舟共济，权责共担，增进人类共同利益。人类命运共同体还看到了和平与发展两者内在的联系，提出以和平促进发展，以发展巩固和平。让发展成果更多惠及全体人民，为世界经济全面协调可持续增长提供新动力。从而有力地回应了人类社会发展的时代课题。

2. 顺应了人类社会发展的规律潮流

"人类命运共同体"是马克思历史唯物主义的理论逻辑和现代人类文明发展的历史逻辑的辩证统一，其本质上是对人类共生性关系的共同发展过程中所展现的整个人类文明进程的重新思考与度量。首先，构建人类命运共同体作为一种新发展理念已经被社会主义中国的成功实践证明是符合人类社会发展规律的，人类社会要向前发展就要摒弃传统的"零和博弈"观，从全人类共同利益视角为世界治理提供一种新的现实评估尺度，这就是遵循和平发展、公平自由、民主和谐、合作共赢等全人类共同性价值取向。中国特色社会主义事业取得的巨大成功向世人有力地证明了中国所选择的道路、制度和指导思想是完全正确的。世界各国只有坚持共建共赢共享，坚持人类社会的发展由全人类共同努力建设，坚持发展的成果由全体成员共享，才能不断朝着世界各国共赢的目标奋进。其次，马克思主义唯物史观认为世界历史是由人民创造的，人类社会发展的终极目的就是要实现人的自由全面发展。而这只有在共同体中才能实现。构建人类命运共同体不仅是达到其他目标的途径，而且是到达最高目标本身的途径，即最终实现人的自由而全面发展。再次，人类社会已经发展成为一个联系日益紧密的整体，相互依存的程度也逐渐增强，构建人类命运共同体绝不是将资本主义创造的优秀成果予以舍弃，而是将社会主义的制度优势和资本主义的技术管理优势紧密地结合起来，团结一切可以团结的力量共同谋取全人类解放事业的胜利。② 因而说构建人类命运共同体是探寻人类社会发展规律的必然结果。

3. 彰显了对人类社会中"人"的终极关怀

人类命运共同体是一种通过对人类美好未来的构型来定义的发展性观念，人类命运共同体坚持"以人类为本"的发展理念和范式，强调发展是为了

---

① 习近平. 决胜全面建成小康社会 夺取新时代中国特色社会主义伟大胜利——在中国共产党，第十九次全国代表大会上的报告 ［N］. 人民日报，2017-10-28 (01).

② 曾志诚. 构建人类命运共同体的世界历史意义 ［J］. 求实，2017 (12)：40.

"人"，发展成果由人民共享。人不再受死的、抽象的"物"支配，世界现代性发展的目的指向"人类"整体，不是某个或某些国家或地区。这显现了人类命运共同体理念构建的高度，肯定了人在社会历史中的主体性地位。立足人类整体立场，以共同利益和共同价值为纽带，倡导共建共享共赢，关切世界人民发展的基本诉求。① 人类命运共同体关照到了人类的生存、发展环境以及衣食住行的方方面面，而且提供了具体可行的实践路径。人类命运共同体主体指向的不是个别的人，而是"整个地球"上所有的人及其未来。它顺应了和平发展合作共赢的时代潮流，反映了人的自由全面发展的现实需要，表达了全人类追求解放的共同愿望，由此彰显出了对"人"的终极关怀。

总之，从管理到治理、从社会治理到全球治理，再到人类命运共同体的提出，这一系列思想理念都是在应对人类发展中遇到的困境和挑战而提出的。时代在不断发展，理念也要与时俱进、不断革新。有预见力的思想是人类社会前行道路上的灯塔，面对当前社会治理和全球治理的现实境况，国际社会的治理需要超越眼前的、狭隘的局部利益，看到人类社会发展长远的、整体的利益所在，形成世界性的共识，才能更好地应对人类面临的种种问题。构建人类命运共同体是一条科学合理的现实路径。人类命运共同体站在全人类共同利益的制高点上，对时代课题作出了回应，它对每一个个体的终极关怀为其价值认同的实现奠定了广泛的社会基础。构建人类命运共同体符合历史前进的方向，符合人类社会发展的规律，其前景是光明而广阔的。

---

① 郝继松. 构建人类命运共同体成为广泛共识的四重维度［J］. 治理研究，2019，35（02）：61.

第八章 人类命运共同体价值认同的动力机制

人类命运共同体理念不仅要在国内达成普遍共识，而且更重要的是要在国际社会获得广泛认同，才能有利于推进人类命运共同体的构建。然而，人类命运共同体理念并不是仅仅靠理论宣传就能达成共识的，其背后还有更深层的原因，本章主要从利益与需求等角度探讨为什么可以实现人类命运共同体的价值认同。

第一节 人类命运共同体价值认同的利益机制

利益机制是人类命运共同体价值认同的基础性动力机制。价值认同的背后是共同利益的实现。因此，人类命运共同体首先表现为"利益共同体"。而所有利益又最终归结为经济利益，即人类命运共同体的价值认同首先是建立在能够分享经济利益的基础之上的，即"利益共同体"是"命运共同体"的物质基础。

一、利益及其相关概念界定

（一）利益概念的界定

从词源学角度上来看，"利"表示使用农具从事农业生产活动的一种行为以及采集自然界成熟果实或收获成熟庄稼，引申为对人有用的行为和事物。因此，《辞海》把利益解释为"好处"，并与"害处"相对应。"益"同"溢"，指水漫出容器之外，引申意义为增加，增殖。总结得出，"利"表达质的关系，代表着对人有好处的物，"益"则表达量的概念，形容好处不断增加。利益存在于生活的各个方面，与每个人都息息相关。列宁曾经说过："生活中最敏感的就是利益。"① 利益不仅体现在政治、经济、文化、军事等各方面，同时它又是一个多层次、多领域、多类别的社会范畴。自古以来，就存在关于利益概念的探讨。《墨子·经上》说："利，所得而喜也。"霍尔巴赫曾说过："利益是人的行动的唯一动力。"

在经济学领域，利益是一个永远无法回避的话题，甚至一切社会活动的中心都围绕着利益而展开，学者们关于利益概念的解读也从未停止。随着私有制的出现，人类进入阶级社会，随之也就产生了统治阶级和被统治阶级，各阶级成了其所属阶级的阶级利益代表。在社会历史发展的特定阶段，社会分裂为经济利益相互冲突、不可调和的对立阶级，社会自身既无力摆脱这些阶级对立，又不可能解决这些阶级矛盾。18 世纪的法国唯物主义者爱尔维修认为："人类的一切活动都是建立在个人利益的基础上的。"孟德斯鸠则认为："个人利益不仅是整个社会的道德基础，也是整个社会制度的基础。社会关系实质上就是利益关系，因为利益关系与社会关系的主体具有同一性。"恩格斯提出："每一个社会的经济关系首先是作为利益而表现出来的。"② 也可以说，人们之间的社会关系归根结底是一个利益关系问题，因为一定的社会关系必然体现为一定的利益关系。人要生存、发展，必须要从事获取利益、满足自身需要的社会活动中，彼此之间必然发生一定的社会关系。这种社会关系归根到底是一种利益关系，利益关系实际上就是人及社会关系的体现。③

在学界，关于利益的概念定义的问题一直也存在着诸多不同的意见与看法，因为尽管人们的行为均与利益紧密相关，但要给出一个准确的、具有普遍性的关于利益的定义却是比较困难的，因为这根源于人们对于利益的主客体及其之间的相互关系存在着不同的理解。一是利益需要说，认为利益就是人们的需要，利益的实现就是人们的某种需要的满足。复旦大学洪远朋教授认为，"利益是人们满足自身需要的物质财富和精神财富之和，以及其他需要的满足。"④ 二是利益价值说，认为利益是价值的肯定或者实现。因此，"利益在本质上是一个主体对客体的享有，或主体对客体之间存在'某种关系'的一种价值形成。"三是利益权力说，认为利益表达的是权利主体与满足其需要的客体之间的关系，利益实现与人们之间的权利安排有关，利益是权利形成和安排的本质属性。

可以说，这些看法都离不开对于这两个层面的分析，首先是将利益界定为

---

①　列宁全集：第 16 卷 [M]. 北京：人民出版社，1988：82.

②　马克思恩格斯选集：第 2 卷 [M]. 北京：人民出版社，2012：154.

③　王伟光 . 利益论 [M]. 北京：人民出版社，2001：134.

④　洪远朋 . 论利益——洪远朋利益理论与实践文集 [M]. 上海：复旦大学出版社，1999：2.

某些社会关系的展示，强调了关于利益的"社会属性"，着重凸显过程中人与人之间的关系。其次，关于利益的定义则从人与物之间的关系着手，认为利益就是能够为人们带来好处，这里强调的是利益客体对利益主体的意义以及利益的"自然属性"。事实上完整的利益概念应该包含其"自然属性"与"社会属性"的综合，需要对象是利益形成的存在前提和自然基础，而社会关系是利益形成的展开方式和社会基础。① 利益是关于社会关系的范畴，实质上是需要主体为了满足自身需要而与需要对象之间存在对立统一关系，它不仅是一个评价性概念，同时还是一个事实性概念。利益问题在现实生活中具有不可回避性，它是一切问题的核心，无论怎样的对立冲突其核心实质都是关于利益问题的冲突。

（二）马克思主义利益观

"天下熙熙，皆为利来；天下攘攘，皆为利往。"但只有进入市场经济充分发展的资本主义社会后，利益才获得了极为充分的发展。在现代社会，政治、思想、道德、法律等要发挥作用，必须以利益为基础，利益孕育着一切矛盾的萌芽。马克思主义经典作家在许多著作中都谈到了关于利益的问题，并且也深刻地揭露了关于利益的本质。马克思主义认为，追求利益是人类一切社会活动的动因。人类社会中的一切关系大多都是因为利益才紧密联系在一起，构成了人们各种行为的内在动力。

1. 利益的范畴

早在 1841 年，当年轻的马克思刚刚跨出学校门槛时，就针对当时的德国书报检查制度写下了评第六届莱茵省议会的第一篇论文《关于出版自由和公布等级会议记录的辩论》。在这篇论文中，留下了他对利益概念的最早认识。他说："人们奋斗所争取的一切，都同他们的利益有关。"② 1859 年马克思在《〈政治经济学批判〉序言》中提到，他之所以从法律改为研究经济问题，是为了要对"物质利益"问题发表意见。"我作为《莱茵报》的编辑，第一次遇到要对所谓物质利益发表意见的难事。"③ 到了 1842 年 10 月，在出版自由的辩论以后，马克思又一次遭遇了第六届莱茵省议会关于林木盗窃法的辩论。当时，省议会代表少数林木占有者的私人利益，认为枯树林掉落的树枝同样属于树的一部分，所以捡拾枯树枝就是盗窃林木的行为，应予以处罚。而马克思代表大多数贫苦

---

① 洪远朋. 论利益——洪远朋利益理论与实践文集 [M]. 上海：复旦大学出版社，1999：33.

② 马克思恩格斯全集：第 1 卷 [M]. 北京：人民出版社，1956：82.

③ 马克思恩格斯选集：第 2 卷 [M]. 北京：人民出版社，1995：31.

农民认为枯枝犹如蛇脱下的皮，枯枝落地，它就失去了它同活树的联系，树林属于林木占有者的私人利益，但枯树枝不属于，因而捡枯枝不是盗窃。省议会对争辩进行了表决，"结果利益占了上风"，从而通过了捡枯枝是盗窃的法律。这一法律规定，捡枯枝者不仅需要赔偿林木占有者的林木价值，还须额外处4—8倍的罚款。马克思对私人利益之卑鄙丑陋的嘴脸进行了揭示，他说："利益就其本性说是盲目的、无止境的、片面的，一句话，它具有不法的本能；难道不法可以颁布法律吗？正如同哑巴并不因为人们给了他一个极长的喇叭就会说话一样，私人利益也并不因为人们把它抬上了立法者的王位就能立法。"① 1843年春夏之交，马克思利益概念的内涵发生了新的变化，从理性主义的视角看，利益是非理性的、盲目的，是理性主义需要扬弃的东西。非理性的东西是不法的东西，它本身需要理性的法律去约束。在《黑格尔法哲学批判》中，在黑格尔那里，"理念变成了独立的主体，而家庭和市民社会对国家的现实关系变成了理念所具有的想象的内部活动。实际上，家庭和市民社会是国家的前提，它们才是真正的活动者；而思辨的思维却把这一切头足倒置。"② 在马克思看来，利益不仅不是自然人的那种生物性的需要，还与当时社会生活条件，与当时的所有制关系相联系。利益与实践相联系，使得利益具有了能动的辩证的内涵。利益是一种社会关系，其实质就是需要主体与需要客体之间的一种满足与被满足的对立统一关系。③ 在《神圣家族》一书中，马克思又就利益概念进行了完善，进一步肯定了18世纪唯物主义关于利益概念论述的合理思想。他说："既然正确理解的利益是整个道德的基础，那就必须使个别人的利益符合于全人类的利益。"④ 在这里，利益作为纽带将市民社会连接了起来，利益就隐藏在市民社会之中，在市民社会找到了其真正的发源地。至此，利益概念开始从黑格尔理性主义当中走出。

作为马克思的伟大战友，恩格斯在研究了政治经济学之后，对利益内涵也继承和发扬了马克思的理解。恩格斯认为，资本主义社会消灭了封建制度，实行了政治改革，但"政治改革首先宣布，人类的联合今后不应该再通过强制，即政治的手段来实现；而应该通过利益，即社会的手段来实现。它以这个新原则为社会的运动奠定了基础。"⑤ 恩格斯在马克思的基础上，对利益范畴进行了

① 马克思恩格斯全集：第1卷［M］. 北京：人民出版社，1956：179.
② 马克思恩格斯全集：第1卷［M］. 北京：人民出版社，1956：250.
③ 尼·拉宾. 马克思的青年时代［M］. 北京：三联书店出版社，1982：146.
④ 马克思恩格斯选集：第2卷［M］. 北京：人民出版社，1995：167.
⑤ 马克思恩格斯全集：第1卷［M］. 北京：人民出版社，1956：663.

能动的、辩证的理解。

2. 利益的本质

马克思认为，利益本质上就是一种经济关系。虽然从表面上看，利益大多表现为某种物品对于人的某种需要达到满足，但是其背后所隐藏的终究是人与人之间的关系，这种关系在社会生产的过程中表现尤为突出。恩格斯说过，"每一个社会的经济关系首先是作为利益表现出来。"① 这些都可以从社会生产的全过程中表现出来，在生产进行之前，生产资料归谁所有。生产资料的所有制关系所反映的对生产资料的占有关系是人与人之间最根本的利益关系，它决定了人们在整个生产过程中的地位及产品的分配。在生产过程中，人与人之间的关系以及地位的最后指向仍然是利益关系，地位高的人往往能占有更多利益，而地位较低的人的利益往往就容易被侵占。在生产结束之后，就是更为明显的利益分配的过程。产品分配的形式就是利益的分配形式，利益分配过程中的利益差别是生产资料属于不同的利益主体的反映。在生产过程中处于支配地位的一方就能占有较多的利益，而被支配的一方则不能或很少占有利益。

利益是需要客体对于需要主体的一种满足，当中不仅蕴含着"人"与"物"之间的关系，更重要的还有"人"与"人"之间的关系。人类生活在利益所连接形成的一张庞大的网络当中，经济利益与物质利益只是其中的一部分，同时还有政治利益、文化利益等。物质利益作为人类历史活动的动力因素，能够起到激励人们为满足自身的存在和发展需要，积极地、有意识有目的地进行改造客观世界的活动。同时，一切思想的、政治的、文化的利益都是以物质利益为基础的。每个人都生活在经济利益关系之中，不能脱离物质利益而单独存在，因而其思想、观念及其各种理论观点都不可避免地受到经济利益关系的影响和支配。马克思在《德意志意识形态》一书中提到，"人们为了能够'创造历史'，必须能够生活。但是为了生活，首先就需要衣、食、住以及其他东西。因此第一个历史活动，就是生产满足这些需要的资料，即生产物质生活本身。"② 物质生活是其他一切生活的基础，这就使得人们不断追逐物质利益。

二、利益失衡引发利益冲突

"利益冲突是人类社会一切冲突的最终根源，也是所有冲突的实质所在。"③

---

① 马克思恩格斯全集：第 18 卷［M］. 北京：人民出版社，1964：307.

② 马克思恩格斯选集：第 1 卷［M］. 北京：人民出版社，1972：32.

③ 张玉堂. 利益论——关于利益冲突与协调问题的研究［M］. 武汉：武汉大学出版社，2001：8.

在社会生活之中，人们因为利益而连接在一起，而这其中也就产生了诸多纷繁复杂的利益关系。利益的本质主要表现为"人"与"人"之间的关系。当这种关系失衡，往往就会引发人与人之间的利益冲突。人们的利益相碰撞之后所产生的对立心态、对立情绪和对立行为，就称之为利益冲突。利益冲突来源于利益矛盾，利益矛盾往往又由于利益差异而引发的。人们因为社会地位，经济基础等差异，在占有利益方面大多是不平均的。当生产力的发展不足以满足社会成员的各种需要，往往就会引发利益冲突，也就是"无限"需求与"有限"满足之间的矛盾。所以，利益协调不均衡的结果是利益失衡，而利益失衡最终又将导致利益冲突。

（一）利益关系的复杂性

1. 利益主体多元化

利益主体是指在一定的社会关系当中，以直接或间接的方式从事一定的社会活动来满足自身需要的个人或者群体。任何利益都有其指向的特定的主体，主体不仅可以表现为群体或者个人，同时还包括了集团、阶层、地区、国家、联盟等，这样就使得社会划分成了很多不同的层次。在这里，可以借鉴社会学家李强的总结，他提出了社会分层的十个标准：第一，根据生产资料的占有或剥削与被剥削划分社会阶层；第二，按照收入划分社会分层群体；第三，按照市场地位划分阶层；第四，根据职业划分社会阶层；第五，根据政治权力划分阶层；第六，按照文化资源划分阶层；第七，依据社会资源（社会关系）划分阶层；第八，因社会声望资源不同而形成的分层群体；第九，民权资源的分配；第十，人力资源或人力资本的分配。[①] 但是随着生产力的不断发展，社会分层早已不是那么简单。以我国为例，在社会主义改造之时，我们将社会改造有针对性地划分为对农业、手工业和资本主义工商业的改造。随着社会分层的不断复杂化，社会利益主体也不断发生变化且日益多样。比如传统的工人、农民和知识分子群体内部也已经发生了很大的不同。农民阶层早已经不是以往单纯的从事农业的劳动者，而是划分成了诸如农民工、雇工、农民知识分子、失地农民、农村管理者等不同的阶层。而原本工商业者，也已经划分成了个体工商户、私营企业主或者自由创业者等不同的身份。在以前，工人大多都属于国有企业或集体企业的工人，而现在私营企业、外资企业的职工数量也不断增多。不仅如此，还有企业管理技术人员、中介组织从业人员、自由职业者等构成了复杂

---

① 李强 . 转型时期的中国社会分层结构［M］. 哈尔滨：黑龙江人民出版社，2002：75.

多样的社会分层现状。随着社会分层和利益主体多元化的发生，不同利益主体之间以利益为核心的矛盾冲突也就不断加剧。松散的利益摩擦与竞争也许难以被发现，但集团化的利益博弈使利益冲突问题浮出水面，其具体表现就是利益集团之间的利益冲突。

关于"利益集团"，西方学者卡罗尔·格林沃尔德认为："利益集团就是一群人为了通过共同行动谋取共同利益而组成的联合体。"① 可以说，利益集团就是因为集团利益而存在的。随着利益主体的多元化发展，单个孤立的利益个体在谋求利益时所展示的优势日益减小，个体为了谋求更多的利益开始通过抱团方式扩大规模就形成了利益集团。在利益主体多元化背景下，可以说任何一个利益集团所诉求的利益都不应被忽略。但是事实却并非如此，想要让所有的利益集团都满意的政策是很少存在的，或者说想让所有利益集团都占有最多的利益是无法达成的，大多数政策都不可能让所有社会利益集团都满意。所以，均衡、公正地协调各利益群体和利益集团之间的利益争端，妥善应对各利益集团的压力，使各个利益集团的愿望和诉求得到满足，这就成为当今各个国家不得不经历的考验。

2. 利益差距扩大化

作为利益差距扩大化最为明显的表现就是收入差距的扩大化，以中国为例，在经历了改革开放四十余年的发展之后，居民生活水平有了质的提高。中国共产党第十九次全国代表大会报告指出："我国社会主要矛盾已经转化为人民日益增长的美好生活需要和不平衡不充分的发展之间的矛盾。"② 这说明，发展不平衡已经成为中国社会面临的重要问题，而首先要面对的就是区域之间的发展不平衡问题。根据《2021中国统计年鉴》的数据，东部地区、中部地区、西部地区、东北地区之间的收入差距问题依旧不可忽视。东部地区作为改革开放的先行之地，一直以来都是经济实力雄厚，有着其他地区无法超越的经济优越性。并且，东部地区还是中国经济最为发达的区域，北京、天津、上海、南京、广州、深圳等中国大陆的大都会城市都位于中国东部。然而西部地区，除了四川盆地和关中平原之外，绝大部分都是我国经济欠发达、需要加强开发的地区。在2013年西部地区与东部地区之间的人均可支配收入差距为9739.4元，到了2020年东部地区的人均可支配收入已经比西部地区高出15823.7元。③

---

① 卡罗尔·格林沃尔德. 集团权力［M］. 纽约：普雷格出版公司，1977：112.

② 习近平. 决胜全面建成小康社会　夺取新时代中国特色社会主义伟大胜利——在中国共产党第十九次全国代表大会上的报告［N］. 人民日报，2017-10-28（01）.

③ 中华人民共和国统计局. 2021中国统计年鉴［M］. 北京：中国统计出版社，2021.

　　与此同时各个行业之间的收入差距也在进一步扩大。根据《2021 统计年鉴》的数据，以全国按登记注册类型和行业分城镇非私营单位就业人员平均工资为例，全国总计人均收入为 97379 元，其中收入最低的行业是农、林、牧、渔业为 48540 元，比人均平均工资低了 48839 元。在 2017 年的统计数据中，信息传输、软件和信息技术业一举超过金融业成为人均收入最高的行业。到了 2021 年，信息技术、软件和信息技术业的行业平均工资已经达到了 177544 元，比人均收入最低的农、林、牧、渔业高出了 129004 元。① 此外，城乡之间的收入差距也不容忽视。

　　收入差距的不断扩大并非中国这一个特例，在世界范围内，地区收入差距扩大化以及地区之间发展差距扩大的问题同样不容忽视。在 2020 年世界经济论坛年度会议召开前夕，国际慈善组织乐施会（Oxfam）发布了一篇世界财富不均报告。该报告中提到，世界上最富有的那 1% 人口所拥有财富是 69 亿人的财富总和的两倍（根据联合国数据，全球人口在 2015 年达到 73 亿）。而过去 10 年中，全球亿万富豪的数量翻了一倍。目前，全球前 2153 位亿万富豪所拥有的财富就超过了 46 亿人口的总财富，相当于占有超过全球 60% 人口的财富总额。越少数的人却往往占有了越多数人的财富，这无疑加剧了收入差距扩大化的现象。在报告中还提到关于经济不平等和财富不均在性别不平等现象上表现得尤为突出，世界上 22 位最富有男性所拥有的财富，超过了整个非洲所有女性拥有的财富之和。而根据联合国数据，20 岁及以上非洲女性共有 3.26 亿人。除此之外，世界上仍然存在着不和平因素，同样加速了收入差距的扩大，局部热战的时有发生，地区冲突的无法回避，凡此种种都使得地区人民生活在贫困的境地，挣扎在温饱线上。由收入差距扩大化所直接引起的利益差距扩大化，使得我们不得不去思考如何才能有效解决收入分配领域所存在的问题，缩小收入分配差距，缩小利益差距，缓解利益冲突，使发展成果更多更好地惠及全世界的人民。

　　（二）利益冲突的外显性

　　1. 社会阶层的矛盾冲突

　　社会群体收入差距的不断扩大，地区与地区之间发展差距的不断扩大最终都将导致社会当中贫富矛盾的日益深化。贫富差距过大，其实也就是利益分配不均，是造成社会不和谐不稳定的主要因素之一，也是引发利益冲突的主要原因之一。利益冲突在社会生活中往往表现为社会阶层的矛盾冲突，社会阶层的

---

① 中华人民共和国统计局 . 2021 中国统计年鉴［M］. 北京：中国统计出版社，2021.

矛盾冲突又是因为收入差距过大而引起。收入的差距与财富拥有数量的不平衡，正在定型化为一种两极分化的社会结构。拥有财富的人，往往享有数量极为庞大的资产，并且在原有资产的基础上同时还在进行财富的再次积累，用钱来赚钱从而使财富越来越稳定地掌握在少数人的手中。但是，社会的大多数贫困人口或财富拥有量较少的人却在数量上占据着社会总人口的绝大多数。而原本应该占据多数的中间阶层却缺失了，留下的只有头尾这两种极端的发展模式，这已经成为社会不稳定的潜在根源。贫富分化一旦超越一个合理范围的度，长期保持在过于分化的程度，那么最终将会引发严重的政治矛盾以及社会危机。在国际上，通常使用"基尼系数"来衡量收入差距。其具体含义是指，在全部居民收入中，用于进行不平均分配的那部分收入所占的比例。基尼系数最大值"1"，最小值等于"0"。"1"代表100%的收入被一个单位的人全部占有了，即居民之间的收入分配绝对不平均；而后者则表示居民之间的收入分配绝对平均，即人与人之间收入完全平等，没有任何差异。但这两种情况只是在理论上的绝对化形式，在实际生活中一般不会出现。因此，基尼系数的实际数值只能介于0~1之间，基尼系数越小收入分配越平均，基尼系数越大收入分配越不平均。联合国开发计划署等组织规定：若低于0.2表示指数等级极低（高度平均）；0.2~0.29表示指数等级低（比较平均）；0.3~0.39表示指数等级中（相对合理）；0.4~0.59表示指数等级高（差距较大）；0.6以上表示指数等级极高（差距悬殊）。基尼系数过高意味着收入差距过大，收入分配的不平均。长此以往，将不利于社会的稳定与人民的幸福。

2. 利益冲突的外显性

社会阶层之间的矛盾冲突，往往是较为隐性的不容易被人察觉。利益冲突的外显性更多的还是表现在国家层面的显性冲突当中。中美贸易摩擦是国家层面利益冲突的典型例子。2018年3月8日，美以保护国家安全为由，在"232条款"下对多个经济体原产的钢铁及铝产品分别加征25%、10%关税，涉及自华进口约30亿美元。① 2018年7月11日，美国政府宣布对从中国进口的约2000亿美元商品加征10%关税，2018年8月2日又将加征税率提高至25%。2018年9月18日，美国政府宣布实施对从中国进口的约2000亿美元商品加征关税的措施，自2018年9月24日起加征关税税率为10%，2019年1月1日起加

---

① 国务院关税税则委员会办公室. 国务院关税税则委员会办公室有关负责人就对原产于美国的部分进口商品加征关税答记者问［EB/OL］（2019-08-29）［2022-06-18］. http：//gss. mof. gov. cn/gzdt/zhengcejiedu/201908/t20190829_ 3376564. htm

征关税税率提高到25%。① 随后，中美贸易摩擦愈演愈烈，涉及面也越来越大。美国在双方贸易交往中一意孤行，以巨大的货物贸易逆差为借口挑起中美双边贸易摩擦，并以此为由在贸易和投资等领域出台系列措施压制中国，导致中美贸易摩擦不断升级。为捍卫自由贸易和多边体制，捍卫自身合法权益，中国不得不对已公布的约600亿美元清单商品实施加征关税措施。2019年5月9日，美国政府宣布，自2019年5月10日起，对从中国进口的2000亿美元清单商品加征的关税税率由10%提高到25%。② 美国针对中国的一系列贸易措施是导致中美经贸摩擦升级的重要原因，这不仅违背中美双方关于通过磋商解决贸易分歧的共识，并且损害双方利益，不符合国际社会的普遍期待。中国在此基础上做出的一系列对美国的关税调整行为，都是基于对美国单边主义、贸易保护主义的被迫回应，中国比任何人都希望能停止与美国之间的贸易摩擦，双方通过平等、诚信、务实的对话解决冲突，相互尊重，共同维护互利共赢的双边经贸关系大局，共同维护自由贸易原则和多边贸易体制，共同促进世界经济的繁荣与发展。

三、利益协调呼吁追求利益共享

中国秉持人类命运共同体理念，心系世界各国人民的幸福与发展，坚定不移走和平发展道路，中国的发展绝不以牺牲别国利益为代价。世界各个国家与人民兴衰相伴、安危与共，没有一个国家能摆脱其他国家独自发展强大，而当前出现的全球性问题不是少数发达国家的问题，也不仅是多数发展中国家的问题，而是全人类都要共同面对的问题。人类命运共同体思想更是说明了在利益共同体中，没有一个主体可以置身事外，也没有一个主体可以不劳而获。人类命运共同体理念倡导各国各个地区之间建立平等互利、共同发展的全面合作伙伴关系，努力构建政治上真诚互信、经贸上合作共赢的新格局。始终坚持平等相待，真诚互助，在重大问题上相互理解、相互支持。在各国发展环环相扣的经济全球化的时代，凝聚互动形成合力，才能推动世界经济这艘大船驶向前方。在经济全球化的今天，没有与世隔绝的孤岛，伙伴精神才是21世纪最宝贵的

---

① 国务院关税税则委员会办公室. 国务院关税税则委员会发布公告决定对美国原产的约600亿美元进口商品实施加征关税 [EB/OL]. (2018-09-18) [2022-06-18] http://gss. mof. gov. cn/gzdt/zhengcefabu/201809/t20180918_ 3022593. htm

② 国务院关税税则委员会办公室. 国务院关税税则委员会关于对原产于美国的部分进口商品提高加征关税税率的公告 (税委会公告〔2019〕3号) [EB/OL]. (2015-05-28) [2022-06-18] http://losangeles. mofcom. gov. cn/article/ddfg/fazzn/201905/20190502867206. shtml

财富。

(一) 关于利益协调论的观点

人们处于不同的生产力发展阶段时,对于物质领域、精神领域以及政治领域的需求都是不同。利益的主体是人本身,因此他们的利益也就千差万别。正是因为这些利益差别、利益矛盾和利益冲突的存在,利益协调的功能才能显现出来。利益协调包括:第一,物质利益方面的协调。在现实生活中实现物质利益协调,首先要通过实现经济利益协调获得。物质利益协调,具体来讲就是运用经济协调来调整利益关系,主要是发挥社会经济制度和经济体制的作用,发挥经济法规、经济政策、经济管理等各个手段的作用,协调好各个利益主体之间的关系。第二,政治利益的协调。利用国家的职能、政治手段以及其他相应手段来进行利益协调。政治协调是国家重要的政治职能,是政治管理主体对社会政治生活中存在的矛盾和冲突进行协调。第三,法律利益协调。顾名思义就是运用法律制度来进行利益关系的协调。利益关系是法律产生的根源,法律又能反过来对于利益关系起到平衡和协调作用。第四,道德利益协调。在法律无法发挥作用的地方,往往就需要运用道德的手段来进行利益调节。

(二) 关于共享利益论的观点

英国古典政治经济学的巨大贡献之一,就是提出了关于劳动创造价值的理论。马克思在批判继承古典政治经济学的基础之上,建立了科学的劳动价值论。首先,马克思发现了在商品当中所存在的劳动的二重性。"一切劳动,从一方面看,是人类劳动力在生理学意义上的耗费;作为相同的或抽象的人类劳动,它形成商品的价值。一切劳动,从另一方面看,是人类劳动力在特殊的有一定目的的形式上的耗费,作为具体的有用劳动,它生产使用价值。"① 马克思提出的劳动价值论认为,商品具有两种因素,即使用价值和价值,它们分别由具体劳动和抽象劳动所创造。在此基础上,可以得出价值只能是劳动所创造出来的。工人将自己的劳动力出卖给资本家,资本家为其支付工资,不仅如此资本家还提供了生产资料。实际上,工人所创造出的剩余价值,就被掩盖了。由于科学技术的迅速发展,电子计算机技术被广泛地应用到生产当中,这使生产自动化的实现成为可能,"无人车间"的出现好像弱化了在生产中工人的地位与作用。但是实际上,工厂中不仅存在着体力劳动者,还有大量的脑力劳动者,以及作为总体工人一部分的工程技术人员、企业管理人员等等,所以才使得剩余价值

---

① 马克思恩格斯全集:第 23 卷 [M]. 北京:人民出版社,1964:60.

被创造出来。资本的所有权使得资本家无偿占有工人创造出的剩余价值，工人却无法分得自己所创造的剩余价值。由此可以推断，工人共享剩余价值具有合理性，因为剩余价值本来就是有劳动力所有者创造出来的。根据马克思主义的相关观点，在未来的社会主义社会当中，全体成员都将自由的结合成为一个"共同体"，或"自由人的联合体"。在这个共同体中，同样包含着关于经济的"经济共同体"，在"经济共同体"中，生产资料将是归全体社会成员所联合占有的共同财产，劳动过程是全体社会成员参加与民主管理的联合劳动，最终的劳动产品也将是被全社会所共同占有的产品。

（三）人类命运共同体诉求共同利益

当前，世界经济虽然遇到不少前进的阻碍，基础也并不牢固，还存在着较多不稳定因素，但大体上完成平稳复苏的总趋势没有改变，世界经济在曲折中缓步前进。有很多发展中国家担心，全球债务高台，国际金融和大宗商品市场波动从而引发资本无序流动，这会对新兴市场和发展中国家的经济带来更大冲击。同时，全球经济增长持续低于预期，这也可能使得世界经济须臾间进入停滞，世界经济想要从亚健康走向健康，很可能还要经历一个漫长且曲折的过程。世界经济的平稳向好发展，需要每一个国家出力，没有任何一个国家能够不劳而获，必须有所付出与牺牲才能有所收获。作为世界第二大经济体的中国，其经济走势与经济发展进程无疑会吸引全球的目光。总的看，中国经济发展长期向好的基本面没有变，经济韧性好、潜力足、回旋余地大的基本特征没有变，经济持续增长的良好支撑基础和条件没有变，经济结构调整优化的前进态势没有改变。① 但只有中国一个国家对世界经济的贡献是远远不够的，同样也需要其他国家的共同努力，"命运共同体"是先通过"利益共同体"来体现其价值的。国家之间的经济交往必须以各国的共同发展为前提，才能形成持久的利益交融。那些只想依靠本国自身力量而获得经济发展的想法是不现实的，还有一些国家不愿舍弃自身部分利益贡献世界经济发展这种想法更是自私并可笑的。单个国家其利益的实现必须建立在世界上各个国家利益得以实现的前提下，而人类命运共同体承认所有成员都拥有平等的发展权利，并通过相互尊重探索合作共赢的有效方式，以最终实现各个国家共同利益，最终实现世界经济的复苏。

马克思曾这样描述个人利益和共同利益对立统一的发展过程，他指出，在个人与个人的交往活动中，人与人之间的利益冲突不可避免，随着利益冲突的

---

① 习近平. 论坚持推动构建人类命运共同体［M］. 北京：中央文献出版社，2018：285.

不断增多，就需要建立一种机构作为共同利益的代表来保障双方的个人利益。个人利益与共同利益作为矛盾的两个方面，想要实现个人利益又无法绕开共同利益，两者相互羁绊共同发展。随着社会生产力的不断发展，利益共同体的出现也是必然且无法避免的。在国家或者地区之间形成的利益共同体，大多都蕴含了这些国家、地区、社会组织甚至人民群众的利益。想要实现个人的利益，就无法避开通过共同利益的实现来完成。

因为对共同利益的追逐，使人类命运共同体的价值认同成为现实可能。在世界这个大家庭中，如果每个国家都能做到与其他国家和睦相处、守望相助，彼此珍惜来之不易的和平稳定局面，在各个国家的共同努力之下，全球共赢定会实现。在共赢实现的过程中，各个国家也定会获得自己的个人利益，共同利益是个体利益实现的重要途径，个人利益的实现推动共同利益的形成。因为在利益共同体中，通过合理分配占有，每个成员就能分享到利益，从而更好实现自身利益。世界各个国家在经济上联系紧密、利益交融的事实不可否认，在这个动态平衡的利益链条中，每个经济体的发展都会对其他经济体产生联动反应。人类社会发展到今天，自身利益的实现已经无法同共同利益的创造分割开来，个人利益必须要在创造共同利益的前提下实现，不能空谈个人利益而忽视共同利益。只有实现共同利益，个人利益才能获得保障。如果各个国家都为了一己私利而随意侵占践踏其他国家的利益，这样得来的"利益成果"也将是不牢固的，甚至是可以轻易被摧毁的。

第二节　人类命运共同体价值认同的需求机制

需求机制是人类命运共同体价值认同的另一个基础性动力机制。价值认同除了与利益相关联外，还与需求密切相关，甚至需求机制是比利益机制更为深层次的动力机制。因此，要实现人类命运共同体的价值认同，同样需要对需求机制进行深入探讨。

一、需求的特性

（一）需求的含义

从字面上，"需求"可以直接解释为：因为需要而产生的要求。因此，需要与需求又几乎是同义的。人最基本的需要是生存与发展的需要，由此便产生许多需求。需求往往又被分成各种各样不同的类型，比如物质需求与精神需求、基本需求和高级需求、主要需求和次要需求、生理需求与心理需求、长期需求与短期需求等等。人的需求和人与人、人与自然紧密地联系在一起，表现在行动上，它是人与自然，人与人之间社会活动的一部分。在经济学的层面上进行理解，需求往往与供给相对应。需求意味着市场上作为生产资料和生活资料被购买的商品总量。需求也是同一种商品的需求者或消费者（包括生产消费和个人消费）的总和。需求是有支付能力的需求，它受消费者的货币购买力的限制。在商品经济中，商品的需求一方面是商品购买者对商品使用价值的需求，另一方面也是对商品价值的有支付能力的需求；一方面是实际需要的商品量，另一方面也是商品的货币价格发生变化时所需要的商品量。如果价格与价值发生背离，就会产生行为差异，即出现买与不买或多买与少买的行为差异。因此，需求并不是纯生理意义上的需求，需求具有一定的社会性质，需求的社会性质是由购买者的社会经济地位决定的。需求对供给具有重要的影响，商品的需求小于供给，就有一部分产品得不到社会承认，从而造成产品积压；商品的需求大于供给，就会出现商品短缺现象。商品的需求小于供给或大于供给的情况，都会影响社会再生产的顺利进行。①

（二）需求的可变性

需求的分类和种类多种多样，并且需求同时也还是在不断地变化着的。在这一刻所产生的需求，也许在下一刻就会变化消失。但是从总体上来看，需求仍然有一些可以把握的规律以及特性。首先，需求具有膨胀性。当人的某种需求得到满足时，人们往往都不会停止在原地，而是转向新的需求。需求的膨胀往往体现在对产品的种类、数量以及质量上的要求明显提高。人们开始期望获得种类更丰富、品质更高、产量更大的产品。不仅如此，当某种需求被满足之后，人们还会开始希望自己的需求能够尽快得到满足。当获得更多与获得更快都已经实现之后，人们的需求就开始迈向付出更少的阶段。不论是时间还是金钱，"少付出、多收获"都是人们需求不断膨胀的表现之一。其次，需求具有可束缚性。束缚自身需求的思想一直以来都存在，比如宗教中的"禁欲""苦行""清净"等，都代表着人们压抑自身的欲望，去过简朴的生活；还有生活中倡导勤俭节约，反对铺张浪费，拒绝奢侈、放纵等，也属于对自身需求的约束。需

---

① 廖盖隆，梁初鸿，陈有进，等．社会主义百科要览・上册［M］．北京：人民日报出版社，1993：5.

求被束缚与生产力的发展水平无法满足人的需求有关。生产力水平停滞不前甚至是倒退时，人们就不得不束缚自己的需求，以适应较为艰难的生活条件。再次，需求具有被引导性。需求通常是需求者根据自身的情况而自发产生的，但是也可以通过各种引导手段而产生或消失。比如思想宣传、商业广告宣传、生活习惯影响等等，都可以改变人们的需求。最后，需求还具有可转化性。人们最开始的基本需求是吃饱，吃得健康是高级需求。但随着人民生活水平的提高，吃得健康也变成了基本需求。可见需求是可变的，也是可以进行转化的。

（三）需求的不变性

任何事物及其性质都是对立统一的，需求既然有可以改变的性质，也同样存在一些稳定不变的性质。首先，需求膨胀的总体趋势不变。人们需要的产品的数量或质量，总是要超过不再需要的产品的数量或质量；人们需要的产品数量从少到多，种类从单一到多样，质量也由低到高。过上更美好、更幸福的生活一直以来都是人类的本性，所以人类的需求也是不断膨胀与扩大的。人们追求更加美好的生活这一本性没有变，那么需求在总体上膨胀的趋势也就没有改变。其次，需求超越生产力的总态势没有变。人们的需求之所以得不到满足，大多是因为生产力的发展水平落后于人们的需求水平。1981年，我国提出当前的社会主要矛盾是"在社会主义改造基本完成以后，我国所要解决的主要矛盾，是人民日益增长的物质文化需要同落后的社会生产之间的矛盾"。在需求膨胀的总体趋势下，新的需求也将不断产生，生产力不可能立刻满足人们日益增长的需求。生产力的发展总是要经历一个从不能满足需求到满足需求的过程，但所有人类的需求永远都无法达到一个完全被满足的状态。超越生产力的那部分需求总是被束缚着，需求超越生产力的总态势也就不会改变。

二、需求的相关理论

（一）马斯洛需求层次理论

马斯洛认为，人就是一种会不断产生需求的动物，除短暂少数的时间外，极少能够达到完全满足的状态。这种情况往往都会出现在人们身上，当一个愿望得到满足之后，又会有另一个新的愿望迅速地出现并取代原来愿望；当这个需求被满足了，又会有一个新的需求站到突出的位置上来。人们总是在希望着什么，或者说，人们总是在需求一些暂时无法拥有的东西，这一点几乎贯穿了人类的一生。由此，马斯洛提出了金字塔型的需要层次理论，他将人的需求分为五个层次：

（1）生理需要。马斯洛提出生理需要作为人最基本的需要在所有需要中占有绝对优势，处于需求金字塔的第一层。生理需要主要包括食物、水分、空气、睡眠、性的需要等。假设一个人同时缺乏食物、安全、爱以及尊重，那在这些需要中他对于食物的需要很可能是最为强烈的。生理需要的满足主宰了机体，在所有需要都无法得到满足的情况下，整个机体最突出的特点就是饥饿。这时机体的全部能力都会投入到满足饥饿需求的服务当中。换言之，对于一个饥饿到已经达到危险程度的人，除了食物，其他任何兴趣需求都将不复存在。

（2）安全需要。这是第二层次的需要。马斯洛认为，如果当生理需要相对充分地得到了满足，那么新的需要也将会紧接着出现。人们会开始追求安全并稳定的生活，避免受到恐吓、焦躁和混乱的折磨。也开始出现了对体制、秩序、法律、界限的需要，还有对有实力的保护者的渴求等。这些需要我们将其大致归类为安全需要，通常在最基本的生理需要获得满足之后才会出现。

（3）归属和爱的需要。这是第三层次的需要。假如在生理需要和安全需要都得到较好满足的前提下，随之而来的就是关于爱、感情和归属的需要。马斯洛提出，当一个人的生理需要和安全需要满足后，他可能将会空前强烈地感觉到自己缺乏朋友，缺少心爱的人，缺少妻子或者孩子。他开始渴望同人们能产生一种充满深情的关系，渴望能在家庭或团体中获得一个位置，渴望能寻求到一种归属感。在这一阶段中，人们开始追求情感和爱，爱的需要不仅包括给予别人的爱，同时还包括接受别人的爱。

（4）自尊需要。这是第四层次的需要。社会上的绝大部分人通常都渴望能够获得较高的评价，都有一种对于自尊、自重和来自他人的尊重的需要或欲望。这种需要可以分为两类，第一种是对于实力、成就、适当、优势、胜任以及面对世界的自信、独立和自由等的欲望。第二种是对于名誉，以及来自他人对自己的尊重的欲望。自尊需要主要满足的是一种导致自信的感情，这种感情使人感觉自己在这个世界上的存在是有价值、有力量、有能力、有位置，使人感觉到在这个世界上自己是有用处以及必不可少的。

（5）自我实现的需要。这是最高层次的需要。一个人能够成为什么，他就必须成为什么，他必须忠实于自己的本性。这一需要我们把它称为自我价值实现的需要。自我实现可以归结为人的自我发挥和完成的欲望，也就是一种使它的潜力得以实现的倾向。自我实现需要的明显出现，通常依赖于前面所说的生理、安全、爱和自尊需要的满足。

（二）凯恩斯的有效需求理论

提到凯恩斯的有效需求理论就无法回避亚当·斯密，因为凯恩斯的理论就是建立在借鉴前人的基础上提出来。亚当·斯密认为需求分为绝对需求和有效需求，只有市场需求才是有效需求，即能使商品价值实现的需求。但是，如果一个人没有购买能力，他所提出的需求就是绝对需求，是非市场性的需求，因为它并不能使商品的价值得到实现。① 这个理论被凯恩斯在后来提出的有效需求理论中所借鉴。凯恩斯提出，有效需求是总供给与总需求相等的情况下，社会总需求所处的一种均衡状态。在一定时期内，大众的有效需求，也就是人们有消费能力作为支撑的需求，在国民的平均收入水平中起决定性的作用。不仅如此，凯恩斯还补充了影响有效需求的主要因素有，居民消费倾向、对资本资产未来收益的预期、流动偏好以及货币供应。② 影响需求的因素并不是单方面的，而是由多方面的因素所构成。其中某一项因素发生了改变，就可能会影响到居民的有效需求，从而引发经济市场的一系列变动。

凯恩斯从需求的有效性理论出发，认为如果想要充分解决就业问题，政府就必须实施积极的财政政策和货币政策，以确保在市场内有充分的足够水平的有效需求。从这里，我们可以发现，凯恩斯将需求尤其是有效需求提升到了一个相对较高的层次。在供给与需求的关系中，不是"供给能创造其本身的需求"，而是需求决定供给，并且是有效的需求才能决定供给，需求在二者关系中起主导作用。

（三）马克思的需要理论

马克思提出，人是一种现实的存在，人应该是现实的人。什么是现实的人？就是由于受着肉体组织制约而具有各种自然需要的人，是为了满足生存需要而进行着各种活动的人，是受着各种社会关系制约又不断根据自己的需要而改变着这些社会关系的人。首先，确定人类生存的第一个前提：人们为了能够"创造历史"必须能够生活。因此，人类的第一个历史活动就是生产满足这些需要的资料，即生产物质生活本身，人的需要的第一种类型就是生产的需要。如前所述，自行产生的需要是人为了维持最低生存的需要，而为了满足这一需要，

---

① Smith, A., An Inquiry Into Nature and Causes of the Wealth of Nations [M] London: W. Strahan and T. Cadell, 1776: 2.

② Keynes, J. M., The General Theory of Employment, Interest and Money [M] New York: Harcourt, Brace, 1936: 403.

就要进行生产与劳动。生产是满足人们生存需要的根本手段，从而为了维持最低、最基础的生存，人就产生了生产或劳动的需要。根据人首先必须是一个"现实的人"的观点，即"摆在面前的对象，首先是物质生产。"① 马克思在《德意志意识形态》中也谈论到"一切人类生存的第一个前提，也就是一切历史的第一个前提"时在旁边加了一个边注："人体。需要，劳动。"② 可见，人们为了满足其关于物质性的需要，就必须进行物质生产，就必须进行劳动。那么物质生产又是如何进行的呢？

马克思指出，人们"只有以一定的方式共同生活和相互交换其活动，才能进行生产。为了进行生产，人们之间便发生一定的联系和关系；只有在这些社会联系和社会关系的范围内，才会有他们对自然界的影响，才会有生产。"③ 人们在第一步的物质生产之后，还会陆续的有关于社会关系或生产关系的出现以及延伸。在满足人关于物质性的需求之后，人还有关于精神性的需求。这种精神性的需求包括人是有激情、有理想的存在物。人在实践活动中存在对客观世界的认识活动，还有其自身的精神性需求等，但人的精神性的一切要素，如思想观念意识的生产最初是直接与人们的物质活动，与人们的物质交往以及现实生活的语言交织在一起的。同时，人们的精神交往又作为人们物质交往的产物而出现，表现在某一民族的政治、法律、道德、宗教，形而上学等的语言中的精神生产也是这样。在现实的生活中，人的物质需要与精神需要都是同时存在的。在物质生产之上，同样不可忽视精神生产的客观存在，物质生产决定精神生产。

而人的需要本身的性质和特点是由社会历史条件决定的，不同时代、不同历史时期的人有着不同的需要，同一时代处于不同社会地位的人也会有不同的需要。社会生活作为无数个人的共同生活，又产生一定的共同需要和共同利益，产生了个人需要、个人利益与共同需要、共同利益的矛盾。在马克思看来，只有诉诸"真正的共同体"，每一个个体才有可能获得自身的特殊利益。换言之，只有在"真正共同体"中，才能实现个体利益，并且在个体利益与共同利益完全一致的基础上，实现对于人的本质的真正占有。与之相反的是"虚假的共同体"（又叫"冒充的共同体""虚幻的共同体"）。在"虚假的共同体"中，占统治地位的阶级并不是代表全体成员的利益，而只是打着代表全人类利益的旗

---

① 马克思恩格斯文集：第 8 卷 [M]. 北京：人民出版社，2009：5.
② 马克思恩格斯全集：第 3 卷 [M]. 北京：人民出版社，1960：31.
③ 马克思恩格斯文集：第 1 卷 [M]. 北京：人民出版社，2009：724.

号，实际上只代表少数统治者的利益。在马克思恩格斯看来，只有自由人联合体，才是"真正的共同体"。恩格斯则更直接地称作"共产主义联合体"，以此与私有制和阶级社会相对立。只有在"真正的共同体"中，人类的劳动是为了满足自身发展的需要，而不是为了换取生存所必需的生活必需品。人们摆脱了在资产阶级社会中异化的个人以及异化的劳动，劳动不再是资本增值的手段。在共产主义社会中，工人们的劳动只是扩大、丰富和提高工人的生活的一种手段，是工人实现自我价值的手段。在消灭了分工的条件下，人本身的活动对人来说已不再是一种异己的、同他对立的压迫人的力量，而是自由自觉的活动。在真正的联合体当中，个人的性质将发生重大变化，个人将摆脱"阶级的个人""偶然性的个人"从而走向"世界历史性的、经验上普遍的个人"，个人摆脱了资本，获得了独立性和个性，最终成为自由而全面发展的有个性的"自由人"。在真正的联合体中，社会财富摆脱了原有的阶级性，成为基于共同利益基础的属于全体社会成员的财富。在《共产党宣言》的最后一段中马克思还提到关于"真正的共同体"的最高设想，"代替那存在着阶级和阶级对立的资产阶级旧社会的，将是这样一个联合体，在那里，每个人的自由发展是一切人自由发展的条件。"①

三、人类命运共同体符合当今世界的需要

（一）人类命运共同体符合当今世界各国的发展需要

各个国家之间由于其历史背景与现实状况选择了适合自己的发展道路，有经济发达的国家也有经济落后的国家。各个国家发展所需要的条件是不一样的，对这个国家发展有积极作用的条件，对另一个国家也许就不一定适用。因此在构建人类命运共同体的过程中，更应该要尊重世界文明多样性和发展模式多样化。正如习近平主席在坦桑尼亚就中非关系发表的演讲中强调的："中国将继续坚定支持非洲国家探索适合本国国情的发展道路，加强同非洲国家在治国理政方面的经验交流，从各自的古老文明和发展实践中汲取智慧，促进中非共同发展繁荣。"② 非洲国家虽然与中国同为发展中国家，但是其发展状况还是与中国存在差别，与欧洲等发达国家更是存在着本质上的区别。因此在中国推动构建人类命运共同体的过程中，与非洲结成新型战略伙伴关系。中国与中国人民在

---

① 马克思恩格斯选集：第 3 卷［M］. 北京：人民出版社，2012：422.
② 习近平. 论坚持推动构建人类命运共同体［M］. 北京：中央文献出版社，2018：17.

谋求自身发展的同时，从未忘记过非洲这个好兄弟好伙伴，始终向非洲朋友提供力所能及的支持和帮助。特别是近几年，中国加大了对于非洲的援助和合作力度。中非双方之间已达成关于中国—毛里求斯自贸区协定和非洲大陆自贸区建设的合作，中非友好关系持续发展，双边经贸往来不断深化，中国坚定支持非洲国家的一体化进程，坚定支持非洲国家和非盟在国际事务中不断提升话语权和影响力。根据商务部数据资料显示：2019 年中非双边贸易额达 2087 亿美元，同比增长 2.21%；中国在非全行业直接投资 30 亿美元，其中非金融类直接投资额 29.7 亿美元，金融类直接投资额 0.3 亿美元；中国在非承包工程新签合同金额 559 亿美元，占总新签合同的 21.5%；完成营业额 460 亿美元。① 在 2020 年全球抗击新冠肺炎之际，中国不仅与非洲国家携手抗疫，还帮助非洲国家在经济上渡过难关。习近平在中非团结抗疫特别峰会上的主旨讲话中指出：新冠疫苗研发完成并投入使用后，愿率先惠及非洲国家。中方将在中非合作论坛框架下免除有关非洲国家截至 2020 年底到期对华无息贷款债务。②

欧洲的大部分国家因为其早期的资本主义发展，在经济与综合国力上几乎都大大领先于世界其他国家，成为发达国家的代表。但是近几年，随着国际金融危机影响还在继续发酵，欧债问题迟迟无法完全解决，全球经济更是笼罩在一片不安之中。因此，欧洲国家需要的是早日走出主权债务阴影，稳定欧洲经济，推动世界经济复苏。即便有着债务问题的影响，但是欧洲大部分国家仍然是中国重要的出口伙伴，每年都有超过万亿美元的商品出口到欧洲国家，中国与中国企业对外投资规模每年有望超过千亿美元，同时还有超过一亿人次在出境旅游时选择了欧洲国家。中国与欧洲各个国家之间的依存程度正在逐步加深，欧洲需要中国，同样中国也需要欧洲。在推动构建人类命运共同体的过程中，欧洲对于中国需要程度也日益加深。中国和欧盟 1975 年建立外交关系以来，双方关系得到长足发展。特别是 2003 年中欧全面战略伙伴关系建立后，双方各领域合作不断扩大和深化，相互依存显著提升。中国与欧洲还签订了《中欧合作2020 战略》，双方在和平与安全、共同繁荣以及可持续发展等相关问题上签订了合作条约。中国与欧盟的合作产生的是 1+1>2 的效果，实现的将是双赢的结局。欧洲国家想要实现的是巩固之前建立的经济基础，克服欧债危机，在此之上实现经济复苏，谋求更高的发展。2014 年，中国——中东欧国家贸易促进部长级

---

① 商务部.2019 年中非、中南双边经贸合作数据［EB/OL］.（2020-03-03）［2021-11-24］.http://www.mofcom.gov.cn/article/i/jyjl/k/202003/20200302941368.shtml.

② 新华网.习近平主持中非团结抗疫特别峰会并发表主旨讲话［N］.人民日报，2020-06-18（01）.

会议中通过的《中国——中东欧国家经贸促进部长级会议共同文件》指出，以推进丝绸之路经济带和21世纪海上丝绸之路建设为契机，根据各个国家法律法规，欧盟成员国将根据欧盟相关法律法规，进一步加强经贸合作水平，拓展新的合作领域，促进共同繁荣发展。欧洲国家虽然不是"一带一路"战略直接沿线国家，但是欧洲诸多国家作为"一带一路"的远端指向早已经与"一带一路"政策紧密相连无法分割。与欧洲国家的合作同样是构建人类命运共同体实践中必不可少的组成部分，我们与欧洲国家彼此之间相互需要，共同发展。

欧洲大部分国家作为老牌的资本主义强国，在经济、科技、军事等诸多方面都在世界处于领先地位。但是另一方面，欧洲国家的劳动力成本较高，生产成本也居高不下，导致商品价格巨高，不利于消费能力的增长，这对欧洲国家的经济贸易发展形成了较大阻碍。而中国作为世界第二大经济体和世界上最大的发展中国家，拥有着广阔的市场和较强的消费能力，还有相对充足的劳动力，并且中国还有诸多的跨国公司选择在这里进行零配件的生产以及产品的组装。中国与欧洲国家各有其优势，相互配合，相互合作，共同发展。在推动构建人类命运共同体的过程中，中国与欧洲国家追求的是实现全方位、多层次、复合型的互联互通网络，打通中国与欧洲国家之间的贸易与交流通道，实现各国的多元、自主、平衡与可持续性发展。早在2011年我国在重庆就已经率先开通了"渝新欧"国际铁路联运大通道，主要向欧洲国家出口笔记本电脑，在重庆生产的笔记本电脑主要销往海外，占总量的一半。大规模的销量得益于一个畅通的、成本较低的物流通道。"渝新欧"国际铁路联运大通道的开通，使欧洲国家人民能够买到质量过硬且又价格低廉的电子产品，同时又能使我国生产的电子产品远销海外。这不仅满足了欧洲的消费需求，同时更是促进了我国外贸的发展。这些举措，都是在推动构建人类命运共同体的大背景之下完成的，各个国家根据自身条件的不同，在需求上也有差别，但是各国之间不是孤立无援的，而是早已经形成命运与共的共同体关系。在这其中，缺少了任何一方，都无法实现另一方的发展与繁荣。

2020年受全球蔓延的新冠肺炎的影响，世界经济复苏遇到了很大阻碍，但是中欧之间的贸易并未因此而中断。截至2020年8月，仅渝新欧这一趟中欧班列，就已经运行突破千列，2020年上半年渝新欧通道就已经完成去回程总货值近370亿元人民币，同比增长47%。这也充分体现出了铁路运输的优势所在，得益于欧亚大陆连成一体的地理特性，建造贯彻欧亚诸国的铁路，运距短、速度快、安全性高、受自然因素的影响较小，尤其适合于货物运输，在节省成本的同时又保证了其时效性。欧亚大陆是一个不可分割的整体，生活在其中的人们也早已经结成了命运与共的共同体，国家与国家之间也是心手相连的好兄弟好伙伴。兄弟伙伴有需要，我们理应给予帮助。中国倡导推动构建人类命运共同体，并不是照搬照抄，根据需求的不同，我们就给予不同的帮助。正如中欧班列，同样也分成了不同的路线。以"渝新欧"为代表的西线班列，还有"蓉新欧""郑新欧""湘新欧"等，"渝新欧"班列主要是将重庆生产的IT产品、重庆力帆摩托车配件等运往欧洲。以"苏满欧"为代表的东线班列，主要是将苏州的电子产品、机械、服装、生活用品和小商品等运往欧洲，再将宝马、奥迪等合资品牌的产品零配件运送回国。还有以"郑连欧"为代表的中线班列，2020年7月18日，中欧班列（郑州）开行满7周年。经过7年发展，中欧班列（郑州）从最初的每月1班到现在最多每周"去程14班、回程10班"的开行频次，班列辐射30个国家的130座城市。中欧班列的开设以及稳步运行，极大地加深了中欧各国之间的贸易交往，同时也使各国人民的感情得到持续加深，这不仅满足了欧洲国家经济发展与消费的需求，同时也促进了我国经济增长与快速发展。这为推动构建人类命运共同体提供了强大的推动力，欧洲各国需要构建人类命运共同体，世界也需要构建人类命运共同体。

不仅如此，欧洲作为世界文明的发源地之一，拥有丰富的文化资源，并且在教育方面依然处于世界领先地位。欧洲学院作为全球最负盛名的专注于欧洲事务研究的研究生教育学术机构之一，同时也是欧盟的重要智库，为欧洲的发展提供智识上的指引。随着中国在国际上地位的不断提高，欧洲学院也开始日益重视中国，开设了欧中关系课程，并积极筹建欧中研究中心，致力于欧中关系研究。欧洲国家也开始越来越重视中国这个合作伙伴，同样也越来越离不开同中国的合作。当前，中国与欧洲各个国家都处于发展的关键时期，都面临着前所未有的挑战。在推动构建人类命运共同体的过程中，中国提出构建中欧全面战略伙伴关系的倡议。亚欧大陆这片广阔的土地从未像今天这般紧密地联合在一起，中欧面积占世界的十分之一，人口占世界的四分之一，在联合国安理会拥有三个常任理事国席位。并且中国与欧盟还是当今世界最重要的经济体，经济总量占世界的三分之一。欧洲国家在世界和国际上的影响力不容忽视，欧洲国家一体化进程正在稳步推进。中国和中国人民始终支持欧洲一体化进程，始终支持建立一个团结、稳定、繁荣的欧盟，始终支持欧洲国家在国际事务中发挥更大作用。欧洲国家的发展离不开中欧合作，空有单打独斗是难成大事的。中国大力倡议推动构建人类命运共同体，在共同体中互利共赢共同发展。

中国与美国的外交关系一直备受世人关注，当前美国与中国分别属于世界第一、第二大经济体，一些媒体甚至将中美关系称为21世纪最重要的双边关系。回顾中美交往的几十年，中美两国关系是趋于友好与合作的。自1972年尼克松总统访华，这标志着新中国成立之后中美之间相互隔绝的局面终于被打破。1979年7月1日中美两国正式建交，结束了两国之间长达30年之久的不正常状态。但由于历史原因、政治文化等因素也有歧见和矛盾。总体讲，是合作多于冲突，共同利益大于彼此分歧。中国和美国分属于不同阵营，但都有着本国的发展目标。中国坚持改革开放，力争成为富强、民主、文明、和谐、美丽的社会主义现代化强国，实现中华民族伟大复兴的中国梦。美国的目标则致力于建设一个强大的美国，实现美国梦，包括国民幸福，国家安全等方面。发展目标虽有不同，但是不影响两国之间的共同利益的存在，且共同利益远远大于分歧。中国和美国分别是世界上最大的发展中国家和最大的发达国家，保持中美关系长期健康稳定发展，不仅符合两国人民的根本利益，也符合国际社会的共同期待。中国坚定不移地支持和维护中美关系，加强合作，共同致力于世界经济复苏。中美之间要回到谈判桌上，在求同存异的基础上实现共同利益。作为当今世界经济关系中最为关键的两个国家，中美双方要开展多领域合作，实现1+1大于2的经济效应与政治效应。当今世界正处于百年未有之大变局，面对各种层出不穷的新威胁、新挑战，中美关系的巨轮能否继续保持正确航向，不仅与两国人民利益密切相关，也关乎世界的前途与命运。习近平主席指出："中美两国合则两利，斗则俱伤。"① 中美合作可以办成有利于两国和世界的大事，中美对抗对两国和世界肯定是灾难。我们必须牢牢把握中美关系发展的正确方向，坚定不移地推进中美关系健康稳定发展。

（二）人类命运共同体符合世界未来的发展需要

人类命运共同体所倡导的理念包含着"尊重差异，和而不同"，因此我们所提倡的人类命运共同体，并不是要求其他思想相悖的国家放弃他们的思想观念，因为人类命运共同体的最终结果不是无差别的、绝对统一的"天下大同"，而是有着特殊性的、有差别的、多样统一的"天下各异"。即在维护整个人类生存发展的前提下，尊重每个国家、民族、团体组织的独立自主性及自我选择的权利和要求，尊重其历史、文化以及制度等差异，各个国家之间应该平等相待，摒弃一切傲慢与偏见，互尊互鉴，相互学习。世界发展至今，已经变成了一个多彩的世界，人类在漫长的历史长河中，创造并发展了多姿多彩的文明。从原始

---

① 习近平：努力构建中美新型大国关系——在第六轮中美战略与经济对话和第五轮中美人文交流高层磋商联合开幕式上的致辞（2014年7月9日）［N］. 人民日报，2014-07-10（02）.

部落到农耕田园，从工业革命到信息化时代，人类文明向前发展的每一步，同时也是在刻画波澜壮阔的文明壮景。中国有句古话"一花独放不是春，百花齐放春满园。"在世界文明这个大花园中，如果只有一种花朵，那这注定是孤独的，也是单调的。只有百花齐放，各美其美，在这个大花园中才是美不胜收，令人流连忘返。习近平主席在美国纽约联合国总部举行的第七十届联合国大会发表的讲话中提到："中国将始终做世界和平的建设者，坚持走和平发展道路，无论国际形势如何变化，无论自身如何发展，中国永不称霸、永不扩张、永不谋求势力范围。"① 中国倡导构建人类命运共同体是基于和平、发展、合作、共赢的基础之上对人类命运和未来的忧思，并不是中国变相的输出意识形态，更不是文化扩张。

第三节 人类命运共同体价值认同的共生机制

当全球化、信息化、工业化的浪潮席卷而来之时，人类就越无法与世隔绝、孤立地生存，共生共享已经成为人类不得不思考的问题。习近平在外交发言中不只一次地提到，世界只有一个地球，人类共享一个家园。世界上各个国家共同生存在地球家园中，其发展繁荣早已经紧密地联系在一起，单个国家想要仅仅依靠自身力量不借助外来帮助而获得发展是不现实的，随着经济全球化将世界各个地区紧密联系起来，人类已经联结成为一个密不可分的整体，并共同走向未来。

一、共生的相关理论

（一）共生的概念内涵

共生这一词语，最早提出并不是在中国，所以探究其概念内涵还需要从最初的词源意义上着手。"共生"对应的英语词汇有两个：一个是 Symbiosis，一个是 Conviviality。Symbiosis 源自希腊语系，指生态学的"共栖"。在这里，共栖强调受益双方的共栖，依据各要素间的利害关联而结成的协作关系以维持自我完成的均衡关系。"栖"在汉语中的意思包含了停留、居住、寄居以及寄托的意思，"共栖"也可以理解为共同寄居且停留在某处的意思。而 Conviviality 则源自拉丁语，指人们之间即便存在着目标、理想、利害关系、文化背景等方面的差

① 习近平. 论坚持推动构建人类命运共同体 [M]. 北京：中央文献出版社，2018：257.

异，但是却能在此基础上欣赏到他人与自己的不同之处。Symbiosis 着重于主体之间的统一关系，以及追求生存的各种形式之间的协调与统一。Conviviality 则强调各主体之间的差异，并且追求各种形式的杂然生机。

共生，用汉语词源来理解也能窥探出其中所蕴含的深意。"共"在作为形容词时，表示相同的、各主体之间都共同具有的。《论语·公冶长》中提到："原车马，衣轻裘，与朋友共，敝之而无憾。"在作为动词时，"共"代表着共同具有或共同承受，比如同甘共苦、休戚与共。在作为副词时，"共"首先代表着一齐、在一起，比如共勉、共振以及同舟共济等；还有表示程度较深的意思。而"生"首先的含义就代表着出生，还有生长的意思，还包括了生存与"死"相对的意思。将这两个字组合在一起理解"共生"的含义，就是在同一环境中生存与生长。

（二）共生理论的起源

"共生"从理论层面探讨，最早是由德国真菌学家安东·德巴里（Anton Debary）在 1873 年提出的。他认为，"共生"就是指很不相同的生物共同生活在一起；他把这具体定义为："不同名的生物共同生活在一起。"[①] 到了 20 世纪早期，康斯坦丁·谢尔盖耶维奇·梅里日可夫斯基对"共生"概念提出了自己的想法，他认为"进化的新颖性起源于共生"。[②] 最早，共生现象是被发现广泛存在于生物学领域当中。在动物和动物、动物和植物、植物和植物等自然界的物质中，和谐共生作为一种生物学现象是普遍存在的。随着研究的不断深入，现代生物学家对共生现象的认识更为清晰深刻，提出只要有两种不同的生物体密切地、完全地生活在一起，这种生存方式就能被称为共生。从生物学的共生视角来看，现代生态学把整个地球看成一个巨大的生态系统，各类生物间以及与外界环境之间通过能量转换和物质循环密切联系起来，形成共生系统。

在 20 世纪中后期，共生的思想和概念已经逐步扩展到社会科学以及哲学领域。"共生"这一概念也得到了越来越多的生态学家、人类学家、社会学家、经济学家、管理学家、政治学家以及哲学家们的广泛关注。共生理论开始逐步与其他学科进行有机结合，不仅在生态领域同时也在经济领域、管理领域等取得了开创性的成果。我们在和谐论中提出的共生原理，也已经超越了生物学领域，

① 林恩·马古利斯著，易凡译. 生物共生的行星——进化的新景观［M］. 上海：上海科学技术出版社，1999：11.

② 林恩·马古利斯，多里昂·萨根. 倾斜的真理——论盖娅、共生和进化［M］. 李建会等译. 南昌：江西教育出版社，1999：380.

它不仅仅是科学原理，而且还是哲学原理。

作为哲学层面的共生是一个宽泛的概念，它泛指事物之间或单元之间形成的一种和谐统一、相互促进、共生共荣的关系。概括起来，共生核心是："双赢"和"共存"，基本上属于互利共生现象的哲学抽象，个别时候也可以包括偏利共生。共生能够存在，其根本还是因为，两个不同个体在共存之后能够获得发展，最后实现两个差异个体的共生。共生已经不仅仅是从生物学意义上的两个不同的生物共同生活在一起，而是两个不同的个体在结合之后，能够发挥更大的意义与作用。

（三）马克思主义关于共生的思想

马克思主义哲学是一种贴近人的生活、关注人的幸福并进行人文终极关怀的哲学，马克思主义哲学最明显的特性就是其生活性，这就是马克思主义关于人类共同生存的哲学思想。马克思和恩格斯对世界的认识与人自身的存在是相一致的，他们为了实现人类的幸福而探索世界存在模式，发现世界的存在模式与人自身获得幸福的机理、途径、方法是存在相似性的，都是共同生成的共生存在过程。

马克思认为，人类社会发展的最高阶段应该是类本位社会，因为人是类存在物，人也只有在自己的类中生活才能成为人。这就肯定了人类存在的共同性，人类具有共同生存的可能性与必要性。人类遵从自己的本性而生活，实现自我的同一性，在这样的生活状态中个人与他人、个人与社会、个人与自然之间是统一共生的。在这样的大前提大环境下，人才能成为自身，同时人也能生成他人与万物。个体在享受和获得幸福的同时，也能实现他人的享受和幸福。个人与他人是无法分割的，是完全一体的，与万物也是一体的。在这个基础上，人与他人、人与万物共生共存。马克思指出："旧唯物主义的立脚点是'市民'社会，新唯物主义的立脚点则是人类社会或社会化了的人类。"① 社会关系作为人的本质的体现，而人的社会关系实际是人与自然、人与人互动共生关系的一种表现，人作为自然界的一部分是自然界的生命系统共生互动的结果。

二、共生是关于自我中心主义的批判

（一）关于自我中心主义的观点

"自我中心"的核心是自利性或者利己性。从心理学的视角分析利己性，称为心理学上的利己主义。任何人自愿行动的动机最终都只能是对他自己个人利益的欲求。利己主义在《中国大百科全书》哲学卷中解释为：个人主义的表现

---

① 马克思恩格斯全集：第 3 卷 ［M］. 北京：人民出版社，1960：5-6.

形式之一。其基本特点是以自我为中心，以个人利益作为思想、行为的原则和道德评价的标准。利己主义一词源于拉丁语 ego，意为"我"。利己主义思想产生于私有制社会，从抽象的人性论出发，把几千年来剥削阶级信奉的"人不为己，天诛地灭"的道德观念，看作人的不变的利己本性，并作为一种普遍的道德原则。问题同样被施蒂纳《唯一者及其所有物》第一部分"人"中的"近代人"一节提出来。他认为，就像人的发展经历了从"依赖于事物世界"再到"二者否定性的统一"、从儿童到青年再到成人、从"古代人"到"近代人"再到"唯一者"等阶段一样，作为近代资本主义发展产物的"利己主义"其发展轨迹与之具有相似性，也要经历从"通常理解的利己主义"到"自我牺牲的利己主义"再到"自我一致的利己主义"的嬗变。首先，"通常理解的利己主义者"是那种一心为己、枯燥无味、斤斤计较的人，即典型的自私自利者、"贪得者"和"吝啬鬼"，他们通常是早期资产阶级的代表，是物质与财富的奴隶，他们大多数人只为了自己的个人利益而斗争，是精于自己的利益、擅长算计之徒。其次，"自我牺牲的利己主义者"超越前者的地方在于，他们已经不是为了自己的蝇头小利而患得患失的人，而是"为了一个目的、一个意志、一个欲望而把其他一切牺牲的人"。在施蒂纳看来，"自我牺牲的利己主义者"有超越前者的部分，他们可以接受自我利益的暂时受损，作出牺牲，即成为"自我牺牲者"，但显然最终还是利己的。最后，这样一种精神境界的提升最终使人成为"自我一致的利己主义者"，从而实现了"把我当作出发点"与"把我当作目标"的统一、"利己的我"与"异己的我"的统一、"需要充实的我"与"作出牺牲的我"的统一、"现实的我"与"精神的我"的统一等，使"不完善的我"成为"完善的我"，使"单一的生活"变成"全面的生活"。这就意味着，我不再为任何人效劳也不再为任何事物而服务，而是在一切情况下都是为我自己效劳都是以我自己为中心。这样不仅是依据行为和存在，而且对于我的意识来说，我都是唯一者"。① 马克思也看到了人的存在和发展的"利己性"："现实的人只有以利己的个体形式出现才可予以承认。"② 在马克思看来，利己的人，是市民社会的成员，是政治国家的基础、前提。③ 所有的自我主体，都有属于自己的客观的利益需要，生活于社会之上的个人始终自觉或不自觉的遵循趋利避害的原则或定律。对自我需要和利益的满足与追求，是天经地义的、客观必然的。总

---

① 施蒂纳. 唯一者及其所有物 [M]. 金海民译. 北京：商务印书馆，1992：34.
② 马克思恩格斯文集：第 1 卷 [M]. 北京：人民出版社，2009：46.
③ 马克思恩格斯文集：第 1 卷 [M]. 北京：人民出版社，2009：45.

之，趋利原则或趋利定律在社会生活与现实中是起到广泛作用的。

自我主体在追求利益的过程中，一般存在两种不同的选择。第一种，在自我主体与他我、与自然的交往过程中，坚持互利共赢的原则，在实现自我利益的同时又维护了他我和自然的利益与权利，最后实现双赢、多赢的局面。这样一种价值取向和做法，就体现出了一种科学的共利性的价值原则。但同时也存在着一种完全相反的做法，如果自我在实现自我利益的过程中，采取了一种单边主义或自大主义的极端化的做法，意识与行动都是围绕关于实现或维护自我的利益出发，并且在利益实现的过程中破坏或损害了他我或自然的合法利益或权益。那么，这样一种做法，我们就认为其是建立在一种自我中心主义基础上的价值原则。"自我中心主义"实际上就是一种从自我的至上性出发的，把"自我中心"建立在极端化的基础上，来看待世界并处理自我与他我以及周围事物的关系。自我中心主义将双向互利的主客体关系，异化成了单向求利的主客体关系，实现将自我的利益最大化，在做法上通常采取的是"走自己的路，让别人无路可走"。自我中心主义最后的结果，往往都是零和博弈的结果。从"自我中心"到极端的"自我中心主义"，其在本质上已经走向了极端的发展层面，自我中心的"为我"性异化成了"唯我"性。自我中心主义在本质上就是彻底的或极端的利己主义，其实质就是自我利益的最大化，并且这种自我利益的实现在空间上变现为自我占有和支配"他我"，在时间上则变现为当前垄断和透支未来。在价值关系上，这种最大化就是只索取而不回报，只关注自我利益和需求，忽视自我所应承担的责任和义务。并且自我中心主义在实现利益最大化的过程中，其实也是共同体利益或整体利益自我化的过程，即自我主体在最大化地追求自我利益的情况下，把共同利益自我化，不断蚕食、挤占共同体的整体利益。

（二）人类命运与共和走向共生主义

"今天我们所遇到的社会问题以及人与自然的关系问题，都是由近代以来的自我中心主义造成的。"① 罗尔斯认为，损害以至毁灭共同体的主要不是利己主义而是自我中心主义。自我中心主义将自我与他我以及社会分开割裂，当自我中心主义普遍地支配着人们的思维观念和实践行为的时候，其对社会健康运行与可持续发展将造成不可估量的危害。习近平不只一次指出，"宇宙只有一个地球，人类共有一个家园。"到目前为止，地球仍然是我们所确认的唯一可供人类

---

① 张康之，张乾友. 从自我到他人：政治哲学主题的转变［J］. 马克思主义与现实，2011
（3）：36.

长期赖以生存的家园，珍爱和呵护地球是人类的唯一选择。于是，一种能支配人类走出困境的新的价值理念便应运而生，这就是关于共生主义的价值理念。"共生"早已经从一个单纯的生物学领域上的概念发展到了社会科学的各个领域，"只要我们留意，就能发现共生现象是无处不在的。对许多不同种类的生命说来，与其他生物间互相的机体接触是一种没有商量余地的需要。"① 在生物发展进程中，不仅仅只是存在生存竞争的一面，同样还有协同共生、共同发展繁荣的一面。各种各样的事物在保持"自我生存"的基础上同时兼顾他物与世间万物的生存，实现各自的发展又相互补益，这实际上是世界万物存在和发展的根本道理。

从马克思主义哲学基本观点看，物质世界是普遍联系的，这种普遍联系是一种客观存在并且又以系统的形式存在，而系统的根本特性就是其整体性。与之相似的，人类社会同样是一个系统，同样具有整体性。社会作为一个整体，其社会系统内在之间具有有序的关联性，表现为社会系统的静态的要素之间和动态的发展阶段之间存在内在的、稳固的关联性，这就奠定了社会各个要素之间的共生基础。当今世界，人类正日益联结成一个你中有我、我中有你的命运共同体。脱离整体，以自我利益为中心是不符合时代要求的。摆脱自我中心，从自我的圈子中跳出来，多设身处地地替其他人想想，学会尊重、关心、帮助他人，这不仅是对个人的要求，同样是对一个国家和民族的要求。

三、人类命运共同体是实现共生的最佳途径

（一）人类空间结构上共同生存

共生得以实现的一个首要前提就是，两种及以上的生物共同在一个空间环境内生存。人类命运共同体的共生机制完全区别于社会达尔文主义所提倡的"物竞天择，适者生存"的主张，在哲学层面的内涵特征则强调世界所有事物的"同在"特性（即和而不同），而不仅仅是所谓的利益互惠，而世界所有事物的"同在"特性也是宇宙中最基础的哲学概念与科学原理。人类命运共同体的共生机制象征着人类所追求的一种有效的生存方式和生活方式，并且这种"共生"不仅超越了群体，超越民族，甚至超越全人类。我们每个人追求的"共生"应该是与他人、与社会、与自然、与宇宙的和谐共生。如在应对 2020 年全球爆发

---

① 林恩·马古利斯. 生物共生的行星——进化的新景观［M］. 易凡译. 上海：上海科学技术出版社，2009：2.

的新冠肺炎疫情之时，事实证明没有哪个国家、地区可以不受影响。习近平主席在致法国总统的慰问电中指出，"中方愿同法方共同推进疫情防控国际合作，支持联合国及世界卫生组织在完善全球公共卫生治理中发挥核心作用，打造人类卫生健康共同体。"① 人类卫生健康共同体不仅是进一步丰富、完善了人类命运共同体的内涵，同时这也是人类命运共同体共生机制的重要体现。

（二）人类在各种关系中共同和谐

拥有共生基础的事物之间，同样存在着差异和竞争，但这种竞争是一种合作性、和谐性的竞争，而且在这种竞争中事物的最终走向是共同进步，绝非你死我活、零和博弈、两败俱伤。人类命运共同体的共生机制不否认个体之间存在的竞争关系，我们积极倡导推动构建人类命运共同体，也并不否认各国之间竞争关系的存在。必须承认的是，社会发展至今各个国家之间的良性竞争，不仅促进了自身的发展，还推动了世界的进步。经济上，各个国家积极推进本国新型工业化、信息化、农业现代化进程，不断激发巨大的投资和消费需求，不断提升人民群众收入和消费水平增长，以提升国家整体经济实力。这种国家之间的竞争，在军备实力的角逐中尤为凸显。以冷战时期美苏对抗为例，20世纪70年代-80年代间，美国开发出了中程导弹、反坦克武器A-10对地攻击及和攻击直升机来化解苏联对富尔达峡谷的威胁。不仅如此，美国还在冷战期间完成了"阿波罗登月计划"，实现了载人登月飞行和人类对于月球的实地考察。由于和苏联的竞争，美国军事以及科技实力迅速提高，在20世纪成为全球领先的超级大国。但是这种竞争最后造成的局面是苏联解体和东欧剧变，一些社会主义国家更是爆发"颜色革命"，造成大规模的流血冲突。美国确实是在单方面获得胜利，但是这样的胜利是不符合人类整体利益的，这种竞争也是恶性的，它破坏了各国之间的友谊，也不利于世界各国的团结。人类命运共同体的共生机制，倡导的是各个国家之间的友好交往与良性竞争。这不是你输我赢的博弈而是双赢、多赢以及共赢的结局。面对当前复杂多变的国际形势和日益严重突出的全球性问题，各国人民更需要加强合作，同舟共济，携手构建人类命运共同体。中国在推动构建人类命运共同体时，同样秉持合作精神，中华民族一直坚信"众人拾柴火焰高"这个道理，始终坚信团结一致才能收获更大的成功。

（三）人类的最终走向是共同繁荣

人类命运共同体的共生机制，讲求的是互利共生，在相互获利的基础上共

---

① 打造人类卫生健康共同体的时代价值 [N]. 学习时报, 2020-03-27 (A1).

同生存。同时，我们也要承认竞争的客观存在，但它不同于对立的竞争关系，不是强者压制弱者，弱者躲避强者，不会导致强者更强，弱者更弱的恶性循环。在共生机制中，弱势力量往往容易被轻视被忽略，但是实际上弱势力量对于共生机制的需求更大也更加明显。弱者大多有一种自然而然的"共生"要求，对"共生"有一种天然的亲和性；因为弱者往往希望通过依附强者，实现与强者的共生，能够快速获得发展，摆脱处于弱势地位的现状。当前，中国人民正在致力于实现"两个一百年"奋斗目标，在 2020 年全面建成小康社会的愿望已经实现，正努力到 21 世纪中叶建成富强民主文明和谐美丽的社会主义现代化强国。到那时，中华民族伟大复兴的中国梦也将得到实现。中国在进行改革开放和社会主义现代化建设的同时，从未忘记过周边国家，一直致力于做好周边外交工作。周边外交的良好有序推进，不仅为我国的发展争取到了良好的周边环境，还将使我国的发展惠及更多的周边国家。与中国陆地相邻以及隔海相望的周边国家中，除了俄罗斯、日本以及韩国，都是发展中国家。而中国作为世界上最大的发展中国家，在自己走向伟大复兴的过程中，必将辐射和带动周边国家的繁荣发展。中国始终将广大的周边邻国视为促进共同发展的合作伙伴、维护和平稳定的真诚朋友，同绝大多数领国都建立了不同形式的伙伴关系。① 中华民族是经历过苦难的民族，所以中国人民也更加珍惜和平，绝不会将自己曾经遭受过的悲惨经历强加给其他民族，所以中国人民深知国家强大的难能可贵。中国推动构建人类命运共同体，就已经把周边国家囊括其中，愿意与周边国家乃至世界各国共同发展，共同繁荣。

总之，推动构建人类命运共同体不是凭空的想象，是有据可循的现实要求。构建人类命运共同体，是建立在各个国家共同利益之上。在全球经济复苏不稳定的环境下，国家之间追求共同利益，形成更加紧密的合作伙伴关系，才能为人类走向共同繁荣做出积极贡献。构建人类命运共同体，是建立在各个国家的有效需求之上。我们尊重各个国家不同的需求，以及各个国家提出的合理诉求。构建人类命运共同体，是建立在各个国家共同生存之上。地球是全人类共同生存的地球，需要大家共同爱护，世界性难题也需要世界各国的同心协力才能得到解决。中国愿与世界各国一起，推动构建人类命运共同体，引领人类社会发展的巨轮平稳航行，驶向更加美好的未来。

---

① 习近平. 论坚持推动构建人类命运共同体［M］. 北京：中央文献出版社，2018：153.

第九章　人类命运共同体价值认同的实现路径

人类命运共同体价值认同的实现路径不同于西方国家以威逼利诱推行的传统的价值认同路径，因为人类命运共同体倡导的是"合作共赢、互惠共享"，其价值认同方式可概括为合作认同方式，即是建立在"合作互惠"基础上的自觉自愿的价值认同。

第一节　价值认同的传统途径

价值认同的方式和途径有很多，但在霸权主义和强权政治盛行的时代，强势国家往往会采取强制性的价值认同模式，通过军事或经济等手段，强迫他国接受自己的价值观念，以获得对他国乃至世界的控制，攫取更大的经济利益，实现自己的战略意图。

一、价值认同的内涵与方式

（一）价值认同的内涵

1. 认同的内涵

认同（identify）是一个具有跨学科意义的词汇，不仅存在于心理学学科，而且也是哲学、社会学、政治学等学科所共同具有的概念，而不同学科关于认同概念的研究具有不同的侧重点。在哲学、社会学、政治学等领域多是从社会群体的层面、从群体的社会性角度入手研究，着重强调认同就是个人对于群体、小群体对大群体的归属。因为在现实生活中，个体以多样性、差异性特点作为其存在的必要条件，并以共性作为其存在的非必要条件。认同的最佳状态，就是使个体的各种存在，在相互配合、和谐共处的基础上达到最优的存在状态。认同作为个体的一种心灵归属和身份确认，其根源是自我存在的确立以及个体需要与他人、与群体融合，还有在社会化的过程中建立起关于个体身份的认知。

个人对于自我的社会地位和社会角色形成理性确认，通过个人经历再进行加工反思理解到自我，就可以认为个体完成了关于自我的认同。但是必须要承认的是，认同绝大部分时候发生在群体之中，尤其体现在群体的交往之中。在社会交往当中，人们大多是依靠取得认同或者获得认同感而存在的。从马克思主义哲学视角看，认同是人们在交往活动中彼此从自我出发而寻求共同性的过程和结果，它象征着人与人之间的共性关系，也可以理解为人们关于某一事件、理念的共同性看法。在学术界关于认同已经形成了比较丰富的理论和认识，由此出发还引申出了与认同有关的一系列概念，比如民族认同、国家认同、社会认同以及价值认同等。在当今世界快速发展的过程中，认同不断地受到冲击并破裂，又在不断地重组构建。认同说到底是对人的意义感的重新定位和评价的问题，是一个价值认同问题。因此，认同的核心是价值认同。

2. 价值认同的内涵

一些学者认为，价值认同是指个体或社会共同体通过相互交往而在观念上对某类价值的认可和共享，是人们对自身在社会中的价值定位和定向，并表现为共同价值观念的形成。还有一种观点则认为，价值认同就是人们作为价值主体不断改变自身的观念与看法从而与社会价值规范相一致。价值认同作为认同的一个重要部分，其产生离不开社会交往。可以说，价值认同就是人们在社会交往过程中对某种或者某类价值观的认可并进而形成的价值观念。因此，价值认同通常又表现为价值观的认同。对于价值认同，从认可一种价值观的层面来对其进行把握，虽然抓住了关键，但并不全面。价值认同最终还要通过实践行为体现，尤其是关于人的行为以及人在实践中的选择表现出其价值观念。

价值认同是具有历史性的产物。在大航海时代以前，各个国家和地区之间比较孤立，人们都生活在一个相对封闭的环境中，人与人之间的交往交流并不密切，出现的矛盾冲突少，也就不太能够产生关于认同的问题，价值认同问题也还未得到人们的重视。但随着全球化的不断推进，交往突破了空间的限制，各种各样的跨地区、跨民族甚至是跨文化的交流日益紧密，当今世界已经成为一个普遍交往的世界。而在交往中文化差异、情感错位等一系列的价值认同相关的问题也就开始出现和形成。可见，在当今时代迅速发展，全球化不断深化的大背景大前提之下，才导致了"人们的认同处于不断的建构——破裂——建构过程中"，也可以说，人们的认同并不是一成不变，而是会随着人的生活经验、社会阅历所带来的改变而改变的。

在诸多的认同问题当中，最根本的还是关于价值观的认同问题，可以说价值观认同是认同问题的核心。因为在人的内心之中，根植最深影响最广的就是价值观，它直接反映出了人们对于外界纷繁复杂的情况下所做出的选择与评价。价值观还影响一个人判断是非曲直和善恶美丑的价值准则，对人们的思维倾向和行为选择具有导向和调节作用。所以说，认同必然体现着价值上的判断，认同的核心就是关于价值观的认同。"认同是一种处在内在价值肯定基础之上的主动共鸣"所以说，认同问题实际上就是一个关乎个人的价值取向的问题，在本质上可以看作是人对于某种价值观念的认同，是人对于其价值和必要性的一种认可，认同归根到底就是价值认同。价值认同是认同整合的深层基础，价值观念对认同发挥着规范、黏合、引领等作用。

（二）价值认同的方式

认同或价值认同的基本方式有：主动性认同、强制性认同、博弈性认同、指导性认同、商谈性认同和劝说性认同等。

主动性认同是指主体面对各式各样的文化、思潮、观点和生活方式，经过认真思考和比较，主动、自觉地积极肯定、认可、接受某种思想文化和生活方式，并把它融入主体原有的思想文化和生活方式之中。主动性认同是建立在自我与他者平等关系基础上的一种积极主动、自觉自愿的认同。它是主体自主性、独立性、自觉性的重要表现，也是主体积极进取和开创前进的重要特质。

强制性认同是主体在外力强迫下被动地接受某种思想文化、行为方式和规章制度。强制性认同是主体不情愿的、被动的或者是无奈的认同。强制性认同主要是强势主体通过强硬手段如军事或经济手段胁迫弱小主体接受和认同自己的政治、经济和文化，并接受自己的统治。强制性认同往往是强者对弱者的压制，弱者处于被迫状态，属于被迫性认同。强制性认同是不平等的认同，强者处于统治和支配地位，而弱者处于被动、被支配地位。

博弈性认同源于博弈论，博弈有两种类型，合作博弈和非合作博弈，其中合作博弈就包含着认同和共识。同样的环境和主体通过多次博弈而不得不遵守共同规则或游戏规则，就是一种博弈性认同。博弈性认同有两个特点：一是经历了多次或无数次的损失和教训后才认识到遵守公共规则的重要性；二是博弈性认同具有一定的被迫性和不得已性，因而具有一定的自发性和被动性。但博弈性认同不同于强制性认同，它是自觉自愿的，应该是介于强制性认同和契约性认同之间。

指导性认同主要是通过机构、组织和团体用宣传、宣讲、教育、教化的方式，自上而下地向主体输送和传递某种价值、思想和主张，以便使主体接受、内化和践行这种价值、思想和主张。指导性认同往往具有政党和国家层面的意识形态性，其本身就具有较强的价值取向性。指导性认同除了外部的指导，还有一个内化的过程，即是主体通过接受某种指导，自觉地养成和习得的过程。它不同于强制性认同从外部用强力向认同主体推行、灌输某种思想或行为的被迫和被动性认同，指导性认同是通过指导、引导、说服教育的方式，让主体自觉、自愿地接受和内化某种思想观念和思想体系。同时，指导性认同是通过以理服人，以情动人的方式，循循善诱，使大众接受和内化某种思想观念和思想体系。

商谈性认同主要依靠各主体自身内部的力量，以交往、交流、对话、商谈、合作等方式而产生认同。商谈性认同实质包含着契约的内容和因素，契约也是一种认同，也可以叫契约性认同。商谈性认同的各方是彼此平等的关系，为着一个共同的目标走到一起，商议着关涉共同利益事项。商谈性认同的目的就在于合作。商谈性认同实质也是各方在同一议题下的相互让渡的过程，在商谈性认同中，各方都代表着自己的利益但同时也要考虑对方的利益，追求的是共同利益的实现。商谈性认同有一定的博弈性质。

劝说性认同是借助认同主体之外的第三方（包括他者、团体、组织、政府和国际组织等，通常处于中立地位）力量，通过说服、协调、利益的调节、外交上的斡旋等方式所达成的价值认同和共识。国家和民族的冲突和分歧要达成共识，往往需要依靠或借助第三方力量的帮助。许多国际组织在调节国际争端和民族冲突时，实质采用的是劝说性认同方式，且不仅限于国际外交，人与人之间的矛盾和冲突也可以通过劝说性认同来消除。

二、西方推行价值观的传统途径

随着世界多极化、经济全球化深入发展和文化多样性、社会信息化的持续推进，今天的人类已经站在新的更高的历史起点之上，但是无法否认的是矛盾与冲突也更为明显和深化，历史遗留问题尚未得到解决，新的问题又已经出现。纵观人类历史上出现过的种种矛盾与冲突，究其根本依然是利益的冲突。尤其是 21 世纪之后在西亚地区发动的多场战争其背后都是由利益所驱使。经济全球化的推进同时也伴随着因利益而引发的矛盾，而造成的矛盾原因往往是不同主体关于价值观的冲突。经济全球化的过程中难免出现因价值观之间的不同而引发的价值冲突，但这同时也是一个不同价值观之间的相互理解、认可和认同的过程。面对价值观冲突，西方通常是以其价值观的优势自居，通过各种方式运用各种手段，强力向世界各国推行其价值观念，以取代其他的价值观念。

（一）政治上：和平演变

和平演变，是不同主义国家间所采取的一种"超越遏制战略"，以促使对方国家制度发生变化，"和平演变"就是一种非暴力的衍生变化过程，这一概念是由美国时任国务卿杜勒斯提出。自二战结束，苏联的迅速强大让美国感到强烈的不安，如何对以苏联为首的社会主义国家进行有效遏制成为美国最为关心的问题，"和平演变"战略因此应运而生。

首先，"和平演变"策略最大的特点就是具有明显的针对性。冷战时期，美国的"和平演变"战略针对的目标主要是苏联和其羽翼下的东欧各国以及坚持社会主义意识形态的国家。时任美国国务卿杜勒斯一贯以敌视社会主义国家和民族解放运动而闻名，他坚持不承认新中国的合法性，排斥新中国进入联合国，并且毫不掩饰地制造"两个中国"的活动。他在1954年的日内瓦会议上，命令美国代表团成员不得与中国国务院总理周恩来握手，这就是著名的"握手事件"。由此可见，美国所提倡的"和平演变"策略，利用其优势打压社会主义国家政治发展，恶意抹黑社会主义的国家形象，从而达到在国际上孤立社会主义国家的目的。①

其次，"和平演变"策略实现的过程带有较强的隐蔽性。1968年，尼克松竞选成功成为美国总统，在此之后他更是积极地同苏联领导人进行会晤，更是于1972年对苏联进行了访问，这是美国总统第一次对社会主义苏联进行访问。尼克松非常注重同苏联东欧社会主义国家的接触，无论是政府官方还是民间思想文化的交流，致力于打造一个高品质生活的美国社会的形象展现给苏联、东欧国家以及社会主义国家，充分显示自身的优越性，让社会主义国家的人民感觉美国就是一个天堂，让所有社会主义国家人民对资本主义的生活方式产生盲目的向往和崇拜。通过对外展示部分美国上流社会的生活情景，从而以温和的方式打开社会主义国家封闭的大门。但是究其本质，这仍然是美国为了推行资本主义制度打开"铁幕"而使用的方法，只是被平等交流的表象所隐藏起来，从而使得"和平演变"的策略具很强的隐蔽性。

最后，"和平演变"的最新途径是信息化手段。经历了苏联解体以及东欧社会主义国家改旗易帜，极大削弱了当今世界的社会主义阵营。但是，以美国为首的西方资本主义国家并没有放弃对于社会主义国家的"和平演变"策略，反而是依托信息技术、文化语言等方面的优势，以先进的网络信息技术及其应用

---

① 何春龙．"和平演变"与国际共产主义运动博弈［D］．长春：吉林大学，2013.

为先导，对以中国为首的社会主义国家进行信息化的和平演变。由于美国掌握了大多数信息科技领域的核心技术、绝大多数网络顶级服务器，拥有一大批全球信息服务顶级提供商，具有强大的网络控制力。① 这就使得美国有实力在鼓吹网络自由的背景下，通过传播西方思想文化、抢占网络舆论高地、支持和鼓励网络政治活动等途径对中国进行信息化的和平演变。

（二）经济上：实施制裁

经济制裁原指一国或数国对破坏国际义务、条约和协定的国家在经济上采取的惩罚性措施。但是，随着社会的不断发展，如今的经济制裁通常被经济实力强大的国家利用作为打击、削弱其他国家政治、经济和军事实力的手段。

"马歇尔计划"——官方名称为"欧洲复兴计划"，该计划是对战后遭受重创的西欧各国进行经济援助和重建计划，这项计划对欧洲经济的复苏起到了巨大的作用，经过四年的援助，西欧经济恢复甚至超过战前水平，并且保持了强劲的发展势头。然而马歇尔计划并不是真的或者说并不完全是为复兴欧洲而制定的，随着二战的结束，西欧国家的共产主义势力和声望急剧增长令老牌资本主义列强"十分不安"。因此，马歇尔计划更是为了遏制苏联和共产党的影响及扩张，极力拉拢即将陷入社会主义阵营的西欧各国。实际上"马歇尔计划实行的结果抑制了西欧的革命运动，削弱了欧洲两个最大的共产党即意共和法共的力量和影响。"②

2014 年，时任美国国务卿克里谴责俄罗斯对乌克兰"令人难以相信的侵略行径"，威胁要与盟国一道对俄罗斯采取一系列的制裁措施。这是 20 世纪以后，美国宣布的对俄罗斯实施的最为严厉的一次经济制裁。同时还提出了对俄罗斯采取禁发入境签证、冻结资产和经贸制裁等措施，以促使普京改变行为方式。但这些也都只是美国为了掩盖其真正目的所强加的一套说辞罢了，俄美是全球战略竞争的主要对手，打压、弱化、分裂俄罗斯是美国的终极目标，美国对俄罗斯的长期经济制裁就是要摧毁俄罗斯经济，从而在内部推翻俄罗斯政权，对俄罗斯经济制裁是美国打压俄罗斯的主要武器。为了更好地在经济上制裁俄罗斯，美国不惜一切代价也想切断俄罗斯同欧洲经济体密切的贸易往来。特朗普政府不惜一切代价也要让俄罗斯和德国的能源管道项目流产，就是美国对俄罗

---

① 谢加书. 美国对华和平演变信息化趋势分析［J］. 南京政治学院学报，2014，30（02）：80-83.

② 梁云彤，辛仲勤，王朝文，王杏芳. 美国和平演变战略［M］. 长春：吉林人民出版社，1992：46.

斯和欧洲的能源合作，经贸往来的无情打压，美国要把俄罗斯完全排除在欧美的经济文化圈之外。

中国是目前世界上最大的发展中国家，也是最大的社会主义国家，以美国为首的资本主义国家自然无法轻易地接受中国能够通过走中国特色社会主义道路而实现共产主义。为了扼杀中国的改革开放，迫使中国就美国政府的"范"，配合着经济周期，1990 年前后，美国政府率领仆从国对中国进行了大规模的经济制裁，硬生生把中国的经济增长率从 1988 年的 11.2%压到了 1991 年的 9.3%。为了防范中国通过改革开放实现经济的成长，美国政府想方设法阻止中国加入世界贸易体系，从成功阻止中国恢复关贸总协定缔约国地位到为中国加入世界贸易组织设置障碍。据统计，在中国入世的 77 次正式双边谈判中，中美双边谈判就高达 25 轮。时至今日，美国仍然没有放弃在经济上排挤打压中国，特朗普政府掀起中美贸易摩擦，是美国想在经济上击垮中国的新手段，其最终目的是动摇中国的社会主义制度，阻碍中国民族复兴中国梦的实现。

（三）军事上：武力干涉

军事手段在西方国家实现其价值认同的过程中同样发挥着不可忽视的作用。军事手段一直得到西方国家的青睐，因为其能在较短的时间内造成颠覆性的后果。在世界上大部分爆发局部战争的争议地区中，西方国家的身影从未消失，部分西方国家凭借其武力优势，以军事武器装备为后盾，对他国进行所谓的"人权干涉"，这种举动在实质上也是一种通过干涉别国内政，强力传播西方价值观念的行为。而西方国家又凭借其政治话语权将"对他国的干涉"这一行为隐藏了起来，为西方传播意识形态实现价值认同打上了一把保护伞。这种行为不仅没为广大的发展中国家营造一个和平的发展环境，还对全世界的和平与发展造成了严重的阻碍。进入 21 世纪以后，美国先后武力打击了伊拉克、阿富汗、利比亚、叙利亚等国。

这些战争从表面上看是军事侵略，但实际上其实还是美国的大国价值观的输出。说到底，美国不允许有任何与其利益违背的行为存在，任何国家都要以美国的利益为重，以美国为优先。另外，美国作为世界唯一的超级大国，倚仗着其强大的军事力量，将霸权主义之手伸向全球各地，强制推行所谓的西方民主。可以说，以美国为首的西方资本主义国家为了推行其民主制度和普世价值观真是无所不用其极。

第二节 人类命运共同体的推广宣传

在当前世界全球化进程持续推进的过程中，文化多元化发展的势头也日益强劲。在文化的多元化发展中，又以价值观念的多元化为关键。世界文化万紫千红，一个国家一个民族的文化更是代表了这个国家和民族的灵魂，而一个国家所推崇的核心价值观念更是这个国家屹立于世界的根基，因此价值观在一定程度上是稳定的难以改变。本国人民要珍惜和维护自己国家的价值观，也要尊重别的国家别的民族所推崇的价值观。每个国家不论强弱贫富，其信奉的价值观都应该得到尊重与承认。推动实现人类命运共同体价值认同，我们需要将自己的观念立场以及核心价值观展现出去，但是过程与方式一定是和平的和友好的。本着欢迎和尊重的态度，我们希望人类命运共同体理念能够得到世界各个国家和人民的广泛认可与接受，并进而加入构建人类命运共同体的伟大实践活动中。

一、完善人类命运共同体的阐释机制

（一）解释学的内涵

解释学就是专门研究意义与理解的学问，尤其是通过对行动和文本的解读进行研究。[1] 在哲学领域，关于理解这一概念的属性相关学者也进行过类似研究。伽达默尔就提出理解具有历史性、视界融合和效果历史的特点。首先，伽达默尔提出解释是历史的。因为人的存在本身就具有历史性，无论是认识的主体还是认识客体，都无法脱离历史性。[2] 随着时代背景的不断变化以及人的实践经验的不断完善，对事物的认识与理解也处在不断发展完善的过程当中。因为理解的主体是人，而人的理解往往又受到一定的社会历史因素、价值观等各个方面的历史性的影响。理解的历史性决定了理解不是一成不变的，而是不断变化丰富的。正是因为理解的存在具有历史性，理解者作为理解的主体，文本信息作为理解的客体，伽达默尔提出了"视界"的概念。视界包括了理解的起点、角度和可能的前景。因为理解的主体存在差异性，所以在进行理解的过程

---

[1] 斯蒂芬·李特约翰. 人类传播理论：第七版 [M]. 北京：清华大学出版社，2004：220.
[2] 张德让. 伽达默尔哲学解释学与翻译研究 [J]. 中国翻译，2001（04）：23.

中视界的碰撞就难免发生，这就导致了视界融合结果的出现。只有在差异存在的基础上才有融合，同样的视界也不是封闭的，它是一个不断形成的过程。理解者和理解对象都是历史的存在，文本的意义是和理解者一起处于不断形成过程之中，伽达默尔将这种过程历史称为"效果历史"。

解释学的产生为文本的理解与文意的解读作出了突出贡献，为作者与读者之间的沟通搭建了桥梁。现代解释学与古典解释学不同，古典解释学着力于研究宗教典籍、法典与古代文献等，而现代解释学则着眼于理解本身而不是被理解的文本。因此，理解不再仅是一种方法，其身上还被赋予了认识论的意义。现代解释学认为，想要真正理解人类社会的方方面面，不应仅仅只借助于科学方法，而应该强调通过进行主观性的理解而获得。对人类命运共同体进行科学的解读与阐释，有利于将人类命运共同体的科学内涵及其伟大意义传递给广大人民群众。

（二）培养职业阐释者

普通的阐释者是指并非专门负责解释的人，主体通过自身的阅历所积累的知识储备可以对某个概念做出理解和解释。因此，其解释活动有着自由、灵活的特点。主体进行解释的时间、地点、内容、所采用的媒介、针对的对象都可以完全由主体自行决定。普通的阐释者大多都在人际交往的过程当中出现，其角色也具有不固定性，随时可以在阐释者与受众两种角色之间相互转换。

而职业阐释者就是专门负责解释工作的人，以阐释相关概念、理论为职业和谋生的手段，职业阐释者与受众的角色也相对固定。职业阐释者在概念的理解过程中往往起到主导作用，首先，职业阐释者需要进行系统的工作，根据解释目的和受众的需要进行有目的、有计划、有组织的全面信息收集工作。其次，职业阐释者需要对收集到的概念信息的内容和表达形式进行加工处理，对有关信息进行取舍。紧接着，职业阐释者还要采用灵活而有效的阐释策略与阐释技巧，借助一定的渠道，使相关的概念信息传递到达受众。最后，职业阐释者还要进行信息的收集与反馈处理，通过调查等途径来收集和反馈受众对于某一概念内涵的认知与理解程度，达到调整、修饰阐释行为的目的。通过把掌握的反馈信息与预定的阐释目的进行对照、比较、分析，职业阐释者可以充分了解阐释效果，找出实际阐释效果与预定目标之间的差距，并以此为标准对整个阐释过程进行调整。并且，职业阐释者往往还具有一定的专业观念、专业精神和职业道德，有较高的新闻敏感度与政治敏锐性。

作为外交方略的人类命运共同体，需要专门的人员对其进行专业性阐释。

在中国尤其是学术界对其讨论研究热度一直处于持续增长且居高不下的状态。其研究也已经从内涵、特征以及价值逐步拓展到将人类命运共同体与各个学科相结合，在人类命运共同体的视域下探究本学科的自身发展。广大学术科研工作者应该发挥自身的专业优势，不断探索人类命运共同体思想并赋予其新的意蕴与时代价值。用科学的眼光和创新的视角看待人类命运共同体思想，再把它转化成为自己的科研成果，在科研过程中完成关于人类命运共同体的阐释。科研工作者相较于普通人而言，往往具有更深厚的知识底蕴，也更容易将其培养成为关于人类命运共同体的职业阐释者。职业阐释者具有一定专业知识和专业技能，这与科研工作者的性质恰好吻合。因此，广大的科研工作者，在完成学术科研的基础上，也可以为人类命运共同体这一思想理念的传播贡献一份力量。

人类命运共同体是习近平总书记判明时代主题，洞察世界发展趋势，在深刻总结国内外历史经验的基础上提出的重要思想，是解决世界难题的中国方案。由此，人类命运共同体就需要政府部门的相关人员来进行专业阐释，以保证其内涵不会受到误读和曲解。甚至还可以专门培养进行人类命运共同体思想研究的专业人员，用职业阐释者的身份，使人类命运共同体的思想为世界人民所理解和接纳。

（三）启用把关人模式

把关人概念是由社会心理学家库尔特·勒温在家庭物品购买决策的研究中最先提出，把关人就是在向受传者传递信息的过程，有权控制信息的流量和流向，影响着对信息的理解，决定让哪些信息通过以及如何通过的人或机构。把关人在人类命运共同体思想的传播过程中可以起到过滤、筛选的作用，他们要决定报道什么、不报道什么、把报道的重点放在何处、如何解释信息等等。外交阵地同样也是阐释人类命运共同体的关键一环。外交部发言人在每日举行的记者会中，其发言与回答都应贯彻人类命运共同体理念，并且向这些记者们阐释人类命运共同体的内涵意蕴。外交部直接面向世界各国的记者，其回答与发言的内容可以通过世界各国的记者向全球传播。记者们关于中国外交部发言的报道，实际上也就是将人类命运共同体有关理念进行报道。利用好这一途径完成人类命运共同体的阐释工作，可以逐步加强人类命运共同体在世界的影响力，从而加速人类命运共同体的价值认同。中国对外还拥有着170余个驻外使领馆，这也是中国在海外的传声筒。在驻外大使的带领之下，驻外使领馆可以加强与当地政府、企业以及社会组织的友好合作，在互帮互助中阐释人类命运共同体理念。想要使得人类命运共同体的思想为更广大的人民所认同并接受，就需要我们做好充分的准备工作。把关人可以根据受众的要求和需要，对信息作出鉴别和选择，决定其是否能够进入大众传播渠道。同样，把关人可以根据世界各地国家与民族的文化脉络与风俗习惯的不同，运用当地的语言文字和当地人民喜闻乐见的形式阐释人类命运共同体理念的意蕴，可以打破空间上的距离感增加亲切感。让当地人民感受到人类命运共同体并不是"天上之物"，而是切实的存在并且正在影响和改变他们的生活。

应当从政府等机关部门挑选专门人员，成为人类命运共同体的把关人。因为人类命运共同体思想具有其特殊性，解读和理解都需要进行度的把握。关于具体的把关人模式的执行，还需要从政府或者国家的层面进行考虑。中国共产党在十八大报告中初次提出人类命运共同体意识，其主要含义是"在追求本国利益时兼顾他国合理关切，在谋求本国发展中促进各国共同发展"以及"增进人类共同利益"。这里主要表达的是一种世界各国在利益层面的"合作共赢，共同发展"，也暗含有立足国内，面向世界的战略意涵。但是人类命运共同体的内涵意蕴是不断发展的，对其进行的阐释工作也将是一个持续性和长期性的过程。因为人类命运共同体思想包含有全球性、战略性的因素，所以其阐释工作就需要专门的把关人来进行审查、筛选信息，决定什么样的关于人类命运共同体思想的信息是可以进行阐释的，阐释的程度如何以及怎样进行阐释。比如，有人把人类命运共同体简单理解为"天下大同"或实现共产主义，这在对外宣传中就容易被人误解或被一些别有用心的人曲解和利用，并进而诋毁人类命运共同体思想，拒绝构建人类命运共同体的倡议。因此，历史地、正确地阐释好人类命运共同体尤为必要。

在进行人类命运共同体相关概念理论的阐释过程中，启用把关人模式的目的是为了使关于人类命运共同体的阐释工作能够更加精准地导向受众，将人类命运共同体的概念内涵精准传递给受众。一直以来，《人民日报》、《光明日报》、新华网等官方媒体作为国家传播最新思想观念的平台，具有不可动摇的权威性。这些官方媒体可以设立专门的板块，刊登人类命运共同体思想的相关内容。人民群众往往对于官方媒体提出的观点有着较高的接受度和认可度。通过官方媒体对于人类命运共同体思想进行阐释，可以使其观念在人民群众当中广泛传播开来，助力人民群众理解人类命运共同体的思想内涵。

二、建立人类命运共同体的传播机制

人类命运共同体价值认同能否实现，最重要的一步还是如何传播人类命运共同体思想。习近平总书记强调："提高国家文化软实力，要努力传播当代中国价值观念。当代中国价值观念，就是中国特色社会主义价值观念，代表了中国先进文化的前进方向。我国成功走出了一条中国特色社会主义道路，实践证明我们的道路、理论体系、制度是成功的。要加强提炼和阐释，拓展对外传播平台和载体，把当代中国价值观念贯穿于国际交流和传播方方面面。"① 基于人类关于和平与发展这个共同愿望，中国提出的方案是：构建人类命运共同体，实现共赢共享。② 中国构建人类命运共同体的伟大设想要在全球范围内推广，还必须拥有一套较为成熟与完备的传播机制。人类命运共同体最开始是诞生于外交领域，作为一种外交理念而出现。但是想要真正实现人类命运共同体的价值认同，还需要着眼于国内这个拥有十四亿受众的群体。在兼顾对外传播人类命运共同体思想的同时，在国内也要宣传、发扬好人类命运共同体的思想理念。

（一）人类命运共同体思想的国内传播

1. 善用组织与人际传播

实现人类命运共同体的价值认同，要善于运用合理的传播方式和传播手段，积极将新的传播媒介运用到关于人类命运共同体的传播工作当中。

组织传播既是传播的一种形式，也是组织管理赖以进行的方式，组织传播通过组织之间以及组织与环境之间的信息交流，从而达到信息的传播扩散。正规的组织传播是发生在组织内部具有组织性的传播，是一种与组织的正规角色、地位相联系的，严格按照组织正规权力、职能结构、等级系统和交流渠道等进行的信息交流活动。作为一种新的关于世界与全人类发展前途的价值思想和具体实践，人类命运共同体思想也要采取组织传播的方式进行广泛的宣传。首先，各级国家机关单位是人类命运共同体思想传播的首选组织载体。从中央到地方到基层，都可以采取组织政治学习与专题宣讲的方式，让广大公务人员学习领悟人类命运共同体的科学内涵，理解其重要意义，并在工作中落实；其次，高校是人类命运共同体传播的最优组织载体。高校作为承担着育人重任的有效组织，同时也是学术科研的主要阵地，广大科研工作者、知识分子率先了解理解人类命运共同体思想还不够，还要把影响的群体扩大到广大教师与学生。一是在课堂中融入人类命运共同体思想，让学生从理论层面理解人类命运共同体思想；二是通过学校媒体以及组织相关专题讲座、读书沙龙等校园文化形式进行广泛宣传，使师生获得人类命运共同体科学内涵的理性认知和感性体验。再次，

---

① 习近平. 习近平谈治国理政 [M]. 北京：外文出版社，2014：161.

② 习近平. 论坚持推动构建人类命运共同体 [M]. 北京：中央文献出版社，2018：416.

企业也是传播人类命运共同体思想的重要组织载体。无论是国营还是民营企业，具有一定规模的企业都有自己的企业文化。可以通过企业文化渠道，把人类命运共同体思想与本企业的具体生产与经营情况相结合，做好对内与对外的宣传工作，让本企业员工以及企业服务对象深切理解人类命运共同体思想，深刻领悟合作共赢的道理。从而也使得人类命运共同体思想理念落到实处，提高企业的全球视野，促使企业紧密地与国家的战略部署关联起来，适时地融入开放的世界经济浪潮之中。

人际传播通常存在于一定的社会交往中。人际交往实质上是信息、观念、看法的沟通过程，在这个过程中人既是"演讲者"又是"倾听者"。因此，人际交往存在信息的流通，同样存在传播者和受众，实际上也是一个传播过程。从广义上来说，人际传播是指大众传播以外的所有其他人类传播类型，是一个人（或群体）不借助机器设备与另外一个人（或群体）互动的传播方式。① 首先，人际传播具有直接性的特点，它依托人际交往而存在，通常以人与人之间的交流为载体，不依赖于大众传播媒介来做中介物。其次，人际传播具有较强的随意性，传播者与受众的位置不固定，这就导致了传播的内容和方式可以根据情境随时加以调整。人类命运共同体思想带有其特殊性与一定的政治色彩，在其传播的过程中往往还需要采用自上而下的传播方式。但是在坚持自上而下的传播方式的同时，也不能忽略在群众之中的人际传播。可以通过让人类命运共同体思想进社区、进企业等等方式，通过在这些地方进行人类命运共同体的宣传，实现在更加广阔的受众范围内宣传人类命运共同体思想。人际传播又包括了纵向传播的方式，即在地位不同，身份各异的人之间的交流传播。人类命运共同体思想在大众范围的广泛传播，可以更好地在社会各个阶层集民智、现民意、汇民心，让人类命运共同体思想在社会各个不同的阶层、群体之间广泛传播。

2. 逐步完善国内传播途径

首先，进行宣传工作的覆盖层面要广。想要扩大某一思想与理论的传播广度，最先要做到的就是扩大其受众范围。受众在传播过程中起到客体作用，是社会传播活动中信息的接收者与接受者，是实际接触到特定媒介内容或者媒介"渠道"的人们，受众通常还代表着传播者传播意图的体现。广义上的受众是指各种社会传播活动中信息的接收者。扩大受众的覆盖范围，在一定程度上有利于加快思想理论的传播速度。人类命运共同体是中国提出的关于解决全人类所

---

① 胡正荣. 传播学总论［M］. 北京：北京广播学院出版社，1997：121.

面临的问题的方案与思想，所以其受众理应是全人类，即这是面向世界人民为受众的传播。但人类命运共同体价值认同的实现不能忽视国内层面的传播，相反还应将国内的人民群众转化为人类命运共同体思想传播的原动力之一。人类命运共同体价值认同的传播受众分散于社会的各个角落，他们从事着不同的职业、社会地位与文化水平也有着显著的差异。人类命运共同体思想要在全国范围内传播，就必须扩大其宣传的覆盖范围。比如人流密集的公共场所应该成为传播的一个重大有利渠道，诸如学校、商场、社区、医院、地铁及地铁站、火车站等人流量较大的场合要进行关于人类命运共同体相关宣传标语的投放，让人民群众知道人类命运共同体这一客观存在，这样才能有利于推动人类命运共同体的内涵传播。换言之，即增加关于人类命运共同体的传播媒介与传播载体。传播媒介是传播工具、传播渠道和传播信息的载体，即信息在传播过程中从传播者到接受者之间携带和传递信息的一切形式的物质工具。而传播媒介则是各种传播工具的总和，也指从事信息采集、加工制作和传播的个人或社会组织。任何一种物品都有机会成为传播的载体，比如一块社区宣传栏、一块地铁广告展板、一幅宣传画、一次电视广告都有可能成为人类命运共同体价值认同的传播载体，而这些出现在人民群众日常生活中的物件，都能让广大人民群众了解到，国家正在积极推动构建人类命运共同体这一伟大壮举。与此同时也培养了人民群众的国际视野。

其次，进行宣传工作的形式要活。由于受众的层次不同，进行人类命运共同体宣传工作时要采用灵活多变的形式。对于年轻人或者受教育程度较高的人，可以采用理论宣讲的形式，直接向其普及人类命运共同体思想。对于年龄较大或者受教育程度不高的人群，就可以采用短剧、小剧场的形式更加生动活泼地展示人类命运共同体的思想内涵。一是可以活用当前的时政热点。2020 年初一场漫延全国上下的突如其来的新冠肺炎疫情，让国人清楚地认识到，没有一个个体能从这场疫情中独善其身，只要还有一个病例就一定要坚持救治到底。在中国共产党的带领下，以及"以生命至上"的思想的引领下，全国人民同舟共济、共度时艰。2020 年 6 月一场数十年罕见的洪涝灾害席卷长江地区，为挽救人民群众的生命安全与财产安全，人民子弟兵以及消防救援人员第一时间出动赶赴灾区。在这些英勇事迹的背后，都反映出了一个思想，那就是"命运与共"，我们本就是一个共同的整体，缺少了任何一部分都不完整。二是可以激发人类命运共同体相关文创产品的创作活力。文创产品是近几年较为热门一种文化宣传方式，文创实际上就"文化创意"，就是以文化为元素、融合多元文化、整理相关学科、利用不同载体而构建的再造与创新的文化现象。同样依靠人的创造力与智慧，对人类命运共同体进行文化开发，激发其文化潜力，加速人类命运共同体思想传播，最终实现人类命运共同体价值认同。比如，在2008年举办北京奥运会时，我们创作了相应的福娃吉祥物和《北京欢迎你》这首脍炙人口的歌曲，现在我们也可以创作代表人类命运共同体思想的吉祥物和一首人人传唱的歌曲，让其在人民群众中更快推广宣传开来。

最后，进行宣传工作的途径要正。一般来说，官方媒体作为国家传播大政方针和最新思想观念的平台，具有不可动摇的权威性，人民群众也往往对于官方媒体提出的观点有着较高的接受度和认可度。因此，《人民日报》、《光明日报》、新华社等国家级宣传媒体与网络平台以及各省市的官方报刊及其网络平台要担当宣传大任，可以设立专门的板块，通过各种形式介绍人类命运共同体思想的相关内容。通过官方媒体对人类命运共同体思想的宣传，可以使其在人民群众当中广泛传播开来，从而为人民群众理解人类命运共同体的思想内涵及其重要意义提供助力。

（二）人类命运共同体在国际上的价值认同

人类命运共同体价值认同的实现从长远来看还需将目光着眼于全世界，让全世界都听到中国声音，认同中国理念。

1. 人类命运共同体国际传播的可能性

国际传播是在民族、国家或其他国际行为主体之间进行的、由政治所规定的、跨文化的信息交流与沟通，国际传播的覆盖面包含世界上各个国家、地区以及国际组织。广义的国际传播包括所有的国家与国家之间的外交往来行为，其活动是随着国家的出现而出现的。狭义的国际传播是随着大众传媒的出现以及社会信息化的发展而逐渐兴起的。人类命运共同体的价值认同也需要依靠国际传播，即将人类命运共同体的思想内涵、价值意蕴传播给国际社会。但以往的国际传播通常与国家利益相关联，带有明显的政治倾向性与意识形态色彩。这就意味着，进行人类命运共同体的国际传播面临不小的困难和挑战。人类命运共同体在国际上的传播并不是随机的也不是偶然的，而是有意地跨越国界向其他国家传播以及向全世界传播，这就让习惯带有强烈政治倾向性的人们产生误解，认为是中国向他国进行意识形态的输入或者实施文化霸权，从而为人类命运共同体的价值认同带来很大困难。但是，人类命运共同体思想并不是中国称霸世界的"霸权主义"思想，更不是所谓的"中国威胁论"。人类命运共同体思想是站在人类整体利益之上思考人类面临的问题，认为全体人类都是休戚相关、命运与共的一个整体。人类命运共同体反映的是一种价值取向，体现的是全人类的共同价值，它追求同一性，但同时也承认差异性，特别强调"和而不同"。从这个意义上，人类命运共同体可以成为全世界不同国家和民族所秉持的价值观念，认同人类命运共同体，可以与他国合作共赢，实际上是更好地保持自己和发展自身。

国际传播又通常体现为跨文化传播。跨文化传播是指不同文化背景下拥有不同文化感知和符号系统的人群之间进行交流和传播的一种方式。人类命运共同体思想的跨文化传播主要是让人类命运共同体思想与世界的不同文化相碰撞，通过吸收与包容不同国家和地区之间的文化，从而与人类命运共同体思想交融汇合。以中西文化为例，人类命运共同体的重要思想渊源是中国传统文化。中国从文化根源上就蕴含着一种整体性的思维方式，习惯于从整体出发看问题，将整体利益置于个体利益之上。而西方文化受其分析性思维影响，在看待问题时更多关注的是个体利益，着重于个体的成长与发展。在此，我们看到的不是中西文化的对立而是它们的互补性，即中国传统文化的整体性思维与西方文化传统中的分析性思维，中国文化中强调集体与西方文化中重视个人实际上形成了一种文化互补，两者的完美结合，才是世界最好的出路。如果让西方文化背景下的人们理解到这一点，那么，人类命运共同体的价值认同将会得到更大范围的实现。

2. 完善新闻发言人制度，健全对外使领馆传播体系

新闻发言人制度是一种新闻发布制度，是指在一定的时间内就某个重大事件或者政策问题，举行新闻发布会或者组织记者会。新闻发言人是国家、政党、社会团体任命或指定的专职新闻发布人员，其职责就是在一定时间内就某一重大事件或时事，约见记者或举办新闻发布会、记者招待会，针对有关问题阐述官方立场与观点，并代表有关部门回答记者提问。人类命运共同体的思想理念可以通过建立和完善新闻发言人制度来向世界传播。比如在外交部例行发布会上，外交部发言人及时向公众通报习近平总书记关于人类命运共同体最新论述，及时向公众传达人类命运共同体思想的相关新闻、信息，阐述我国推动构建人类命运共同体的信心和决心，在国际上树立起一个负责任有担当的大国形象。

除了新闻发布会，记者招待会同样也是对外发声的重要渠道。记者招待会与新闻发布会是两种不同的新闻发布形式，新闻发布会着重于先发布有关人类命运共同的最新新闻，然后再回答记者提问，而记者招待会则主要是回答记者关于人类命运共同体所提出的问题。因此，新闻发布会与记者招待会两种传播方式相辅相成，为推广人类命运共同体拓宽了传播渠道。除了每日的外交部例行记者会之外，还可以设立专题记者发布会，培养对人类命运共同体具有较高

理解程度的专题新闻发言人，在关于人类命运共同体的专题记者会上，就国内外记者关于人类命运共同体所提出的各种疑问进行解答，可以加深这些记者对人类命运共同体的理解，方便他们正确传播人类命运共同体的思想理念。

不仅如此，我国设立在国外的各个大使馆与领事馆同样是传播人类命运共同体思想的重要阵地。我国大使馆的首要职责是代表中国，促进两国之间的政治关系，其次是促进经济、文化、教育、科技、军事等方面的关系。现如今，中国已经在180个建交国中设立了172个大使馆、98个（总）领事馆。各驻外使领馆可以在与他国的政治文化交流中，贯彻以及传播人类命运共同体思想。有条件的还可以设立关于文化的专门机构或办事处，专门负责关于中国文化以及价值观念与当地国家和人民之间的交流，宣传人类命运共同体思想，推动关于人类命运共同体价值认同的实现。

3. 充分发挥传播媒介作用，实现传播效果精准化

传播媒介又简称为传媒、媒体或媒介，传播媒介是传播工具、传播渠道和传播信息的载体，即信息传播过程中从传播者到接收者之间携带和传递信息的一切形式的物质工具。20世纪中后期，随着电脑和因特网的快速发展，人类迈入了数字传播时代。全球互联的时代极大加速了经济全球化的进程，促进了全球政治生活民主化，并推动了全球文化的传播。而一个国家对外影响力的大小，与这个国家对外传播的机制是否完善有着重要联系。我国媒体在技术的掌握上已经比大多数国家都要领先，但对外宣传的效果还远远没有达到预期目标。国际社会对我国的认知还不全面甚至带有明显的偏见，以至于国际上出现这样的言论"中国的崛起就是对世界和平的威胁""中国发展的目标就是要称霸世界"等。可见，我国需要重新思考完善对外传播机制，扭转国际社会的错误看法，促进人类命运共同体价值认同。

（1）翻译国内宣传人类命运共同体思想的文献资料

人类命运共同体作为向全世界推广的价值理念，其传播的最重要平台也应该是在海外。这几年，《习近平谈治国理政》一书开辟了中国领导人著作在国外用外文发行出版的先河。而人类命运共同体思想作为解决当今世界发展难题的中国方案，更应该让世界人民了解其科学内涵及伟大意义。

宣传人类命运共同体思想的相关文献资料主要由中央党史和文献研究院、中国外文局等权威机构进行编译。可以将与人类命运共同体理念相关的文献资料翻译成英、法、俄、阿、西、葡、德、日等受众较多的语种，再由外文出版社等进行出版发行。在发行之后，还可以根据反响逐步增加小语种版本的发行，比如乌尔都语、部分东盟国家语种等。在相关文献资料出版后，还需要广泛联

系发行渠道，除中国国际图书进出口总公司、中国图书进出口总公司、中国教育图书进出口总公司三大传统图书海外营销渠道外，还可以通过全国地方图书进出口贸易联合体等市场化机构进行海外营销，力争将宣传人类命运共同体思想的相关文献资料出版发行至世界各个国家。

（2）推动人类命运共同体相关文化产品的创作以及对外推广

我国近几年已经陆续开始将在国内热映的一批优秀现实题材影视剧译制成多种语言在海外播出，收到了许多海外观众的欢迎。如果将人类命运共同体思想穿插融入影视剧中或制作成播前公益小广告，再跟随着影视剧到海外播出，这实际上也是在海外传播人类命运共同体思想的一种方式。影视作品是人们生活当中必不可少的一剂调味品，往往能起到潜移默化影响人的效果。政府相关部门应该积极引导影视行业工作者，无论是电影还是电视剧都应该立足于人民需求与国家需求进行创作，以更好地服务于祖国与人民，增加文化软实力。国家还可以出台相关政策，推动中国有实力的企业到海外去收购相关的电视台，通过海外电视台传播人类命运共同体思想，投放人类命运共同体的相关宣传片。同样的，对于积极向海外宣传国家政策理念，推动人类命运共同体价值认同的相关企业，政府以及相关部门也可以在一定程度上给予扶持和奖励，对包含人类命运共同体思想的电视剧在译制为外语时给予费用补贴，对于其出口给予免税退税政策福利等。

（3）拍摄制作人类命运共同体思想的双语短视频在海外发布

近几年来，自媒体的热度居高不下。自媒体是随着数字技术的发展和完善以及全球知识体系的相互连接，普通大众提供和分享有关他们自身的事实的新闻途径。自媒体的特点是私人化、平民化、民主化，并且易于操作且传播速度较快。随着科技的不断更新进步，短视频以其操作简单、可玩性大、兼具图像和声音能够动态记录的特点快速得到了普通大众的接受，并倍受当代年轻人的青睐。在2020年7月的统计数据中，Tiktok（抖音海外版）一举成为2020年上半年全球下载量第一的应用软件。如果好好加以利用，定会对传播人类命运共同体思想产生积极作用。首先，可以将习近平总书记关于人类命运共同体的相关讲话译制为相应的英文视频在海外社交平台及视频平台上播放，并将英文书籍在海外出版。在宣传上要把握主动权，积极宣扬有关人类命运共同体思想。其次，投放在平台上的短视频内容则围绕人类命运共同体思想展开，可以由政府组织专业人员进行拍摄并制作为双语版本，也可以由政府引导粉丝较多的"网红大 v"，让其围绕人类命运共同体这一主题进行拍摄，对拍摄作品进行审核和修改，再制作为双语版本。最后，把这些视频发布到海外平台上，不仅是

Tiktok，国外的 ins、youtube、Facebook 等社交软件也可以成为发布平台。同时，政府还可以号召海外的中国公民行动起来，积极转发点赞和扩散，加速推动人类命运共同体思想的传播。

（4）利用海外文化机构宣传人类命运共同体思想

孔子学院是中外合作建立的非营利性教育机构，致力于适应世界各国（地区）人民对汉语学习的需要，增进世界各国（地区）人民对中国语言文化的了解，加强中国与世界各国教育文化交流合作，促进中国传统文化的对外传播以及世界多元文化的发展，增进中国与外国的友好关系，构建普遍和谐的世界。在海外进行人类命运共同体的相关思想宣传时，同样可以借助孔子学院的力量，让孔子学院的教师向学生讲授中国传统文化时，把传统文化中的"天人合一""和而不同"等观念与人类命运共同体所倡导的价值观念结合起来，让学生能够理解并进而认同人类命运共同体的思想内涵。

根据不完全统计，中国目前在海外留学生数量已经超过 160 万，主要分布于美国、英国、德国、日本以及澳大利亚等发达资本主义国家。中国在海外的留学生和中国的所有大学生一样，都承担着中华民族伟大复兴的重任，同样也要承担向国外同学宣传人类命运共同体思想的责任。由于海外留学生长期生活在国外并与外国人长期交往，能够比较清楚地了解到外国人关于人类命运共同体的真实看法，在进行交流的过程中正确宣传人类命运共同体，可以化解一些人对人类命运共同体思想的误解，也可以辩驳一些偏见者对人类命运共同体的恶意曲解。甚至还可以在国外大学定期举行对于中国文化以及中国领导人相关思想的学术研究会或者学术沙龙，在探讨学习中宣传人类命运共同体思想。

三、确立人类命运共同体的反馈机制

（一）建立大众传媒的监管体系

媒介监管是指通过一整套的法律法规和惯例对媒介企业进行控制，以服务于普遍利益的行为。大众媒介想要得以健康稳定的运行，不仅需要从源头上把握传播的内容，在传播的过程中同样要建立完备的监管体系。在人类命运共同体价值认同的传播过程中定然会遇到许多质疑的声音，或可能出现误解误读，无论是在传播之前、传播过程中，还是传播结束之后都必须有监管，通过宏观监管与微观监管双轨并行，达到大众传媒监管的最优效果。

1. 宏观监管

我国传媒行业所涵盖的内容十分广泛，既包括电视、广播、杂志、报纸等

传统传媒介质，也包括各类新型传媒介质；同时也包括从事传媒行业的各种传媒主体。人类命运共同体作为一项由中国提出的全球治理方案，其推广和传播都代表着中国形象与中国态度。首先，由中宣部牵头对大众传媒进行监管审查。中宣部即中国共产党中央委员会宣传部，作为国家中央直属机构，其职能主要是管控意识形态，负责对我国媒体、网络、文化传媒等相关的机构进行监督；对新闻、出版、电影等进行审查；同时对涉及各种意识形态领域管理的机关，如文化和旅游部、广播电影电视总局等都有一定的监督权。人类命运共同体需要国家有关宣传部门对其传播效果进行直接的监管与把关，这关乎政治立场的问题。在中宣部的带头把关之下，其他国家相关职能部门也需要履行其相应的监管任务。如国家互联网信息办公室要对人类命运共同体的网络传播进行监管，监管的范围不仅包括国内的网络环境，对于国外的网络环境更需要及时进行监控，防止出现任何恶意曲解甚至是诋毁人类命运共同体的言论出现。新闻出版总署负责新闻出版行业监管，在新出版的相关刊物中适当添加关于人类命运共同体的内容，对于与人类命运共同体有关的外文刊物和著作要加强对其内容的监管，以确保人类命运共同体精准翻译。工业和信息化部负责相关信息化工作，其重要的职责也包括促进电信、广播电视和计算机网络融合；在人类命运共同体通过相关大众传播媒介进行传播时，相关部门要监控其通过正当的形式进行积极推广传播。其次，起草关于传媒监管法律法规草案，为相关传媒监管立法提供支持，从根本上实现传媒监管有法可依，依法监管。并且，通过制定和发布具体行业运行规范，使各传媒行业参与主体在行业规范的限制约束下传播人类命运共同体思想理念。

2. 微观监管

宏观监管是通过发布政策和规定，从宏观层面对传媒行业进行监管。微观监管则是指各传媒监管机关，通过行使具体的行政职权，直接对相关传媒主体进行监督和管理。第一，对传播人类命运共同体的大众媒体设置门槛，也就是行政许可。人类命运共同体作为习近平总书记提出的全球治理的中国方案，对于其大众传媒的途径必须进行监管。如对电视台播出的与人类命运共同体有关的电视节目进行审核、网络传播视听节目进行许可，以及审核哪些大众媒体具有传播人类命运共同体的资质。第二，对于传播人类命运共同体的大众传媒要进行备案与审查。关于人类命运共同体的电视、电影、网络视听作品、出版物、新闻、广播内容等要想发布，要接受相关监管部门的审查，尤其是关于广播、电视、电影等的作品内容更是要审查合格才能进行播放或者发行。第三，对于传播不当的单位及个人要给予相应的行政处罚。人类命运共同体思想的传播需要确保其内涵的准确无误，不容许肆意解读，对于恶意曲解人类命运共同体内涵的行为要依法追究其法律责任。这不仅是维护基本的公共秩序，同时还是维护国家的根本利益。

（二）建立传播效果评估体系

对于人类命运共同体思想的传播，不是说只是单纯的将其推广出去就结束，对于其传播到什么程度，传播的效果如何，是否被人们所接受和认同，有否新的思考或看法等等，都需要我们在传播后期去把握。传播效果评估涉及认知、情感、态度和行为四个层面。认知层面指的是受训者对讯息的表层反应，它表现为对信息的接受与分享。情感层面是受传者对讯息的深层反应，是对讯息内容进行带有情感色彩的分析、判断和取舍。态度是建立在认知的基础上由具体的情感刺激所形成的一种习惯性反应。传播的态度效果通常表现为从否定的态度转为肯定的态度，变消极的态度为积极的态度，或者是培养与维系肯定的、积极的、正确的态度。在人类命运共同体价值认同的传播效果评估中，尤其要注重受众对于人类命运共同体的态度转变。行为效果是受传者接受讯息后在行为上发生的变化。行为层面一般有三种形态，即对抗行为的消除、合作行为的引起和两种行为的相互转化。

在关于人类命运共同体的推广宣传中，传播效果反馈是一个关键环节，人类命运共同体宣传推广的成功需要依托传播效果的反馈。人类命运共同体在世界范围内进行广泛传播，要面对的还是人。而关于面向人的传播效果，可以从三个方面进行研究。第一，从认知层面把握人类命运共同体的传播效果。认知层面作用于人的知觉和记忆系统，主要是引起人们知识量的增加和知识构成的变化。从这一方面看，可以通过了解人们对人类命运共同体相关理论知识的了解程度来掌握人类命运共同体的传播效果。第二，从心理和态度层面把握人类命运共同体的传播效果。心理和态度层面主要作用于观念或价值体系，会引起人们情绪或感情的变化，因而更多地凸显出人们对人类命运共同体的情感共鸣。通过研究人们对于人类命运共同体所倡导的某些理论是否认同，是否将人类命运共同体看作一种合理可行的价值取向来掌握人类命运共同体的传播效果。第三，从行为层面上把握人类命运共同体的传播效果。通过对人们参与实践活动的考察，可以反映出对于人类命运共同体的相关理念的践行情况。除此之外，评估形式的是否得当也是把握人类命运共同体传播效果的关键。首先，可以通过收集整理人类命运共同体在相关传播媒体中出现的频率来判断，比如在某一个时间段中，在官方电视节目中提及人类命运共同体的频率以及次数。其次，通过举办人类命运共同体专题研讨论坛，邀请社会各界人士参加，让专家通过专业的视角解读人类命运共同体的相关思想理念，再通过与听众的交流分享了解人类命运共同体的宣传效果。最后，还可以通过发放线上线下的问卷进行关于人类命运共同体宣传情况的民意调查，通过直观的形式了解广大民众关于人类命运共同体的了解情况及认同程度。

第三节　人类命运共同体的实际构建

改革开放以来，随着我国经济的快速发展、综合国力的日渐增强和国际地位的同步提升，在全球治理体系中，我国所扮演的国际角色也发生重大变化。同时，现行国际秩序和经济全球化规则暴露出诸多问题。中国作为世界和平的维护者和经济发展的贡献者，因时而动，顺势而为，主动适应国际角色的转变，并着力解决全球性治理问题，推动构建人类命运共同体。"一带一路"倡议是我国构建人类命运共同体，参与全球治理的重要抓手，也是基于共同利益，实现各国间共赢发展的现实实践。随着"一带一路"建设的深入推进，人类命运共同体的思想精髓也日渐赢得国际上一些国家的认同、支持和响应。此外，周边命运共同体的建设也为推动构建人类命运共同体提供了良好示范，为构建人类命运共同体注入强大动力和活力。

一、人类命运共同体思想引领下的"一带一路"建设

2013年9月和10月，国家主席习近平在出访哈萨克斯坦和印度尼西亚时先后提出共建"丝绸之路经济带"和"21世纪海上丝绸之路"的重大倡议。在习近平关于"一带一路"的重大倡议之下，中国政府紧接着成立了推进"一带一路"建设工作领导小组，并在国家发展改革委设立领导小组办公室。2017年5月，首届"一带一路"国际合作高峰论坛在北京成功召开。为了深化"一带一路"的影响，更好辐射周边及沿线国家，中国还先后举办了博鳌亚洲论坛年会、上海合作组织青岛峰会、中非合作论坛北京峰会、中国国际进口博览会以及中国东盟博览会等诸多国际盛会。5年多来，在习近平提出的构建人类命运共同体的重大构想之下，"世界只有一个地球，人类共享一个家园"逐渐成为世界各国人民的共同认识，共建"一带一路"倡议得到了越来越多国家和国际组织的积极响应，受到国际社会广泛关注，影响力日益扩大。

共建"一带一路"倡议源自中国，更属于世界；深埋于历史长河中，推陈

出新，革故鼎新，又在面向未来之时，不忘前人之师；重点面向亚欧非大陆，更向所有伙伴开放。共建"一带一路"面向世界不同地域的国家，每个国家都有其不同的发展阶段、历史传统、文化宗教和风俗习惯。"一带一路"是和平发展、经济合作的倡议，尊重各个国家和地区之间的差异，坚决不搞地缘政治联盟或军事同盟；"一带一路"是开放包容、坚持各国繁荣发展的倡议，不是要关起门来搞小圈子，更不是"中国俱乐部"。意识形态的差异同样无法阻挡"一带一路"的不断开拓前进，拒绝任何形式的零和游戏，只要各国有想要共同发展的意愿和决心，都欢迎参与。共建"一带一路"倡议以共商共建共享为原则，以和平合作、开放包容、互学互鉴、互利共赢的丝绸之路精神为指引，以政策沟通、设施联通、贸易畅通、资金融通、民心相通为重点，已经从理念转化为行动，从美好愿景转化为可靠现实，从倡议转化为全球广受欢迎的公共产品。

（一）"一带一路"是共同富裕之路

人类命运休戚与共，空有发达国家的独自发展，终究不可能实现世界的长久稳定和繁荣。在人类命运共同体伟大构想，共建"一带一路"重大倡议的引领下，中国开展国际发展合作，帮助其他发展中国家减少贫困、改善民生，旨在同发展中国家一道，促进缩小南北发展差距、消除发展赤字，力争建设相互尊重、公平正义、合作共赢的新型国际关系，建设持久和平、普遍安全、共同繁荣、开放包容、清洁美丽的世界。"一带一路"沿线国家遍布亚洲各个地区，辐射深度到达中东欧以及部分欧洲国家。这些国家大多是同中国类似的发展中国家，中国针对沿线各个国家的发展合作中坚持正确义利观为导向，希望集合全世界的力量共同做大发展蛋糕，同时又不断发扬自身的力量，对暂时发展吃力的发展中国家提供力所能及的助力，推动发展中国家平稳提速发展，共享开放发展的机遇和成果。中国对"一带一路"沿线国家的援建工程主要集中在关于基础设施的建设上，道路、桥梁、高铁还有水电站等等，解决百姓发展致富的根本性阻碍。不仅如此，中国还鼓励中国企业在"一带一路"的沿线国家投资建厂，不仅有利于国内的剩余生产力以及劳动力的合理有效消化，同时有助于解决发展中国家迫在眉睫生产力要素短缺问题。自 2011 年 3 月，从重庆顺利开出通往杜伊斯堡的首趟中欧班列，这是运行于中国与欧洲以及"一带一路"沿线国家间的集装箱等铁路国际联运列车，同时更是深化我国与沿线国家经贸合作的重要载体和推进"一带一路"建设的重要抓手。在 2020 全球抗疫的大局势下，中欧班列仍然逆势增长。在后疫情时代，铁路运输由于其所具有的安全性和稳定性，是海洋运输和航空运输所无法比拟的。截至 2021 年 11 月，中国与

"一带一路"沿线国家货物贸易额累计达到 10.4 万亿美元，对沿线国家非金融类直接投资超过 1300 亿美元；中欧班列累计开行突破 4 万列，合计货值超过 2000 亿美元，打通 73 条运行线路，通达欧洲 22 个国家的 160 多个城市。①

"一带一路"精神所倡导的是互利互惠共同发展，不是中国的商品倾销抢占海外市场。2020 年德国电器行业对华出口总额为 233 亿欧元，同比增长 6.5%，涨幅超过新冠肺炎疫情前的水平，2020 年德国从中国进口电器产品总额达到 549 亿欧元，同比增长 5.8%。②"一带一路"倡议的目的是为了谋求互利互惠与共同繁荣，这与人类命运共同体追求的利益与共不谋而合。在全球发展局势仍然存在不平等、不平衡的事实下，习近平总书记提出推动构建人类命运共同体的重大构想，就是希望不让任何一个国家任何一个民族在实现发展的队伍中掉队。在推动构建人类命运共同构想之下的"一带一路"倡议充分尊重其他发展中国家的意见，通过友好协商确定合作项目，不做超越合作伙伴发展阶段、不符合合作伙伴实际需要的事。

中欧班列，让"一带一路"倡议下的重要交通"大动脉"活跃了起来，一列小小的火车不仅连接了欧亚大陆两端，更是拉近了沿途所经地区人民的距离，提高了沿线人民的生活质量。中欧班列的货物涵盖高档衣帽、陶瓷用品、汽车整车、小食品等 1800 多种产品，种类齐全，极大地丰富了沿线地区人民的生活，有效地提升了沿线地区的经济发展水平。

（二）"一带一路"是和平健康之路

当今世界正处于百年未有之大变局，旧的问题与困境尚未解决，新的挑战又已经悄然来临。2020 年，席卷全球的新冠肺炎疫情以其持续时间长、影响范围广而成为全人类必须面对的共同挑战。习近平主席强调："中国将秉持人类命运共同体理念，为全球疫情防控分享经验，提供力所能及的支持，同各国一道促进全球公共卫生事业发展，构建人类卫生健康共同体。"③疫情的威胁和挑战已经不单单只是局限于某一个国家，这是世界各个国家以及全人类都需要携手应对的难题，没有哪个国家能够独自应对，更没有任何国家能够独善其身。病毒没有国界，人类命运与共，团结合作是战胜疫情最有力的武器，这已是国际社会的普遍共识。我国始终秉持人类命运共同体理念，在抗击本国疫情的同时，积极开展国际合作，为其他国家提供力所能及的帮助。特别是在当前病毒不断变异，全球艰苦抗疫的背景下，习近平主席主动提出把中国疫苗作为公共产品提供给世界各国，尤其是给欠发达国家的人民。2021 年 10 月 8 日，中国同全球疫苗免疫联盟签署协议，正式加入"新冠肺炎疫苗实施计划"。这是中国秉持人类卫生健康共同体理念，履行自身承诺推动疫苗成为全球公共产品的一个重要举措。① 截至 2021 年 7 月，中国已对外捐赠疫苗超 2600 万剂，向 100 多个国家和国际组织提供了超过 5 亿剂疫苗和原液，相当于全球新冠疫苗总产量的六分之一。中国对外援助和出口疫苗的数量超出其他国家的总和，出口对象也主要是亚非拉等发展中国家。② 2021 年 11 月 29 日，习近平在出席中非合作论坛第八届部长级会议开幕式所发表的主旨演讲中郑重宣布，"中国将再向非方提供 10 亿剂疫苗，其中 6 亿剂为无偿援助，4 亿剂以中方企业与有关非洲国家联合生产等方式提供。中国还将为非洲国家援助实施 10 个医疗卫生项目，向非洲派遣 1500 名医疗队员和公共卫生专家。"③ 这都是"人类命运与共"的真实写照，也是中国推动构建人类命运共同体的实际行动。因此，在全球抗疫的大环境之下，"一带一路"又被赋予了"健康丝绸之路"的崭新身份。

同时，积极落实联合国 2030 年可持续发展议程，与"一带一路"建设参与国家和有关国际组织一道落实相关卫生政策，加强传染病联防联控，提高应对突发公共卫生事件能力。在各方共同努力下，合作成果丰硕，有力推动了相关国家卫生健康事业发展。运送大量防疫物资助力全球抗疫，是中欧班列去年以来快速发展的重要原因。我国大力倡导构建人类卫生健康共同体，积极为全球提供公共卫生产品，其中很大一部分都是通过中欧班列运输实施。2020 年 3 月 28 日，中欧班列（武汉）就已恢复常态化运营，运送了大量医疗卫生用品。截至 2021 年 3 月，仅中欧班列（西安）就运送防疫物资 368 车，3000 余吨。在抗击疫情国际合作中，我国与"一带一路"建设参与国家团结合作，共同促进全

---

① 中国与全球疫苗免疫联盟签署"新冠疫苗实施计划"捐款协议［N］. 人民日报，2020-02-16（03）.

② 肖彤. 中国对外援助和出口疫苗数量超出其他国家总和［EB/OL］.（2021-07-29）［2021-12-12］. https：//export. shobserver. com/baijiahao/html/390822. html.

③ 同舟共济，继往开来，携手构建新时代中非命运共同体——在中非合作论坛第八届部长级会议开幕式上的主旨演讲（2021 年 11 月 29 日）［N］. 人民日报，2021-11-30（02）.

球公共卫生事业发展，构建人类卫生健康共同体，书写了共建"健康丝绸之路"的感人篇章。

二、区域性命运共同体与人类命运共同体的构建

推动构建人类命运共同体的道路上，要率先团结可以团结的力量，率先团结支持理解我们的国家。在坚持"大国是关键，周边是首要，发展中国家是基础，多边是重要舞台"的外交总方针基础上，进一步创新和发展了周边外交政策。构建人类命运共同体并非一蹴而就的事，将人类命运共同体作为一种面向全人类的价值取向，要坚持由点及面，由局部到整体的推广战略。在区域小范围内率先结成休戚与共的命运共同体，再逐步向外圈扩大，最终将人类命运共同体思想发展成为世界大多数国家和人民纷纷认同的全球发展理念与人类发展旨归。人类命运共同体思想最先提出是在外交领域，在其指导下，我国的外交战略发生了明显变化，首先体现出的是周边外交得到了前所未有的重视。中国自古以来都认为"远亲不如近邻""远水救不了近火"，因此，重视周边关系，不仅是在平常百姓的邻里相处之间，同样还体现在大国外交之上。

（一）在东南亚地区：建立中国—东盟命运共同体

"21 世纪海上丝绸之路"与"建设更为紧密的中国—东盟命运共同体"倡议，是新时期中国—东盟外交关系中的重要行动指南。中国一直将东南亚各个国家以及全体东南亚人民视为好伙伴、好邻居，中国在自身发展的同时也心系东南亚国家的发展与繁荣。时任中国国务院总理朱镕基 1999 年在马尼拉召开的第三次中国—东盟领导人会议上提出，中国愿加强与东盟自由贸易区的联系。这一提议得到东盟国家的积极回应。在 2001 年 11 月文莱举行的第五次中国—东盟领导人会议上正式宣布成立中国—东盟自由贸易区，与欧盟、北美自由贸易区并称为世界三大自由贸易区。区别于其他两大自由贸易区，中国—东盟自由贸易区所覆盖的人口数量是最多的，这也意味着中国—东盟自由贸易区将造福更多地区以及人民。依托于"一带一路"重大全球合作倡议的提出，东南亚国家作为"21 世纪海上丝绸之路"的沿线必经国家，中国与东盟的合作篇章又书写上了浓墨重彩的一笔。习近平主席在 2020 年第十七届中国—东盟博览会和中国—东盟商务与投资峰会开幕式上致辞中提到："2013 年，我提出愿同东盟国家共建 21 世纪海上丝绸之路，携手共建更为紧密的中国—东盟命运共同体。7年来，中国—东盟关系已成为亚太区域合作中最为成功和最具活力的典范，成

为推动构建人类命运共同体的生动例证。"① 每年在广西南宁举行的中国—东盟博览会是巩固和深化中国与东盟国家经济贸易往来的最有利契机。广西南宁重点打造中国—东盟经贸中心，主要功能是深化中国—东盟合作，打造中国—东盟经贸服务平台，为中国—东盟的中小企业、高端平台等企业，提供金融、语言等服务，并宣传广西品牌、提高广西优势。我们可以相信，在推动构建人类命运共同体的大趋势下，一个更加成熟自信的中国—东盟关系必将顺势而生，造福地区人民，促进全球繁荣与稳定。

（二）在西亚地区：建立中阿命运共同体

在西亚，中国与阿拉伯国家自改革开放之后，就已经建立起了互利互惠的友好合作关系。习近平强调，中阿两国要深化政治互信和战略沟通。中方愿同阿方加强协调和配合，坚定维护以联合国为核心的国际体系，坚定维护以国际法为基础的国际秩序，坚定维护多边主义和公平正义，推动构建人类命运共同体。② 中阿虽然相距遥远，但始终亲如一家，在古丝绸之路上就互通有无，作为历史上丝路文明的重要参与者和缔造者之一，阿拉伯国家身处"一带一路"交汇地带，是共建"一带一路"的天然合作伙伴。在争取民族独立和人民解放的斗争当中并肩战斗过，在各自国家发展建设的事业当中，也开展了互利合作，书写了发展中国家心意相通、共同发展的篇章。中国与阿拉伯国家始终心手相连，是命运与共的共同体，中国人民更是将阿拉伯国家人民视为好兄弟，好伙伴。国际民意调查机构"阿拉伯晴雨表"日前发布的一份调查报告显示，与美国相比，阿拉伯国家民众更喜欢中国。调查还显示，中国的外交政策在中东地区国家更得人心。在全球抗疫的大环境下，中阿政治关系开启了新篇章。沙特国王是第一个致电习近平总书记支持中国抗疫的外国元首，阿联酋是第一个接受中国疫苗境外Ⅲ期试验的国家。在经济上，中阿携手共克时艰。2020 年中阿贸易额达到 2400 亿美元，中国稳居阿拉伯国家第一大贸易伙伴国地位。

（三）在亚洲其他地区：深化合作共赢之路

在亚洲的其他地区，尤其是"一带一路"的沿线国家，都纷纷从与中国的合作之中受益，与中国人民建立起了深厚真挚的友谊。中国与巴基斯坦自 1951年建交至今已经 70 年，两国一直在和平共处五项原则的基础进行友好外交，中

---

① 习近平在第十七届中国—东盟博览会和中国—东盟商务与投资峰会开幕式上致辞［N］.
人民日报，2020-11-28（01）.

② 习近平同阿联酋阿布扎比王储穆罕默德会谈［N］. 人民日报，2019-07-23（01）.

国人民更是亲切地称呼巴基斯坦人民为"巴铁"。巴基斯坦位于南亚次大陆西北部，南濒阿拉伯海，东接印度，东北邻中国，西北与阿富汗交界，西邻伊朗。巴基斯坦作为古印度文明的发源地，不仅有着源远流长的文化积淀，更是有着丰富的自然资源。据美国能源信息署（EIA）估计，巴基斯坦拥有586万亿立方英尺的天然气，其中105万亿立方英尺技术上是可开采的。除了天然气储量外，巴基斯坦还拥有2270亿桶石油储量，其中可开采量为91亿桶。中国作为世界上最大的发展中国家，高度依赖各类能源的进口。李克强总理于2013年5月访问巴基斯坦时提出建设"中巴经济走廊"，通过全方位、多领域的合作，进一步密切和强化了中巴全天候战略合作伙伴关系。同时，它也成为中国"一带一路"倡议的样板工程和旗舰项目，并为巴基斯坦的发展提供了重要机遇。当前中巴经济走廊建设阔步前行，中巴命运共同体理念深入人心，"巴铁"已成为体现两国人民真诚友谊的生动写照。在中巴双方确定的70个走廊早期收获项目中，已经有46个项目启动或完成，总投资额高达254亿美元。①

　　因此，人类命运共同体已不单单是某种思想理念，它体现并落实在诸多的实践活动之中。2014年10月24日，包括中国、印度、新加坡等在内21个首批意向创始成员国的财长和授权代表在北京签约，共同决定成立亚洲基础设施投资银行。这是一个政府间性质的亚洲区域多边开发机构，重点支持基础设施建设，成立宗旨是为了促进亚洲区域建设互联互通化和经济一体化进程，并且加强中国及其他亚洲国家和地区的合作，是首个由中国倡议设立的多边金融机构，总部设在北京。除此之外，还有诸如博鳌亚洲论坛、中国共产党与世界政党高层对话会、上海合作组织成员等都是中国推动构建人类命运共同体所搭建的平台，同时也是当今世界人类命运与共的具体写照。

　　（四）在世界其他地区：坚持构建区域命运共同体

　　中国与非洲有着深厚的传统友谊，非洲人民一直是中国人民的好兄弟、好伙伴。2015年12月，习近平出席中非合作论坛约翰内斯堡峰会期间提出，把中非关系提升为"全面战略合作伙伴关系"，并首次使用"中非命运共同体"的提法。2018年9月3日，习近平在中非合作论坛北京峰会上提出"共筑更加紧密的中非命运共同体"，并从6个方面作出全面诠释：责任共担、合作共赢、幸福共享、文化共兴、安全共筑、和谐共生的中非命运共同体。非洲领土上的绝

---

① 驻巴基斯坦大使：中国始终视巴基斯坦为抗疫合作优先对象［EB/OL］.（2021-03-16）［2021-11-24］. https：//world. huanqiu. com/article/42KbZSMtACG.

大多数国家都是发展中国家，中国身为世界上最大的发展中国家一直都心系着非洲人民的发展。中国一直秉承着以人民为中心，深化伙伴关系，成果惠及人民的理念，力求能够与非洲国家共同描绘中非两国发展的美好蓝图。在习近平主席的关心下，一批批民生项目落地非洲。乡村打井工程让生活在塞内加尔西部的村民告别每天赶4小时马车去村外拉水吃的日子，援非"村村通"项目让卢旺达的300个村庄的900处公共场所和6000户家庭接入了免费的卫星电视，这些都是中非合作给非洲人民带来的切实利好。"授人以鱼不如授人以渔"，中国不仅帮助非洲国家进行基础设施建设，还将科学技术带到了非洲。2017年起，中国政府开始实施塞内加尔第六期农业技术援助项目，派遣农业技术专家指导塞方进行水稻和蔬菜种植。从提供基础设施建设帮助到提供农业发展技术，中国同非洲不断加强发展经验交流，为非洲持续发展赋能助力。今后双方将把中非全面战略合作伙伴关系推向更高水平，构建更加紧密的中非命运共同体，造福中非人民。

2014年国家主席习近平在巴西利亚出席中拉领导人首次会晤时提出，中国与拉丁美洲国家要努力构建携手共进的命运共同体，为进一步发展中拉全面合作伙伴关系指明了方向。在元首外交引领下，建立了中拉论坛，为两国友好往来奠定坚实基础。在此期间，创设了涵盖基础设施、农业、企业、科技创新、青年、智库、法律、环境等领域的对话合作平台，中拉联合实验室、中拉新闻交流中心等项目也落地生根。无论是什么样的合作，只要真正能改善人民生活促进经济增长就能得到百姓们的欣然接受。中拉两地区自开展互通合作以来，双边贸易额稳步增长，已连续3年超过3000亿美元，先后有19个拉美和加勒比国家与中国签署了共建"一带一路"合作文件。"一带一路"是落实人类命运共同体构建的重要举措，这也反映了拉美国家对于推动构建人类命运共同体所秉承的积极态度。正是这样的支持态度，使得中国对拉美投资步伐不断加快，在拉美直接投资存量超过4500亿美元，中国企业在拉美累计签署承包工程合同额超过2200亿美元。中国在推动构建人类命运共同体的过程中，同样把人民的需求放在首位。贯穿巴西南北的特高压直流输电工程，保证了2200多万巴西人能够使用上充足的电力；连接阿根廷内陆和港口的贝尔格拉诺货运铁路，使阿根廷北部产粮区的农民不再为了高额的物流成本发愁；由中企承建的辛克雷水电站，不仅彻底改变了厄瓜多尔严重缺电的历史，还让厄瓜多尔从电力进口国变成电力出口国……据统计数据显示，2005年至2020年间，中国在拉美地区已投入使用或在建的基础设施项目资金总额超过940亿美元，为当地创造逾60万个就业岗位，真正落实发展是为了人民的宗旨。中国与拉美地区国家都属于发展中国家阵营，有着共同的梦想和追求。未来，中国和拉美国家将不断深化友谊，拓展合作，积极构建中拉命运共同体，更好改善中拉人民生活，共创中拉关系的美好未来。

三、共建全球绿色生态的人类命运共同体

2013 年 9 月 7 日，习近平总书记在纳扎尔巴耶夫大学发表演讲时曾明确提出"绿水青山就是金山银山"，明确强调建设生态文明、建设美丽中国是我们的一项战略任务，要给子孙后代留下天蓝、地绿、水净的美好家园。

（一）国内：治理与保护双线进行

自习近平总书记提出绿水青山就是金山银山的重要论断之后，自然环境与生态保护工作被提到了前所未有的高度。习近平总书记更是强调"要用最严格制度最严密法治保护生态环境"，用法律为自然生态保护保驾护航。党的十八大以来，中央环保督察对 31 个省（区、市）实现全覆盖，让中央决策部署落到实处，让最严格的环保法"长出牙齿"，成为环境治理的一项重要制度创新。党的十九届五中全会上，中国提出推动经济社会发展全面绿色转型，建设人与自然和谐共生的现代化，到 2035 年基本实现美丽中国目标，到 21 世纪中叶建成富强民主文明和谐美丽的社会主义现代化强国。这意味着生态建设被纳入我国战略发展的布局之中，成为我国现代化建设中的关键衡量指标。这同时也说明了全面绿色转型已提上经济社会发展的日程，而且刻画出了实现生态文明建设愿景的时间轴，更勾勒出以绿色发展助推生态文明可持续发展的道路与方向。经过 7 年多的不懈努力，我国在生态保护上已经交出了一份成绩斐然的答卷。《2020 中国生态环境状况公报》显示，2020 年，我国生态环境质量持续改善、稳中向好。生物多样性下降势头得到基本控制，生态系统格局整体稳定，生态安全屏障基本形成。

1. 山水林田湖草沙得到系统治理

在我国经济发展初期，尚未认识到保护生态环境的重要性，牺牲自然生态换取经济发展的行为时有发生。在中国特色社会主义进入新时代，一个新的历史篇章开启之时，我们开始意识到不能用生态为代价来发展经济，更不能用牺牲子孙后代的发展条件来换取当代人的发展。中国一直以来存在着八大沙漠、四大沙地，分布在中国西北、华北以及东北西部，形成一条西起塔里木盆地、东至松嫩平原西部的万里风沙带。大自然给予了我们风景秀丽的浩瀚沙漠，但同时也为环境治理带来了巨大挑战。20 世纪，中国荒漠化和沙化土地一度扩张，

甚至出现"风沙逼近北京城"的情形。不过，生活在这片土地上的人们，从未放弃过追求绿色自然的生活环境，依法治沙、科技治沙、工程治沙等一系列切实可行的举措接连问世。中国实现了从"沙进人退"到"绿进沙退"的历史性转变。荒漠化和沙化面积"双缩减"；荒漠化和沙化程度"双减轻"；沙区植被状况和固碳能力"双提高"；区域风蚀状况和风沙天气"双下降"。人们惊喜发现，在遥感地图上的绿色小点慢慢连成了一条绿色弧线，再由绿色弧线连接成一个绿色平面。

同样的情况还发生在长江流域，长江流域的湖泊是重要的湿地资源，具有调蓄水资源、调节区域气候、维持区域生态系统平衡和繁衍生物多样性等重要功能。但是，随着经济社会发展，该区域的湖泊数量大量减少，湖泊面积不断变小，同时还导致长江径流量变小和含沙量下降，也导致整个区域的调蓄能力下降。八十年代后期，洞庭湖湖区面积约为 200 年前的 48%，为解放初期的 62%；鄱阳湖湖区面积近 15 年亦急剧减少 30%；湖北省 100 亩以上的湖泊，对比 2016 年与 1950 年的统计数据，数量减少 43%，湖泊面积减少了 68%。湖泊面积萎缩，导致湿地退化，使湖泊的原有生态系统发生改变，生态环境遭到破坏，生态功能退化，生物多样性锐减。① 党的十八大以来，我国对长江生态修复的力度不断提高，其中一个重要举措就是加大力度退耕还湖。随着《中华人民共和国土地管理法》的颁布实施，生态环境治理得到了法律依据和保障。《中华人民共和国土地管理法》第四十条中明确规定开垦未利用的土地，必须经过科学论证和评估，在土地利用总体规划划定的可开垦的区域内，经依法批准后进行。禁止毁坏森林、草原开垦耕地，禁止围湖造田和侵占江河滩地。根据土地利用总体规划，对破坏生态环境开垦、围垦的土地，有计划有步骤地退耕还林、还牧、还湖。不仅是湖泊和沙地，中国在山水保护与治理方面同样下了大力气花了大工夫。习近平在视察广西时充分肯定了近年来桂林市大力推进漓江"治乱、治水、治山、治本"，全面清理整治采石场、非法采砂等举措。习近平指出，最糟糕的就是采石。毁掉一座山就永远少了这样一座山。全中国、全世界就这么个宝贝，千万不要破坏。再滥采乱挖不仅要问责，还要依法追究刑事责任。②

① 科学网.继续退耕还湖，修复长江生态［EB/OL］.（2020-05-22）［2021-11-24］. http://news.sciencenet.cn/htmlnews/2020/5/440140.shtm.

② "加油、努力，再长征!"——习近平总书记考察广西纪实［EB/OL］.（2021-04-29）［2021-11-24］. http://m.xinhuanet.com/2021/04/29/c_1127388818.htm.

2. 自然生态环境得到有效保护

习近平在 2021 年举行的领导人气候峰会上强调，大自然孕育抚养了人类，人类应该以自然为根，尊重自然、顺应自然、保护自然。违背自然规律，只会遭到自然报复。自然遭到系统性破坏，人类生存发展就成了无源之水、无本之木。我们要像保护眼睛一样保护自然和生态环境，推动形成人与自然和谐共生新格局。

生态保护就是为了给人类以及生活在地球上的所有生物一个良好的生存环境和发展空间，让所有生物都能在这片土地找到适合自己栖息的一片净土。《2020 中国生态环境状况公报》显示，2020 年，我国生态环境质量持续改善、稳中向好。生物多样性下降势头得到基本控制，生态系统格局整体稳定，生态安全屏障基本形成。近年来，随着牧民生态保护意识的提高、保护力度加大，以及国家公园管理水平提升，智能化巡护管理系统的运用实现了网格化管理、信息化管控、数字化监控等，野生动物也越来越多，可以经常能看到马鹿、岩羊、蓝马鸡等成群结队的出现。

当代的生态环境保护更是采用更科学可行的措施和手段，用科学技术为生态环境保护服务。"十四五"时期，我国将推进国家生态质量监测网络建设。按照天地融合、资源共享、全面覆盖、服务监管的原则，建立天地一体化生态质量监测网络。通过部门共享、央地共建、升级改造等途径，优先在生态保护红线区、重点生态功能区、生物多样性保护优先区、自然保护地等重要生态空间建设生态质量监测综合站和监测样地样带，实现生态系统格局、生物多样性等多维度协同监测。

总之，党的十八大以来，在习近平富有前瞻性和创新性的生态文明思想指导下，中国加强对生态文明建设的顶层设计和发展定位，坚持推进生态文明建设的战略定力与意志，推动生态环境保护发生历史性的变化和质的飞跃，并向着美丽中国的目标努力奋进。

（二）国际：推动构建地球生命共同体

生态治理并不仅仅是一个国家内部的治理问题，同时也是一个全球性的治理问题，因为全人类都共同拥有一个地球、一个生态系统。当代生态环境问题已演变为一个全球性问题，环境风险以全球性规模摆在世人面前，其将产生的后果可能让我们难以预测，猝不及防。在环境治理与生态保护的问题上，人类如果互不帮助、推卸责任，世界将陷入一个无法预知的恐怖境地。2021 年 10 月 12 日，国家主席习近平出席在昆明举办的《生物多样性公约》第十五次缔约方大会领导人峰会并发表主旨讲话。讲话中强调："人与自然应和谐共生。当人类友好保护自然时，自然的回报是慷慨的；当人类粗暴掠夺自然时，自然的惩罚也是无情的。我们要深怀对自然的敬畏之心，尊重自然、顺应自然、保护自然，构建人与自然和谐共生的地球家园。"① 习近平向全球发出呼吁，在全球环境治理所出现的困难面前，国际社会要以前所未有的雄心和行动，勇于担当，勠力同心，共同构建人与自然生命共同体。

1. 中国行动：实现碳达峰与碳中和

2020 年，习近平主席在第七十五届联合国大会一般性辩论上发表重要讲话，呼吁各国迈出决定性步伐，落实《巴黎协定》，推动疫情后世界经济"绿色复苏"，并宣布中国将提高国家自主贡献力度，采取更加有力的政策和措施，二氧化碳排放力争于 2030 年前达到峰值，努力争取 2060 年前实现碳中和。碳中和、碳达峰两个概念中的"碳"，实际上都是指二氧化碳，特别是人类生产生活中产生的二氧化碳。碳达峰是指二氧化碳排放总量在某一个时间点达到历史峰值，这个时间点并非一个特定的时间点，而是一个平台期，其间碳排放总量依然会有波动，但总体趋势平缓，之后碳排放总量会逐渐稳步回落。碳中和则是指企业、团体或个人在一定时间内直接或间接产生的二氧化碳排放总量，通过二氧化碳去除手段，如植树造林、节能减排、产业调整等，抵消掉这部分碳排放，达到"净零排放"的目的。中国宣布的碳达峰和碳中和目标愿景，是基于推动实现可持续发展的内在要求和构建人类命运共同体的责任担当作出的重大战略决策。在过去的发展阶段中以及欧洲大部分国家在国际气候议题博弈中，二氧化碳减排责任的承担问题是发达国家和发展中国家之间的核心矛盾。发达国家强调现实责任，即每个国家都必须承担减排责任，发展中国家更关注历史责任，即当前大气中二氧化碳浓度居高不下主要是发达国家历史排放所致，所以发达国家必须承担强制减排指标。针对这个问题习近平提出，无论是发达国家还是发展中国家在全球环境治理中都应出一份力，承担"共同但有区别的责任"。尽管"共同但有区别的责任"已成为国际上普遍接受的原则，但在实际执行中并不理想。

2. 中国方案：构建人与自然生命共同体

联合国秘书长古特雷斯在 2021 年 4 月举行的领导人气候峰会上披露了一个数据：过去十年是有记录以来最热的十年，全球气温已经上升了 1.2 摄氏度，

---

① 共同构建地球生命共同体——在《生物多样性公约》第十五次缔约方大会领导人峰会上的主旨讲话（2021 年 10 月 12 日）［N］. 人民日报，2021-10-13（02）.

"正迅速逼近灾难的临界值"。面对当前全球出现的气候变暖、生物多样性锐减等等环境问题,习近平主席鲜明地提出"共同构建人与自然生命共同体"的号召。关于如何共同构建人与自然生命共同体,习近平主席在讲话中提出,要做到六个坚持——坚持人与自然和谐共生,坚持绿色发展,坚持系统治理,坚持以人为本,坚持多边主义,坚持共同但有区别的责任原则。①

坚持人与自然和谐共生,就是要坚持做到尊重自然、顺应自然、保护自然。"十三五"期间,在中国,环境空气达标城市数量、优良天数比例提升,地表水水质优良断面比例持续提升,水质优良海域面积比例持续提升……,"绿水青山就是金山银山""良好生态环境是最普惠的民生福祉""用最严格制度最严密法治保护生态环境"等理念深入人心。坚持绿色发展,就是要坚持不用生态效益换取经济效益,实现生态与经济的共同发展。要推动绿色发展,通过环境治理,腾出生态环境容量,承载经济社会发展的增量;通过环境监管,推动产业结构优化升级、经济高质量发展。习近平主席在领导人气候峰会上指出,保护生态环境就是保护生产力,改善生态环境就是发展生产力,这是朴素的真理。坚持系统治理,就是要将山水林田湖草沙当作一个有机的整体,其关系是不可分割开来的,是牵一发而动全身的,并且在此基础上制定出完整的、科学的治理方案。坚持以人为本就是要把人民群众的需求放在首位,发展始终是为了人民。坚持多边主义,就是要坚持全世界各国同舟共济,共同面对全球环境风险挑战。坚持携手合作,不要互相指责;坚持诚信守诺,不要言而无信。坚持共同但有区别的责任原则,就是提倡发达国家和发展中国家共同为全球环境治理贡献力量。发展中国家虽然经济发展较落后,但不是说发展中国家就不需要为全球应对气候变化与环境治理作出贡献,而是要符合发展中国家的能力与要求。而发达国家更应该在应对气候变化和环境治理的面前展现出更大的雄心与行动力,同时在过程中切实帮助发展中国家。因此,只有各个国家的同心协力,人类才能拥有一个美丽洁净的地球家园!

总之,不同于西方国家威逼利诱的价值认同模式,人类命运共同体价值认同采取的是合作性认同方式。一方面,通过对人类命运共同体思想的多途径、多样式传播,让国际社会正确领悟人类命运共同体的内涵实质及其对人类发展的伟大意义;另一方面,通过对人类命运共同体实际构建的伟大实践,让国际社会看到构建人类命运共同体的客观效果与实际收益,从认知与事实两个方面促进人类命运共同体的价值认同,进而促进在全世界构建人类命运共同体!

---

① 习近平出席领导人气候峰会并发表重要讲话 [N]. 人民日报,2021-04-23(01).

结　语

时至今日，距离习近平总书记首次向世界倡导构建人类命运共同体已经过去了 8 年多的时间。随着习近平不断地向国际社会倡导构建人类命运共同体，多次在联合国重要会议中阐述人类命运共同体的内涵主张，人类命运共同体的思想也得到日益丰富和发展，人类命运共同体的理念也越来越被国际社会所认识，尽管也会出现不同的声音，甚至还有恶意的歪曲，但促进人类命运共同体的价值认同，因其具有广阔的经济、政治、文化、生态与社会基础而越来越具有可行性和现实性。构建人类命运共同体不仅仅只是在思想层面进行探讨，而且已经体现于现实的社会实践活动之中。

习近平总书记指出："构建人类命运共同体是一个美好的目标，也是一个需要一代又一代人接力跑才能实现的目标。"① 这说明构建人类命运共同体具有长期性和艰巨性，需要经过很长时间，也需要全世界各国人民的共同努力才能完成。人类命运共同体诉求的是一个持久和平、普遍安全、共同繁荣、开放包容、清洁美丽的世界，这符合当今世界人民的共同价值，表明人类命运共同体所具有的客观性与合理性。尽管利益差异和价值冲突仍然将长期存在，但人类命运共同体思想与世界各国人民的基本目标相符，与世界人民心意相通。这就让我们推动人类命运共同体的价值认同有了最为基础的底气。

促进人类命运共同体的价值认同是构建人类命运共同体的前提。而构建人类命运共同体则是要在寻求共识的基础上求同存异，尊重不同国家之间的特殊性与差异性，使每个国家都能在构建人类命运共同体的进程中享受获益，绽放异彩！因此，人类命运共同体倡导的是一个更为丰富和多姿多彩的世界，人类命运共同体实质上指出了全世界以及全人类的未来发展方向。我们相信，经历一代代人的努力，人类将迎来一个百花齐放、和而不同、和谐共生的美好新世界！

---

① 习近平. 习近平谈治国理政：第二卷［M］. 北京：外文出版社，2017：548.

参考文献

一、中文文献

（一）专著：

[1]《世界古代史》编写组.世界古代史（上册）[M].北京：高等教育出版社，2016.

[2]《世界古代史》编写组.世界古代史（下册）[M].北京：高等教育出版社，2016.

[3]曹海军，李筠.社会管理的理论与实践[M].天津：天津人民出版社，2001.

[4]陈国平，赵远良，等.全球治理与中国方略[M].北京：中国社会科学出版社，2018.

[5]陈家刚.全球治理概念与理论[M].北京：中央编译出版社，2017.

[6]陈先达.马克思主义和中国传统文化[M].北京：人民出版社，2015.

[7]陈燕.思想政治教育社会治理功能研究[M].北京：中央编译出版社，2019.

[8]陈志强.当代世界政治经济与国际关系[M].上海：格致出版社，2017.

[9]付修勇，刘连兴.环境保护与可持续性发展[M].北京：国防工业出版社，2007.

[10]高奇琦.全球治理转型与新兴国家[M].上海：上海人民出版社，2016.

[11]顾关福.战后国际关系[M].北京：时事出版社，2003.

[12]郭圣铭.世界文明史纲要（古代部分）[M].上海：上海社会科学院出版社，2013.

[13]何英.大国外交"人类命运共同体"解读[M].上海：上海大学出

版社，2019.

　　［14］洪远朋．论利益——洪远朋利益理论与实践文集［M］．上海：复旦大学出版社，1999.

　　［15］胡正荣．传播学总论［M］．北京：北京广播学院出版社，1997.

　　［16］胡宗山，王勇辉，张弦，等．国际政治学［M］．武汉：华中师范大学出版社，2016.

　　［17］黄枬森．哲学的科学化——黄枬森自选集［M］．北京：首都师范大学出版社，2008.

　　［18］江泽民文选：第3卷［M］．北京：人民出版社，2006.

　　［19］卡尔松．天涯成比邻——全球治理委员会的报告［M］．北京：中国对外翻译出版公司，1995.

　　［20］李东燕．全球治理行为体——机制与议题［M］．北京：当代中国出版社，2015.

　　［21］李景治，林甦，刘丽云，等．当代世界政治与经济［M］．北京：中国人民大学出版社，2013.

　　［22］李鹏．多元社会的民主：阿伦·李普哈特的民主理论研究［M］．北京：人民出版社，2016.

　　［23］李强．转型时期的中国社会分层结构［M］．哈尔滨：黑龙江人民出版社，2002.

　　［24］廖盖隆，梁初鸿，陈有进，等．社会主义百科要览·上册［M］．北京：人民日报出版社，1993.

　　［25］列宁全集：第16卷［M］．北京：人民出版社，1988.

　　［26］蔺雪春．绿色治理：全球环境事务与中国可持续发展［M］．济南：齐鲁书社，2013.

　　［27］刘文汇，孙建社，何杰，等．全球化、多极化进程中的当代世界［M］．哈尔滨：黑龙江人民出版社，2006.

　　［28］马克思恩格斯全集：第18卷［M］．北京：人民出版社，1964.

　　［29］马克思恩格斯全集：第1卷［M］．北京：人民出版社，1956.

　　［30］马克思恩格斯全集：第20卷［M］．北京：人民出版社，1971.

　　［31］马克思恩格斯全集：第23卷［M］．北京：人民出版社，1964.

　　［32］马克思恩格斯全集：第26卷［M］．北京：人民出版社，2014.

　　［33］马克思恩格斯全集：第3卷［M］．北京：人民出版社，1960.

　　［34］马克思恩格斯全集：第42卷［M］．北京：人民出版社，1979.

［35］马克思恩格斯全集：第42卷［M］. 北京：人民出版社，1995.

［36］马克思恩格斯全集：第47卷［M］. 北京：人民出版社，1979.

［37］马克思恩格斯全集：第4卷［M］. 北京：人民出版社，1958.

［38］马克思恩格斯文集：第1卷［M］. 北京：人民出版社，2009.

［39］马克思恩格斯文集：第8卷［M］. 北京：人民出版社，2009.

［40］马克思恩格斯选集：第1卷［M］. 北京：人民出版社，1995.

［41］马克思恩格斯选集：第2卷［M］. 北京：人民出版社，2012.

［42］马克思恩格斯选集：第3卷［M］. 北京：人民出版社，1995.

［43］马克思恩格斯选集：第3卷［M］. 北京：人民出版社，2012.

［44］毛泽东选集：第4卷［M］. 北京：人民出版社，1991.

［45］钱俊生，余谋昌. 生态哲学［M］. 北京：中共中央党校出版社，2004.

［46］秦亚青. 全球治理 多元世界的秩序重建［M］. 北京：世界知识出版社，2016.

［47］邱耕田. 发展：在人与自然之间［M］. 北京：社会科学文献出版社，2019.

［48］世界银行. 全球发展地平线（2011）［M］. 北京：中国财经经济出版社，2012.

［49］苏百义. 农业生态文明论［M］. 北京：中国农业科学出版社，2018.

［50］陶希东，王文静，李冰洁，等. 共建共享：论社会治理［M］. 上海：上海人民出版社，2017.

［51］滕珺. 国际组织需要什么样的人：联合国系统人才标准及中国教育对策研究［M］. 上海：上海教育出版社，2018.

［52］王伟光. 利益论［M］. 北京：人民出版社，2001.

［53］王现丽，毛艳丽. 生态学［M］. 徐州：中国矿业大学出版社，2017.

［54］王晓明. 世界贸易史［M］. 北京：中国人民大学出版社，2009.

［55］王孝哲. 历史唯物主义新论［M］. 合肥：合肥工业大学出版社，2011.

［56］吴于廑，齐世荣. 世界史：古代史编（上卷）［M］. 北京：高等教育出版社，2011.

［57］吴于廑，齐世荣. 世界史：古代史编（下卷）［M］. 北京：高等教育出版社，2011.

［58］习近平. On Building a Human Community with a Shared Future［M］. 北

京：中央编译出版社，2019.

[59] 习近平. 论坚持推动构建人类命运共同体 [M]. 北京：中央文献出版社，2018.

[60] 习近平. 习近平谈治国理政：第二卷 [M]. 北京：外文出版社，2017.

[61] 习近平. 习近平谈治国理政：第一卷 [M]. 北京：外文出版社，2014.

[62] 肖星，张林. 世界政治多极化与地缘政治 [M]. 北京：人民教育出版社，2001.

[63] 辛本健. 全球治理的中国贡献 [M]. 北京：机械工业出版社，2016.

[64] 杨希义. 中华人文自然百科：历史卷 [M]. 北京：北京师范大学出版社，2011.

[65] 于宏源. 全球环境治理内涵及趋势研究 [M]. 上海：上海人民出版社，2016.

[66] 俞可平. 全球化：全球治理 [M]. 北京：社会科学文献出版社，2003.

[67] 张明锁. 社会管理概论 [M]. 郑州：河南人民出版社，1994.

[68] 张守刚. 马克思主义哲学教程 [M]. 北京：人民出版社，1991.

[69] 张玉堂. 利益论——关于利益冲突与协调问题的研究 [M]. 武汉：武汉大学出版社，2001.

[70] 张占斌，蒋建农. 《毛泽东选集》大辞典 [M]. 太原：山西人民出版社，1993.

[71] 赵仲龙. 生存还是毁灭 大自然的警示（上）[M]. 北京：北京出版社，2008.

[72] 中华人民共和国统计局. 2021 中国统计年鉴 [M]. 北京：中国统计出版社，2021.

[73] 中央社会主义学院编写组编，邓小平文选 [M]. 北京：华文出版社，1996.

[74] 周琦，朱陆民，喻珍，等. 当代世界经济与政治 [M]. 湖南：湘潭大学出版社，2016.

[75] 左凤荣. 世界大变局与中国的国际话语权 [M]. 北京：商务印书馆，2020.

（二）译著

[1]［奥地利］薛定谔.生命是什么（附《我的世界观》）［M］.周程,胡万亨,译.北京：北京大学出版社,2018.

[2]［德］彼得·昆兹曼,法兰兹-彼得·布卡特,法兰兹·魏德曼.哲学百科［M］.黄添盛,译.南宁：广西人民出版社,2011.

[3]［古希腊］欧几里得.几何原本［M］.燕晓东,编译.北京：人民日报出版社,2009.

[4]［美］丹尼·罗德里克.全球化的悖论［M］.廖丽华,译.北京：中国人民大学出版社,2011.

[5]［美］马伦·霍格兰,［美］伯特·窦德生.生命的运作方式［M］.洋洲,玉茗,译.北京：北京联合出版公司,2018.

[6]［美］斯塔夫里阿诺斯.全球通史（上册）：从史前到21世纪（第7版新校本）［M］.吴象婴,梁赤民,译,《全球通史》编辑小组,校译.北京：北京大学出版社,2020.

[7]［美］斯塔夫里阿诺斯.全球通史［M］.吴象婴,等译.北京：北京大学出版社,2006.

[8]［美］伊曼纽尔·沃勒斯坦.现代世界体系（第一卷）［M］.尤来寅,等译.北京：高等教育出版社,1998.

[9]［美］约瑟夫·斯蒂格利茨.全球化逆潮［M］.李杨,等译.北京：机械工业出版社,2019.

[10]［苏］罗森塔尔,尤金.简明哲学辞典［M］.中共中央马克思恩格斯列宁斯大林著作编译局,译.北京：人民出版社,1955.

[11]［英］彼罗·斯拉法.李嘉图著作和通信集（第一卷）：政治经济学及赋税原理［M］.郭大力,王亚南,译.北京：商务印书馆,1962.

[12]［英］查尔斯·达尔文.物种起源/人类和动物的表情［M］.谢蕴贞,曹骥,原译.李绍明,校订.长沙：湖南科学技术出版社,2015.

[13]［英］查尔斯·达尔文.物种起源—进化与遗传的全面经典阐述［M］.钱逊,译.南京：江苏人民出版社,2011.

[14]［英］李约瑟.中国科学技术史：第一卷 导论［M］.袁翰青,王冰,于佳,译.上海：科学出版社,上海古籍出版社,1990.

[15]［英］汤姆·杰克逊（Tom Jackson）.哲学的奥秘：人类如何知道一切［M］.康婧,等译.北京：电子工业出版社,2016.

[16]［英］亚当·斯密.国民财富的性质和原因的研究［M］.郭大力,王

亚南，译．北京：商务印书馆，1974.

[17]［英］布赖恩·巴克斯特．生态主义导论［M］．曾建平，译．重庆：重庆出版社，2007.

[18] 乌尔里希·贝克．全球政治与全球治理——政治领域的全球化［M］．北京：中国国际广播出版社，2004.

[19] 卡罗尔·格林沃尔德．集团权力［M］．纽约：普雷格出版公司，1977.

[20] 林恩·马古利斯，多里昂·萨根．倾斜的真理——论盖娅、共生和进化［M］．李建会，等译．南昌：江西教育出版社，1999.

[21] 林恩·马古利斯．生物共生的行星——进化的新景观［M］．易凡，译．上海：上海科学技术出版社，1999.

[22] 马丁·休逊．走向全球治理理论（Approaches to Global Governance Theory）［M］．纽约：纽约大学出版社，1999.

[23] 尼·拉宾．马克思的青年时代［M］．南京大学外文系俄罗斯语言文学教研室翻译组，译．北京：三联书店出版社，1982.

[24] 施蒂纳．唯一者及其所有物［M］．金海民，译．北京：商务印书馆，1992.

[25] 斯蒂芬·李特约翰．人类传播理论：第七版［M］．史安斌，译．北京：清华大学出版社，2004.

[26] 乌·贝克，哈贝马斯等．全球化与政治［M］．北京：中央编译出版社，2000.

[27] 英国DK公司和史密森尼学会．人类大百科［M］．王绍婷，吴光亚，译．广州：新世纪出版社，2012.

（三）期刊、论文

[1] 李剑．地方政府创新中的"治理"与"元治理"［J］．厦门大学学报（哲学社会科学版），2015（3）.

[2] 蔡拓．全球治理的中国视角与实践［J］．中国社会科学，2004（1）.

[3] 曾志诚．构建人类命运共同体的世界历史意义［J］．求实，2017（12）.

[4] 陈霞．和合文化：人类命运共同体的思想溯源［J］．新疆大学学报（哲学、人文社会科学版），2020，48（3）.

[5] 陈玉刚．单边主义与美国霸权［J］．太平洋学报，2003（3）.

[6] 丛鹏．俄罗斯的世界多极化政策［J］．国际观察，2003（1）.

[7] 丛占修. 人类命运共同体：历史、现实与意蕴 [J]. 理论与改革，2016 (3).

[8] 范逢春. 全球治理、国家治理与地方治理——三重视野的互动、耦合与前瞻 [J]. 上海行政学院学报，2014, 15 (4).

[9] 葛浩阳. 经济全球化真的逆转了吗——基于马克思主义经济全球化理论的探析 [J]. 经济学家，2018 (4).

[10] 郝继松. 构建人类命运共同体成为广泛共识的四重维度 [J]. 治理研究，2019, 35 (2).

[11] 胡锦涛. 坚定不移沿着中国特色社会主义道路前进 为全面建成小康社会而奋斗——在中国共产党第十八次全国代表大会上的报告 [J]. 求是，2012 (22).

[12] 胡敏中. 论认同的涵义及基本方式 [J]. 江海学刊，2018 (3)

[13] 江畅. 全球化与人类共同价值体系之生成 [J]. 理论月刊，2002 (4).

[14] 江泽民. 全面建设小康社会，开创中国特色社会主义事业新局面——在中国共产党第十六次全国代表大会上的报告 [J]. 求是，2002 (22).

[15] 姜晓萍. 国家治理现代化进程中的社会治理体制创新 [J]. 中国行政管理，2014 (1).

[16] 蒋玲媛，朱彤. 区域经济一体化与世界多极化 [J]. 求是，2006 (14).

[17] 焦莉莉，张丹，王志芳. "一带一路"建设中的国际规则完善与创新 [J]. 全球化，2021 (4).

[18] 金吾伦，蔡仑. 对整体论的新认识 [J]. 中国人民大学学报，2007, 21 (3).

[19] 李菁，骆有庆，石娟. 生物多样性研究现状与保护 [J]. 世界林业研究，2011, 24 (3).

[20] 刘芳. 全球化时代的价值认同 [J]. 甘肃理论学刊，2004, (5).

[21] 刘雪莲. 理念还是现实——论全球治理中的矛盾性 [J]. 吉林大学社会科学学报，2008, (4).

[22] 麻宝斌，任晓春. 从社会管理到社会治理：挑战与变革 [J]. 学习与探索，2011 (3).

[23] 潘柳燕. 人类命运共同体思想理论创新的三维审视 [J]. 广西师范大学学报（哲学社会科学版），2019, 55 (6).

[24] 潘柳燕.心理健康教育的文化基础和价值目标探析 [J].湖北社会科学，2012（4）.

[25] 曲星.人类命运共同体的价值观基础 [J].求是，2013（4）.

[26] 任晓聪，和军.当代逆全球化现象探析——基于马克思恩格斯经济全球化理论 [J].上海经济研究，2019（4）.

[27] 沈微.国际投资自由化与中国经济发展关系研究 [J].对外经贸，2012（2）.

[28] 石书臣，张金福.中华"和合"文化的当代阐发与实践 [J].中国特色社会主义研究，2019（4）.

[29] 史本叶，马晓丽.中国特色对外开放道路研究——中国对外开放 40 年回顾与展望 [J].学习与探索，2018（10）.

[30] 孙伟平."人类共同价值"与"人类命运共同体" [J].湖北大学学报（哲学社会科学版），2017（6）.

[31] 陶希东.社会治理体系创新：全球经验与中国道路 [J].南京社会科学，2017（1）.

[32] 万长松.走出人类中心与非中心主义之争的困境 [J].科学技术与辩证法，2008（2）.

[33] 汪信砚.全球化中的价值认同与价值观冲突 [J].马克思主义哲学研究，2003（00）.

[34] 汪信砚.人类中心主义与当代的生态环境问题——也为人类中心主义辩护 [J].自然辩证法研究，1996（12）.

[35] 汪信砚.现代人类中心主义：可持续发展的环境伦理学基础 [J].天津社会科学，1998（3）.

[36] 王乐夫，刘亚平.国际公共管理的新趋势：全球治理 [J].学术研究，2003（3）.

[37] 王义桅.人类命运共同体的内涵与使命 [J].人民论坛·学术前沿，2017（12）.

[38] 王玉主，蒋芳菲.特朗普政府的经济单边主义及其影响 [J].国际问题研究，2019（4）.

[39] 吴国盛.物质是无限可分的吗？[J].自然辩证法通讯，1987（4）.

[40] 习近平.加强政党合作　共谋人民幸福——在中国共产党与世界政党领导人峰会上的主旨讲话 [J].中华人民共和国国务院公报，2021（20）.

[41] 习近平总书记在庆祝中国共产党成立 95 周年大会上的讲话 [J].中

国法治文化，2016（7）.

[42] 夏路. 区域国际组织理论研究述评——组织结构的视角 [J]. 政治学研究，2013（3）.

[43] 项久雨. 二者存在本质区别——莫把共同价值与"普世价值"混为一谈 [J]. 理论导报，2016（4）.

[44] 肖贵新. 着力增进价值认同 [J]. 福建理论学习，2010（4）.

[45] 徐蓝. 从两极格局到多极化趋势的发展——20世纪70—90年代冷战态势的演变 [J]. 浙江学刊，2005（2）.

[46] 杨运忠. 走向21世纪的国际关系 [J]. 世界政治与经济，1994（10）.

[47] 易华. 青铜之路：上古西东文化交流概说 [J]. 丝绸之路，2019（2）.

[48] 俞可平. 经济全球化与治理的变迁 [J]. 哲学研究，2000（10）.

[49] 俞可平. 全球化时代的民粹主义 [J]. 国际政治研究，2017，38（1）.

[50] 俞可平. 全球治理所带来的演变趋势 [J]. 国企，2013（2）.

[51] 俞邃. 世界多极化问题概说 [J]. 思想理论教育导刊，2008（2）.

[52] 袁征. 美国为何偏爱单边主义 [J]. 人民论坛，2017（35）.

[53] 张德让. 伽达默尔哲学解释学与翻译研究 [J]. 中国翻译，2001（4）.

[54] 张康之，张乾友. 从自我到他人：政治哲学主题的转变 [J] 马克思主义与现实，2011（3）.

[55] 张谊浩，陈柳钦. 当代西方经济全球化理论研究综述及其反思 [J]. 南都学坛，2004（6）.

[56] 张谊浩，陈柳钦. 当代西方经济全球化理论研究综述及其反思 [J]. 南都学坛，2004（6）：.

[57] 张宇燕. 理解百年未有之大变局 [J]. 国际经济评论，2019（5）.

[58] 章百家. 改变自己 影响世界——20世纪中国外交基本线索刍议 [J]. 中国社会科学，2002（1）.

[59] 赵磊. 从世界格局与国际秩序看"百年未有之大变局" [J]. 中共中央党校（国家行政学院）学报，2019，23（3）.

[60] 郑保国. 当今世界剧变背景下的时代主题和未来走向 [J]. 马克思主义研究，2019（1）.

[61] 郑钧蔚．社会治理理论的基本内涵及主要内容［J］．才智，2015（5）．

[62] 中国共产党第十八届中央委员会第三次全体会议公报［J］．实践（党的教育版），2013（12）．

[63] 左亚文．"和"之三论［J］．铜仁学院学报，2009（5）．

[64] 左亚文．"和"之源与"和同之辨"［J］．长沙理工大学学报（社会科学版），2009（3）．

[65] 董岩．经济全球化基本问题研究［D］．长春：吉林大学，2013.

[66] 富丽明．经济全球化理论研究—马克思主义和非马克思主义思想的比较［D］．沈阳：辽宁大学，2016.

（四）网络资料

[1]"一带一路"驶上共同发展"快车道"［EB/OL］．（2021-11-30）［2021-12-13］．http：//www.china-railway.com.cn/.xwzx/rdzt/zltlkt/202111/t20211130_118280.html.

[2] 打造人类卫生健康共同体的时代价值［R/OL］．（2020-03-27）［2021-11-24］．http：//theory.people.com.cn/n1/2020/0327/c40531-31651299.html.

[3] 共建"一带一路"促进共同繁荣［EB/OL］．（2021-07-26）［2021-07-28］．https：//www.yidaiyilu.gov.cn/ghsl/gnzjgd/181379.htm.

[4] 胡锦涛．在中国共产党第十八次全国代表大会上的报告［R/OL］．（2012-11-18）［2021-07-10］．http：//cpc.people.com.cn/n/2012/1118/c64094-19612151.html.

[5] 加油、努力，再长征！——习近平总书记考察广西纪实［EB/OL］．（2021-04-29）［2021-11-24］．http：//politics.people.com.cn/n1/2021/0429/c1001-32091132.html.

[6] 建设更为紧密的中国—东盟命运共同体［EB/OL］．（2020-11-28）［2021-11-24］．http：//opinion.people.com.cn/n1/2020/1128/c1003-31947808.html.

[7] 商务部．2019年中非、中南双边经贸合作数据［EB/OL］．（2020-03-03）［2021-11-24］．http：//www.mofcom.gov.cn/article/i/jyjl/k/202003/2020030294 1368.shtml.

[8] 习近平．东西交往传佳话 中意友谊续新篇［R/OL］．（2019-3-20）［2021-07-18］．http：//www.xinhuanet.com/politics/leaders/2019-03-20/c_1124259057.htm.

[9] 习近平. 共同构建地球生命共同体 [R/OL]. (2021-10-13) [2021-12-05]. http: //www. xinhuanet. com/mrdx/2021-10/13/c_ 1310241776. htm.

[10] 习近平. 在华盛顿州当地政府和美国友好团体联合欢迎宴会上的演讲 [R/OL] (2015-9-22) [2021-07-20]. http: //www. xinhuanet. com/world/2015-09/23/c_ 1116656143. htm.

[11] 习近平. 在中法建交50周年纪念大会上的讲话 [R/OL]. (2014-3-27) [2021-07-20]. http: //www. xinhuanet. com/world/2014-03/28/c_ 119982956_ 2. htm.

[12] 习近平: 决胜全面建成小康社会　夺取新时代中国特色社会主义伟大胜利——在中国共产党第十九次全国代表大会上的报告 [R/OL]. (2017-10-27) [2021-12-05]. http: //www. gov. cn/zhuanti/2017-10/27/content_ 5234 876. htm.

[13] 习近平: 在庆祝改革开放40周年大会上的讲话 [R/OL]. (2018-12-18) [2021-07-05]. http: //www. xinhuanet. com/2018/12/18/c_ 11238 72025. htm.

[14] 习近平: 中阿关系是百年大计 [EB/OL]. (2019-07-23) [2021-11-24]. http: //world. people. com. cn/n1/2019/0723/c1002-31249580. html.

[15] 习近平出席中非合作论坛第八届部长级会议开幕式并发表主旨演讲 [EB/OL]. (2021-11-30) [2021-12-12]. https: //cn. chinadaily. com. cn/a/202111/30/WS61a579e3a3107be4979fa851. html.

[16] 习近平在联合国生物多样性峰会上的讲话（全文） [R/OL]. (2021-09-30) [2021-12-05]. http: //www. gov. cn/xinwen/2020-09/30/content_ 5548767. htm.

[17] 习近平主席在联合国日内瓦总部的演讲（全文） [EB/OL]. (2017-01-18) [2021-11-25]. http: //www. xinhuanet. com/2017-01/19/c_ 1120 340081. htm.

[18] 中共中央国务院关于加快推进生态文明建设的意见 [R/OL]. (2015-05-06) [2021-07-05]. http: //politics. people. com. cn/n/2015/0506/c1001-26953754. html.

（五）报纸

[1] 胡锦涛. 努力建设持久和平、共同繁荣的和谐世界 [N]. 人民日报, 2005-09-16 (1).

[2] 习近平. 共同构建人类命运共同体 [N]. 人民日报, 2017-01-20 (2).

［3］习近平. 积极树立亚洲安全观 共创安全合作新局面［N］. 人民日报，2014-05-22（2）.

［4］习近平. 谋求持久发展 共筑亚太梦想［N］. 人民日报，2014-11-10（2）.

［5］习近平. 努力开创中国特色大国外交新局面［N］. 人民日报，2018-06-24（1）.

［6］习近平. 携手建设更加美好的世界［N］. 人民日报，2017-12-02（2）.

［7］习近平. 携手推进"一带一路"建设［N］. 人民日报，2017-05-15（3）.

［8］习近平. 在庆祝中国共产党成立100周年大会上的讲话［N］. 人民日报，2021-07-02（2）.

［9］正确认识"修昔底德陷阱"［N］. 人民日报，2016-04-17（5）.

二、英文文献

（一）专著

［1］ALVAREDO F, et al. World Inequality Report 2018［M］. Cambridge：Harvard University Press，2017.

［2］HARRELD D J. An Economic History of the World since 1400［M］. Chantilly：The Teaching Company，2016.

［3］KEYNES J M. The General Theory of Employment，Interest and Money［M］. New York：Harcourt Brace Jovanovich，1936.

［4］MAIR V H，HICKMAN J.（eds.）Reconfiguring the Silk Road［M］. Philadelphia：University of Pennsylvania Museum of Archaeology and Anthropology，2014.

［5］SMITH A. An Inquiry Into Nature and Causes of the Wealth of Nations［M］. London：W. Strahan and T. Cadell，1776.

（二）期刊

［1］COLANTONE I，STANIG P. The Surge of Economic Nationalism in Western Europe［J］. Journal of Economic Perspectives，2019，33（4）.

［2］EGGER P H，NIGAI S，STRECKER N M. The Taxing Deed of Globalization［J］. American Economic Review，2019，109（2）.

［3］KORZENIEWICZ，PARRICIO R，SMITH，et al. Poverty，Inequality，and

Growth in Latin America: Searching for the High Road to Globalization [J]. Latin A-merican Research Review, 2000, 35 (3) .

[4] TYERS R. International Effects of China's Rise and Transition: Neoclassical and Keynesian Perspectives [J]. Journal of Asian Economics, 2015, 37 (2) .

后 记

2017 年 1 月，习近平主席在联合国日内瓦总部发表了《共同构建人类命运共同体》的演讲，系统阐述了构建人类命运共同体的设想；2017 年 10 月，在党的十九大报告中，"坚持推动构建人类命运共同体"成为新时代中国特色社会主义思想和基本方略的一部分。此后，人类命运共同体越来越受到学界的重视和关注，并迅速成为学界的研究热点。我们也越来越意识到人类命运共同体具有远高于作为外交理念的意蕴，它实际上是从哲学的高度思考人类的未来。正是基于这样的认识，我们选择了"人类命运共同体"作为研究的方向，并于 2018 年申报了国家哲学社会科学基金项目，也许是由于准备不足等原因未能申报成功。修改完善后形成《人类命运共同体价值认同的基础与实现路径研究》课题，申报教育部人文社会科学研究规划基金项目，并获得了立项（项目批准号 19YJA710030），本书是这一项目的研究成果。

课题获得批准后，便着手开展研究工作。开始时，研究的工作却并不很顺利。一是课题人员出现了变动；二是理论研究方面碰到一些瓶颈问题，三是遭遇教学与科研的严重冲突。但所有困难都被我们一个一个地克服了。历经三年的努力，也经受了三年的磨砺，这本专著终于能够正式完稿了！

在完整的书稿呈现在眼前时，除了即将完成课题的如释重负外，心中是满满的感恩。感谢好友林建荣先生一直以来对课题研究进展的关心和无私帮助。林先生虽然出身理工，却有着深厚的哲学素养，书中重要的创新性观点都是在与林先生的讨论中产生和形成，他作为本课题的顾问专家，从课题选题、申请到具体的研究过程，都给予了密切关注，并提出许多具体意见，对书稿也进行了通读、审阅和校订。感谢好友黄东桂教授的倾心相助与陪伴。黄教授参与了课题的申请和规划，虽然没有直接参与写作专著，但参与写作了课题的相关论文，并一直关心着书稿的进展与完成情况。感谢亲爱的学生和家人。陈幻、叶茗媛、覃承凤都是广西大学马克思主义学院的硕士研究生，陈幻同学积极参与课题的研究，不仅写作了论文，而且在毕业后还在繁忙的工作之余参与课题活动与书稿写作；叶茗媛、覃承凤在完成自己的繁重的学习任务与毕业论文开题与写作的同时，抽出了几个假期进行书稿的写作，均完成了写作两章书稿的繁重任务；黄思宇是中国社会科学院大学经济学院的博士研究生，在繁重的学习与研究任务外，还一直参与课题研究，查阅相关资料，写作论文与书稿。正是由于大家的齐心协力，无私奉献，才使得本专著按时完稿。

此外，还要感谢广西大学马克思主义学院徐秦法院长、周瑞超书记、梁建新副院长以及思想道德与法治教研部的老师们对我课题研究的理解与支持；最后，感谢所有对本课题研究和本专著写作给予过关心、支持和帮助的朋友和家人们！

此时此刻，窗外的夕阳已经慢慢西沉，最后只留下一抹残阳，刚刚还沐浴在温暖阳光下的我已经感受到一丝凉意。但我的心情却是平静而温暖。平静于我在即将退出职业生涯之际，完成了自己的心愿，心中是愿望达成后的通透和舒畅；温暖于我还有许多的时间感受亲情、友情与人间的温情。这时候，我突然觉得，我也要感谢一下我自己。近40年的高校教师职业生涯，是我一生无悔的选择，是自己的坚韧品性与不懈努力，让我拥有今天的事业与生活，虽然对别人来说也许微不足道，但对我来说却是一步步的脚印！

愿习近平总书记所倡导的构建人类命运共同体成为世界的普遍共识，期待能够和地球上的每一个人共同生活在一个和平美好的世界里！

潘柳燕

2021 年 11 月 28 日